O LIVRO DO ISLÃ

O LIVRO DO ISLÃ

GLOBOLIVROS

DK LONDRES

EDITORA DE ARTE SÊNIOR
Helen Spencer

EDITORAS SENIORES
Camilla Hallinan, Kathryn Hennessy, Laura Sandford

EDITORAS
Anna Cheifetz, Lydia Halliday, Joanna Micklem, Victoria Pyke, Dorothy Stannard, Rachel Warren Chadd

ILUSTRAÇÕES
James Graham

GERENTE DE CRIAÇÃO DE CAPA
Sofia MTT

EDITOR DE PRODUÇÃO
George Nimmo

PRODUTORA
Nancy-Jane Maun

EDITOR-CHEFE SÊNIOR DE ARTE
Lee Griffiths

EDITOR-CHEFE
Gareth Jones

DIRETORA DE PUBLICAÇÕES ASSOCIADA
Liz Wheeler

DIRETORA DE ARTE
Karen Self

DIRETOR DE DESIGN
Philip Ormerod

DIRETOR DE PUBLICAÇÕES
Jonathan Metcalf

GLOBO LIVROS

EDITOR RESPONSÁVEL
Guilherme Samora

EDITOR-ASSISTENTE
Renan Castro

TRADUÇÃO
Cristina Yamagami e Maíra Meyer

CONSULTORIA
Muna Omran

PREPARAÇÃO DE TEXTO
Fernanda Marão

REVISÃO DE TEXTO
Vivian Sbravatti

DIAGRAMAÇÃO
Natalia Aranda

Publicado originalmente na Grã-Bretanha em 2020 por Dorling Kindersley Limited, 20 Vauxhall Bridge Road, London, SW1V 2SA.

Copyright © 2019, Dorling Kindersley Limited, parte da Penguin Random House

Copyright © 2024, Editora Globo S/A

Todos os direitos reservados. Nenhuma parte desta edição pode ser utilizada ou reproduzida – em qualquer meio ou forma, seja mecânico ou eletrônico, fotocópia, gravação etc. – nem apropriada ou estocada em sistema de banco de dados sem a expressa autorização da editora.

1ª edição, 2024.

Impressão e acabamento: COAN

For the curious
www.dk.com

CIP-BRASIL. CATALOGAÇÃO NA PUBLICAÇÃO
SINDICATO NACIONAL DOS EDITORES DE LIVROS, RJ

L762

O livro do islã / colaboradores Farhad Daftary ... [et al.] ; prefácio Rageh Ommar ; tradução Cristina Yamagami, Maíra Meyer. - 1. ed - Rio de Janeiro : Globo Livros, 2024. 336 p.

Tradução de: The Islam book
Inclui índice
ISBN 978-65-5987-178-0

1. Islamismo - História. I. Daftary, Farhad. II. Ommar, Rageh. III. Yamagami, Cristina. IV. Meyer, Maíra.

24-93193

CDD: 297.09
CDU: 28(09)

Meri Gleice Rodrigues de Souza - Bibliotecária - CRB-7/6439

COLABORADORES

RAGEH OMAAR, PREFÁCIO

Rageh Omaar ficou conhecido como correspondente da BBC, cobrindo em Bagdá a invasão do Iraque em 2003. Também foi correspondente estrangeiro da BBC no Afeganistão, Oriente Médio e África. Trabalhou na Al Jazeera English e, em 2013, entrou no ITV News da Grã-Bretanha, onde é editor de assuntos internacionais e apresentador do icônico programa News at Ten. Fez inúmeras séries documentais na TV nacional britânica, incluindo *The Life of Maomé* (BBC). É autor de *Revolution Day: The Real Story of the Battle for Iraq* (2005) e *Only Half of Me: Being a Muslim in Britain* (2006).

FARHAD DAFTARY, CONSULTOR

Farhad Daftary é uma autoridade em estudos xiitas, em particular a tradição ismaelita. Escreveu mais de 200 artigos e entradas de enciclopédias e muitos livros aclamados, incluindo *History of Shi'i Islam* (2013). Editou vários livros, entre eles *Islam: An Illustrated Journey* (2018). É codiretor e chefe do Departamento de Pesquisa e Publicações Acadêmicas do Instituto de Estudos Ismaelitas, em Londres.

AYA KHALIL, CONSULTORA

Aya Khalil é egípcia-americana, mestra em pedagogia e autora do livro ilustrado *The Arabic Quilt: An Immigrant Story*. Como jornalista especializada em questões muçulmanas, tem artigos publicados em *The Huffington Post*, *The Christian Science Monitor* e MuslimGirl.com. Ela mantém um blog onde posta textos do tipo "10 palavras e expressões para evitar se você for um muçulmano em um aeroporto".

IBRAHIM MOGRA, CONSULTOR

Ibrahim Mogra é imam, diretor da Mogra Faith & Culture Consultancy Limited e membro do Conselho Muçulmano da Grã-Bretanha. Em 2016 recebeu do Arcebispo de Canterbury o Prêmio Hubert Walter para a Reconciliação e Cooperação Inter-religiosa "pela contribuição para o entendimento entre as religiões abraâmicas". Editou e contribuiu em vários livros didáticos de educação religiosa e escreveu um manual para professores sobre o islã.

SALMA HAIDRANI

Radicada em Londres, Salma Haidrani é uma premiada escritora e jornalista. Escreveu para as revistas *i-D*, *Vice*, *Dazed*, *HUNGER* e *GQ* sobre temas como fé e identidade contemporânea, direitos das mulheres, questões sociais e comunidades marginalizadas. Também colaborou na antologia best-seller *It's Not About the Burqa: Muslim Women on Faith, Feminism, Sexuality and Race* (2019).

ANDREW HAMMOND

Andrew Hammond atuou como jornalista na rádio BBC Arabic e na Reuters no Egito, Arábia Saudita e Emirados Árabes Unidos e como consultor de política do Oriente Médio no Conselho Europeu de Relações Exteriores. É historiador especializado no mundo islâmico, tendo estudado árabe na Faculdade de Estudos Orientais e Africanos de Londres e turco e otomano na Universidade de Oxford, onde obteve seu doutorado. Escreveu, entre outros, *The Islamic Utopia: The Illusion of Reform in Saudi Arabia* (2012) e *Popular Culture in North Africa and the Middle East* (2017).

ANDREW HUMPHREYS

Andrew Humphreys é jornalista, escritor e editor, tendo trabalhado no Egito, Ásia Central, Índia, Marrocos, Síria e Turquia. Foi cofundador e editor-chefe da *The Cairo Times* e teve artigos publicados no *Financial Times* do Reino Unido, *The Sunday Times* e *The Telegraph*. É autor de dois livros sobre o Egito do século xix, ambos publicados pela American University in Cairo Press.

SHELINA JANMOHAMED

Shelina Janmohamed é vice-presidente de marketing islâmico da Ogilvy, agência global de publicidade e marketing. É autora de *Love in a Headscarf* (2009), sobre ser uma muçulmana britânica, e *Generation M: Young Muslims Changing the World* (2016), descrito como um livro seminal sobre a geração de muçulmanos que reúne fé e modernidade. Em 2009 foi nomeada uma das 100 mulheres muçulmanas mais poderosas do Reino Unido pela Comissão para a Igualdade e os Direitos Humanos.

CHARLES TIESZEN

Charles Tieszen é doutor pela Universidade de Birmingham (2010) e historiador do pensamento religioso. Membro da Royal Historical Society, seu trabalho se concentra na evolução histórica do pensamento islâmico e na história das relações entre comunidades muçulmanas e não muçulmanas. Seu livro mais recente é *The Christian Encounter with Muhammad*.

COLIN TURNER

Colin Turner é diretor e CEO da International Foundation for Muslim Theology e foi, até 2017, professor de pensamento islâmico na Universidade de Durham. Como historiador, suas principais áreas de interesse são teologia muçulmana, interpretação do Alcorão e a vida e a obra de Bediuzzaman Said Nursi. É autor de vários livros e artigos, incluindo o best-seller *Islam: The Basics* (2005) e *The Qur'an Revealed: A Critical Analysis of Said Nursi's Epistles of Light* (2013).

MAHSHID TURNER

Diretora da International Foundation for Muslim Theology, Mahshid Turner é pesquisadora e palestrante. Formada em teologia pela Universidade de Durham, escreve sobre teologia e filosofia muçulmanas e interpretação corânica. É a primeira capelã muçulmana de uma universidade britânica, com atuação nessa função na Universidade de Durham desde 2015.

SUMÁRIO

10 PREFÁCIO
12 INTRODUÇÃO

MAOMÉ
570–632

20 Não conhecias o que era o Livro, nem a fé
Al-Jahiliyya, a Idade da Ignorância

22 Maomé é o derradeiro dos profetas de Deus
Maomé, o Profeta

28 Vosso sangue será meu sangue
Hégira, a fuga de Meca

32 Sois a melhor nação que surgiu na humanidade
A *umma*, a comunidade do islã

34 Orientação para a humanidade
A Caaba em Meca

36 Não existe divindade exceto o Deus único
Os Cinco Pilares do Islã: *Shahada*

42 Apressai-vos para a oração, apressai-vos para a salvação
Os Cinco Pilares do Islã: *salat*

44 Concederei Minha clemência aos tementes
Os Cinco Pilares do Islã: *zakat*

46 Ó crentes, está-vos prescrito o jejum
Os Cinco Pilares do Islã: *sawm*

50 Eis-me aqui, ó Deus, eis-me aqui
Os Cinco Pilares do Islã: *Hajj*

56 Maomé é um mensageiro a quem outros mensageiros precederam
A morte do Profeta

58 Que significam esses ídolos, aos quais vos devotais?
Imagens do Profeta

O ALCORÃO

64 Jamais duvide do Livro
Compilando o Alcorão

70 Uma orientação aos tementes
Composição do Alcorão

76 Em nome de Deus, o Clemente, o Misericordioso
Fatiha, a primeira *surata*

78 O Senhor de todas as coisas
O que o Alcorão diz sobre Deus

80 Não haverá imposição quanto à religião
Tolerando outras crenças

82 E Ele criou (tudo) em pares
Mulheres no Alcorão

86 Ó crentes, crede em Deus
Os Seis Pilares da Fé

88 Ninguém, exceto os purificados, podem tocá-lo
A forma física do Alcorão

90 Relevante em todas as épocas, universal para todos os povos
Tafsir, ou a arte de interpretar o Alcorão

92 **Entrai no Paraíso e nele permanecei para sempre**
Conceito corânico do Paraíso

93 **Sereis vencidos e congregados para o inferno**
Conceito corânico do Inferno

UMA IDENTIDADE ISLÂMICA
570–632

98 **Toda a terra se tornou uma mesquita**
Um local de culto islâmico

102 **Ele foi um muçulmano superior a nós**
Um sucessor para o Profeta

104 **Vou instituir um legatário na terra**
Os califas bem guiados

108 **O imam é o líder escolhido por Deus**
O surgimento do islã xiita

116 **E, para a Lua, assinalamos fases**
O calendário islâmico

118 **Quem se desvia da minha senda não é dos meus**
Palavras e ações do Profeta

124 **É vedada a vós a carne suína**
Leis dietéticas islâmicas

126 **Bebidas inebriantes e jogos de azar [...] são manobras de Satanás**
Islã e álcool, jogos de azar e drogas

127 **Deus destituirá a usura de todas as benesses**
Emprestar dinheiro no islã

128 **A cada um de vós temos ditado uma lei e uma norma**
A orientação divina através da Sharia

134 **A maior *jihad* é contra si mesmo**
A busca para tornar suprema a palavra de Deus

136 **Parte da completude do islã**
Os califados omíada e abássida

140 **Concede-me a beleza de Teu rosto**
O sufismo e a tradição mística

A IDADE DE OURO DO ISLÃ
756–1526

150 **Todo muçulmano tem o dever de buscar conhecimento**
A Casa da Sabedoria

152 **Não há conflito entre o islã e a ciência**
Os primeiros cientistas modernos

156 Não nos envergonhemos de admitir a verdade
Os primórdios da filosofia islâmica

158 Equilibrando a equação
Os algarismos arábicos e o *al-jabr*

162 Não reparam, acaso, no firmamento que está acima deles?
Aplicações da astronomia

164 As pessoas precisam mais de histórias do que de pão
A corrente da tradição oral

166 O cintilante ornamento do mundo
O exemplo da Espanha islâmica

172 O conhecimento de qualquer coisa não é pleno a menos que se saibam suas causas
Avicena e *O cânone da medicina*

174 Tudo no Universo está dentro de você
A obra de Jalal al-Din Muhammad Rumi

176 A Terra é redonda como uma esfera
Mapeando o mundo islâmico

180 Que Deus conceda a vitória ao islã
As Cruzadas pela perspectiva muçulmana

182 Deus abriu o coração do rei para o islã
Divulgando o islã por meio do comércio

186 Vista o manto sagrado e reze a Deus
O califado do Império Otomano

190 A primeira criação de Deus foi a pena
A divina arte da caligrafia islâmica

192 A sombra de Deus na Terra
O Império Safávida

194 Deus é belo, e Ele ama a beleza
Arte e arquitetura islâmicas

202 Os tementes estarão [...] entre jardins
Paraíso na Terra

204 O objetivo dos adoradores de Deus é fazer avançar os próprios destinos
Império Mogol

REFORMA E RENASCIMENTO
1527–1979

210 Antes turcos do que papistas
O islã na Europa

216 Unificadores da prática islâmica
Wahabismo, ou Reforma Islâmica

218 Uma atitude problemática da Europa em relação ao islã
Orientalismo

219 Purificação pela espada
O Mahdi do Sudão

220 Fui encarregado e sou o primeiro dos que creem
As origens da Ahmadia

222 O centro de atenção não é mais o islã como religião
A ascensão do Modernismo Islâmico

224 Os Estados Unidos precisam entender o islã
Primeiros mulçumanos nos EUA

228 Contanto que não interfira na razão sã
A secularização da Turquia

232 Nossa constituição é o Alcorão
O nascimento da Arábia Saudita

238 O islã é a solução
A ascensão do islã político

242 Terra dos puros
A criação do Paquistão

248 O islã é política ou não é nada
Revolução iraniana

O ISLÃ ATUAL

256 Somos de Deus, e a Ele retornaremos
Ritos de passagem

260 As sete casas do islã
Demografia atual do islã

262 Árabes não são superiores aos não árabes
A arabização do islã global

264 Democracia e islã não são incompatíveis
Islã e democracia

266 Se disputardes sobre qualquer questão, recorrei a Deus
O estado moderno Sharia

270 Mais político do que religioso
Sunismo e xiismo no Oriente Médio moderno

272 Nada de negociações, conferências ou diálogos
Os novos extremistas

278 Aqui, as pessoas realmente vivem o islã
O islã na África

280 Muitos muçulmanos não conseguem compreender o islã
O islã na Indonésia

282 Por que tenho que provar que sou um cara legal?
Mulçumanos no Ocidente

286 Não entre em pânico, sou islâmico
A crescente onda de islamofobia

288 Minha identidade é o islã, e *umma* é minha família
O islã na era digital

290 O que os mulçumanos consomem afeta quem eles são
O mercado global de halal

291 Finanças éticas podem ser uma força para o bem
O sistema bancário islâmico

292 O islã é uma religião que empodera mulheres
Um islã feminista?

300 Bonita para Deus, não para as pessoas
O *hijab* e o *niqab*

304 As melhores pessoas são as da minha geração
Salafismo

305 O islã é uma fé progressista desde o início
Islã progressista

306 OUTRAS FIGURAS IMPORTANTES
320 GLOSSÁRIO
328 ÍNDICE
336 AGRADECIMENTOS

PREFÁCIO

No início do século VII d.C., um homem que acabara de completar 40 anos e havia crescido órfão escalou uma encosta árida e rochosa e chegou a uma caverna em um vale perto de Meca, uma importante cidade comercial e de adoração de numerosas divindades no deserto da Arábia. Ele tinha o hábito de fazer retiros em busca de contemplação e solidão. Foi lá que, um dia, ele recebeu a primeira revelação do anjo Gabriel, conhecido como Gibreel em árabe. Foi apenas uma palavra: "Lê". Tomado pelo medo e dominado pela emoção, ele respondeu: "Mas eu não sei ler". Novamente, a ordem divina se fez ouvir: "Lê". Então, milagrosamente, sem se julgar capaz, ele declamou as primeiras palavras de um novo livro sagrado. Aquele homem, Maomé, viria a tornar-se o Profeta, e a revelação iniciada na Caverna de Hira ficaria conhecida como o Alcorão, o livro sagrado do islã – a religião seguida por cerca de 1,8 bilhão de pessoas ao redor do mundo.

Penso que um dos aspectos mais profundos e reveladores do nascimento do islã é que a religião nasceu com esta primeira palavra: "Lê". Nenhum outro verbo é tão relevante e vital para a contemplação do islã do que "ler". Grande parte da minha vida nos últimos 25 anos como repórter de notícias internacionais envolveu testemunhar convulsões políticas, conflitos e tragédias humanitárias em países muçulmanos da perspectiva de um muçulmano.

Do Iraque à Indonésia, da Somália à Síria, da Bósnia ao Bangladesh, testemunhei e tentei transmitir a telespectadores de todas as religiões – e não religiosos – conflitos e mal-entendidos entre muçulmanos e o Ocidente, entre muçulmanos e não muçulmanos, e entre os próprios muçulmanos. Para isso, sempre viajo para as minhas missões levando livros. Livros como este, que você tem em mãos. Em minhas viagens pelo mundo islâmico nestas décadas turbulentas, trabalhei com diplomatas, soldados e voluntários que me disseram como seria bom ter um livro de referência que apresentasse uma explicação clara e acessível sobre os princípios do islã e a história rica e multifacetada da religião e das ideias que a inspiraram. Este livro será de grande valia tanto para muçulmanos como para não muçulmanos. As discussões sobre o florescimento da "Idade de Ouro" científica do islã e os usos da caligrafia, bem como questões sobre os direitos das mulheres no islã e a ascensão do extremismo, ajudarão a todos, muçulmanos ou não, a entender melhor a fé. Este livro parte da premissa de que todas as facetas do islã são interessantes e valiosas. E, mesmo para quem pensa que já sabe tudo da história islâmica e do mundo muçulmano, este livro ainda irá encantar e abrir portas para essa fé.

Rageh Omaar

INTROD

UÇÃO

INTRODUÇÃO

Este livro descreve as ideias fundamentais não apenas do islã, a religião, mas também de muitas das grandes civilizações, culturas e movimentos políticos e sociais islâmicos que a religião inspirou e continua inspirando.

Ao lado do judaísmo e do cristianismo, o islã é uma das três grandes religiões monoteístas do mundo. Foi fundado no início do século VII por Maomé, um mercador da cidade de Meca, na Península Arábica. Ele recebeu de Deus as revelações contidas no Alcorão, o livro sagrado do islã, e pregou os ensinamentos a um grupo crescente de seguidores. Maomé não pregou uma religião totalmente nova, mas exortou os povos oradores principalmente politeístas da Arábia a retomarem a adoração a um único Deus verdadeiro. Era o mesmo Deus da tradição abraâmica, cujos profetas anteriores foram, entre outros, Ibrahim (Abraão), Musa (Moisés) e Issa (Jesus), que os muçulmanos acreditam não ser o filho de Deus, mas um profeta. Para os muçulmanos, Maomé é o último dessa linha de profetas, tido como O Mensageiro.

As três "religiões do Livro" compartilham a crença na transitoriedade da vida terrena, na obrigatoriedade de orar e fazer boas ações, na responsabilidade perante Deus por nossas ações e na garantia de retornar a Deus no Dia do Juízo Final. Para os muçulmanos, tudo isso está descrito no Alcorão, que, com os ensinamentos e exemplos do Profeta durante sua vida, estabeleceu o modelo para uma vida no islã.

A propagação do islã

O islã é uma religião holística que integra todos os aspectos da vida. No passado, não havia no islã uma divisão entre o que o mundo ocidental chama de Igreja e Estado. Maomé e seus sucessores imediatos foram ao mesmo tempo líderes religiosos, políticos e militares. As ideias consagradas no islã espalharam-se rapidamente da Arábia para o que hoje chamamos de Oriente Médio e por todo o Norte de África. O islã avançou para a Europa, criando raízes no sul da Espanha; entrou na África pela Ásia Central e a Índia, e chegou na China. Os comerciantes muçulmanos levaram o islã para o Sudeste Asiático, onde floresceu nas ilhas e arquipélagos do Oceano Índico.

Com a expansão da religião, estudiosos, clérigos e juristas deram início a um processo de verificação e transcrição das tradições orais, definindo a identidade islâmica. Daí surgiu a lei islâmica, ou Sharia, novas práticas de interpretação do Alcorão, um calendário islâmico e muitas das tradições que definem a fé.

Alguns se opuseram à codificação da religião e seguiram uma versão própria e mais pessoal do islã, ficando conhecidos como sufistas. Também houve divergências sobre quem sucederia Maomé como líder dos muçulmanos; um grupo se separou do *mainstream* e ficou conhecido como xiitas (que em árabe significa partidários).

A idade de ouro

O islã criou grandes centros de aprendizagem dedicados ao estudo

Não dá para uma pessoa sair falando sobre muçulmanos ou o islã sem antes estudar.
Ghostface Killah
Rapper norte-americano em entrevista de 2015 para a revista Vice

INTRODUÇÃO

teológico e à formulação da lei islâmica, bem como à filosofia, medicina, astronomia e ciências. Quando o conhecimento do mundo antigo – particularmente dos gregos – estava prestes a sumir, os estudiosos islâmicos se encarregaram de preservar e desenvolver esse conhecimento. Surgiu uma sucessão de poderosos impérios islâmicos, primeiro em terras árabes, centrados em Damasco, na Síria (omíada), depois em Bagdá, no Iraque (abássida) e no Cairo, no Egito (fatímida e mameluco) e mais tarde entre povos não árabes: na Turquia (otomano), Pérsia (safávida) e Índia (mogol).

O islã nos tempos modernos

Apenas na história recente, por volta do fim do século XVII, o crescimento do islã desacelerou. Foi quando sua influência global começou a ser eclipsada pelos impérios cristãos europeus. Esses impérios começaram a colonizar países de maioria muçulmana, uma situação que só terminou em meados do século XX. Em muitos casos, o islã serviu como base para a oposição às potências coloniais e uma inspiração para movimentos nacionalistas. Na última parte do século XX, o islã ressurgiu, florescendo em todas as partes do mundo, enfrentando os desafios dos tempos modernos e mantendo-se fiel aos valores tradicionais.

Hoje, o mundo islâmico está no planeta todo. Em 2015, o Pew Research Center, que coleta dados sobre tendências globais, estimou que havia 1,8 bilhão de muçulmanos no mundo, fazendo do islã a segunda maior religião depois do cristianismo. O islã também é a religião de crescimento mais rápido do mundo. Em 2020, quase uma em cada quatro pessoas no mundo era muçulmana. O Pew Research Center estima que até 2050 o número de muçulmanos crescerá para 2,76 bilhões, ou 29,7% de toda a população global – ou seja, quase uma em cada três pessoas no mundo será muçulmana.

Em seus cerca de 1.400 anos de existência, o islã moldou a história do mundo em vários aspectos, incluindo política, cultura e espiritualidade. A influência do islã só deve crescer, e tanto os não muçulmanos quanto os muçulmanos se beneficiarão de entender melhor seus ideais.

Uma observação sobre a ortografia

O islã se originou em uma cultura de língua árabe e sua terminologia é permeada por palavras árabes. A ciência de transliterar o árabe para os caracteres latinos é imprecisa – por exemplo, o nome do Profeta pode ser escrito como Maomé, Muhammad, Maomed, Mahamad e várias outras versões. O português não tem caracteres que representem exatamente os mesmos sons das letras árabes. Neste livro usamos grafias que não causam tanta estranheza aos leitores. Além disso, usamos a palavra "Deus" em vez de "Alá", o nome árabe para Deus. ∎

O islã é objeto de muitos mal-entendidos. Os extremistas ganham as manchetes; e nós, que só queremos praticar nossa religião e viver sob as leis deste país, não somos notícia.
Sadiq Khan
Prefeito de Londres desde 2016

MAOMÉ
570–632

No século VI a.C., as terras férteis ao redor do Mediterrâneo oriental eram governadas pelo poderoso Império Bizantino, e as planícies férteis da Mesopotâmia, ao leste, alimentavam a civilização persa sassânida. Os desertos da Arábia, ao sul, eram o lar de tribos seminômades e sem líder. Disputando o controle de valiosas rotas comerciais, essas tribos viviam em guerra.

Segundo a tradição islâmica, por volta de 570, um menino nasceu em Meca, na Arábia, na tribo coraixita. O menino Maomé ficou órfão aos 6 anos e cresceu aos cuidados do tio. Tornou-se comerciante, casou-se, teve filhos e teve sucesso nos negócios. Ele costumava ir a uma caverna remota, onde gostava de meditar.

Em uma dessas ocasiões, foi visitado pelo anjo Gibreel (Gabriel), que lhe revelou a palavra de Deus.

Três anos depois, Maomé – a quem os muçulmanos costumam se referir acrescentando a frase *Sallallahu alayhi wa sallam* ("Que a paz e as bênçãos de Deus estejam sobre ele") – começou a pregar em Meca, reunindo aos poucos um grupo de seguidores. Mas sua mensagem de pureza e justiça, especialmente justiça para os pobres, e sua condenação dos costumes idólatras da elite rica, renderam-lhe muitos inimigos. Fugindo da perseguição, Maomé afastou sua comunidade de Meca e se estabeleceu em Medina, quase 340 km a norte, onde sua mensagem foi mais bem recebida. Esse êxodo é conhecido como Hégira.

Núcleo da fé

A religião pregada por Maomé ficou conhecida como "islã" ("submissão" em árabe), e seus seguidores como "muçulmanos". Foi em Medina que as crenças e rituais centrais da fé foram desenvolvidos, com base nos ensinamentos do Profeta Maomé. A base da nova fé era reconhecer que havia apenas um deus – uma ideia radical na Arábia politeísta do século VII. Os muçulmanos acreditavam que esse Deus, chamado em árabe de Alá, enviou Maomé como Seu Mensageiro Final. Deus confiou Sua mensagem a profetas anteriores, a partir de Adão, mas foi Maomé quem, no decorrer de 23 anos, recebeu a última revelação divina, contida nos ensinamentos conhecidos como Alcorão.

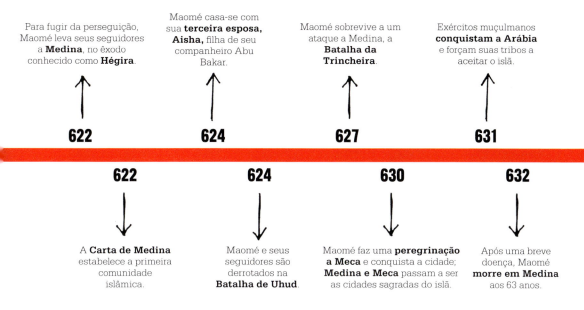

Os exemplos da vida de Maomé forneceriam a seus seguidores os cinco pilares de sua fé, começando com o reconhecimento de um único Deus e de Maomé como Seu mensageiro. Os outros pilares incluíam orações diárias, a importância de ser caridoso e a obrigatoriedade de jejuar e peregrinar a Meca.

Luta pela sobrevivência

A peregrinação já era comum entre os árabes, que tinham a tradição secular de ir até Caaba, um antigo santuário em Meca repleto de estátuas dos vários deuses adorados pelas tribos. Maomé foi expulso de Meca, entre outras razões, pela ameaça que representava ao lucrativo comércio de peregrinação. Ele continuou sendo uma ameaça mesmo de longe, e os muçulmanos de Medina foram obrigados a se armar para garantir sua sobrevivência. Após anos de luta, Maomé e seus seguidores tomaram Meca.

Ao assumir o controle de Meca, a primeira ação de Maomé foi remover os ídolos de Caaba e dedicar o santuário à adoração do Deus único. Maomé voltou a Medina, mas nos últimos anos de sua vida fez várias peregrinações a Caaba – inclusive em 632, uma ocasião reverenciada como a "Peregrinação da Despedida". Na ocasião, os muçulmanos que o acompanhavam observaram cada movimento, ato e gesto. As ações do Profeta criaram um precedente a ser seguido pelos muçulmanos do mundo todo, consagrado como o quinto pilar do islã, o *Hajj*.

Legado duradouro

Na Hégira de 622, Maomé estava à frente de uma pequena comunidade marginalizada. Na ocasião de sua morte inesperada, apenas 10 anos depois, os muçulmanos já controlavam grande parte da Península Arábica. Para as muitas tribos que já aceitavam o islã, o sucesso militar era um sinal da virtude da mensagem do Profeta e da presença invisível de Deus na comunidade muçulmana.

Muitas crenças ensinadas por Maomé não eram novas. Eram crenças que Deus havia revelado a mensageiros anteriores, mas foi necessário um profeta final para renovar a mensagem. Desse modo, o islã podia traçar suas raízes desde o primeiro profeta, Adão, e sobreviveria muito tempo depois da morte do seu último profeta, Maomé. ∎

NÃO CONHECIAS O QUE ERA O LIVRO, NEM A FÉ
ALCORÃO, 42:52

EM CONTEXTO

TEMA
Al-Jahiliyya, a Idade da Ignorância

QUANDO E ONDE
Antes do século VII d.C., Península Arábica

ANTES
Século I a.C. O domínio romano se estende pelo Mediterrâneo Oriental, incluindo a Península Arábica.

Século III d.C. O Oriente Médio é dominado pelos impérios bizantino e persa sassânida.

Século V A tribo coraixita assume o controle de Meca e seu santuário, a Caaba, e transforma a cidade em um próspero centro mercantil, atraindo peregrinos e comerciantes.

DEPOIS
570 Nasce em Meca o Profeta Maomé, da tribo coraixita, o Profeta Final que une as tribos árabes sob um único Deus.

O conceito mais importante do islã é a unidade indivisível de Deus, ou seja, o monoteísmo. Toda a fé de um muçulmano repousa sobre esse conceito.

Quando Maomé começou a pregar o islã, em 613 d.C., foi essa ideia central de unidade que uniu seus seguidores. Em contraste com essa mensagem, as tribos árabes da época estavam divididas, sem liderança, fracas e adorando vários deuses. Nas palavras do Alcorão, eram "divindades que nada podem criar, posto que elas mesmas foram criadas. E não podem prejudicar nem beneficiar a si mesmas, e não

A Península Arábica na era anterior ao islã era um vácuo político entre dois grandes impérios em guerra, com o que sobrou de uma outrora grande civilização ao sul.

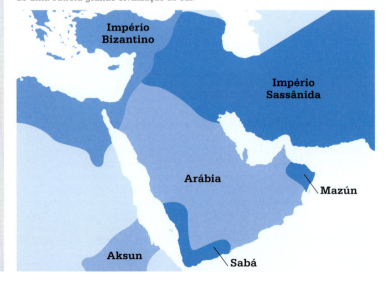

O Profeta extirpou as práticas da *jahiliyya* uma a uma.
Abul Ala Mawdudi

dispõem da morte, nem da vida" (25:3). Antes do islã, dizia-se que os árabes viviam na *al-Jahiliyya*, a "Idade da Ignorância".

Potências pré-islâmicas
Nos séculos anteriores ao nascimento de Maomé, a Península Arábica estava cercada pelo Império Bizantino cristão a noroeste e pelo Império Persa sassânida a leste. Esses dois titãs imperiais lutavam pelo poder.

No sul da península, a rica e fértil Sabá (atual Iêmen) era um dos centros de civilização mais antigos da região, com uma história complexa, mas no século VI o grande reino havia se desintegrado. Entre essas três potências, estendia-se a vasta faixa da Arábia Central, formada em grande parte por um deserto agreste. Sua escassa população era composta por tribos árabes nômades que viviam em guerra entre si e subsistiam controlando as rotas comerciais que cruzavam a região.

Religiões pré-islâmicas
Comunidades de cristãos, judeus e zoroastristas habitavam a Arábia antes do século VII, mas os árabes do deserto desconfiavam dessas religiões, que se associavam às potências imperiais. Embora os árabes tivessem pouco tempo para sua própria religião formal – eram leais a suas tribos –, havia locais que consideravam sagrados. Eram santuários associados a divindades específicas. Entre os deuses adorados por eles estavam o deus supremo al-Ilah e suas filhas, as

Este altar de mármore à deusa al-Lat, representada com seu leão sagrado, é datada do século II d.C., no templo de Bel (ou Baal) em Palmyra, Síria.

deusas al-Lat, al-Uzza e Manat. Um importante santuário dedicado a al-Ilah foi a Caaba, perto do poço de Zamzam, em Meca.

Nessa época, muitos árabes haviam abandonado a vida nômade. No século IV, por exemplo, duas tribos do Iêmen estabeleceram-se no oásis de Yathrib, que viria a ser conhecido como Medina, onde se dedicaram à agricultura. A tribo dos coraixitas estabeleceu-se ao redor de Meca no fim do século V. Dedicaram-se ao comércio e à criação de gado e criaram uma cidade próspera e de grande riqueza. Mas, segundo historiadores islâmicos, o que faltava a essas tribos era um modo de vida moral e ético. Isso só mudaria quando Maomé começou a receber revelações no início do século VII e empreendeu a missão de disseminar a profecia. ■

A *jahiliyya* moderna

O conceito da *jahiliyya* não se restringe à Arábia pré-islâmica. Muitos reformadores islâmicos aplicaram o rótulo de *jahiliyya* a muitas coisas no início e meados do século XX, irritados com a influência ocidental e com a maneira como muitos muçulmanos a imitavam e eram cativados por ela.

Foi o escritor islamista Abul Ala Mawdudi (1903–79), do Paquistão, quem cunhou o termo "*jahiliyya* moderna", que caracterizou como "a nova barbárie", incompatível com o islã. O reformista islâmico egípcio Sayyid Qutb (1906–66) usou o termo em seu comentário sobre o Alcorão: "Os homens – em qualquer época e em qualquer lugar – ou são governados pela lei de Deus [...] ou são governados por uma lei inventada pelos homens [...] Neste caso, estão em *jahiliyya*". Para Qutb, *jahiliyya* era o "domínio dos homens pelos homens", tornando-os servos uns dos outros em vez de servos de Deus.

MAOMÉ É O DERRADEIRO DOS PROFETAS DE DEUS

ALCORÃO, 33:40, E VÁRIOS *AHADITH*

MAOMÉ, O PROFETA

EM CONTEXTO

TEMA
Maomé, o Profeta

QUANDO E ONDE
570–632 d.C., Arábia

ANTES
c. 2000–1500 a.C. Na Bíblia, Deus faz uma aliança com o patriarca Abraão, que seria reconhecido pelo islã como um dos primeiros profetas.

c. séculos XIV–XII a.C. Na tradição judaica, cristã e muçulmana, o profeta Moisés recebe mandamentos de Deus no Monte Sinai.

c. século I d.C. Jesus prevê a vinda de um mensageiro final de Deus.

DEPOIS
Século XIX Na Índia, Mirza Ghulam Ahmad diz ser um profeta trazendo uma nova mensagem para reformar o islã.

Segundo a tradição islâmica, por volta de 582 d.C., Bahira, um eremita cristão que vivia no deserto da Síria, notou um menino que viajava em um comboio de camelos. Depois de conversar com ele, Bahira concluiu que o menino tinha o sinal da profecia. Ele estava destinado à grandeza, disse Bahira aos tutores do garoto, e deveria ser orientado. O menino era Maomé. Ele se tornaria o profeta do islã e, segundo os muçulmanos, o Mensageiro Final de Deus.

Maomé nasceu em 570 d.C. em Meca, no clã Banu Hashim da tribo dos coraixitas. O pai faleceu antes de seu nascimento e a mãe quando Maomé tinha 6 anos. Seu avô, Abd al-Muttalib, cuidou do neto até morrer, quando Maomé tinha 8 anos. A partir daí, ele foi criado pelo tio, Abu Talib. Eles viviam em condições precárias e Maomé trabalhava com o tio como mercador itinerante. Casou-se e teve filhos, sendo conhecido por sua bondade para com os pobres, mas, fora isso, Maomé levava uma vida normal.

O anjo Gibreel apareceu a Maomé para revelar versículos do Alcorão. Gibreel podia assumir a forma de um homem, mas também transmitia revelações só com a voz.

O anjo diz: "Lê"

Maomé costumava ir a uma caverna em Jabal al-Nur (Montanha de Luz) no Vale de Meca para meditar por dias a fio. Em 610, na 27ª noite do atual Ramadan (o nono mês do calendário islâmico), ele foi despertado na caverna por uma presença divina. Segundo a tradição, tratava-se do anjo Gibreel. O anjo apenas ordenou: "Lê!".

Maomé, confuso, retrucou: "Mas eu não sei ler". O anjo abraçou

Khadija

Khadija bint Khuwaylid foi a primeira esposa do Profeta Maomé. Nasceu em Meca entre 555 e 567 d.C. Depois de enviuvar, tornou-se uma próspera comerciante, supervisionando um grande contingente de caravanas que negociavam com a Síria e o Iêmen. Contratou Maomé para acompanhar uma de suas caravanas e ouviu relatos sobre a maneira honrosa como Maomé conduziu os negócios, obtendo o dobro dos lucros esperados. Ela lhe propôs casamento. Apesar de ela ter 40 anos e Maomé ser quinze anos mais novo que ela, ele aceitou a proposta.

Khadija foi a única esposa de Maomé até a morte dela, em 619 (seu mausoléu, na foto, esteve em Meca até 1925). A quantidade de filhos que tiveram é contestado, mas se estima que foram entre seis e oito, dos quais apenas quatro sobreviveram até a idade adulta. Embora Maomé tenha se casado mais dez vezes, ele manteve sua devoção a Khadija, e até hoje ela é conhecida pelos muçulmanos como a "Mãe dos Crentes".

Ver também: *Al-Jahiliyya*, a Idade da Ignorância 20–21 ▪ Os Cinco Pilares do Islã: *sawm* 46–49 ▪ Compilando o Alcorão 64–69 ▪ A composição do Alcorão 70–75 ▪ Tolerando outras crenças 80–81 ▪ Palavras e ações do Profeta 118–123

Maomé e voltou a lhe ordenar que lesse. Isso se repetiu três vezes antes de Maomé perguntar: "O que devo ler?". Gibreel respondeu com a primeira revelação, que hoje são os cinco primeiros versículos da surata (capítulo) 96 do Alcorão:

Lê, em nome do teu Senhor Que criou; Criou o homem de algo que se agarra (coágulo).
Lê, que o teu Senhor é o mais Generoso, Que ensinou através da pena, Ensinou ao homem o que este não sabia.

Outra passagem do Alcorão (53:3-10) narra o encontro de Maomé com o anjo Gibreel e demonstra que o Profeta não proclamou as suas próprias palavras, mas apenas aquelas que lhe foram transmitidas por Deus:

Nem fala por capricho. Isto não é senão a inspiração que lhe foi revelada. Que lhe transmitiu o fortíssimo (Gabriel). O sensato, o qual lhe apareceu (em sua majestosa forma)
Então, chegou bem perto, Até a uma distância de dois arcos (de atirar setas), ou menos ainda. E revelou ao Seu servo o que Ele lhe havia revelado.

Medo de estar enlouquecendo

Maomé ficou aterrorizado. Ele temia ter sido possuído por um *djinn*, um espírito maligno. Começou a subir a montanha, com a intenção de se atirar para a morte, mas na encosta da montanha ele teve outra visão. Sentiu uma presença majestosa e imponente que preenchia todo o horizonte. Ouviu uma voz dizendo: "Ó Maomé! Tu és o mensageiro de Deus e eu sou Gibreel".

Maomé voltou para casa e, ainda aterrorizado, contou a Khadija o que havia acontecido. Ela o tranquilizou e o levou para consultar seu primo Waraka, um sacerdote da fé cristã nestoriana e bem versado nas escrituras. Waraka ouviu Khadija e disse: "Se me disseste a verdade, ó Khadija, veio a ele a grande Lei que veio a Moisés; ele certamente é o profeta deste povo".

Estudiosos islâmicos acreditam que mais dez revelações foram feitas a Maomé nos dois anos seguintes, mas que inicialmente não foram reveladas »

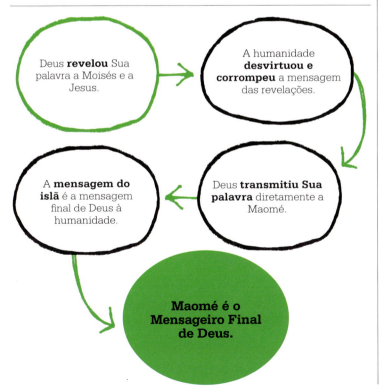

- Deus **revelou** Sua palavra a Moisés e a Jesus.
- A humanidade **desvirtuou e corrompeu** a mensagem das revelações.
- Deus **transmitiu Sua palavra** diretamente a Maomé.
- A **mensagem do islã** é a mensagem final de Deus à humanidade.
- Maomé é o Mensageiro Final de Deus.

> Assim também escolhemos, dentre vós, um Mensageiro de vossa raça para vos recitar Nossos versículos, purificar-vos [...]
> **2:151**

ao público. Segundo os especialistas islâmicos, Maomé passou esses anos muito angustiado, tendo chegado a contemplar o suicídio.

Foi quando ele recebeu outra revelação, que o tranquilizou:

Pelas horas da manhã,
E pela noite, quando é serena,
Que o teu Senhor não te abandonou, nem te odiou.
E sem dúvida que a Outra Vida será melhor para ti, do que a presente;
Logo o teu Senhor te agraciará, de um modo que te satisfaça.
Porventura, não te encontrou órfão e te amparou?
Não te encontrou extraviado e te encaminhou?
Não te achou necessitado e te enriqueceu?
Portanto, não maltrates o órfão,
Nem tampouco repudies o mendigo,
Mas divulga a mercê do teu Senhor, em teu discurso.

Essa revelação, que constitui o capítulo 93 do Alcorão, convenceu Maomé de que ele havia sido escolhido por Deus para ser o profeta.

> Maomé [...] o Mensageiro de Deus e o derradeiro dos profetas.
> **33:40**

Uma religião chamada islã

Por volta de 613, Maomé começou a pregar aos cidadãos de Meca, em grande parte membros de sua própria tribo, os coraixitas. Sua mensagem inicial era simples. Com base no tradicional código de honra árabe, os ensinamentos do Profeta concentraram-se em mensagens sociais claras: levar uma vida frugal, ajudar os pobres e ser generoso na divisão da riqueza para o bem da comunidade.

Ele também queria conscientizar os coraixitas da bondade de Deus. Deus criou o homem e o Universo e o homem deveria orar regularmente a Deus para manter a ordem. Esse Deus foi identificado como al-Ilah, o Deus Supremo dos Árabes, adorado na Caaba, em Meca. Os coraixitas deveriam abandonar a adoração de todos os outros deuses.

A mensagem de Maomé acabou ficando conhecida como islã, da palavra árabe para "submissão", uma referência ao ato de submissão que os seguidores deveriam demonstrar a Deus. Os seguidores do islã ficaram conhecidos como muçulmanos, que significa "aqueles que se submetem".

Os primeiros muçulmanos

Khadija, a esposa de Maomé, aceitou a verdade das revelações do anjo desde o início e é considerada a primeira muçulmana. O tio de Maomé, Abu Lahab rejeitou a nova religião, mas outros parentes se converteram, incluindo o primo de Maomé, Ali ibn Abi Talib. Outro dos primeiros convertidos foi um amigo da família, Abu Bakar, um homem influente em Meca, que conseguiu atrair muitos jovens seguidores à nova religião. Tanto Ali quanto Abu Bakar teriam papéis importantes no desenvolvimento do islã.

As revelações recebidas por Maomé atendiam a uma necessidade dos árabes. Deus enviara aos judeus e aos cristãos

Peregrinos muçulmanos visitam a Caverna de Hira em Jabal al-Nur, no Vale de Meca (atual Arábia Saudita), onde Maomé recebeu sua primeira revelação do anjo Gibreel.

Como o Profeta do islã, o nome de Maomé é glorificado na caligrafia que adorna as superfícies de mesquitas e outros edifícios religiosos.

No coração do muçulmano está o lar de Maomé.
Muhammad Iqbal
Filósofo indiano (1877–1938)

seus profetas e escrituras (a Bíblia e a Torá), mas até então os árabes não tinham o próprio profeta. Maomé recebeu para seu povo uma mensagem de Deus na língua árabe.

O derradeiro mensageiro

Maomé passou o resto da vida recebendo revelações. Nem todas eram acompanhadas de um espetáculo como a aparição de Gibreel na caverna. Era mais comum elas virem ao Profeta, como se ele estivesse em transe. Nem sempre as revelações vinham em palavras e muitas vezes vinham em visões. Segundo o Profeta, não foi um processo fácil. Certa vez, declarou: "Nunca recebi uma revelação sem pensar que minha alma havia sido arrancada de mim".

O conteúdo das revelações variava muito, desde questões espirituais até regras para o estabelecimento e expansão de uma nova comunidade. Com o tempo, porém, dois elementos passaram a dominar a mensagem. O primeiro foi que há apenas um Deus. Esse monoteísmo (crença em um Deus único) contrastava com o politeísmo comum em Meca, onde centenas de deuses eram adorados. O segundo elemento foi que as revelações, que ficariam conhecidas como Alcorão ("recitações"), eram a mensagem de Deus enviada à humanidade através de Maomé.

Assim, Maomé apresentou o islã como a continuação das revelações de Deus e não como uma nova religião com uma nova escritura sagrada. Os judeus e os cristãos já tinham escrituras sagradas que lhes foram reveladas, mas as tinham corrompido. Uma mensagem final era necessária. Maomé é o Selo (o último) dos Profetas e o Mensageiro Final. ∎

Fontes históricas sobre Maomé

Embora seja a base do islã, o Alcorão não diz muito sobre seu profeta – Maomé só é mencionado pelo nome quatro vezes – além de sua excelência moral. Por isso os muçulmanos consultam textos secundários, que incluem os *ahadith* (plural de *hadith*), relatos de pessoas próximas sobre as palavras e ações de Maomé, e os *al-siyar* (plural de *al-sira*), relatos de eventos da vida de Maomé, como expedições militares e tratados políticos.

Com base nessas fontes, quatro historiadores do período islâmico clássico escreveram sobre a vida de Maomé. O primeiro foi Muhammad ibn Ishaq (704–68), que escreveu menos de um século depois da morte do Profeta. Embora os relatos tenham histórias milagrosas, eles não são isentos de crítica. Relatos da terceira esposa de Maomé, Aisha, por exemplo, incluem comentários contundentes sobre o marido.

VOSSO SANGUE SERÁ MEU SANGUE

PROFETA MAOMÉ, SEGUNDO PACTO DE AQABA

EM CONTEXTO

TEMA
Hégira, a fuga de Meca

QUANDO E ONDE
622, Meca

ANTES
610 Durante um retiro espiritual em Jabal al-Nur, Maomé recebe a primeira revelação do anjo Gibreel.

613 Maomé começa a pregar a palavra de Deus ao povo de Meca, que, enfurecido, persegue o Profeta e seus seguidores.

DEPOIS
630 Após anos de guerra, Meca se submete aos conquistadores muçulmanos comandados por Maomé. Como Medina, Meca se torna uma cidade sagrada do islã. O islã se expande para se tornar a religião de toda a Península Arábica.

Por volta de 613, Maomé reivindicou para si a autoridade de um profeta, ou um enviado de Deus. Também a do Mensageiro Final de Deus – nomeado no Alcorão como "o Selo", ou o último dos profetas a quem Deus deu Sua revelação. Sua missão era pregar o monoteísmo – a adoração do único Deus verdadeiro – e levar as pessoas a retomarem a "crença correta".

Seus seguidores, que viriam a ser conhecidos como muçulmanos, reuniam-se em torno do Profeta para ouvir e recitar as revelações divinas que ele havia recebido – o Alcorão – e para conhecer a nova mensagem do islã.

Ver também: Maomé, o Profeta 22–27 ▪ A *umma*, a comunidade do islã 32–33 ▪ A Caaba em Meca 34–35 ▪ Os Cinco Pilares do Islã: *salat* 42–43

> Em **Meca**, Maomé converte um **pequeno grupo**, os **muçulmanos** ou "aqueles que se submetem a Deus".

⬇

> A maioria dos habitantes de Meca se ressente de Maomé, e **ele e seus seguidores são perseguidos**.

⬇

> Um grupo de **Medina adota o islã** e convida Maomé para a cidade.

⬇

> **Maomé foge de Meca** e, perseguido pela tribo dos coraixitas, chega a **Medina**.

⬇

> A Hégira – a fuga de Maomé para Medina – marca o início do calendário muçulmano.

Jornada Noturna

A famosa Jornada Noturna de Maomé, mais ou menos na mesma época da Hégira, é brevemente mencionada no Alcorão: "Glorificado seja Aquele que, durante a noite, transportou o Seu servo, tirando-o da Sagrada Mesquita (em Meca) e levando-o à Mesquita de Alacsa (em Jerusalém), cujo recinto bendizemos, para mostrar a ele alguns dos Nossos sinais [...]" (17:1).

Ibn Ishaq, biógrafo do Profeta, e vários *ahadith* dão mais detalhes. Descrevem uma viagem noturna milagrosa (a *isra*) de Meca a Jerusalém em um cavalo alado chamado Buraq. Lá, ele ascendeu ao céu (o *miraj*), onde conheceu muitos dos grandes profetas. Teve uma visão velada de Deus, que ordenou que os muçulmanos orassem 50 vezes por dia. O Profeta pediu uma obrigação mais branda e o número foi reduzido para cinco orações diárias.

A história consolida a importância de Jerusalém como um local sagrado do islã, explica as cinco orações diárias exigidas dos muçulmanos e confirma a natureza de Maomé como um guia espiritual.

Resistência à mensagem

Tirando a comunidade inicial de fiéis, muitos habitantes de Meca ressentiram-se das críticas de Maomé às injustiças de sua sociedade. Maomé dizia que a virtude e a moralidade estavam sendo negligenciadas, particularmente no que diz respeito aos pobres e marginalizados.

Também condenou a indiferença aos ensinamentos dos profetas anteriores e a idolatria praticada na Caaba e convocou os habitantes de Meca a voltar a adorar o Deus único. Na época, a Caaba era o santuário mais importante da Arábia e um centro de peregrinação. Como tal, a Caaba e seu panteão politeísta de deuses dava à cidade status e riqueza resultantes das taxas cobradas dos peregrinos. O ataque de Maomé ao politeísmo de Meca ameaçou uma importante fonte de renda.

Maomé e seus seguidores eram vistos pela maioria dos habitantes de Meca com suspeita e até ódio. Os muçulmanos foram perseguidos por suas crenças. Foi difícil sobreviver e alguns até foram mortos. Segundo a tradição, um grupo de muçulmanos deixou Meca em 615 e se refugiou no reino cristão de Aksum, do outro lado do Mar Vermelho, na atual Etiópia. »

HÉGIRA, A FUGA DE MECA

Salman al-Farsi foi o primeiro persa convertido ao islã. Antes um zoroastrista, ele questiona os mercadores coraixitas sobre a nova religião nesta pintura do século XVI.

Os muçulmanos foram bem recebidos em Aksum e tiveram uma audiência com o rei. Quando o rei perguntou se traziam alguma coisa de Deus, um deles recitou uma passagem do Alcorão sobre Maria, mãe de Jesus. Reconhecendo seus paralelos com os Evangelhos, o rei chorou. Os refugiados muçulmanos receberam segurança em Aksum, mas em 622 muitos retornaram para se unir a Maomé e à comunidade muçulmana original em Meca. Outro grupo seguiu o mesmo caminho, retornando a Medina em 628.

Um pacto com Medina

Os muçulmanos que ficaram em Meca continuaram enfrentando perseguições e ameaças de morte. Eles se refugiaram em Taif, cidade vizinha, mas um convite da cidade de Medina mostrou-se mais promissor. Ao visitar Medina em 620, Maomé encontrou-se com um pequeno grupo de muçulmanos. Esses novos muçulmanos regressaram a Meca em peregrinação no ano seguinte, levando consigo novos convertidos. Contaram a Maomé que a comunidade estava crescendo em Medina e prometeram segui-lo e à mensagem que ele pregava. Esse acordo ficou conhecido como o Primeiro Pacto de Aqaba (a colina ao norte da cidade, onde o encontro ocorreu).

Em 622, um grupo maior de muçulmanos peregrinou a Meca. Esse grupo também conversou com Maomé, prometeu-lhe apoio e o convidou a se refugiar em Medina. Não foi uma decisão fácil. Partir seria abandonar seu próprio sangue, a tribo coraixita, e aliar-se a uma tribo ou tribos rivais. Para os árabes, isso beirava a traição.

Maomé buscou garantias de que ele e seus seguidores receberiam o mesmo tratamento que os medinenses. Estes, por sua vez, perguntaram se, após migrar para Medina, Maomé permaneceria leal a eles caso Deus lhe concedesse sucesso. Segundo o poeta Kaab ibn Malik al-Ansari, um de seus companheiros, Maomé respondeu: "Vosso sangue será meu sangue. Na vida e na morte, estarei convosco e vós comigo".

O pacto subsequente que os medinenses firmaram com Maomé ficou conhecido como o Segundo Pacto de Aqaba. Os medinenses que firmaram o pacto ficaram conhecidos como os *ansar*, ou ajudantes.

Assassinato fracassado

Agora, com seguidores em Medina, os pactos e uma revelação divina lhe dando permissão para migrar para Medina, Maomé poderia fugir de Meca. Os primeiros a fugir foram cerca de 70 muçulmanos e suas famílias.

Mas, em Meca, os coraixitas, da tribo de Maomé, ficaram indignados com a aliança que ele firmara com os muçulmanos de Medina. Então planejaram um ataque à sua casa para assassiná-lo. Os opositores passaram a noite ao redor da casa do Profeta, à espera de uma oportunidade.

Mas Maomé tinha sido alertado. Seu primo (e futuro genro) Ali ibn Abi Talib deitou-se na cama do Profeta e Maomé escapou pela janela. Foi só na manhã seguinte que os assassinos perceberam que haviam sido enganados. Irritados, os coraixitas ofereceram uma recompensa de 100 camelos a quem conseguisse capturar o Profeta e seu braço direito, Abu Bakar, vivos ou mortos.

A Hégira
Enquanto os fugitivos passavam três dias escondidos em uma caverna antes de partir para Medina, os coraixitas os procuravam por toda a Arábia. Um perseguidor, Suraqa ibn Malik, localizou Maomé e Abu Bakar, mas, ao se aproximar deles, seu cavalo tropeçou e caiu. Suraqa voltou a montar, mas dessa vez o casco do cavalo ficou preso na areia. Perto o suficiente para atirar uma flecha, Suraqa não conseguiu fazê-lo. Ocorreu-lhe que Deus realmente poderia estar do lado de Maomé e Abu Bakar e que eles sairiam vitoriosos de qualquer maneira. Reconhecendo a derrota, Suraqa desistiu.

Enquanto isso, os muçulmanos que já haviam migrado para Medina aguardavam ansiosamente a chegada de Maomé. Segundo *ahadith* compilados pelo estudioso do século IX, Muhammad al-Bukhari, um judeu, subiu no telhado de sua casa e viu o Profeta e seus companheiros à distância, no deserto. Ele gritou: "Ó vocês, árabes! Lá está o grande homem que vocês estavam esperando!". Maomé passou três dias acampado no oásis de Medina e entrou na cidade.

Assim, em 622, Maomé e os seus seguidores concluíram a jornada a Medina. A mudança de Meca para Medina foi tão importante que, para os muçulmanos, a Hégira marca o ano zero no calendário islâmico. ∎

Mas quem migrar pela causa de Deus, achará, na terra, amplos e espaçosos refúgios.
4:100

Em 623, logo após a Hégira, os muçulmanos construíram sua primeira grande mesquita em Medina, representada neste azulejo do século XVI do Cairo, Egito.

SOIS A MELHOR NAÇÃO QUE SURGIU NA HUMANIDADE
ALCORÃO, 3:110

EM CONTEXTO

TEMA
A *umma*, a comunidade do islã

QUANDO E ONDE
622–30, Medina

ANTES
612–13 Maomé prega a palavra de Deus em Meca e ele e seus seguidores são perseguidos.

622 Maomé e seguidores são convidados a Medina, onde são recebidos por muçulmanos convertidos.

DEPOIS
630 Meca agora é uma cidade islâmica e os exércitos de Maomé partem para conquistar o resto da Arábia.

632 Maomé morre e a liderança da comunidade islâmica é assumida por seu braço direito, Abu Bakar. Ele e os califas Rashidun subsequentes expandem o alcance do islã ao redor da bacia oriental do Mediterrâneo.

Inicialmente, a *umma* são **todas as pessoas**, a quem Deus enviou Seu Profeta Maomé.

Em Medina, a *umma* torna-se a comunidade religiosa composta pelo **Povo do Livro**.

Após o retorno de Maomé a Meca, a *umma* evolui para se referir especificamente à **comunidade muçulmana**.

Logo depois de se estabelecer em Medina, Maomé iniciou a tarefa de unificar tribos rivais e consolidar sua autoridade. Formou-se uma comunidade distinta, conhecida como *umma*, tendo Maomé como o líder e árbitro dos conflitos. Inicialmente a *umma* incluía não muçulmanos e era mais uma entidade política do que uma instituição estritamente religiosa. Depois o conceito seria redefinido para significar apenas a comunidade islâmica.

Apesar de Maomé ter sido bem recebido em Medina e de sua liderança forte, nem todas as comunidades da cidade aceitaram sua mensagem ou seguiram sua liderança. Os muçulmanos também enfrentaram ataques das tribos de Meca.

Maomé retaliou organizando ataques às caravanas de camelos de Meca, uma estratégia que

MAOMÉ

Ver também: Hégira, a fuga de Meca 28–31 ▪ Os Cinco Pilares do Islã: *Hajj* 50–55 ▪ Um sucessor para o Profeta 102–103 ▪ Os califas bem guiados 104–107

Sempre que surgir uma controvérsia que possa causar problemas [...] ela será encaminhada a Deus e a Maomé.
Carta de Medina

teve o benefício adicional de fornecer recursos à nova comunidade muçulmana.

Em 624, o que começou com um ataque às caravanas transformou-se na Batalha de Badr, da qual Maomé e seus seguidores saíram vitoriosos. O Alcorão atribui a vitória à ajuda divina: "Sem dúvida que Deus vos socorreu, em Badr, quando estáveis em inferioridade de condições" (3:123). Como o versículo 3:13 relata,

Tivestes um exemplo nos dois grupos que se enfrentaram: um combatia pela causa de Deus e o outro, incrédulo, via com os seus próprios olhos o (grupo) crente, duas vezes mais numeroso do que na realidade o era; Deus reforça, com Seu socorro, quem Lhe apraz. [...]

Em 624, os muçulmanos voltaram a combater Meca na Batalha de Uhud. Quando os muçulmanos saíram de formação para perseguir alguns coraixitas, foram flanqueados e muitos morreram. Até Maomé sofreu ferimentos graves e foi forçado a recuar com os outros sobreviventes.

Um retorno a Meca
Em 628, após Meca sitiar Medina e ser repelida duas vezes, foi assinado o Tratado de Hudaibiya, impondo uma trégua de dez anos e permitindo aos muçulmanos fazer peregrinações a Meca.

Mas, por volta de 630, Maomé usou seu poder militar e dominou Meca com facilidade. A intenção não era punir os coraixitas, mas abolir a adoração dos falsos deuses. Ele cavalgou até Caaba, deu sete voltas ao seu redor gritando "Allahu akbar!" (Deus é grande) e quebrou todos os ídolos do santuário.

Isso simbolizou a vitória final do islã. A partir daí, a mensagem de um retorno ao monoteísmo, em uma comunidade escolhida por Deus, se espalharia pelo mundo todo. ∎

A comunidade muçulmana constrói uma mesquita em Medina em 622. A Mesquita de Quba é visitada até hoje por peregrinos depois do *Hajj*.

Ó coraixitas, este é Maomé, que veio até vós com uma força à qual não tendes como resistir.
Abu Sufyan
Líder coraixita em Meca, 630

A Carta de Medina

Ao chegar a Medina em 622, Maomé dedicou-se a acabar com os combates intertribais e estabelecer a igualdade entre seus seguidores sob a Carta de Medina. O texto declara que o documento é "um livro do Profeta Maomé a ser aplicado pelos muçulmanos [...] e aqueles que podem lutar ao seu lado", e contém afirmações como: "Ao judeu que nos seguir é garantida ajuda e igualdade". As nove tribos reunidas sob a carta constituiriam a "*umma* distinta de todos os povos", uma comunidade que teria cerca de 10 mil membros.

Segundo o tratado, a autoridade de Maomé vinha diretamente de Deus, ao contrário de outros que poderiam tentar reivindicar o poder. Ele arbitrava conflitos entre os grupos do tratado e, sob a sua liderança, muitos se converteram ao islã.

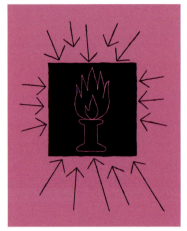

ORIENTAÇÃO PARA A HUMANIDADE
ALCORÃO, 3:96

EM CONTEXTO

FONTE
A Caaba em Meca

QUANDO E ONDE
624–30, Meca

ANTES
c. **2000–1500 a.C.** Abraão é instruído por Deus a criar as bases de um local de culto.

Século IV a.C. em diante
No Império Nabateu, a Caaba é dedicada a uma divindade do norte da Arábia chamada Hubal.

Século V d.C. Os coraixitas controlam Meca e a Caaba é um local de peregrinação para tribos árabes que adoram vários deuses.

DEPOIS
630 em diante A Caaba é o santuário mais sagrado do islã, ao qual todas as orações são dirigidas, e foco da peregrinação anual do *Hajj*.

O Alcorão revela que Ibrahim (Abraão) e seu filho Ismail (Ismael) foram instruídos por Deus a lançar as bases da Caaba e purificá-la como um local de culto (2:125–127). Por isso a Caaba também é conhecida em árabe como *Beit Allah*, ou a Casa de Deus. Mas, além de passagens do Alcorão, são raras as evidências históricas sobre as origens da Caaba.

Os primeiros comentaristas do Alcorão sugeriram que a Caaba fosse um local de adoração usado por anjos antes da criação do homem e que um local de adoração foi construído ali por Adão e Eva e foi perdido no dilúvio da época de Noé. Sabemos que, antes do islã, a Caaba era considerada o santuário mais importante das tribos árabes da região. O santuário era rodeado por 360 ídolos, que poderiam ser a representação do número de tribos que ali chegaram.

Resgatando a Casa de Deus
No canto leste do santuário ficava a Pedra Negra sagrada, venerada como enviada do céu. Em 605, após um grande incêndio, a tribo coraixita que governava Meca reconstruiu a Caaba. Os cinco clãs da tribo não conseguiram chegar a um acordo sobre quem deveria receber a honra de recolocar a Pedra Negra. Segundo a tradição, Maomé foi convidado a arbitrar; ele ordenou que a pedra fosse colocada sobre um pano e instruiu os cinco líderes do clã a segurarem o pano e posicionarem a pedra juntos.

Depois que o Profeta removeu os ídolos da Caaba em 630, ela pôde servir como ponto focal do culto muçulmano. A Caaba direcionava as orações ao único Deus verdadeiro e fundamentou o islã no monoteísmo sagrado de Abraão.

A primeira Casa (Sagrada) erigida para o gênero humano [...] servindo de orientação para a humanidade.
3:96

MAOMÉ 35

Ver também: *Al-Jahiliyya*, a Idade da Ignorância 20–21 ▪ A *umma*, a comunidade do islã 32–33 ▪ Os Cinco Pilares do Islã: *Hajj* 50–55 ▪ O nascimento da Arábia Saudita 232–237

Quando Abraão e Ismael levantaram os alicerces da Casa, exclamaram: Ó Senhor nosso, aceita-a de nós, pois Tu és Oniouvinte, Sapientíssimo.
2:127

A estrutura da Caaba

A Caaba é feita de granito e tem o formato aproximado de um cubo, com paredes de cerca de 12 metros de altura e largura. Uma cobertura inclinada permite o escoamento da água da chuva. Uma porta na fachada nordeste é usada duas vezes por ano por membros da tribo guardiã Bani Shaiba para a cerimônia de limpeza do interior em grande parte vazio.

A Caaba fica no centro da Masjid al-Haram, a Mesquita Sagrada construída para abrigar o santuário. Em 624, uma revelação divina ordenou que a *qibla*, a direção à qual os muçulmanos se voltam para orar, fosse alterada do Nobre Santuário em Jerusalém para a Caaba. A Caaba tem um significado especial no *Hajj*, a peregrinação anual, já que os muçulmanos não apenas se voltam para ela em oração como também a circundam sete vezes para glorificar a Deus. Por essas razões, a Caaba e a cidade de Meca são consideradas juntas o local mais sagrado do islã. ▪

O *kiswa*

Para honrar a Casa de Deus, a estrutura de pedra da Caaba é coberta com um pano conhecido em árabe como *kiswa*. É uma tradição que precede o islã e foi mantida após a captura de Meca pelos muçulmanos em 630 – diz-se que Maomé mandou cobrir a Caaba com um pano branco iemenita.

Hoje em dia, 200 trabalhadores de uma fábrica em Meca fazem um novo *kiswa* todos os anos para o *Hajj*. Custando quase US$ 5 milhões, é feito de seda preta forrada com algodão e adornada com versos do Alcorão bordados com fios de ouro e prata. Grande parte do trabalho ainda é artesanal, mas máquinas e computadores ajudam a acelerar a produção.

O novo *kiswa* envolve a Caaba no segundo dia do *Hajj*, enquanto os peregrinos se dirigem ao Monte Arafat. No final do *Hajj*, o *kiswa* é removido e cortado em pedaços que são distribuídos entre alguns indivíduos honrados e dignitários.

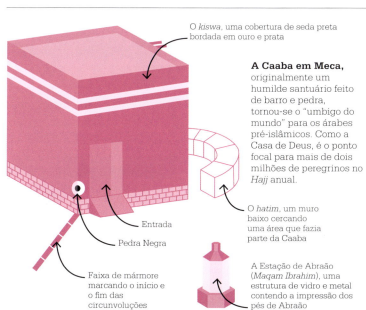

O *kiswa*, uma cobertura de seda preta bordada em ouro e prata

A Caaba em Meca, originalmente um humilde santuário feito de barro e pedra, tornou-se o "umbigo do mundo" para os árabes pré-islâmicos. Como a Casa de Deus, é o ponto focal para mais de dois milhões de peregrinos no *Hajj* anual.

O *hatim*, um muro baixo cercando uma área que fazia parte da Caaba

A Estação de Abraão (*Maqam Ibrahim*), uma estrutura de vidro e metal contendo a impressão dos pés de Abraão

Entrada

Pedra Negra

Faixa de mármore marcando o início e o fim das circunvoluções

NÃO EXISTE DIVINDADE
EXCETO O DEUS ÚNICO
PROFETA MAOMÉ

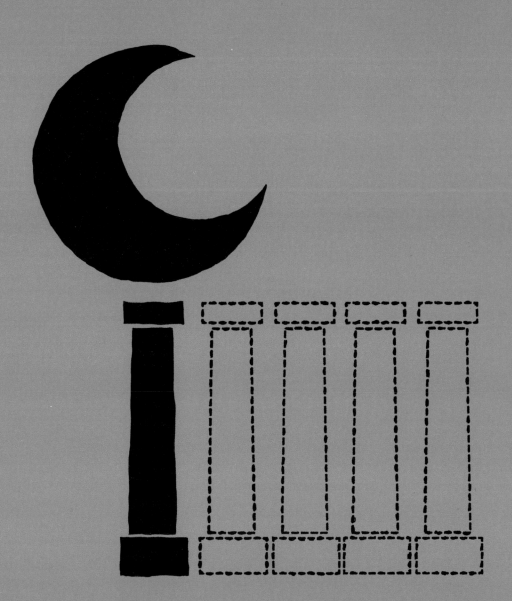

OS CINCO PILARES DO ISLÃ: SHAHADA

EM CONTEXTO

TEMA
Os Cinco Pilares do Islã: *Shahada*

QUANDO E ONDE
610–32, Arábia

ANTES
1000 a.C. em diante A Torá e o Talmud definem as regras da vida judaica que constituem os pactos de Deus com Israel.

Século I d.C. O cristianismo incorpora os pactos judaicos, em particular os Dez Mandamentos.

610 O Profeta Maomé começa a receber as revelações do Alcorão.

DEPOIS
680 O islã xiita inclui outros "pilares" que orientam a fé e a observância.

Século VIII Escolas de leis islâmicas oferecem interpretações adicionais para guiar a vida islâmica.

Shahada — Profissão de fé	Pela qual afirmamos que não existe deus exceto o Deus e **Maomé** é o **mensageiro de Deus**.
Salat — Oração	Pelo qual **veneramos** a Deus, proclamando Sua grandeza.
Zakat — Caridade	Pelo qual veneramos a Deus, **reconhecendo Sua soberania** e cuidando dos **necessitados**.
Sawm — Jejum	Pelo qual **nos purificamos** diante de Deus em Sua grande misericórdia.
Hajj — Peregrinação a Meca	Pelo qual **abraçamos a unidade** da comunidade muçulmana e **nos aproximamos de Deus**.

Segundo diversas tradições muçulmanas, o anjo Gibreel perguntou a Maomé: "O que é o islã?". Em outras palavras, qual é a essência da religião? O que um muçulmano não pode deixar de fazer? Diz-se que Maomé respondeu que os muçulmanos devem "adorar apenas a Deus e nenhum outro, oferecer orações a Deus, fazer caridade e observar o jejum no mês do Ramadan".

Essas práticas, bem como a peregrinação obrigatória que todo muçulmano que puder deve fazer a Meca pelo menos uma vez na vida, constituem os Cinco Pilares do Islã. Em árabe, *Shahada*, *salat*, *zakat*, *sawm* e *Hajj*.

Prática ritual
Todos os muçulmanos aceitam os Cinco Pilares, mas diferentes ramos do islã podem ter suas particularidades. Conhecidos individualmente como *ibadat* (atos de adoração), os pilares são as práticas centrais da fé desde que o Profeta os introduziu. Uma pessoa é muçulmana se realizar esses atos de adoração do islã.

Embora sejam centrais para o sistema de crenças do islã, o conceito dos Cinco Pilares, e até a palavra "pilar", surgiram nesse contexto muito depois do Profeta. A ideia dos pilares só foi definida no século IX, quando os primeiros estudiosos do islã começaram a reunir e a publicar as palavras e ações do Profeta, conhecidas como *ahadith*. O relato do questionamento de Gibreel a Maomé vem do *Hadith de Gibreel*. Esse *hadith* específico está em uma coletânea feita pelo estudioso persa al-Bukhari (810–70), uma das

Ver também: Os Cinco Pilares do Islã: *salat* 42–43 ▪ Os Cinco Pilares do Islã: *zakat* 44–45 ▪ Os Cinco Pilares do Islã: *sawm* 46–49 ▪ Os Cinco Pilares do Islã: *Hajj* 50–55 ▪ Os Seis Pilares da Fé 86–87 ▪ O surgimento do islã xiita 108–115

primeiras obras a listar o que ele chama de cinco "princípios".

Esses estudiosos não queriam impor novas formas de adoração aos fiéis, apenas estavam refletindo o que já estava consolidado na prática do islã. Os muçulmanos praticantes já proclamavam a unidade de Deus, oravam cinco vezes por dia, faziam caridade, praticavam jejuns de inspiração espiritual e consideravam a peregrinação um ato central para a religião do islã. Cada um dos Cinco Pilares tem sua própria história, desenvolvimento e tratamento nos compêndios jurídicos e espirituais islâmicos, começando com o Alcorão.

Os pilares e o Alcorão

O Alcorão não prescreve os "Cinco Pilares do Islã", pelo menos não como uma coletânea de práticas, referindo-se a eles de forma independente.

A *Shahada*, ou confissão de fé, não é mencionada na íntegra no Alcorão, mas a *surata* (capítulo) 8:20, por exemplo, instrui os

Ó crentes, obedecei a Deus e ao Seu Mensageiro, e não vos afasteis dele enquanto o escutais.
8:20

muçulmanos a "obedecer a Deus e ao Seu Profeta". A noção de oração é encontrada por todo o Alcorão: a *surata* 20:130 instrui: "[…] celebra os louvores do teu Senhor antes do nascer do sol, antes do seu ocaso e durante certas horas da noite […]".

Enquanto isso, a *surata* 48:29 descreve o ato de adoração dos fiéis: "[…] Vê-los-ás genuflexos, prostrados, anelando a graça de Deus e a Sua complacência. Seus rostos estarão marcados com os traços da prostração […]".

A *surata* 5:12, como muitas outras, descreve doações de caridade: "[…] se observardes a oração, pagardes o *zakat* […] absolverei as vossas faltas […]". Uma passagem da *surata* 2 dá detalhes sobre o jejum, outra orienta sobre a peregrinação: "E cumpre a peregrinação e visitai a Casa Sagrada a serviço de Deus […]" (2:196).

Como veremos, cada uma dessas leis tem requisitos, variações e considerações mais detalhadas, desenvolvidas com o tempo segundo uma série de necessidades. Hoje, os Cinco Pilares do Islã ainda atuam como uma identidade coletiva para definir o que significa ser um muçulmano. Os pilares são obrigações mínimas que os muçulmanos devem cumprir. Sua simplicidade é deliberada porque os muçulmanos devem seguir a Deus livres do pesado fardo das regras religiosas. Como o Alcorão explica aos muçulmanos, Deus "não vos impôs dificuldade alguma quanto à religião […]" (22:78). »

Os pilares do islã xiita

Os Cinco Pilares são praticados pelo islã sunita e xiita. Embora o ramo ismaelita do islã xiita tenha sete pilares ao todo, o islã xiita em geral tem cinco "raízes", ou princípios de fé (*usul al-din*), e dez "ramos", ou práticas (*furu al-din*). Os *furu al-din* são o equivalente xiita dos Cinco Pilares sunitas; incluem o *salat* (oração), o *sawm* (jejum), *zakat* (caridade) e o *Hajj* (peregrinação a Meca) e a essas quatro práticas incluem:

khums – Pagar um imposto de 20% sobre ganhos excedentes, além do *zakat*.
jihad – Esforçar-se para fazer o bem pessoal e socialmente, por exemplo, recolhendo o lixo e não mentindo.
amr bil-maaruf – Incentivar as pessoas a praticar boas ações.
nahi-anil-munkar – Proibir o mal e tentar impedir que os outros façam o que é errado.
tawalla – Expressar amor ao Profeta e aos que seguem o caminho correto.
tabarra – Não se associar com quem insulta ou zomba de Deus.

Um xiita reza em Carbala, Iraque. Os xiitas estendem a *Shahada* "não existe divindade exceto o Deus único e Maomé é o mensageiro de Deus" acrescentando "Ali é o *wali* (amigo) de Deus".

40 OS CINCO PILARES DO ISLÃ: SHAHADA

Confissão de fé

Não há uma ordem prescrita para os Cinco Pilares, mas em geral o primeiro pilar é a *Shahada*, ou profissão de fé, o elemento mais básico da crença muçulmana. É a combinação de duas frases que os muçulmanos dizem para honrar a Deus e demonstrar sua submissão a Ele:

Não existe divindade exceto o Deus único e Maomé é o mensageiro de Deus.

Em árabe é *La illaha illa llah, Muhammadan rassulu Allah*. Ao proferir a *Shahada*, é comum os muçulmanos começarem com *Ashadu ana*, ou "Eu testemunho que…"

Shahada é um verbo em árabe que significa atestar ou dar testemunho. Desse modo, as palavras não apenas formam uma frase de adoração, mas indicam uma vida que reflete a submissão a Deus.

Embora o Alcorão repita as duas frases da *Shahada* e outras muito semelhantes, elas não aparecem juntas em nenhum tipo de confissão de fé formal. Por exemplo,

Conscientiza-te, portanto, que não há mais divindade além de Deus, e implora o perdão das tuas faltas […]
47:19

a *surata* 47:19 lembra Maomé: "Não há mais divindade além de Deus", enquanto 48:29 afirma que "Maomé é o mensageiro de Deus" (às vezes traduzido como "Maomé é o apóstolo de Deus"). Essas passagens e outras semelhantes aparecem no Alcorão não como fórmulas rituais, mas em contextos mais amplos. Foi só depois que estudiosos muçulmanos associaram essas duas frases como um testemunho sucinto da fé de um muçulmano.

Uma evidência de que a *Shahada* demorou para ser formulada está nas primeiras moedas islâmicas do final do século VII. Elas trazem a mensagem "Não existe divindade exceto o Deus *único*", que é quase, mas não exatamente, a *Shahada*. O mesmo se aplica às inscrições na Cúpula da Rocha (*Qubat al-Sakhra*), em Jerusalém, o monumento sobrevivente mais antigo do islã, concluído em 691–92 d.C.; referem-se a Deus e Maomé, mas não usam a fórmula da *Shahada* encontrada em inscrições de mesquitas posteriores.

O testemunho da fé

A primeira frase da *Shahada*, "Não existe divindade exceto o Deus único" (*La illaha illa llah*), é claramente uma referência a Deus como uma divindade monoteísta e uma rejeição da noção pré-islâmica de vários deuses. A unidade de Deus é o principal componente religioso do islã.

A segunda frase da *Shahada*, "Maomé é o mensageiro de Deus" (*Muhammadan Rassulu Llah*), reconhece que Maomé recebeu uma revelação de Deus, que é a revelação final enviada à humanidade. A declaração também consolida Maomé como o mensageiro da orientação divina e o exemplo supremo de um seguidor de Deus.

À primeira vista, a *Shahada* destaca-se dos demais pilares pelo foco na crença correta, não em ações específicas. É proferida em cada uma das cinco orações muçulmanas diárias, mas também tem várias aplicações práticas. Por exemplo, os muçulmanos a

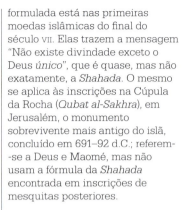

A cerimônia da *aqiqa* celebra este bebê na cidade de Mazar-i-Sharif, no Afeganistão, quando a *Shahada* é recitada pela segunda vez desde seu nascimento.

MAOMÉ

A **Shahada** está sempre presente na arquitetura muçulmana, como pode ser visto abaixo do minarete de 70 metros da Grande Mesquita de Dubai, nos Emirados Árabes Unidos.

Maomé é o mensageiro de Deus, e aqueles que estão com ele são severos para com os incrédulos, porém compassivos entre si.
48:29

pronunciam para indicar a intenção de realizar um ato em nome de Deus, conhecido como *niyya*, que pode ser uma expressão verbal ou uma atitude interior.

A *Shahada* também é recitada quando alguém se torna um muçulmano. Basta proferi-la diante de duas testemunhas muçulmanas para converter alguém em um muçulmano. Recita-se a *adaan* (chamada à oração), que inclui a *Shahada*, no ouvido dos recém-nascidos muçulmanos, o que é repetido sete dias depois na cerimônia da *aqiqa* para acolher o bebê na família. No fim da vida, a *Shahada* deve ser as últimas palavras que um muçulmano ouve no momento de sua morte.

Além de ser um testemunho verbal, a *Shahada* também adorna muitos edifícios islâmicos e símbolos nacionais, como bandeiras e outros emblemas. Também pode ser usada em roupas, joias e outros acessórios.

Esse uso da *Shahada* expressa a identidade islâmica e ajuda a delimitar o espaço público como distintamente islâmico, do mesmo modo como seu uso verbal expressa a identidade e a prática muçulmanas. ∎

A *Shahada* em bandeiras

Devido à centralidade da *Shahada* como um conceito islâmico e um dos Cinco Pilares da prática islâmica, a frase aparece na representação artística de vários símbolos nacionais. Por exemplo, a bandeira nacional da Arábia Saudita traz uma inscrição da *Shahada* em árabe acima de uma espada.

Como a frase é considerada sagrada, deve-se ter muito cuidado no uso e na representação da bandeira. Ela nunca é içada a meio-mastro, pois isso desonraria a *Shahada*, que só é colocada na vertical em bandeiras especiais.

A utilização da bandeira saudita em alguns produtos gerou controvérsias, como quando foi impressa em bolas de futebol, pois seriam chutadas, e em copos descartáveis, que seriam jogados no lixo. Uma cervejaria alemã ofendeu os muçulmanos ao colocar a bandeira saudita em tampas de garrafas em comemoração aos 32 países da Copa do Mundo de 2018. Uma rede britânica de pubs também teve que remover a bandeira saudita de sua decoração para o mesmo evento.

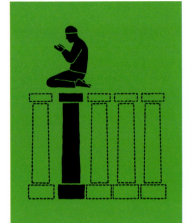

APRESSAI-VOS PARA A ORAÇÃO, APRESSAI-VOS PARA A SALVAÇÃO
CHAMADA À ORAÇÃO

EM CONTEXTO

TEMA
Os Cinco Pilares do Islã: *salat*

QUANDO E ONDE
610–32, Arábia

ANTES
Séculos V–VI a.C. Retornando a Jerusalém do exílio na Babilônia, o profeta Ezequiel e os judeus instituíram orações formais e outras observâncias rituais.

Século I Nos Evangelhos, Jesus apresenta a oração como a forma de receber as bênçãos de Deus.

DEPOIS
2007 Muszaphar Shukar, um astronauta muçulmano da Malásia, reza a bordo da Estação Espacial Internacional.

Hoje Segundo uma pesquisa global de 2017, a maioria dos muçulmanos reza diariamente.

O segundo pilar do islã diz respeito às orações diárias, conhecidas em árabe como *salat*. Os muçulmanos podem fazer incontáveis orações pessoais a Deus, mas as principais orações do islã são prescritas, formais e designadas como uma oportunidade de adorar a Deus – como Maomé fez – reconhecendo-O e dando testemunho de Sua unidade.

Essas orações formais devem ser feitas cinco vezes por dia: ao amanhecer (*fajr*), no início da tarde (*zhuhr*), à tardinha (*asr*), ao pôr do sol (*magrebe*) e à noite (*isha*). É comum o muezim chamar os muçulmanos à oração. No passado e até hoje, o muezim subia em uma torre, ou minarete, anexada à mesquita e entoava em voz alta o chamado à oração (*adaan*). Mas, em geral, o chamado é transmitido por alto-falantes – ou por despertadores em casa.

Abluções rituais

Os muçulmanos são encorajados a ir a uma mesquita para orar ou, se não for possível, orar em privado. As orações são precedidas de abluções rituais (*wudu*) que purificam o muçulmano para o culto. Depois de proferir a intenção (*niyya*) de realizar o *wudu*, um muçulmano lava as mãos, a boca e as narinas com água limpa, depois o rosto, seguido pelos antebraços, molha a cabeça e as orelhas e lava os pés e os tornozelos, pois essas partes tocarão o chão durante as orações. O número de vezes que esse ritual é realizado antes da oração varia de acordo com as diferentes tradições.

Depois de se purificarem, os muçulmanos também devem purificar o local da oração. Uma mesquita já é considerada pura, mas em casa, no trabalho ou em

Quando estiverdes fora de perigo, observai a devida oração, porque ela é uma obrigação [...] para ser cumprida em seu devido tempo.
4:103

Ver também: Maomé, o Profeta 22–27 ▪ Os Cinco Pilares do Islã: *Shahada* 36–41 ▪ Os Seis Pilares da Fé 86–87 ▪ Ritos de passagem 256–259

A *rakat* é uma sequência de movimentos prescritos que constitui uma unidade de oração islâmica. Os devotos se voltam a Meca e começam com a invocação "Deus é grande" para anunciar sua intenção de orar.

O devoto começa a oração recitando versículos do Alcorão,

abaixa-se com as mãos nos joelhos

e levanta-se, o tempo todo recitando orações,

então se prostra com a testa no chão.

O devoto senta-se com os pés dobrados sob o corpo…

antes de fazer outra prostração para completar a *rakat*.

---

público os fiéis devem usar um tapete de oração (*sajada*) para criar um espaço puro.

Os muçulmanos se voltam para Meca, cuja direção é marcada nas mesquitas por um nicho (*mihrab*). Em outros locais, os muçulmanos podem apenas se voltar para a direção cardeal de Meca (leste, oeste, sul ou norte); segundo o Alcorão: "Tanto o levante como o poente pertencem a Deus. Aonde quer que vos dirijais, notareis o Seu Rosto […]" (2:115). Ou podem usar um app ou uma bússola especial para saber a direção exata.

O ato de orar

O ato de orar começa com a declaração "Deus é grande" (*Allahu akbar*), seguida de uma sequência fixa de orações que inclui passagens do Alcorão. A *Shahada* é repetida e a paz é oferecida aos outros. As orações são feitas em árabe e acompanhadas de reverências e prostrações (veja acima), erguendo e abaixando as mãos. As abluções, movimentos e horários definidos de oração dão aos muçulmanos um senso de unidade. Seja reunidos em uma mesquita ou na privacidade de sua casa, eles rezam ao mesmo tempo que outros muçulmanos ao redor do mundo, lembrando-os da grandeza de Deus. ∎

Os sunitas devem orar cinco vezes por dia. Os xiitas combinam a segunda e a terceira orações, bem como a quarta e a quinta, e oram três vezes ao dia.

Orações de sexta-feira

Os muçulmanos oram cinco vezes por dia, todos os dias, mas a oração mais importante da semana é a *al-Juma*, a oração congregacional de sexta-feira. Em um *hadith*, Maomé diz: "O melhor dia sobre o qual o sol nasce é a sexta-feira; neste dia Deus criou Adão. Neste dia, ele foi levado ao Paraíso, neste dia ele foi expulso dele, e a Última Hora acontecerá em nenhum outro dia senão na sexta-feira". O Alcorão também destaca a importância da sexta-feira como o dia sagrado de adoração em uma *surata* chamada *al-Juma*, que diz: "Ó crentes, quando fordes convocados para a oração da sexta-feira, recorrei à recordação de Deus e abandonai os vossos negócios. Isso será preferível, se quereis saber" (62:9).

Além das orações, o culto de sexta-feira inclui um sermão. Mesmo se não orarem regularmente, muitos muçulmanos vão à mesquita para as orações de sexta.

CONCEDEREI MINHA CLEMÊNCIA AOS TEMENTES
ALCORÃO, 7:156

EM CONTEXTO

FONTE
Os Cinco Pilares do Islã: zakat

QUANDO E ONDE
610–32, Arábia

ANTES
Século I d.C. Os judeus codificam o conceito de *tzedakah* como significando "fazer o que é certo e justo". Na prática, é a obrigação religiosa de fazer caridade.

DEPOIS
632–34 Abu Bakar institui um sistema legal para o *zakat*. Algumas tribos árabes recusam-se a pagar, levando às guerras Ridda.

717–20 No reinado do califa Omar II, o *zakat* não é coletado porque ninguém precisa dele.

2020 Analistas islâmicos estimam que os gastos anuais com o *zakat* ficam entre 200 bilhões de dólares e 1 trilhão de dólares por ano.

O terceiro pilar do islã é a caridade, conhecida em árabe como *zakat*. Uma das maiores preocupações do Alcorão, e um dos principais ensinamentos de Maomé, foi cuidar dos pobres, marginalizados e desfavorecidos. Segundo o Alcorão: "[...] Tratai com benevolência os vossos pais e parentes, os órfãos, os necessitados, o vizinho próximo, o vizinho estranho, o companheiro de lado, o viajante e os vossos servos [...]" (4:36).

O Alcorão também deixa claro que a verdadeira virtude não é apenas de quem crê, mas também de quem cuida dos necessitados (2:177). Assim, o Alcorão indica que o amor a Deus é demonstrado pelo amor aos mais vulneráveis. O *zakat* é a principal maneira para os muçulmanos demonstrarem esse amor.

Da perspectiva teológica, se tudo o que um muçulmano recebe é uma bênção de Deus, o correto seria retribuir parte dessas dádivas dando aos que receberam menos. Assim, o *zakat* pode ser visto como uma espécie de imposto purificador – tal como as abluções purificam o corpo e os *salat* (orações) purificam o coração e a alma, o *zakat* purifica a riqueza, as propriedades e as posses dos muçulmanos e agrada a Deus.

Em sua forma mais pura, o *zakat* deve ser pago aos

Toda a riqueza que um muçulmano recebe vem de Deus. → O correto é **os muçulmanos devolverem a Deus parte dessa riqueza** dando a quem precisa.

MAOMÉ

Ver também: Os Cinco Pilares do Islã: *Shahada* 36–41 ▪ Os Cinco Pilares do Islã: *sawm* 46–49 ▪ Palavras e ações do Profeta 118–123

Se fizerdes caridade abertamente, quão louvável será! Porém, se a fizerdes dando aos pobres dissimuladamente, será preferível para vós.
2:271

necessitados da vizinhança. Um muçulmano deve conhecer sua comunidade para identificar os que precisam de caridade. Assim, o *zakat* incentiva o engajamento e a responsabilidade social. Na prática, contudo, é mais comum aos muçulmanos doarem a uma variedade de instituições diferentes, governamentais ou não, dependendo do país ou de sua tradição islâmica.

Os que não fizerem caridade ao longo da vida serão responsabilizados no Dia do Juízo.

Pagamento do *zakat*

Tirando os mais pobres, todos os homens e mulheres devem pagar o *zakat* anualmente. Para ser obrigado a pagar o *zakat*, um muçulmano deve ter uma riqueza mínima, conhecida como *nisab* – o valor de 87,48 gramas de ouro ou 612,36 gramas de prata. O *zakat* incorre sobre toda riqueza acima do *nisab*, incluindo poupança, ações, títulos e o valor de qualquer ouro, prata e joias. O *zakat* tradicional é de 2,5%, ou um quadragésimo da riqueza.

Em muitas comunidades islâmicas, o *zakat* não é obrigatório. A doação é em grande parte imposta a um muçulmano pela pressão social ou por seu senso de obrigação. Mas, em alguns países, como na Arábia Saudita, o *zakat* é obrigatório e é coletado pelo estado.

Zakat al-Fitr

O *Zakat al-Fitr* é outra caridade islâmica, menor, que incide no fim do Ramadan. A doação é feita aos pobres para que possam participar do *Eid al-Fitr*, o grande banquete que marca o fim do mês de jejum. Tradicionalmente, é oferecido bem antes do jejum.

Essa tradição também remonta à época do Profeta – Maomé determinou a doação de um *saa* de alimento, que equivale a cerca de quatro punhados duplos de grãos, arroz ou tâmaras. Hoje, as doações são feitas em dinheiro. Sites de caridade estipulam um valor baseado no preço de alimentos básicos, em geral cerca de US$ 15 por pessoa. ∎

Os pobres têm direito a uma pequena porcentagem da riqueza dos ricos.
Profeta Maomé

Tipos de *zakat*

Segundo o Alcorão, há oito categorias de beneficiários elegíveis ao *zakat*.

Al-fuqara ("os pobres") – para dar assistência social ou uma rede de segurança pública aos necessitados.
Al-masakin ("os necessitados") – para dar assistência após uma crise ou desastre natural.
Al-gharimin – pessoas endividadas.
Al-muallafati qulubuhum ("a reconciliação dos corações") – promove a imagem do islã.
Fi sabilillah ("os que estão no caminho de Deus") – promove o sistema de valores islâmico.
Ibn al-sabil ("viajantes") – refugiados e pessoas forçadas a deixar suas casas.
Fir riqab – pessoas em situação de servidão ou escravidão (presas injustamente ou vítimas de tráfico).
Al-amilina alayha – os coletores e administradores do *zakat* podem usar parte das doações para cobrir custos administrativos.

Ó CRENTES, ESTÁ-VOS PRESCRITO O JEJUM

ALCORÃO, 2:183

EM CONTEXTO

TEMA
Os Cinco Pilares do Islã: *sawm*

QUANDO E ONDE
622, Arábia

ANTES
Século v a.C. A Torá determina 25 horas de jejum no Yom Kippur, o Dia da Expiação judaico.

Século I d.C. Segundo os Evangelhos, após o batismo, Jesus jejua por 40 dias em preparação para fazer a vontade de Deus (Lucas 4:1).

DEPOIS
1918–47 O ativista Mahatma Gandhi faz 17 jejuns pela independência da Índia: seu jejum mais longo dura 21 dias. Para Gandhi, o jejum é uma prática espiritual e uma forma de protesto não violento.

O quarto pilar do islã é o jejum – *sawm* em árabe. Os muçulmanos jejuam em várias ocasiões como uma desintoxicação espiritual ou penitência pelos pecados. O jejum também pode substituir outras obrigações rituais que um muçulmano não tem como cumprir. Por exemplo, a *surata* 2:196 diz: "Quem de vós se encontrar enfermo [e não pode realizar o *Hajj*], redimir-se-á mediante o jejum, a caridade ou a oferenda".

Observando o Ramadan

O *sawm* tem especial relevância como o jejum relacionado ao Ramadan, o nono mês lunar do

Ver também: Maomé, o Profeta 22–27 ▪ Hégira, a fuga de Meca 28–31 ▪ Os Cinco Pilares do Islã: *Shahada* 36–41 ▪ O calendário islâmico 116–117

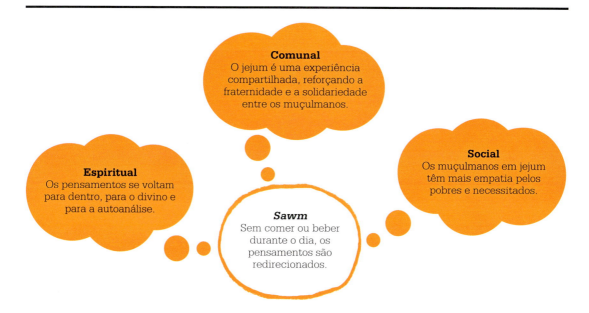

Comunal
O jejum é uma experiência compartilhada, reforçando a fraternidade e a solidariedade entre os muçulmanos.

Espiritual
Os pensamentos se voltam para dentro, para o divino e para a autoanálise.

Social
Os muçulmanos em jejum têm mais empatia pelos pobres e necessitados.

Sawm
Sem comer ou beber durante o dia, os pensamentos são redirecionados.

calendário islâmico. Foi nesse mês que o Alcorão começou a ser revelado a Maomé em 610, enquanto ele meditava em Jabal al-Nur. Os muçulmanos foram instruídos a jejuar durante a Hégira, quando o Profeta e seus seguidores fugiram de Meca para se refugiar em Medina.

No jejum de 30 dias do Ramadan, todos os muçulmanos após a idade da puberdade devem se abster de qualquer comida e bebida (incluindo água) durante o dia. Como nada deve entrar no corpo, fumar e ter relações sexuais também são proibidos.

Nessa busca pela virtude espiritual, no Ramadan os muçulmanos também devem abster-se de xingar, brigar ou fofocar. Em geral, contudo, o jejum não deve exceder o que uma pessoa pode suportar ("Deus vos deseja a comodidade e não a dificuldade", diz a *surata* 2:185 do Alcorão). O jejum não é esperado dos idosos, doentes, grávidas ou durante viagens, por exemplo – embora se espere que compensem o jejum depois.

Os muçulmanos e até os não muçulmanos que comerem, beberem ou fumarem em público

O jejum é um escudo com o qual o servo se protege do fogo.
Profeta Maomé

podem ser multados ou presos em alguns países de maioria muçulmana. Outros países muçulmanos são menos rigorosos e nem todos jejuam durante o Ramadan.

A Noite do Decreto
Ao se abster dos apetites humanos normais, o fiel é encorajado a olhar para dentro e a refletir sobre questões espirituais – como os erros cometidos e o sofrimento dos menos afortunados. Um ato especialmente piedoso é ler o Alcorão na íntegra. Essa atividade se encaixa bem no mês do Ramadan, pois o texto pode ser dividido em 30 seções de igual extensão (conhecidas como *juz*), lendo uma seção por dia.

A 27ª noite do Ramadan celebra a primeira revelação do Alcorão recebida por Maomé e é conhecida »

OS CINCO PILARES DO ISLÃ: SAWM

como a Noite do Decreto (*Leilat al-Qadr*). É a noite mais sagrada do ano, quando, segundo o Alcorão, um único ato de adoração é mais recompensado do que mil meses de oração (*surata* 97).

Celebrando o Ramadan

Segundo o Alcorão, os muçulmanos podem comer e beber no Ramadan "até a alvorada, quando puderdes distinguir o fio branco do fio negro" (2:187). Pouco antes do amanhecer, as famílias muçulmanas tomam um pequeno café da manhã, conhecido como *suhur*, que deve sustentá-las durante o dia todo. Ao pôr do sol, anunciado pelas orações noturnas, os muçulmanos quebram o jejum, como o Profeta fez cerca de 1.400 anos atrás, com um gole d'água e algumas tâmaras. Segue-se o jantar, conhecido como *iftar*. As famílias se reúnem para uma grande refeição comunal com pratos especiais do Ramadan.

Em todo o mundo islâmico, mesquitas, organizações humanitárias e pessoas ricas montam tendas e mesas para o público comer o *iftar* de graça em todas as noites do Ramadan. No Golfo Pérsico, sheiks oferecem *majalis*, abrindo suas portas para as pessoas comerem e beberem de graça. Para quem pode pagar, hotéis cinco estrelas montam tendas de Ramadan e servem caras e suntuosas refeições. As noites do Ramadan são marcadas por compras e televisão. Muitas emissoras lançam uma programação especial, com novelas e shows com grandes prêmios em dinheiro. Os muçulmanos ortodoxos queixam-se de que

O *iftar*, no Ramadan, é um evento comunitário, em família ou em grandes congregações, como se vê aqui na estação rodoviária de al-Satwa, em Dubai.

o mês sagrado está se transformando em um evento comercial.

O fim do jejum de um mês é celebrado com o *Eid al-Fitr*, ou a Festa do Fim do Jejum, um feriado nacional de três dias nos países muçulmanos. É uma grande ocasião social, com banquetes e troca de presentes. As crianças

A Noite do Decreto é melhor do que mil meses.
97:3

Há pessoas que jejuam e não obtêm nada com o jejum, exceto a fome.
Profeta Maomé

ganham roupas e presentes. Em países majoritariamente muçulmanos, as festividades do *Eid* se espalham pelas cidades e espaços públicos, só que agora durante o dia, não à noite.

As origens do Ramadan
Embora muitos costumes do Ramadan tenham evoluído com o tempo, suas origens estão no Alcorão. A segunda *surata* descreve alguns elementos básicos do jejum comunitário observado pelos muçulmanos:

Ó crentes, está-vos prescrito o jejum, tal como foi prescrito aos vossos antepassados [...] Jejuareis determinados dias; porém, quem de vós não cumprir o jejum, por achar-se enfermo ou em viagem, jejuará, depois, o mesmo número de dias. Mas quem, só à custa de muito sacrifício, consegue cumpri-lo, tiver de o quebrar, redimir-se-á, alimentando um necessitado; porém, quem se empenhar em fazer além do que for obrigatório, será melhor. Mas, se jejuardes, será preferível para vós, se quereis sabê-lo. (2:183-184)

Essa passagem sugere que o Ramadan e suas atividades ligam o islã a seus primos monoteístas, o judaísmo e o cristianismo, que também incorporam o jejum e as festividades. Mas, apesar das ligações entre o Ramadan e os jejuns realizados por outros Povos do Livro (judeus e cristãos), o evento tem uma essência verdadeiramente islâmica. O Ramadan é diferente da Quaresma do cristianismo e do Yom Kippur do judaísmo. Apesar de ser um período de disciplina espiritual, introspecção e purificação, também é alegre. É por isso que os muçulmanos quebram o jejum todas as noites com refeições comunais.

O Ramadan também tem outro propósito. Além de marcar a primeira revelação do Alcorão, também marca a Batalha de Badr, o nascimento de Ali e seu filho Hussein, a morte da primeira esposa do Profeta, Khadija, e a conquista de Meca em 630 – tudo nesse mês. O espírito comunitário do Ramadan também reforça a identidade muçulmana, lembrando os muçulmanos de sua história e formação. ∎

As lanternas do Ramadan, conhecidas como *fanous*, se popularizaram no Cairo da era fatímida e hoje são usadas em todo o mundo muçulmano.

Os pratos típicos do Ramadan variam de um país ao outro, mas o *kahk*, um biscoito feito com tâmaras, é servido em quase todos eles.

Horários flexíveis de jejum

Como o islã segue o calendário lunar, o Ramadan recua onze dias em relação ao calendário gregoriano a cada ano. Em alguns anos – por exemplo, quando o Ramadan coincide com o calor e os longos dias de verão –, o jejum é mais difícil. (A raiz árabe *al-ramad* significa "calor escaldante".)

O tempo entre o amanhecer e o pôr do sol também varia em diferentes partes do mundo. Enquanto a maioria dos muçulmanos jejua de 11 a 16 horas, nos polos o tempo entre o amanhecer e o pôr do sol pode exceder 22 horas. Até recentemente, não havia comunidades muçulmanas no Ártico, mas a migração global mudou isso. Impossibilitados de cumprir a regra, os muçulmanos encontraram outras formas de determinar as horas de jejum – como as horas correspondentes ao país islâmico mais próximo ou os horários de jejum em Meca.

EIS-ME AQUI, Ó DEUS, EIS-ME AQUI

A *TALBIYYA* (ORAÇÃO DO PEREGRINO)

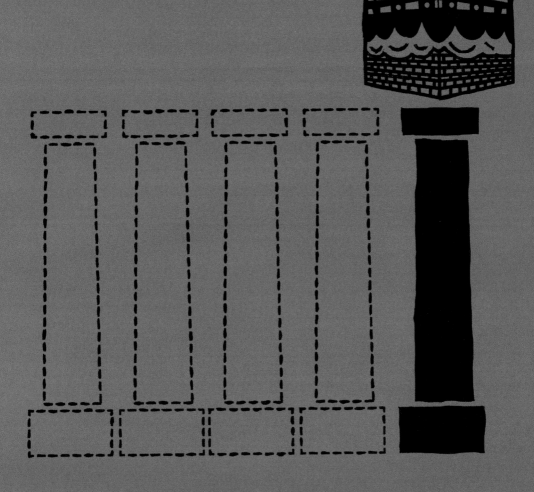

OS CINCO PILARES DO ISLÃ: HAJJ

EM CONTEXTO

FONTE
Os Cinco Pilares do Islã: *Hajj*

QUANDO E ONDE
630, Meca

ANTES
Século v Os coraixitas controlam Meca e a Caaba é o local de peregrinação de tribos árabes que adoram vários deuses.

DEPOIS
631 em diante O *Hajj* torna-se obrigatório depois que Maomé captura Meca. Futuros governantes muçulmanos na Síria, Egito e Iraque patrocinarão grandes caravanas de peregrinação.

2012 O número de peregrinos fazendo o *Hajj* anual atinge o máximo histórico de 3.161.573. Os números caem quando obras de expansão são realizadas em Meca.

O quinto pilar do islã é o *Hajj*, a peregrinação à cidade sagrada de Meca. A tradição se originou na viagem de Maomé de Medina a Meca e na purificação da Caaba, fazendo dela o centro de adoração do Deus único. Ao participar do *Hajj*, os muçulmanos abandonam seus vínculos diários e terrenos e retornam ao centro espiritual do islã. É ao mesmo tempo uma jornada interior e uma aproximação de Deus.

A pré-história do *Hajj*

Muitos elementos da peregrinação precedem a época de Maomé e têm relação com a história de Ibrahim (o Abraão do Livro do Gênesis). Abraão deixou sua esposa Hagar e seu filho Ismael sozinhos no deserto perto de Meca. Sem água e preocupada em não conseguir amamentar seu bebê, Hagar correu sete vezes de um lado para o outro entre as duas colinas de Safa e Marwa em busca de ajuda. Sua busca é ecoada nos rituais realizados hoje pelos peregrinos a Meca. A tradição islâmica também declara que Abraão foi o primeiro a construir o que hoje é a Caaba. Ele incorporou à estrutura uma pedra negra que recebeu do anjo Gibreel. A pedra foi mantida na Caaba e os peregrinos tentam beijá-la e gesticulam em sua direção durante suas circunvoluções.

Preparação para o *Hajj*

O *Hajj* tem início dois meses após o fim do Ramadan. Todo muçulmano adulto, fisicamente capaz e com recursos financeiros deve fazer a peregrinação pelo menos uma vez na vida. Para fazer a peregrinação, os muçulmanos viajam à Arábia Saudita. Várias agências de viagens muçulmanas oferecem pacotes especiais para o *Hajj*. Alguns governos chegam a subsidiar o custo da peregrinação e instituições de caridade ajudam devotos que não conseguem cobrir as despesas financeiras.

Antes de iniciar o *Hajj*, uma série de preparativos devem ser feitos. Um dos mais importantes envolve um ritual de limpeza e purificação. Os peregrinos vestem um *ihram*, ou traje de

Uma cidade exclusivamente muçulmana

Embora a Arábia Saudita seja aberta a muçulmanos e não muçulmanos, apenas os muçulmanos podem entrar na cidade sagrada de Meca. Essa proibição está especificada no Alcorão. Sinais de trânsito indicam Meca com os dizeres "Somente para muçulmanos" e direcionam os não muçulmanos à cidade de Jidá.

No principal aeroporto de Jidá, placas direcionando os viajantes ao terminal especial do *Hajj* para seguir viagem a Meca também dizem "Somente para muçulmanos". Não muçulmanos tentando entrar na cidade sagrada serão multados e os não muçulmanos encontrados na cidade serão julgados e provavelmente deportados. Discernir a identidade religiosa pode ser difícil, mas a entrada na cidade é monitorada e controlada pela polícia religiosa.

A Grande Mesquita de Meca é o foco do *Hajj*. O que na época de Maomé era apenas um pátio murado ao redor da Caaba, hoje pode acomodar até 1,5 milhão de devotos.

MAOMÉ 53

Ver também: Hégira, a fuga de Meca 28–31 ▪ A Caaba em Meca 34–35 ▪ Os Cinco Pilares do Islã: *Shahada* 36–41 ▪ Os Cinco Pilares do Islã: *sawm* 46–49 ▪ O nascimento da Arábia Saudita 232–237

Concluir o *Hajj* leva cerca de uma semana. Os peregrinos seguem uma série prescrita de rituais, a maioria relacionada a episódios da vida do profeta Abraão. Ao fim do *Hajj*, muitos peregrinos vão a Medina visitar a Mesquita do Profeta Maomé.

peregrino. Para os homens, são dois panos brancos sem bainha: um enrolado na cintura e outro jogado por cima do ombro. Muitas mulheres usam túnicas brancas, enquanto outras usam roupas simples refletindo seu país de origem. O rosto deve ficar descoberto e o *niqab* (véu facial) pode ser usado.

Uma vez nesse estado de pureza (também chamado de *ihram*), os peregrinos não podem mais se banhar nem usar ornamentos, como joias e perfume. Devem abster-se de sexo e qualquer atividade considerada pecaminosa. A ideia é criar um senso de comunidade e unidade. Mulheres e homens de todas as nações, cores e níveis sociais tornam-se indistinguíveis e iguais diante de Deus.

Fazendo o *Hajj*

Ao se aproximar de Meca, muitos peregrinos gritam: "Eis-me aqui, ó Deus, eis-me aqui!" Uma vez

E cumpri a peregrinação e a *Umra* a serviço de Deus.
2:196

dentro da Grande Mesquita (também chamada de Mesquita Sagrada, ou *al-Masjid al-Haram* em árabe), eles realizam o *tawaf*, a circunvolução da Caaba no sentido anti-horário. Fazem isso sete vezes, tentando se aproximar da Caaba. Os peregrinos que chegam perto da estrutura beijam ou tocam a Pedra Negra, que permanece exposta no canto leste da Caaba. O *tawaf* é completado em três ocasiões durante o *Hajj*.

Na peregrinação de uma semana, os muçulmanos oram na Grande Mesquita e realizam uma série de ritos nas proximidades. Por exemplo, bebem água vinda do poço de Zamzam, que fica a apenas 20 metros a leste da Caaba. Segundo a tradição »

OS CINCO PILARES DO ISLÃ: HAJJ

islâmica, Deus criou milagrosamente esse poço para dar água ao bebê Ismael quando ele e sua mãe, Hagar, ficaram sozinhos no deserto; Ismael viveu para tornar-se um grande profeta e antepassado de Maomé.

Muitos peregrinos também fazem o *saey*, a caminhada ou corrida ritual entre as colinas Safa e Marwa, para simbolizar a busca de Hagar por ajuda. Essas colinas, bem como o poço de Zamzam, ficam perto da Grande Mesquita. A distância entre os dois morros é de cerca de 450 metros e uma passarela coberta protege os peregrinos do calor e do sol. Tem quatro faixas de mão única, com as faixas centrais reservadas para os mais lentos.

Rituais fora de Meca

O *Hajj* também mantém rituais fora de Meca. Por exemplo, todos os peregrinos vão a Mina (a 8 km de Meca) e ao Monte Arafat (mais 14,5 km). Segundo a tradição islâmica, foi em Arafat que Maomé proferiu seu Sermão de Despedida aos que o acompanharam a Meca naquela que seria sua última peregrinação. A montanha também é conhecida como Monte da Misericórdia, pois foi onde Adão, o primeiro profeta do islã, foi perdoado por Deus. Ali os peregrinos oram para Deus perdoar seus pecados e os de toda a comunidade muçulmana.

Em Mina, os peregrinos participam do Apedrejamento do Diabo. Segundo a tradição, foi em Mina que Abraão foi tentado a ignorar a ordem de Deus e rejeitar seu filho Ismael. O Diabo apareceu três vezes e a cada vez Abraão atirou sete pedras para expulsá-lo. Os peregrinos encenam o evento em Mina atirando pedrinhas em muros altos (até 2004 eram três pilares) para não atingir quem está do outro lado, que também atira pedrinhas. Os rituais de Mina são tão populares que uma

Que então se higienizem, que cumpram os seus votos e que circungirem a antiga Casa.
22:28

Peregrinos fazem o *tawaf*, caminhando sete vezes no sentido anti-horário ao redor da Caaba. Os três primeiros circuitos devem ser em ritmo acelerado e mais lento nos quatro seguintes.

Peregrinos muçulmanos jogam pedras no ritual simbólico de apedrejamento do diabo em Mina. Muitos optam por pegar suas pedras em Muzdalifa, entre Arafat e Mina.

cidade com mais de 100 mil tendas com ar-condicionado foi erigida para abrigar os peregrinos que chegam de Arafat após o pôr do sol para orar e pegar pedras na planície de Muzdalifa antes de ir a Mina.

Eid al-Adha

O ponto alto do *Hajj* é uma festa de três dias, o *Eid al-Adha*, que celebra a devoção de Abraão a Deus quando concordou em sacrificar Ismael, que, ao final, foi poupado: Deus forneceu um cordeiro para ser sacrificado em seu lugar, em uma história que também é contada nas Bíblias hebraica e cristã. Essa festa sagrada é celebrada por todos os muçulmanos, onde estiverem, não apenas pelos peregrinos, e marca a época mais sagrada do ano.

Muitos muçulmanos celebram o *Eid al-Adha* com um sacrifício. Segundo a tradição, o animal era abatido pelo homem da casa, mas hoje muitos preferem um açougueiro profissional. O animal sacrificado – geralmente uma cabra, ovelha, vaca ou camelo, dependendo da riqueza da família – é dividido em três partes. Pelo menos um terço é doado aos pobres e um terço aos familiares. Hoje alguns muçulmanos fazem um *eid* vegano, preferindo fazer uma doação a instituições de caridade.

Os muçulmanos que celebram o *Eid al-Adha* em Meca podem terminar sua peregrinação em Medina para visitar a Mesquita do Profeta, o segundo local mais sagrado do islã, que abriga o túmulo de Maomé.

A Umra

A *Umra* é uma segunda peregrinação a Meca. É uma "peregrinação menor" que pode ser feita em qualquer época do ano, ao contrário do *Hajj*, que tem datas específicas segundo o calendário lunar islâmico. A *Umra* não substitui o *Hajj* e não é obrigatória. Inclui apenas os dois primeiros ritos do *Hajj* – circundar a Caaba e caminhar ou correr entre as colinas de Safa e Marwa –, e, para os homens, termina com o ritual de raspar a cabeça. Os peregrinos devem atingir o mesmo estado de pureza, mas isso pode ser feito em horas, em vez de dias.

Muitos muçulmanos nunca poderão visitar a cidade sagrada de Meca e participar dos ritos e festividades do *Hajj* ou da *Umra*. Isenções de vários tipos são feitas para os enfermos ou os que não têm condições financeiras. Para os que conseguem, o *Hajj* (e, em menor grau, a *Umra*) são um objetivo e uma experiência importantes para os muçulmanos, ajudando a consolidar e revigorar sua identidade como seguidores de Maomé e do culto monoteísta. ∎

As colinas de Assafa e Almarwa fazem parte dos rituais de Deus e, quem peregrinar à Casa [...] não cometerá pecado algum em percorrer a distância entre elas.
2:158

MAOMÉ É UM MENSAGEIRO A QUEM OUTROS MENSAGEIROS PRECEDERAM
ALCORÃO, 3:144

EM CONTEXTO

TEMA
A morte do Profeta

QUANDO E ONDE
632, Medina

ANTES
632 Maomé profere o Sermão Final em Arafat, incentivando os seguidores a se tratarem com bondade e a abandonar as rivalidades.

DEPOIS
632 A *umma* elege o amigo e sogro do Profeta, Abu Bakar, para ser o primeiro califa, ou líder da comunidade islâmica.

634–56 Abu Bakar é sucedido como califa por Omar e Uthman e, finalmente, por Ali, primo e genro de Maomé.

661 Ali, o último dos quatro califas Rashidun ("bem guiados"), é assassinado. A ruptura resultante divide o islã em sunitas e xiitas.

Após a conquista de Meca em 630, Maomé voltou a Medina. Lá, ele passou grande parte do tempo tentando consolidar seu poder na Arábia, criando alianças e aumentando os seguidores do islã. Em 632, o Profeta completou o que seria a sua peregrinação de despedida a Meca, estabelecendo um precedente para o *Hajj*. Naquele mês de março, ele proferiu o Sermão Final, incentivando os muçulmanos a seguirem os ensinamentos do Alcorão. Pouco tempo depois, regressou a Medina pela última vez. No verão de 632, ele adoeceu e retirou-se para a casa que dividia com a esposa favorita, Aisha. Diz a tradição que, febril e fraco, ele apoiou a cabeça no colo dela e morreu.

Omar ibn al-Khattab, um dos companheiros mais próximos de Maomé, ficou tão chocado que se recusou a acreditar na morte do Profeta, dizendo que Maomé retornaria após 40 dias, assim como o profeta Moisés foi visitar Deus e voltou para seu povo. Abu Bakar, companheiro próximo e sogro de Maomé, lembrou Omar que Maomé sempre os advertia para não o honrar da mesma forma que os cristãos honravam Jesus; ele não era divino, mas um mortal como eles. Negar que ele havia morrido seria negar uma verdade básica.

Da negação à aceitação
Abu Bakar falou à comunidade muçulmana na mesquita próxima à casa de Aisha e confirmou a morte do Profeta. "Ó, homens, se alguém adora Maomé, Maomé está morto. Se alguém adora a Deus, Deus está vivo". Ele recitou o versículo 3:144 do Alcorão, revelado ao Profeta após a Batalha de Uhud. Os muçulmanos sofreram tantas perdas em Uhud que correu o boato de que Maomé

Se alguém adora Maomé, Maomé está morto. Se alguém adora a Deus, Deus está vivo.
Abu Bakar

Ver também: Maomé, o Profeta 22–27 ▪ Um sucessor para o Profeta 102–103 ▪ Os califas bem guiados 104–107 ▪ Os califados omíada e abássida 136–139

O **túmulo do Profeta Maomé** em sua mesquita em Medina fica atrás de vários biombos. Milhões de peregrinos muçulmanos o visitam todos os anos, muitas vezes no *Hajj*.

também havia sido morto. Mas o versículo 3:144 insiste:

Maomé não é senão um Mensageiro, a quem outros mensageiros precederam. Porventura, se morresse ou fosse morto, voltaríeis à incredulidade? Mas quem voltar a ela em nada prejudicará Deus; e Deus recompensará os agradecidos.

Com isso, Omar finalmente aceitou que o Profeta estava morto e lamentou.

O islã depois de Maomé

O choque da morte de Maomé foi profundo. Ele havia guiado cada passo dos seguidores do islã. Mas ele deixou diretrizes para orientar a vida dos seguidores, bem como uma sociedade politicamente forte e estável, unida por uma fé em comum. Depois da Hégira, a comunidade de Maomé em Medina cresceu e dominou quase toda a Arábia, substituindo as guerras intertribais por paz e estabilidade.

Nem todos aderiram à visão religiosa do Profeta, mas ele estabeleceu um núcleo grande de muçulmanos que poderiam preservar e desenvolver seu legado.

Apesar das divergências sobre o que fazer a seguir, e quem deveria suceder Maomé, a *umma* continuou forte e poderosa. Uma das razões foi que o Profeta nunca teve como objetivo o poder político pessoal, mas a criação de uma sociedade justa. Como homem, e não uma figura divina, Maomé deu um exemplo a todos os muçulmanos. ▪

A cúpula verde

Após a morte de Maomé, houve divergências para decidir onde ele seria enterrado. Alguns sugeriram sua cidade natal, Meca, onde seus parentes estavam enterrados. Outros sugeriram Jerusalém, onde os profetas anteriores haviam sido enterrados. Foi decidido que ele deveria ser enterrado em Medina, alguns defendendo que ele fosse enterrado na mesquita onde pregava. Mas Abu Bakar disse ter ouvido Maomé dizer que os profetas deveriam ser enterrados onde morrem. Assim, ele foi enterrado debaixo de sua cama, na casa de Aisha, perto da mesquita.

Depois, no reinado do califa Ualide (*r.* 705–15), a mesquita, conhecida como *al-Masjid al-Nabawi* (a Mesquita do Profeta), foi ampliada para incluir o túmulo. Foi expandida e reconstruída em muitas ocasiões, principalmente no reinado do sultão mameluco Qaitbay (*r.* 1468–96). Hoje, uma cúpula verde no complexo da mesquita marca o local onde o Profeta está sepultado.

QUE SIGNIFICAM ESSES ÍDOLOS, AOS QUAIS VOS DEVOTAIS?
ALCORÃO, 21:52

EM CONTEXTO

TEMA
Imagens do Profeta

QUANDO E ONDE
630, Meca

ANTES
500 a.C. em diante No Judaísmo, a única imagem de Deus é o homem. Como Deus não tem uma forma visível, é absurdo fazer ou adorar imagens Dele. O homem só deve adorar o Deus invisível.

Séculos III–IV d.C. Embora a Bíblia proíba ídolos ou "qualquer imagem esculpida", afrescos e mosaicos, as igrejas cristãs retratam a vida de Jesus e dos santos com figuras em vez de símbolos.

DEPOIS
Hoje Mesmo na era da mídia de massa e do *streaming*, a maioria dos muçulmanos mantém a proibição de representar Deus ou o Profeta Maomé.

Um princípio fundamental do islã é que existe apenas um Deus. Violar essa crença – seja adorando outro deus, afirmando que Deus não é único, seja criando algo para representá-Lo – constitui o maior pecado. Nada deve ficar entre o homem e Deus. Portanto, embora nada no Alcorão proíba estritamente a representação de Deus, o islã desencoraja qualquer criação de imagens para evitar a tentação da adoração de ídolos.

Essa proibição estende-se a Maomé e a todos os profetas do islã. Foi uma resposta dos primeiros muçulmanos ao cristianismo, que eles acreditavam ter errado ao conceber Cristo não como um homem, mas como um ser divino. O próprio Profeta sabia que, se as pessoas vissem imagens de seu rosto, havia o risco de começarem a adorá-lo.

O texto mais citado em defesa dessa proibição é um *hadith* supostamente dito pelo Profeta, no qual ele teria advertido: "Quem fizer uma imagem será punido por Deus até que coloque vida nela, e ele nunca será capaz de colocar vida nela" (*Sahih Bukhari* 3:428). Em outras palavras, para um ser humano, tentar criar um ser é usurpar o papel de Deus e está fadado ao fracasso.

Essa preocupação pode assumir formas extremas, como no caso dos Budas de Bamiã. Essas estátuas colossais de Gautama Buda foram esculpidas em um penhasco no Afeganistão entre os séculos VI e VII d.C., a maior delas com 55 metros de altura. Depois de séculos intocadas pelo domínio muçulmano, foram dinamitadas pelos talibãs em 2001. Relatou-se que o mulá Omar, ex-líder talibã, ordenou a destruição em protesto contra a negligência do mundo para com o bem-estar humanitário afegão, mas em outras fontes louvou o ato como uma destruição de ídolos.

O Apóstolo de Deus, que Deus o abençoe, não é nem muito baixo nem muito alto.
Ali ibn Abi Talib
Primo e genro de Maomé

Ver também: O surgimento do islã xiita 108–115 ▪ A arte divina da caligrafia islâmica 190–191 ▪ Arte e arquitetura islâmica 194–201

Muitas construções islâmicas são decoradas com padrões complexos e textos religiosos em vez de imagens, como nesta mesquita em Istambul, Turquia.

Aqueles que fizerem essas imagens serão punidos no Dia da Ressurreição.
Profeta Maomé

Rosto velado ou flamejante

As visões do Talibã são compartilhadas pelo Estado Islâmico, que chocou o mundo e muitos muçulmanos ao destruir monumentos antigos na Síria. Essas visões estão longe de ser representativas de todo o islã.

Mesmo no tempo de Maomé, as atitudes em relação às imagens não eram claras. Segundo uma tradição, o Profeta criticou uma tapeçaria que sua esposa Aisha pendurou em casa, porque havia imagens costuradas nela; mas, quando ela transformou a tapeçaria em capas de almofada, ele não reclamou.

E, na conquista de Meca em 630, todos os ídolos e imagens foram removidos da Caaba e destruídos. Mas Maomé ordenou que uma pintura de Maria e Cristo não fosse destruída, reconhecendo seu valor para a comunidade cristã.

Apesar dos muitos exemplos da aversão do islã a imagens religiosas, também há exemplos de devoção muçulmana a essas imagens, bem como argumentos de que essa devoção não constitui idolatria. Como acontece com outras religiões do mundo, o islã tem uma teologia complexa e variada de arte religiosa.

O islã xiita, em particular, sempre foi muito mais aberto à representação de figuras humanas, incluindo Maomé. Ele foi uma figura central em muitas miniaturas persas, sob governantes sunitas e xiitas. Com raras exceções, o rosto do Profeta é velado nessas representações, ou representado simbolicamente como uma chama. Ainda hoje, os muçulmanos têm o cuidado de honrar o Profeta ao não retratar seu rosto. Por essa razão, tentativas de não muçulmanos de representá-lo na arte são consideradas desrespeitosas. ▪

O caso do *Jyllands-Posten*

Em 2005, o jornal dinamarquês *Jyllands-Posten* publicou doze ilustrações sob o título *Muhammads ansigt* (O Rosto de Maomé). Quase todos os desenhos eram caricaturas de Maomé e alguns eram altamente provocativos. Segundo o editor do jornal, as caricaturas pretendiam ser uma crítica à suposta hipersensibilidade e resistência muçulmanas a críticas. Líderes religiosos exigiram uma retratação enquanto a revolta se espalhava pelas comunidades muçulmanas globais, levando a protestos, sublevações e – uma década depois – ataques terroristas em Paris e Copenhague.

Comentaristas muçulmanos compararam os *cartoons* à queima de bandeiras nos Estados Unidos, observando que muitos norte-americanos apoiam a proibição dessa prática, que consideram um ataque à sua identidade cultural e ao seu país. Os muçulmanos veem o desrespeito ao Profeta da mesma forma.

O ALCO

RÃO

A *surata* de abertura do Alcorão, **al-Fatiha**, é um texto-chave do islã. É recitada nas orações diárias e seu primeiro verso abre todas as outras *suratas* do Alcorão, exceto uma.

A quarta *surata*, **al-Nisa**, contém regras sobre as relações interpessoais e o casamento.

A 12ª *surata*, **Yusuf**, conta a história dos maus-tratos do Profeta José nas mãos de seus irmãos e sua vida no Egito.

A *surata* 36, **Ya-Sin**, tem esse nome devido às duas letras com as quais começa: Y (Ya) e S (Sin). Estabelece o Alcorão como uma fonte divina.

A ABERTURA   MULHERES   JOSÉ   YA-SIN

A VACA   ARREPENDIMENTO   A CAVERNA   ORNAMENTOS

A segunda *surata*, **al-Baqara**, é a mais longa, com 286 versos. Inclui a história do bezerro (ou vaca) que Deus ordenou que fosse sacrificado quando Moisés guiou seu povo fugindo do Egito.

A nona *surata*, **al-Tawba**, é a única *surata* do Alcorão que não começa com o versículo "Em Nome de Deus, o Clemente, o Misericordioso".

A 18ª *surata*, **al-Kahf**, inclui a história dos Refugiados na Caverna, segundo a qual um grupo dorme em uma caverna por 300 anos para evitar perseguições religiosas.

A 43ª *surata*, **al-Zukhruf**, lembra os fiéis que a bondade de Deus não está na riqueza material e que eles devem priorizar sua fé e o amor a Deus.

Maomé começou a receber as revelações que compõem o Alcorão do anjo Gibreel em 610 e continuou a recebê-las em intervalos por 23 anos. Nesse período, Maomé fugiu de Meca na Hégira, ou migração, a Medina, voltou para conquistar Meca em 630 e terminou seus dias em Medina – sempre recebendo a mensagem divina. As revelações foram passadas a Maomé versículo por versículo, *surata* por *surata*, e transmitidas pelo Profeta a seu pequeno grupo de seguidores.

Um livro como nenhum outro

O Alcorão é difícil de descrever pois funciona em diferentes níveis. Acima de tudo, é um relato de Deus, que se acredita ser a origem de toda a criação. Mas também está repleto de narrativas sobre patriarcas e profetas que podem ser encontradas na Bíblia hebraica e no Antigo Testamento da Bíblia Cristã. Também contém regras para a vida social, bem como orações e uma descrição de como o Universo foi criado.

Foi uma escritura para os árabes em sua própria língua e o texto em árabe é elegante e poético, tocando o leitor com sua beleza. O orador é Deus, que se dirige diretamente ao leitor, mostrando Sua misericórdia, mas também Seu severo castigo para os que se desviam do caminho correto da fé.

Os versículos revelados ao Profeta eram memorizados e anotados por seus seguidores em tudo o que tinham à mão – folhas de palmeira, pedaços de pergaminho e até ossos de camelo. Pouco depois da morte do Profeta, os fragmentos do Alcorão foram reunidos e codificados no Livro Sagrado que conhecemos hoje. Cópias manuscritas do livro foram enviadas por todo o Império Islâmico em rápida expansão. No espaço de não mais de 120 anos desde que o primeiro versículo foi revelado, o Alcorão tornou-se o ponto de referência cultural, intelectual, emocional e sociopolítico para uma civilização que se estendia desde a Península Ibérica, a oeste, até o subcontinente indiano, a leste.

Mensagem central

Apesar das diferenças de abordagem e ritual, todos os ramos do islã concordam com a mensagem central da unidade divina, ou *awid*. O Alcorão é

O ALCORÃO

Al-Rahman, a 55ª *surata*, critica o homem por sua ingratidão apesar de todas as dádivas recebidas de Deus.

A *surata* 80, **Abasa**, foi transmitida ao Profeta depois que ele franziu a testa e se afastou de um cego que interrompeu sua pregação.

A dramática 99ª *surata*, **al-Zalzala**, trata do Dia do Juízo Final, quando a Terra sofrerá um terrível terremoto e outras calamidades.

A 113ª *surata*, **al-Falaq**, é um capítulo curto recitado (muitas vezes com a 114ª *surata*) para invocar a proteção de Deus contra o mal humano e de outros tipos.

O MISERICORDIOSO   ELE FRANZIU O CENHO   O TERREMOTO   AURORA

O EVENTO INEVITÁVEL   COÁGULOS DE SANGUE   UNIDADE   HUMANIDADE

A 56ª *surata*, **al-Waqia**, sugere a inevitabilidade do fim do mundo.

Os cinco primeiros versos do **al-Alaq**, a 96ª *surata*, foram os primeiros revelados a Maomé, sinalizando o início de sua missão profética.

A maioria dos muçulmanos conhece bem a 112ª *surata*, **al-Ikhlas**. Seus quatro versículos declaram a unidade e a unicidade de Deus (*tawhid*).

Al-Nas é a 114ª e última *surata* do Alcorão. Pede proteção a Deus contra os espíritos malignos e o mal da humanidade.

---

apresentado como um livro destinado a quem "acredita no invisível". Desse modo, a mensagem central não é que Deus existe, mas que apenas um Deus existe: sua missão não é provar a existência do Criador, mas mostrar que o Criador foi o único envolvido na criação do cosmos ou na manutenção e renovação constantes do mundo e de todas as criaturas que nele habitam.

A mensagem da unidade divina e o repúdio à ideia de que a natureza, o acaso ou qualquer outra causa têm algum papel na criação são a chave para entender as revelações recebidas por Maomé e que constituem o Alcorão. Todos os outros ensinamentos do Livro Sagrado – como as leis, a teologia, a filosofia e a teoria política muçulmanas – se baseiam no espírito da unidade divina que permeia o Alcorão.

A justiça social também é central para a mensagem. Os seguidores são incentivados a ajudar os pobres, tratando-os com justiça e compaixão, fazendo caridade e jejuando em solidariedade aos famintos. Essas práticas ajudariam a garantir uma sociedade estável e duradoura. Maomé não se propôs a fundar uma nova religião. Sua missão foi lembrar aos árabes da antiga fé – quando a sociedade tinha um único Deus e todos eram tratados com justiça e igualdade.

A palavra viva de Deus

O Alcorão está no centro do islã, ocupando para os muçulmanos uma posição com significado semelhante à de Jesus Cristo para os cristãos. Jesus é descrito na Bíblia cristã como "o Verbo que se fez carne". Para os muçulmanos, o Alcorão é a palavra sempre viva de Deus, revelada não apenas entre as capas de um livro, mas também na natureza e na estrutura do próprio Universo físico, que o Livro Sagrado espelharia.

Os muçulmanos acreditam que o Alcorão foi revelado a Maomé para esclarecer para toda a humanidade a nossa posição e papel na Terra e para nos ajudar a entender por que estamos aqui. Em suma, o Alcorão é visto como uma ajuda divina para a humanidade resolver o enigma da existência humana. A palavra de Deus foi recebida por um homem na Arábia cerca de 1.400 anos atrás e por quase um terço da humanidade hoje. ∎

JAMAIS DUVIDE DO LIVRO

O ALCORÃO, 2:1

EM CONTEXTO

TEMA
Compilando o Alcorão

MAIS SOBRE ESTE TEMA
Surata 2 "A vaca" (al-Baqara) declara inequivocamente "Jamais duvide do livro". Estabelece a ideia de que o Alcorão é constante, imaculado, inalterável e inimitável.

Surata 10 "Jonas" (*Yunus*) abre com uma discussão entre o islã e os descrentes, que dizem "Apresenta-nos outro Alcorão que não seja este [ ]", o que implica que as revelações são um fruto da mente de Maomé. A escritura responde afirmando que essa é a palavra de Deus e não há como alterá-la.

Surata 25 "O discernimento" (*al-Furqan*) os incrédulos perguntam por que o Alcorão não foi transmitido em uma única revelação; a resposta é dada: "[…]assim procedemos para firmar com ele o teu coração".

Os muçulmanos não duvidam que o Alcorão foi transmitido ao Profeta Maomé em uma série de revelações divinas. Elas começaram quando ele tinha 40 anos e continuaram até sua morte, 23 anos depois. O que é menos certo é quando essas revelações divinas foram escritas e reunidas para formar o livro que conhecemos como Alcorão.

A maioria dos estudiosos muçulmanos acredita que o Alcorão foi registrado durante a vida do Profeta. Eles afirmam que, à medida que os versos eram revelados, Maomé os recitava a seus seguidores e um deles transcrevia as palavras. Maomé não pôde escrevê-los porque, como nos diz o Alcorão, ele era analfabeto – vários versículos referem-se ao Profeta como "iletrado", por exemplo 7:157 e 7:158. Alguns estudiosos também apontam que, no fim de sua vida, o Profeta declarou: "Deixo entre vós duas coisas de grande estima: o Livro de Deus e minha *sunna*". Isso os leva a concluir que o Alcorão existia na forma de livro enquanto Maomé estava vivo. No entanto, o sentido pode não ser literal e o "livro" podia existir apenas no sentido de um conjunto de revelações ainda não compiladas.

Essa visão é corroborada pelo escriba Zayd ibn Thabit. Segundo a tradição islâmica, Ibn Thabit foi um jovem seguidor de Maomé e um dos escolhidos pelo Profeta para anotar as revelações, que ele também memorizava. Ibn Thabit confirmou que, quando Maomé morreu, o Alcorão ainda

Fragmentos antigos do Alcorão como este, descoberto em Sanaa, no Iêmen, que remonta ao século VIII, são idênticos em conteúdo ao Alcorão atual.

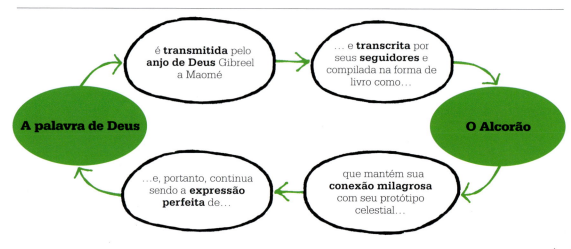

A palavra de Deus → é **transmitida** pelo **anjo de Deus** Gibreel a Maomé → … e **transcrita** por seus **seguidores** e compilada na forma de livro como… → O Alcorão → que mantém sua **conexão milagrosa** com seu protótipo celestial… → …e, portanto, continua sendo a **expressão perfeita** de…

O ALCORÃO

Ver também: Maomé, o Profeta 22–27 ▪ A morte do Profeta 56–57 ▪ Composição do Alcorão 70–75 ▪ Os califas bem guiados 104–107

não havia sido "reunido em um livro". O fato de o verbo "reunir" ter sido usado, em vez de "escrito", sugere que trechos do Alcorão já haviam sido escritos, mas ainda não tinham sido organizados em capítulos em um livro físico. Quando o Profeta estava vivo, o Alcorão ainda era um trabalho em andamento. Versículos, e até capítulos inteiros, ainda estavam sendo revelados a Maomé e ele não sabia quando sua missão profética terminaria.

Coleta e compilação

O catalisador para a decisão de compilar o Alcorão foi a Batalha de Yamama, ocorrida em 632, poucos meses após a morte de Maomé. Os muçulmanos triunfaram sobre a tribo Bani Hanifa, cujo líder, procurando imitar Maomé, também havia se declarado um novo profeta. Nessa batalha, muitos Companheiros do Profeta foram assassinados, alguns deles "recitadores" (qurra) que haviam decorado todas as revelações e cujo trabalho era transmitir o Alcorão aos outros.

Para que a perda de tantos qurra não colocasse em risco a sobrevivência do Alcorão, a liderança da umma (comunidade islâmica) decidiu que o Alcorão precisava ser coletado e escrito. Diferentes fontes históricas fornecem relatos variados de como isso foi feito e sob a supervisão de quem. Em um relato, uma das viúvas do Profeta, Hafsa, tinha consigo muitas folhas soltas das escrituras corânicas. Os líderes também pediram a qualquer pessoa que tivesse versículos para apresentá-los. Foram coletados

É impossível que este Alcorão tenha sido elaborado por alguém que não seja Deus.
10:37

textos escritos em tábuas de argila, folhas de palmeira e até ossos de animais. Todo esse material foi entregue a um comitê de compilação de quatro (algumas fontes dizem cinco) Companheiros seniores, que copiaram todos os textos comparando-os com as recitações dos qurra. Cada versículo foi validado pelo testemunho oral de pelo menos dois qurra. Versos conhecidos apenas na forma oral, sem versão escrita, foram sujeitos a um exame minucioso.

A ordem dos textos foi estabelecida pelo Profeta. Diz a tradição islâmica que, a cada nova revelação, Maomé indicava sua posição em relação às revelações anteriores. Essa ordem sempre foi mantida nas orações durante a vida do Profeta e foi seguida pelos compiladores do Alcorão.

O códice

Depois de concluído, o códice (um livro feito de várias folhas soltas) foi colocado sob a guarda de Abu Bakar, o primeiro líder, ou califa, da comunidade islâmica após a morte do Profeta. De Abu Bakar o códice foi passado para seu sucessor, Omar. No governo de dez anos de Omar, o islã espalhou-se muito além dos limites da Península Arábica, levado por uma onda de expansão árabe.

Com a conquista de novos territórios, Omar enviou Companheiros versados no »

A palavra "Alcorão"

O significado linguístico exato da palavra "Alcorão" (ou Corão, como às vezes é escrito) não é claro. São quatro origens possíveis. Uma é a raiz qaraa, que significa "coletar" ou "compilar". Nesse sentido, o Alcorão é um livro que foi coletado e compilado sob a proteção de Deus. A segunda raiz é qarana, que significa "união" ou "conjunção" e indica a junção de letras para formar palavras, palavras para formar versículos, versículos para formar capítulos e assim por diante. A terceira raiz é qarain, que significa "símbolo", "evidência" ou "argumento". No contexto do Alcorão, refere-se ao fato de que um versículo interpreta, desenvolve e fornece argumentos e evidências para outros versículos. A quarta raiz possível, e a mais citada como a raiz correta, é qiraat, que significa "leitura" ou "recitação", o que faz sentido porque o Alcorão originalmente existia como uma série de versos recitados.

O Alcorão de Birmingham são duas folhas de um manuscrito contendo um texto corânico. A datação por radiocarbono é de aproximadamente a época em que Maomé estava vivo.

É um Alcorão que dividimos em partes, para que o recites paulatinamente aos humanos, e que revelamos por etapas.
17:106

Alcorão para espalhar a palavra. Dez Companheiros foram a Basra, no Iraque, e Ibn Masud, um Companheiro sênior, foi a Cufa, também no Iraque. Outros foram a Damasco, na Síria. Segundo uma tradição, Companheiros também foram enviados ao Iêmen e a Bahrein.

A recensão otomana

Sob o próximo califa, Uthman, o islã se expandiu ainda mais. A essa altura, a nação muçulmana era muito mais diversificada do que apenas as tribos da Península Arábica. Nos novos territórios, muitos se converteram ao islã vindos de várias províncias, povos e tribos diferentes.

Recitavam o Alcorão no próprio dialeto (se falassem árabe) ou em um árabe precário, se não fosse sua língua nativa. Assim, começaram a surgir diferenças de pronúncia nas recitações e até divergências sobre o significado correto do texto.

Os anciãos muçulmanos perceberam que essas discrepâncias só aumentariam com o tempo, ameaçando a unidade da comunidade islâmica. Diz a tradição que, em 653, Uthman decidiu resolver o problema antes que saísse de controle. Mandou fazer várias cópias do códice original compilado na época de Abu Bakar. Foram copiadas no dialeto dos coraixitas, a principal tribo de Meca. Uma cópia do que veio a ser conhecida como a revisão otomana ("edição revista") foi mantida em Medina e as outras foram enviadas a todos os cantos do Império Muçulmano, com ordens para que todos os outros manuscritos e fragmentos de revelações proféticas fossem queimados.

O Livro Eterno

O fato de Abu Bakar ter compilado o Alcorão e Uthman tê-lo transformado em um livro confiável é aceito pela grande maioria dos estudiosos e historiadores do mundo islâmico. Alguns estudiosos, principalmente do Ocidente, propuseram que a padronização final do Alcorão foi feita muito depois do que a tradição islâmica afirma. Em meados da década de 1970, o professor John Wansbrough, da Faculdade de Estudos Orientais e Africanos de Londres, argumentou que o Alcorão foi escrito e compilado não na época do Profeta, mas ao longo de 200 anos. Os historiadores Michael Cook e Patricia Crone ecoaram essa teoria em *Hagarism* (1977), questionando os relatos muçulmanos sobre a ascensão do islã. Mas, no século XXI, a datação por carbono de vários fragmentos antigos do Alcorão confirmou a visão tradicional de que o Alcorão já existia cerca de vinte anos após a morte do Profeta. A análise por radiocarbono de textos do Alcorão realizada pela Universidade de Birmingham, no Reino Unido, datou o pergaminho no período entre 568 e 645 com 95% de precisão, o que coincide com a vida de Maomé. Essa datação é confirmada pelo fato de o Alcorão não fazer menção a nenhum acontecimento notável da história islâmica depois da morte do Profeta.

O Alcorão Otomânico é, por isso, quase universalmente aceito como a coleção de revelações do Profeta Maomé, recebidas de Deus. O Alcorão consiste sempre, em todos os lugares, dos mesmos 114 capítulos e 6.200 versos, apresentados na mesma ordem. E permaneceu assim, sem uma palavra corrigida ou modificada, por quase 1.400 anos. ∎

> Nós o fizemos um Alcorão árabe, a fim de que o compreendêsseis.
> **43:3**

Na ausência de papel, partes do Alcorão foram inscritas em vários outros materiais, como estas linhas da *Fatiha* escritas na omoplata de um camelo.

Os Companheiros do Profeta

Conhecidos em árabe como *Sahaba*, no sentido mais estrito são os Companheiros da época do Profeta Maomé que tiveram contato pessoal com ele, por menor que fosse. São importantes para a história do islã porque, depois da morte do Profeta, foi o testemunho dos *Sahaba*, transmitido por narradores confiáveis, que forneceu o conhecimento da vida e dos ensinamentos de Maomé (*ahadith*). Constituem a base do modo de vida muçulmano (*sunna*) e seu código de conduta e lei (Sharia).

Os *Sahaba* se dividem em várias categorias. Por exemplo, os *muhajirun* ("imigrantes") são os que seguiram o Profeta de Meca a Medina na Hégira; os *ansar* ("ajudantes") são o povo de Medina que acolheu o Profeta e seus seguidores. Os nomes e breves biografias de alguns Companheiros mais proeminentes estão registrados em várias obras antigas de estudos islâmicos – uma delas contém mais de 3 mil entradas.

UMA ORIENTAÇÃO AOS TEMENTES
ALCORÃO, 2:2

COMPOSIÇÃO DO ALCORÃO

EM CONTEXTO

TEMA
Composição do Alcorão

MAIS SOBRE O TEMA
Surata 39 "Os grupos" (*al-Zumar*) é um bom exemplo de uma *surata* de Meca. Relativamente curta, começa reafirmando a autoridade do Alcorão ("A revelação do Livro é de Deus" 39:1) e fala sobre a Criação e o papel do Alcorão ("E expomos aos homens, neste Alcorão, toda a espécie de exemplos [...]" 39:27).

Surata 5 "A mesa servida" (*al-Maida*) é um excelente exemplo de uma *surata* de Medina. Com 120 versos, aborda vários tópicos, como alimentos proibidos, ritual de higiene, a punição correta para o roubo, a penitência por quebrar uma promessa, a elaboração de testamentos, e muitas outras questões de natureza prática.

Uma crítica comum ao Alcorão diz respeito à sua forma e estrutura. Os "capítulos" e "versículos" que compõem o Alcorão parecem, à primeira vista, ter sido reunidos de forma arbitrária. Não há um senso de linearidade no Alcorão, sem começo, meio e fim distintos. Cenas, temas e protagonistas mudam com uma frequência confusa, dificultando ao leitor acompanhar a narrativa. A primeira revelação aparece nos versículos um a cinco da 96ª *surata* – os outros catorze versículos foram revelados posteriormente.

Mas a maioria das críticas dirigidas ao Alcorão refere-se às traduções. A grande maioria dos muçulmanos que leem árabe veem o Alcorão como um milagre tanto de linguagem como de estilo. Consideram o Alcorão uma obra inimitável, tão extraordinária que nunca poderá ser igualada.

Capítulo e versículo

O Alcorão é relativamente breve, mais curto que o Novo Testamento da Bíblia Cristã. Se o Alcorão parece volumoso nas prateleiras, é porque a maioria das edições também inclui notas de rodapé explicativas, com frequência mais extensas que o próprio texto. O Alcorão cobre uma vasta gama de tópicos, dando orientações sobre o culto, a vida após a morte, o casamento e a vida familiar, a caridade aos necessitados e desfavorecidos e até questões de higiene, questões comunitárias, políticas e econômicas. É um guia completo para a vida e muito mais.

O livro tem duas divisões internas principais, conhecidas em árabe como *surata* e *aya*. Em geral são traduzidos como "capítulo" e

> Aqueles que descrerem e desmentirem os Nossos versículos serão os condenados ao inferno, onde permanecerão eternamente.
> **2:39**

Rotina e recitação

Estudiosos ocidentais incluíram números às suratas e versículos do Alcorão para facilitar a referência, mas os muçulmanos preferem usar os nomes das *suratas*, ou citar o início da passagem em discussão. Esse método requer não apenas uma grande familiaridade com o texto completo do Alcorão, mas também uma boa memória.

Muitos muçulmanos memorizam grandes trechos do Alcorão e alguns decoraram o livro inteiro. Aprender de cor todo o Alcorão traz grande prestígio e bênçãos, e um muçulmano que consegue isso é conhecido como *hafiz*, ou "guardião" do Alcorão. O *hafiz* mantém vivo o livro sagrado de Deus e é altamente respeitado. Muitas vezes são recitadores do Alcorão nas orações diárias na mesquita e em outros rituais e cerimônias importantes. Essa capacidade é tão valorizada que auditórios costumam lotar em concursos de recitação.

Jovens afegãos leem o Alcorão em uma mesquita. Alguns pais recitam o Alcorão para seus filhos em vez de canções infantis e os ensinam a recitar versos desde os 3 anos de idade.

O ALCORÃO

Ver também: Maomé, o Profeta 22–27 ▪ Compilando o Alcorão 64–69 ▪ *Fatiha*: a primeira *surata* 76–77 ▪ O que o Alcorão diz sobre Deus 78–79 ▪ A forma física do Alcorão 88–89 ▪ *Tafsir*, ou a arte de interpretar o Alcorão 90–91

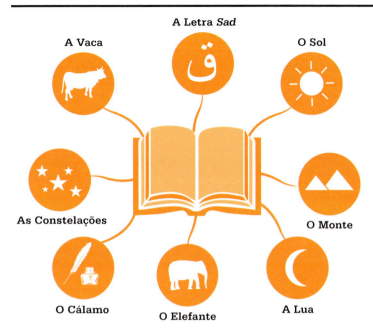

Os nomes de capítulos (*suratas*) do Alcorão em geral são retirados de uma história ou tema neles contido e não estão organizados em ordem narrativa ou cronológica. Podem ser lidos em qualquer ordem e apresentam ao leitor a vontade de Deus.

"versículo", respectivamente. Embora não sejam perfeitas, essas traduções são adequadas no sentido de que a *surata* e o *aya* são mais ou menos similares aos capítulos e versículos da Bíblia.

Surata

A palavra *surata* significa "linha", "cerca", ou qualquer coisa usada para separar uma coisa de outra. Há 114 *suratas* no Alcorão, cada uma com extensão diferente. Não estão organizadas cronologicamente ou por tópico, mas, em geral, por extensão. Os capítulos mais longos ficam no início do Alcorão, e os capítulos mais curtos no final. A exceção a essa ordem é a breve *surata* conhecida como *Fatiha*, que abre o Alcorão.

Todas as *suratas* têm um título. De modo geral, esses títulos refletem o tema principal, ou um dos temas principais, da *surata*, sendo uma espécie de resumo temático. Por exemplo, a segunda *surata* do Alcorão – A Vaca (*al-Baqara*) – é uma referência ao bezerro de ouro feito por Aarão e adorado pelos israelitas enquanto Moisés estava no Monte Sinai. Mas, embora tenha 286 versículos, há menos de uma dúzia de referências explícitas ao bezerro que dá o título à *surata*. Um leigo não tem como saber pelo título de uma *surata* qual será o tema principal. A *surata* 4, Mulheres (*al-Nisa*), é uma exceção, já que aborda esposas, assim como a *surata* 12, intitulada José (*Yusuf*), que conta a história do patriarca-profeta José. Esta *surata* também se destaca por ter começo, meio e fim distintos.

Aya

O termo *aya* é tradicionalmente traduzido como "versículo", refletindo seu papel como a menor unidade de divisão do Alcorão. Mas a palavra árabe significa "sinal claro" ou "evidência". Reflete a crença de que o Alcorão apresenta o Universo como um todo e todas as suas partes constituintes são sinais ou evidências da existência de Deus.

Cada seção numerada abaixo é um *aya*:

[1] *Quando a terra executar o seu tremor predestinado,*
[2] *E descarregar os seus fardos,*
[3] *O homem dirá: Que ocorre com ela?*
[4] *Nesse dia, ela declarará as suas notícias,*
[5] *Porque o teu Senhor lhas terá revelado.*
[6] *Nesse dia, os homens comparecerão, em massa, para que lhes sejam mostradas as suas obras.*
[7] *Quem tiver feito o bem, quer seja do peso de um átomo, vê-lo-á.*
[8] *E quem tiver feito o mal, quer seja do peso de um átomo, vê-lo-á.*

»

74 COMPOSIÇÃO DO ALCORÃO

Juntos, esses oito *ayat* (plural de *aya*) compõem a *surata* 99 do Alcorão, chamada "O Terremoto" (*al-Zalzala*). Cada *aya* não constitui necessariamente uma frase, que pode abranger vários *ayat*. Por outro lado, outros *ayat* podem conter apenas algumas palavras.

Na maioria dos Alcorões em árabe, os leitores podem ver o número de *ayat* porque cada um é seguido por uma pequena roseta, e cada roseta contém o número desse versículo. Nas traduções do Alcorão em português, é mais comum ter os números dos versículos nas margens. Embora a prática de dividir os versículos e marcar as divisões seja antiga, numerar os versículos foi um hábito posterior,

Muitos Alcorões históricos são ricamente decorados com belas molduras. Neste exemplo do Cairo do século XIV vemos as rosetas marcando os versículos da *Fatiha*.

mas que hoje é quase um padrão no mundo muçulmano.

Dado que as *suratas* têm extensões diferentes, segue-se que também têm um número variado de versículos. Por exemplo, a *surata* 108, "Abundância" (*al-Kawthar*), tem apenas três *ayat*. A mais longa das *suratas* "A Vaca" (*al-Baqara*), tem 286 *ayat*.

O início das *suratas*

Cada *surata* começa com o *Bismillah* em árabe, *Bismillahi al-rahmani al-rahim* ("Em Nome de Deus, o Clemente, o Misericordioso"), que também é a primeira linha da *Fatiha*, a primeira *surata* do Alcorão. A exceção é a *surata* 9, "O Arrependimento" (*al-Tawba*). Trata-se de um ultimato de Deus aos incrédulos da cidade recém-capturada de Meca, que permaneceram contrários ao islã. A misericórdia de Deus lhes é negada.

Revelamos-te versículos esclarecedores, e ninguém ousará negá-los, senão os depravados.
2:99

Após o *Bismillah*, 29 *suratas* do Alcorão são prefaciadas com uma combinação de letras. Essas letras são escritas juntas, mas cada uma deve ser pronunciada separadamente. Por exemplo, *A Vaca* (*surata* 2) começa com as letras *alif*, *lam*, *meem*, ou A, L, M. Vários capítulos são intitulados conforme as letras com que

O ALCORÃO

Ler o Alcorão em um tablet e em apps é cada vez mais comum. Cores são usadas para marcar pronúncias diacríticas ao texto padrão do Alcorão.

começam, como a *surata* 20, que é chamada *Ta Ha* ou "T H". O significado dessas letras é desconhecido, levando a muitas especulações e interpretações. Comentaristas corânicos clássicos tendem a considerar que essas letras representam palavras e frases relacionadas aos vários nomes ou atributos de Deus. Outros não se preocupam muito com explicações e se contentam com a alegação de que só Deus sabe o que as letras significam.

Suratas de Meca
Outra importante divisão do Alcorão pode ser mais significativa para os estudiosos e historiadores islâmicos do que para os devotos. Os estudiosos distinguem entre as *suratas* reveladas a Maomé quando ele morava em Meca – no início das profecias – e as que lhe foram reveladas depois, quando residia em Medina. As *suratas* de Meca em geral são mais curtas do que as de Medina. Tendem a abordar assuntos ligados aos fundamentos da fé, comunidades e eventos do passado. Assim, se uma *surata* se foca mais em questões metafísicas, na unidade de Deus, nas histórias dos patriarcas e profetas da antiguidade, ou no céu, no inferno e no além, é provável que tenha sido revelada em Meca. As primeiras revelações em geral são muito rítmicas e imagéticas. Muitas começam com impropérios. Por exemplo, a *surata* 95 começa com: "Pelo figo e pela oliva! Pelo monte Sinai, e por esta metrópole segura […]" As *suratas* de Meca posteriores são mais serenas, com exemplos da verdade da mensagem de Deus retirados da natureza e da história. São mais formais que outras *suratas* e muitas discutem questões doutrinárias. Deus é referido com frequência nestes capítulos como "o Misericordioso".

Suratas de Medina
Os capítulos de Medina diferem das *suratas* de Meca porque Maomé já não liderava um pequeno grupo de seguidores, mas era o líder de uma comunidade grande e independente de muçulmanos. Desse modo, as *suratas* de Medina são menos voltadas a estabelecer as credenciais do Profeta e evidências dos sinais de Deus. Centram-se nos deveres e normas de comportamento, discutindo questões legais e sociais, demonstrando como as normas devem ser aplicadas para reger a vida na crescente comunidade muçulmana.

Um exemplo é a *surata* 24, que instrui os muçulmanos a reunir quatro testemunhas para corroborar qualquer acusação de adultério. Era uma salvaguarda importante para as mulheres em uma sociedade na qual seria suspeito se um homem e uma mulher não aparentados fossem vistos juntos. Segundo esta *surata* de Medina, acusações sem quatro testemunhas deveriam ser rejeitadas e os acusadores, tratados com severidade. ∎

> […] e recita fervorosamente o Alcorão, em verdade, vamos revelar-te uma mensagem de peso.
> **73:4-5**

EM NOME DE DEUS, O CLEMENTE, O MISERICORDIOSO
ALCORÃO, 1:1

EM CONTEXTO

TEMA
Fatiha*, a primeira *surata

MAIS SOBRE ESTE TEMA
Surata 16 "A Abelha" (*an-Nahl*) adverte contra a adoração de outros deuses além de Deus. Fala dos favorecidos e dos que se desviaram. "Se Deus quisesse, ter-vos-ia constituído em um só povo; porém, desvia a quem quer e encaminha a quem Lhe apraz".

Surata 36 "Ya-Sin", o "coração do Alcorão", enfatiza a unidade de Deus e lembra os muçulmanos que é "Pelo Alcorão da Sabedoria, que tu és um dos mensageiros, numa senda reta".

Surata 55 "O Clemente" (*al-Rahman*) descreve algumas dádivas com as quais Deus abençoou o homem e o critica por sua ingratidão para com Deus.

A primeira *surata* do Alcorão, intitulada "A Abertura" (*al-Fatiha*), é a mais conhecida de todas as narrativas do Alcorão e ocupa um lugar especial na liturgia islâmica e na fé muçulmana. Além de servir como uma introdução ao Alcorão (apesar de não ter sido o primeiro capítulo a ser revelado) a *Fatiha* é uma invocação que é parte integrante das orações diárias, ou *salat*. Em geral é recitada em silêncio, individualmente ou em grupo, sempre que os fiéis querem

O ALCORÃO

Ver também: Os Cinco Pilares do Islã: *Shahada* 36–41 ▪ Os Cinco Pilares do Islã: *salat* 42–43 ▪ A arte divina da caligrafia islâmica 190–191

louvar ou agradecer a Deus. Os sete versos que compõem a *Fatiha* podem ser traduzidos como se segue:

Em nome de Deus, o Clemente, o Misericordioso.
Louvado seja Deus, Senhor do Universo.
O Clemente, o Misericordioso, Soberano do Dia do Juízo.
Só a Ti adoramos e só de Ti imploramos ajuda!
Guia-nos à senda reta,
À senda dos que agraciaste, não à dos abominados, nem à dos extraviados.

A *Fatiha* é uma declaração da unidade divina e reconhece os "belos nomes" e atributos perfeitos de Deus. Pode ser um pedido de orientação, ajuda e misericórdia. Também é uma afirmação do poder e soberania divinos e uma admissão da absoluta dependência da humanidade em relação a Deus para auxílio e salvação.

A oração de quem não recita a *Fatiha* não tem validade.
Profeta Maomé

O Bismillah

A *aya*, ou versículo ("Em Nome de Deus, o Clemente, o Misericordioso"), de abertura aparece no início todas as *suratas* do Alcorão, exceto uma. Chamado de *Bismillah* (literalmente, "em nome de Deus"), o *aya* é uma expressão ritual pronunciada antes de qualquer evento significativo. Embora seja mais comumente ouvido no início de uma refeição, os fiéis o pronunciam antes de sair de casa, antes de partir em viagem, antes de empreender qualquer tarefa particularmente difícil e até – de acordo com um *hadith*, ou tradição profética – antes da relação sexual. No subcontinente indiano, uma cerimônia de *Bismillah* marca a iniciação de uma criança no islã.

Compaixão e misericórdia

A *Fatiha* é importante devido à sua ênfase em um aspecto do divino que tende a ser esquecido: a clemência e a misericórdia de Deus. Descrever o Criador como clemente (*rahman*) salienta a misericórdia demonstrada por Deus para com toda a criação. Descrever o Criador como misericordioso (*rahim*) enfatiza a clemência demonstrada por Deus por cada ser criado, separada e unicamente. O fato de o *Bismillah* preceder cada *surata*, exceto uma, demonstra a importância dada pelo Alcorão à compaixão divina. Isso encontra eco no versículo posterior do Alcorão que saúda Maomé e sua mensagem "como uma misericórdia para a humanidade" (21:107). ▪

A *Fatiha* incorpora grande parte da mensagem central do islã e costuma ser representada em caligrafia decorativa, como na cúpula da Santa Sofia em Istambul.

A Mãe do Livro

A *Fatiha* tem muitos nomes alternativos. Segundo a tradição islâmica, é *Um al-Quran*, ou a "Mãe do Alcorão", ou *Um al-Kitab*, a "Mãe do Livro" – os falantes do árabe tendem a adicionar o qualificador "Mãe de" a qualquer coisa que resuma algo ou inclua sua parte mais importante. Também é chamada de Mãe do Livro por ser o primeiro capítulo escrito do Alcorão e que dá início à recitação na oração canônica.

A *Fatiha* é chamada *al-Saba al-Mathani* ou os "Sete Versos Frequentemente Repetidos" e o "Grande Alcorão". Segundo o historiador al-Tabari, isso se deve ao fato de o sentido de todo o Alcorão estar resumido nos sete versículos da *Fatiha*.

A *Fatiha* também pode ser chamada de *al-Shifa* ou "a Cura" porque, segundo a tradição islâmica, Maomé disse: "A abertura do Livro [o Alcorão] é uma cura para todas as doenças e todos os venenos".

O SENHOR DE TODAS AS COISAS
ALCORÃO 1:1–7

EM CONTEXTO

TEMA
O que o Alcorão diz sobre Deus

MAIS SOBRE ESTE TEMA
Surata 23 "Os Crentes" (*al-Muminum*) explica que Deus criou a humanidade: "Criamos o homem da essência do barro" (23:12–14). Também confirma a criação do céu e da terra por Deus.

Surata 24 "Luz" (*al-Nur*) contém o *ayat al-nur* um grupo lírico de versos que beiram o místico sobre a natureza de Deus: "Deus é a Luz dos céus e da terra. O exemplo da Sua Luz é como o de um nicho em que há uma candeia; esta está num recipiente; e este é como uma estrela brilhante [...]" (24:35).

Surata 25 "O Discernimento" (*al-Furqan*) diz que foi Deus que "criou todas as coisas, e deu-lhes a devida proporção" (25:2).

A humanidade é informada de que **toda generosidade está nas mãos de Deus.**

→ **Não sabemos como**, ou em que sentido, isso é verdade.

↓

Podemos pensar em Deus, mas não podemos compreendê-Lo. ← Devemos apenas **acreditar e aceitar.**

A ênfase do Alcorão é que Deus é transcendente, ou seja, além da compreensão humana. Ele é remoto no sentido de ser completamente diferente de tudo que criou. Ao mesmo tempo, nas palavras do Alcorão, Ele está mais próximo do homem "do que a (sua) artéria jugular" (50:16). Ao enfatizar a presença de Deus no mundo físico, o Alcorão também revela que Deus está constante e continuamente envolvido no ato criativo. O Deus retratado pelo Alcorão é, em certo sentido, um criador "ativo", não um Deus que criou os céus e a terra em seis dias antes de "descansar" no sétimo. Deus, segundo o Alcorão, está envolvido em um ato de "criação contínua".

Sem necessidade de prova

O Alcorão não tenta usar argumentos racionais ou filosóficos para provar a existência de Deus. Na verdade, o Alcorão não tenta provar a existência de Deus. Mantendo a missão dos patriarcas e profetas que precederam Maomé, o Alcorão não pretende provar que existe um Deus, mas que Deus é único.

O ALCORÃO

Ver também: Compilando o Alcorão 64–69 ▪ *Fatiha*, a primeira *surata* 76–77 ▪ Os Seis Pilares da Fé 86–87

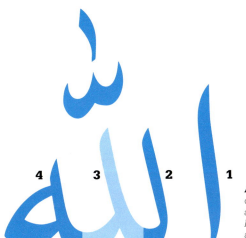

A palavra "Allah" é composta pelas letras árabes *alif*, (1), *lam* (2 e 3) e *ha* (4), lidas da direita para a esquerda. Os sinais diacríticos acima modificam os sons, mas nem sempre são escritos.

Os nomes de Deus

"Alá" é um nome universal para Deus e não se refere a um Deus exclusivamente islâmico. Alá é o mesmo Deus da Bíblia cristã e da Torá judaica.

Filólogos acreditam que a palavra Alá deriva de uma contração de *al-ilah*, que significa "o deus" em árabe. Tem relação etimológica com os nomes aramaicos e hebraicos para Deus, *Allaha* e *Elohim*. A palavra "Deus" (ou Alá) aparece mais de três mil vezes no Alcorão e em muitas passagens Ele é descrito em termos de vários "atributos de perfeição", incluindo *al-Rahman* ("o Complacente"); *al-Rahim* ("o Misericordioso"); *al-Malik* ("o Soberano"); *al-Qudus* ("o Santo"); *al-Salaam* ("a Fonte da Paz"); e assim por diante. Ao contrário da crença popular, os nomes divinos não são 99, mas são inumeráveis: onde quer que haja perfeição, beleza, sabedoria ou poder, Deus possui esse atributo de forma absoluta. Assim, segundo o Alcorão: Ele é onisciente, onipotente e onipresente.

O Alcorão enfatiza a unidade de Deus: Ele é indivisível e, portanto, não tem um corpo composto de partes como os humanos. O Alcorão revela os aspectos do "caráter" divino que são acessíveis ao intelecto humano e ao poder da razão. Por exemplo, sobre a unidade, o Alcorão afirma que Deus "não teve filho algum, nem tampouco teve parceiro algum no reinado" (25:2). A *surata* 2:255 diz: "a Quem jamais alcança a inatividade ou o sono", enquanto a *surata* 6:59 enfatiza Sua onisciência: "Ele sabe o que há na terra e no mar: não cai uma folha (da árvore) sem que Ele disso tenha ciência".

Algumas passagens do Alcorão se referem, por exemplo, às mãos e aos olhos de Deus como "A Mão de Deus está sobre as suas mãos" (48:10). Em geral, isso é considerado uma alegoria. Interpretar literalmente descrições como essa levaria ao antropomorfismo (atribuir características humanas a Deus) e poderia ser visto como comparar Deus com os seres que Ele criou, o que é um grande pecado. Ao mesmo tempo, alguns literalistas insistem na interpretação literal do Alcorão.

Embora Deus em Sua essência absoluta seja insondável, Ele pode ser visto através do "véu" de Suas criações, que são consideradas "sinais" (*ayat*) que apontam para Ele. As exortações do Alcorão para refletir sobre os incontáveis sinais da criação que compõem o Universo não são para que a humanidade entenda Seu Universo apenas para acumular conhecimento. A humanidade é encorajada a estudar a si mesma e ao mundo para conhecer e entender melhor o Criador. ∎

Cuidado, pois Deus não pode ser descrito com nenhum atributo.
Ali ibn Abi Talib
Genro do Profeta Maomé

NÃO HAVERÁ IMPOSIÇÃO QUANTO À RELIGIÃO
ALCORÃO, 2:256

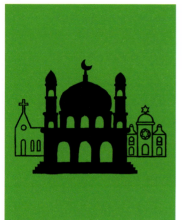

Embora o islã não aceite a Bíblia cristã na sua totalidade como uma escritura revelada por Deus, algumas partes são veneradas: os primeiros cinco livros do Antigo Testamento, os Salmos de Davi e os Evangelhos. Muitos patriarcas do Antigo Testamento, como Noé, Abraão, Jó e Moisés, aparecem no Alcorão enaltecidos como profetas e mensageiros. Jesus também é reverenciado como um profeta, mas não como o filho de Deus, uma ideia que o Alcorão rejeita. Personalidades bíblicas como José, por exemplo, a

EM CONTEXTO

TEMA
Tolerando outras crenças

MAIS SOBRE ESTE TEMA
Surata 22 "A Peregrinação" (*al-Hajj*) diz: "'Temos prescrito a cada povo ritos a serem observados. Que não te refutem a este respeito! E invoca teu Senhor, porque estarás seguindo uma orientação correta. Porém, se te refutam, dize-lhes: 'Deus sabe melhor do que ninguém o que fazeis! Deus sabe melhor do que ninguém o que fazeis!' (66–67)".

Surata 109 "Os Incrédulos" (*al-Kafirun*) é uma *surata* contra a intolerância religiosa: "Dize: 'Ó incrédulos, não adoro o que adorais, nem vós adorareis o que adoro. Nem adorarei o que adorais, nem vós adorareis o que adoro. Vós tendes a vossa religião e eu tenho a minha'(1-6)".

Comparando as religiões abraâmicas

	Moisés 1391–1271 a.C.	Jesus 3 a.C. – 33 d.C.	Maomé 570–632 d.C.
O **judaísmo** acredita em Moisés, mas nega que Jesus e Maomé foram profetas.	✡	✡	✡
O **cristianismo** acredita que Jesus é o filho de Deus e reverencia Moisés como um profeta, mas não reconhece Maomé.	✝	✝	✝
O **islã** considera Moisés, Jesus e Maomé como profetas enviados com a mensagem do monoteísmo.	☪	☪	☪

O ALCORÃO

Ver também: A *umma*, a comunidade do islã 32–33 ▪ O exemplo da Espanha islâmica 166–171 ▪ As Cruzadas pelo olhar muçulmano 180–181 ▪ O islã na Europa 210–215

Os crentes, os judeus, os sabeus e os cristãos, que creem em Deus [...] não serão presas do temor, nem se angustiarão.
5:69

quem é dedicada toda uma *surata*, são muito mais mencionadas no Alcorão do que Maomé.

Em geral os muçulmanos acreditam que as escrituras reveladas aos judeus e cristãos (conhecidos como o "Povo do Livro") foram corrompidas, daí a necessidade de uma revelação incorruptível e final, ou seja, o Alcorão. Apesar das claras diferenças doutrinárias e teológicas entre o islã e o cristianismo, no que diz respeito às histórias de Jesus e dos patriarcas do Antigo Testamento o Alcorão está repleto de referências e alusões aos textos cristãos. Isso sugere que seus leitores originais, como o próprio Maomé, conheciam bem a Bíblia.

Os povos protegidos

Os versos "Não há imposição quanto à religião" (2:256) e "Vós tendes a vossa religião e eu tenho a minha" (109:6) parecem garantir o direito de todo ser humano de aderir às práticas de sua própria fé, ou até de não acreditar em nenhum deus.

Esses versículos também parecem sancionar a existência pacífica de comunidades religiosas minoritárias no islã. Já outros versículos do Alcorão apresentam atitudes menos claras em relação aos judeus e cristãos. Os cristãos são retratados como "mais próximos do afeto" dos muçulmanos (5:82) mas que os muçulmanos não devem ver judeus ou cristãos como "confidentes" (5:51). Isso reflete a experiência variada de Maomé e da comunidade muçulmana em seus primórdios. Inicialmente, Maomé buscou a aceitação de cristãos e judeus, mas, quando seus líderes o consideraram um falso profeta, ele recebeu revelações para se distanciar deles. Na Constituição de Medina, que Maomé negociou com os judeus daquela cidade, os judeus foram incluídos na *umma*.

Conforme os exércitos muçulmanos encontravam mais comunidades de judeus e cristãos, elas ganhavam o status de *ahl al-dhimma*, ou "povos protegidos". O que isso significava na prática variava com o tempo e o lugar, mas normalmente os *dhimmis* eram autorizados a praticar suas religiões, mesmo gozando de menos privilégios do que os muçulmanos. Eles tinham que pagar a *jizya*, um imposto especial. A coexistência em grande parte harmoniosa dos muçulmanos e do chamado Povo do Livro em Medina na época do Profeta, na Espanha muçulmana e no Império Otomano, reflete o ideal do Alcorão. ▪

O Alcorão e a Bíblia

Os leitores do Alcorão e das Bíblias hebraica e cristã encontrarão muitas figuras e histórias em comum. As palavras do Alcorão parecem ecoar textos judaicos e cristãos, oferecendo correções de alguns detalhes. No Alcorão, por exemplo, Adão e Eva são perdoados por Deus antes de saírem do Paraíso porque imploraram misericórdia, em vez de serem expulsos e amaldiçoados como na Bíblia. O Menino Jesus, em um milagre não relatado na Bíblia, fala desde bebê em defesa da honra de sua mãe quando ela é acusada de fornicação. O Alcorão também diz que os judeus não mataram ou crucificaram Jesus – apenas pensaram que foi assim. Na verdade, Jesus foi levado por Deus ao céu, onde os muçulmanos acreditam que ele chegou vivo. Eles acreditam que Jesus voltará para combater o falso messias e estabelecer a paz na terra.

Os judeus dizem: Os cristãos não têm em que se apoiar! E os cristãos dizem: Os judeus não têm em que se apoiar! Porém, Deus julgará entre eles, quanto às suas divergências, no Dia da Ressurreição.
2:113

E ELE CRIOU (TUDO) EM PARES
ALCORÃO, 53:45

EM CONTEXTO

TEMA
Mulheres no Alcorão

MAIS SOBRE ESTE TEMA
Surata 4 "As Mulheres" (*al-Nisa*) é o capítulo mais citado sobre as mulheres e o islã. Aborda mães, irmãs, filhas, esposas, divorciadas, viúvas, órfãs, escravizadas e mulheres acusadas de adultério e estabelece leis para questões como herança e casamento.

Surata 24 "A Luz" (*al-Nur*) diz respeito ao recato feminino: "Dize às crentes que [...] conservem os seus pudores e não mostrem os seus atrativos, além dos que (normalmente) aparecem; que cubram o colo com seus véus [...]" Outra tradução seria "que estendam seus véus sobre seus bustos".

A quarta *surata* do Alcorão é chamada *al-Nisa*, ou "As Mulheres". Começa assim: "Ó humanos, temei a vosso Senhor, que vos criou de um só ser, do qual criou a sua companheira e, de ambos, fez descender inúmeros homens e mulheres".

Esse trecho incorpora um tema básico e importante dos ensinamentos do Alcorão sobre a questão de homens e mulheres: os sexos são complementares, tendo sido criados "a partir de um único ser". A ideia é reforçada na *surata* 51: "E criamos um casal de cada espécie, para que mediteis" (51:49).

O Alcorão também revela que a recompensa aguarda os fiéis,

O ALCORÃO

Ver também: Compilando o Alcorão 64–69 ▪ O estado moderno Sharia 266–269 ▪ Um islã feminista? 292–299 ▪ O *hijab* e o *niqab* 300–303

No passado as mulheres eram encorajadas a orar em casa. Hoje, na maioria das mesquitas, elas rezam em um espaço designado, como aqui, na Mesquita al-Barka, em Bekasi, na Indonésia.

homens e mulheres: "Quanto aos muçulmanos e às muçulmanas, aos crentes e às crentes [...] aos que se recordam muito de Deus e às que se recordam d'Ele, saibam que Deus lhes tem destinado a indulgência e uma magnífica recompensa" (33:35).

Fica claro que, segundo o Alcorão, homens e mulheres são iguais aos olhos de Deus.

Direitos protegidos

O Alcorão foi compilado na Arábia tribal do século VII, quando as mulheres eram vistas como bens, com poucos direitos formais. Nesse contexto, os ensinamentos corânicos sobre a igualdade não tinham precedentes e anunciaram uma grande melhoria na posição das mulheres na sociedade árabe.

O Alcorão proibiu práticas comuns na época, como o infanticídio feminino e o abuso sexual de escravizadas. Também concedeu às mulheres direitos de casamento, divórcio, herança, propriedade e custódia que elas provavelmente não tinham antes do islã. Mesmo permitindo que um homem tenha várias esposas ("podereis desposar duas, três ou quatro das que vos aprouver, entre as mulheres"), o Alcorão estipula que o homem deve ser igualitário e que, se não tiver condições, deve se casar "com uma só" (4:3).

Esses e outros ensinamentos garantem a segurança financeira das mulheres divorciadas: a segunda *surata*, "A Vaca", afirma que é ilegal para qualquer homem tirar de uma esposa divorciada qualquer coisa que ele lhe tenha dado e que ela deve ser tratada com benevolência. As ex-esposas não devem ser impedidas de voltar a se casar: "Tais são os limites de Deus; não os ultrapasseis, pois" (2:229). A mesma *surata* ordena: "Quanto àqueles, dentre vós, que falecerem e deixarem viúvas, a elas deixarão um legado para o seu sustento »

Os crentes e as crentes são protetores uns dos outros.
9:71

MULHERES NO ALCORÃO

Máriam, Maria em árabe, é reverenciada no Alcorão e a 19ª *surata* leva seu nome. Acredita-se que esta pintura persa do século XVII a mostra com seu filho Jesus (Issa).

Máriam, mãe de Jesus

O Alcorão menciona cerca de 25 figuras femininas, mas apenas Maria (Máriam), a mãe de Jesus (Issa), é identificada por nome. O nome "Máriam" aparece mais vezes no Alcorão do que "Maria" no Novo Testamento da Bíblia cristã. O Alcorão chega a nomear a *surata* 19 em sua homenagem. Embora os muçulmanos reverenciem Máriam, os acadêmicos não a reconhecem como uma profetisa, ao contrário de alguns escritores muçulmanos medievais.

Outras figuras femininas no Alcorão são a Rainha de Sabá, a mãe de Moisés, as esposas e filhas de Maomé, as filhas de Ló e a esposa do mestre do Profeta José no Egito. Destas, a Rainha de Sabá destaca-se como a única mulher cujo principal papel não é o de esposa ou filha. Ela é muito citada pelas feministas como um exemplo histórico de liderança feminina e do direito das mulheres de participar da política.

durante um ano, e residência" (2:240). Também declara que a esposa deve herdar um quarto dos bens do marido.

Mas há duas áreas nas quais o Alcorão parece favorecer os homens em detrimento das mulheres. Uma delas é a de uma testemunha legal. Em algumas situações legais, que requerem testemunhas, o gênero da testemunha é irrelevante, mas, para firmar contratos financeiros, o Alcorão estipula que uma testemunha do sexo masculino equivale a duas mulheres. Estudiosos sugerem que isso reflete apenas a inexperiência das mulheres em questões financeiras na Arábia do século VII – embora a primeira esposa do Profeta, Khadija, uma respeitada comerciante, seja uma exceção.

A segunda área é a herança: as filhas recebem apenas metade da herança recebida por seus irmãos. A explicação tradicional é que os homens precisavam sustentar as mulheres de seu agregado familiar. Apesar do viés progressista, o Alcorão também reflete a realidade de seu tempo, reconhecendo os diferentes papéis dos sexos na família.

Autoridade patriarcal

Uma das passagens mais controversas do Alcorão é o versículo 34 da *surata* 4, "As Mulheres". Essas linhas das escrituras muçulmanas são consideradas por muitos responsáveis pela natureza patriarcal de muitas sociedades islâmicas e pelas restrições impostas a muitas mulheres muçulmanas:

O ALCORÃO

O homem e a mulher são ambos criação de Deus e Deus [...] nunca tem a intenção de oprimir nada de Sua criação.
Sayyid Qutb
Pensador egípcio

"Os homens são os protetores das mulheres, porque Deus dotou uns com mais (força) do que as outras, e porque as sustentam do seu pecúlio. As boas esposas são as devotas, que guardam, na ausência (do marido), o que Deus ordenou que fosse guardado. Quanto àquelas de quem constatais rebeldia, admoestai-as [...], abandonai os seus leitos [...] e castigai-as [...]; porém, se vos obedecerem, não procureis meios (escusos) contra elas. Sabei que Deus é Excelso, Magnânimo".

A primeira frase é frequentemente usada para argumentar que os homens são superiores às mulheres. Mas isso está em desacordo com a mensagem do Alcorão como um todo, que, em sua maior parte, apresenta homens e mulheres como iguais. Teóricos modernos questionam a interpretação da superioridade dos homens. Todos os homens têm autoridade sobre todas as mulheres? Ou é só o chefe da família? É apenas o marido que tem autoridade sobre a esposa?

A tendência é argumentar que a pena deve ser entendida como condicionada ao marido que sustenta a esposa. Estudiosos também observam que o versículo como um todo trata especificamente de questões entre marido e mulher.

A parte do versículo que descreve sanções cada vez mais punitivas contra uma esposa "rebelde" é ainda mais controversa, especialmente no que diz respeito à última instrução. Em árabe, a sanção é descrita com o verbo *daraba*, que significa, entre outras coisas, "golpear" ou "bater". Muitos muçulmanos ao longo do tempo tiveram dificuldade de conciliar esse versículo com a mensagem do Alcorão como um todo e com as ações do Profeta, que, em um *hadith*, diz: "O melhor dentre vocês é aquele que trata melhor sua esposa".

Ontem e hoje

Embora as sanções da *surata* 4:34 reflitam uma grande melhoria em relação a antes do islã, as traduções modernas tentam sugerir significados menos sexistas. Em 2007, a escritora muçulmana iraniano-americana Laleh Bakhtiar concluiu a primeira tradução feminista do Alcorão. Ela contesta a permissão de bater nas esposas, escolhendo um sentido alternativo para o verbo *daraba*: "afastar-se", não atacar. Acadêmicos mais conservadores optam por uma interpretação literal do versículo, mas com reservas, dizendo que bater na esposa é o último recurso para preservar o casamento, não uma licença para a violência doméstica.

As escrituras são, em última análise, reféns de quem as interpretam. De qualquer modo, se as mulheres nas sociedades muçulmanas foram historicamente

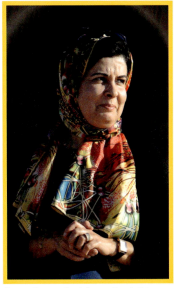

Asma Lamrabet é uma feminista islâmica marroquina que contesta o domínio dos homens na interpretação de textos religiosos. Ela defende o direito das mulheres de serem autoridades religiosas.

oprimidas, destituídas de poder ou privadas de direitos – e se continuam sendo hoje – é resultado da persistência de tradições culturais problemáticas, da má interpretação dos preceitos do Alcorão por juristas, ou um amálgama dos dois.

O Alcorão trata as mulheres como iguais social, política e metafisicamente aos homens, considerando-os seres de formas diferentes que tiveram a mesma origem – Deus. Apesar dos diferentes papéis ao longo do tempo, homens e mulheres foram criados para se complementar, para se dar facilidade, felicidade e repouso, para se ajudar mutuamente neste mundo, e atingir a salvação e a bem-aventurança eterna no próximo. ∎

Ó CRENTES, CREDE EM DEUS
ALCORÃO, 4:136

EM CONTEXTO

TEMA
Os Seis Pilares da Fé

MAIS SOBRE ESTE TEMA
Surata 4 "As Mulheres" (*al-Nisa*) visa a proteger a nova comunidade, declarando o comportamento aceitável para os muçulmanos. Isso inclui os atos de fé (4:136).

Surata 50 "A Letra Caf" trata da Ressurreição e do Dia do Juízo. Inclui uma menção aos "anjos da guarda" (16–18), ou *kiraman katibin*, os anjos que registram cada ação de uma pessoa.

Surata 112 "A Unicidade" (*al-Ikhlas*), contendo apenas quatro *ayat*, ou versículos, é uma declaração do *tawhid*, a unidade absoluta de Deus.

A crença (*aqida*) e as práticas rituais do islã estão claramente identificadas no Alcorão e nos *ahadith*.

↓ ↓

Os **Cinco Pilares do Islã** (*arkan al-islam*) dizem respeito a **ações rituais**.

Os **Seis Pilares da Fé** (*arkan al-iman*) dizem respeito a **crenças indiscutíveis**.

↓ ↓

Juntamente com as obrigações e proibições sociais descritas no Alcorão e nos *ahadith*, **esses pilares definem o islã** como uma **religião** e um **modo de vida**.

Além dos Cinco Pilares do Islã, os muçulmanos praticantes também seguem os seis "Pilares da Fé". Enquanto os Cinco Pilares do Islã dizem respeito em grande parte às práticas rituais cotidianas, os Pilares da Fé são mais intangíveis e dizem respeito à crença, servindo para definir a religião. Cinco dos Seis Pilares da Fé são mencionados em um versículo do Alcorão (4:136). Trata-se da crença em: o único Deus; Seus anjos; Suas escrituras; Seus apóstolos; e o Dia do Juízo. O outro Pilar da Fé é o "destino divino" (*qadar*), também traduzido como "destino" ou "predestinação".

Sunitas, xiitas e outros ramos do islã diferem quanto a algumas interpretações, inclusive no que diz respeito ao *qadar*, mas os

O ALCORÃO

Ver também: Hégira, a fuga de Meca 28–31 ▪ Os Cinco Pilares do Islã: *Shahada* 36–41 ▪ Os Cinco Pilares do Islã: *salat* 42–43 ▪ Os Cinco Pilares do Islã: *zakat* 44–45 ▪ Os Cinco Pilares do Islã: *sawm* 46–49 ▪ Os Cinco Pilares do Islã: *Hajj* 50–55

Dize: 'Ele é Deus, o Único! Deus! O Absoluto! Jamais gerou ou foi gerado! E ninguém é comparável a Ele!'
112: 1–4

seis artigos não são contestados. A crença de que Deus é a única divindade (*tawhid*) é o ponto focal do Alcorão e é um princípio que fundamenta tudo. Ele é único, não tem associados e não gera nem foi gerado. O pecado supremo, que se opõe ao *tawhid*, é a deificação ou adoração de alguém ou algo além de Deus; ou seja, praticar a idolatria ou o politeísmo (*shirk*). O Alcorão afirma que Deus pode perdoar tudo, mas "jamais perdoará a quem Lhe atribuir parceiros" (4:48).

Anjos e profetas
O Alcorão faz muita referência a anjos. São seres invisíveis de ordem superior, que, segundo um *hadith*, são feitos de luz. A função dos anjos é transmitir mensagens do Criador do Universo a Seus servos. O exemplo mais claro é o arcanjo Gibreel, que transmitiu a revelação do Alcorão a Maomé. A palavra árabe para anjo, *malak*, tem a ideia de comunicação, pois se diz que deriva de *laaka*, que significa "enviar em uma missão".

Os muçulmanos são incentivados a acreditar na revelação final (o Alcorão) e a reconhecer os textos que o precederam: a Torá e os Evangelhos. Esse reconhecimento de textos anteriores demonstra que Deus nunca abandonou a humanidade, mas enviou mensageiros em intervalos irregulares. Segundo a tradição muçulmana, houve cerca de 124 mil desses mensageiros ou profetas, cada um transmitindo a mesma mensagem de unidade divina segundo seu contexto e situação. Vinte e cinco mensageiros são mencionados no Alcorão, mas as escrituras foram reveladas a apenas cinco deles: Noé, Abraão, Moisés, Jesus e Maomé.

O Último Dia
Cerca de um quarto do Alcorão é dedicado à vida após a morte e a questões da alma, já que a crença em Deus requer a crença no além. No Último Dia, também conhecido como o Dia do Juízo (*Yom al-Din*), o Universo será destruído. Os mortos serão ressuscitados para prestar contas de suas ações a Deus. Os justos serão recompensados com um lugar no Paraíso e os não fiéis e os pecadores irão para o Inferno.

O sexto pilar, o *qadar*, reconhece a onisciência de Deus. Ele sabe tudo o que aconteceu e tudo o que está por vir. Esse conhecimento é preservado em uma "tábua imperecível" (*al-lawh al-mahfouz*). As ações de todas as pessoas não são definidas por estarem no livro, uma vez que elas têm o livre arbítrio, mas Deus as conhece de antemão. ■

Na *Miraj* (ascensão ao Céu), Maomé, montado em Buraq, estava entre os anjos mostrados nesta miniatura persa do século XVII.

NINGUÉM, EXCETO OS PURIFICADOS, PODEM TOCÁ-LO
ALCORÃO, 56:79

EM CONTEXTO

TEMA
A forma física do Alcorão

MAIS SOBRE ESTE TEMA
Surata 2 "A Vaca" (*al-Baqara*) é a surata mais longa do Alcorão e, entre outras coisas, trata de várias proibições, incluindo as relacionadas à pureza. "Consultar-te-ão acerca da menstruação; dize-lhes: 'É uma impureza. Abstende-vos, pois, das mulheres durante a menstruação e não vos acerqueis delas até que se purifiquem' [...] Deus estima os que se arrependem e cuidam da purificação" (2:222).

Surata 9 "O Arrependimento" (*al-Tawba*) inclui dois versículos sobre os estados de pureza e impureza: "Ó crentes, em verdade os idólatras são impuros. Que [...] não se aproximem da Sagrada Mesquita!" (9:28) e "Deus aprecia os puros" (9:108).

Segundo o islã, o Alcorão é baseado em um protótipo celestial, um livro escrito em árabe e que está com Deus no céu. Foi entregue a Maomé na forma de revelações e só mais tarde foi escrito. A crença de que a sagrada escritura existe no céu requer que suas representações terrenas sejam manuseadas com muito cuidado e delicadeza.

O Alcorão se diz um livro "nobre", que só deve ser tocado "senão pelos purificados" (56:79). Interpretações mais esotéricas do Alcorão favorecem uma leitura metafórica desse versículo, alegando que apenas os espiritualmente purificados serão capazes de "tocar", no sentido de acessar e compreender, o verdadeiro significado do livro. A abordagem mais popular prefere a interpretação literal, embora as duas não sejam mutuamente exclusivas.

Um livro acima de todos os outros

A maioria dos muçulmanos trata o Alcorão como um objeto sagrado. Desse modo, os que estiverem em impureza ritual por não terem feito suas abluções, ou mulheres menstruadas, estão proibidos de ter contato físico com as páginas do Alcorão.

Em muitos lares muçulmanos, o Alcorão ocupa uma posição elevada, tanto no sentido literal como metafórico, sendo guardado na estante mais alta da casa, um genuíno "livro acima de todos os outros livros". Embora o Alcorão seja uma mensagem de Deus que foi revelada para ser lida e ponderada em todas as oportunidades, em alguns lares o Alcorão permanece na estante. Ele é retirado e lido apenas em ocasiões especiais, como nascimentos, mortes e

É uma ofensa terrível para um homem sentar-se, mesmo involuntariamente, no Alcorão.
Ogier Ghiselin de Busbecq
Diplomata flamengo do século XVI

O ALCORÃO

Ver também: Os Cinco Pilares do Islã: *salat* 42–43 ▪ Compilando o Alcorão 64–69 ▪ Composição do Alcorão 70–75

Este Alcorão guia em direção ao que é mais justo e correto.
17:9

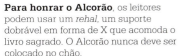

Para honrar o Alcorão, os leitores podem usar um *rehal*, um suporte dobrável em forma de X que acomoda o livro sagrado. O Alcorão nunca deve ser colocado no chão.

casamentos ou, em um costume cultural específico, como uma espécie de amuleto sob o qual os viajantes passam ao partir para uma longa viagem.

O Alcorão deve ser transportado com muito cuidado, de preferência em uma bolsa apropriada, para evitar danos. Caso caia, deve ser reverenciado, às vezes com um beijo. Alguns muçulmanos fazem doações de caridade se manusearem o Alcorão com descuido.

Descarte de um livro sagrado

O respeito ao Alcorão também é dedicado a exemplares usados. Eles não podem ser descartados, mas embrulhados em um pano e enterrados em um local onde não passam pessoas andando. Em geral isso é feito em uma mesquita ou até em um cemitério. Um método alternativo aceito por alguns é queimar, triturar ou prender o Alcorão a uma pedra e colocá-lo em água corrente.

Nem todos os muçulmanos tratam o Alcorão dessa forma. Muitos o veem como um livro a ser lido, recitado e estudado assiduamente, mas sem a necessidade de ser tratado como um objeto sagrado. Para esses muçulmanos, o Alcorão pode ser reverenciado, mas é um livro a ser praticado. ▪

Criado ou não?

A noção da "criação" ou "não criação" do Alcorão foi uma questão teológica fervorosamente debatida nos primeiros séculos do islã, com repercussões sentidas até hoje. Ninguém questiona que a tinta e o papel com os quais o Alcorão foi escrito, bem como os sons das palavras com as quais é recitado, foram criados. Mas e a palavra de Deus refletida na mensagem do Alcorão? Ela foi "criada" ou sempre existiu e, portanto, é "não criada"?

Segundo os que acreditam na eternidade do Alcorão, negar sua eternidade significaria negar a divindade da revelação e, portanto, sua validade eterna. Se o Alcorão foi criado, argumentam alguns teólogos, deve ser o fruto de um contexto histórico específico – e, quando esse contexto muda, o Alcorão é invalidado. Se o Alcorão foi criado, os fundamentos da crença seriam comprometidos, abalando a autoridade do islã.

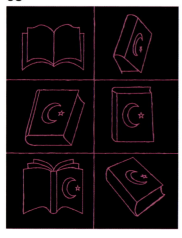

RELEVANTE EM TODAS AS ÉPOCAS, UNIVERSAL PARA TODOS OS POVOS
JAFAR AL-SADIQ (SÉCULO VIII)

EM CONTEXTO

TEMA
Tafsir, ou a arte de interpretar o Alcorão

QUANDO E ONDE
883, Bagdá

ANTES
610–32 Maomé recebe uma série de revelações de Deus, que são memorizadas por seus Companheiros.

632 Após a morte de Maomé, seu sucessor, Abu Bakar, reúne as revelações em um único volume – o Alcorão.

Séculos VII–VIII Estudiosos muçulmanos coletam anedotas orais dos ensinamentos do Profeta (*ahadith*), incluindo seus comentários sobre os versículos do Alcorão.

DEPOIS
1972 Abul Ala Mawdudi completa os seis volumes do *Tafhim-ul-Quran* (*Para compreender o islamismo*), contendo interpretações ortodoxas e modernas do Alcorão.

Com o tempo, os tafsir forneceram uma grande variedade de opiniões...

Os *tafsir* fornecem **interpretações** para entender o Alcorão e dar **orientações** para o mundo.

...levando a uma diversidade no pensamento e na prática islâmica.

O Alcorão pode ser lido e entendido em vários níveis. Alguns versículos são relativamente diretos em sua mensagem e acessíveis aos leigos. Mas o texto foi escrito há muito tempo e hoje muitas coisas são obscuras. As palavras podem ter vários sentidos e o verdadeiro significado pode ter se perdido. Um versículo pode ter raízes em circunstâncias históricas, como a *surata* 111, que começa com "Que pereçam as mãos de Abu Láhab!" e ameaça sua esposa, "portadora de lenha" e "que levará ao pescoço uma corda de esparto". Neste caso, o contexto é tudo.

Para entender as camadas e nuances de significado do Alcorão, o leitor deve conhecer o contexto histórico de quando e onde o texto foi revelado, escrito e transmitido. Um campo de estudo foi criado não muito tempo depois da morte do Profeta Maomé para interpretar e comentar o significado dos versículos do

O ALCORÃO

Ver também: Maomé, o Profeta 22–27 ▪ Compilando o Alcorão 64–69 ▪ Palavras e ações do Profeta 118–123 ▪ A criação do Paquistão 242–247

Os muçulmanos leem o Alcorão e até o memorizam, mas o sentido de muitos versículos pode não ser claro devido às referências e à linguagem misteriosa. Os *tafsir* ajudam no entendimento.

Alcorão. Essa prática é conhecida como *tafsir*.

Estudiosos do significado

A palavra *tafsir* vem da raiz árabe *fassara* ("interpretar"). Nos anos formativos do islã, nos séculos VII e VIII, a interpretação do Alcorão baseava-se em explicações encontradas nos *ahadith*, que citavam os comentários do Profeta e seus companheiros. Mas os seguidores logo sentiram a necessidade de uma explicação mais detalhada, versículo por versículo, das ambiguidades do Alcorão, o que deu origem a *tafsir* mais amplos – cobrindo linguística, jurisprudência e teologia – e estudiosos conhecidos como *mufassirun*.

Escolas de *tafsir* surgiram em vários centros acadêmicos, como Medina, Meca e Bagdá. Os comentários incluíram todo o Alcorão e foram publicados em livros com explicações gramaticais e contexto histórico, bem como opiniões pessoais.

Entre os *mufassirun* do período clássico está al-Tabari (839–923), cujo abrangente *tafsir* do ano 883 é o primeiro comentário importante sobre o Alcorão que sobreviveu.

Segundo o historiador e teólogo sufi al-Suyuti (1445–1505), que produziu mais de 500 trabalhos, um *mufassir* deve dominar o árabe clássico e pelo menos quinze campos de estudo – como teologia, jurisprudência e linguística – e conhecer o contexto histórico no qual os versículos foram revelados. Somente um *mufassir* que cumprir esses e uma série de outros requisitos pode evitar interpretações equivocadas ou uma leitura literal do texto do Alcorão.

Processo sem fim

O fato de o *tafsir* ser um processo contínuo, que nunca leva a uma explicação definitiva, foi explicado por Jafar al-Sadiq, estudioso do século VIII e o sexto imam xiita: "Deus não fez [o Alcorão] para uma época específica ou um povo específico, por isso se renova em todas as épocas, para todos os povos, até o Dia do Juízo".

A tradição do *tafsir* se mantém até hoje. Abul Ala Mawdudi (1903–79), cofundador do Jamaat-e-Islami, o partido revivalista islâmico do Paquistão, que passou 30 anos produzindo sua tradução e comentários em seis volumes, e o estudioso xiita iraniano Allama Tabatabai (1904–81), que escreveu 27 volumes de comentários do Alcorão de 1954 a 1972 são proeminentes *mufassirun* modernos. ▪

Al-Tabari

Nascido em 839 no Tabiristão, Irã, o estudioso Abu Jafar Muhammad ibn Jarir al-Tabari passou grande parte de sua vida em Bagdá, onde morreu em 923. Autor prolífico, sua reputação repousa em duas obras épicas: uma história de 8 mil páginas de profetas e reis desde a Criação até cerca de 914–915; e seu comentário do Alcorão.

Concluído em 883, o *Tafsir al-Tabari* é a primeira obra sobrevivente a tentar uma ampla interpretação do Alcorão. Em mais de 30 volumes, condensa a vasta riqueza dos *ahadith* e os comentários de estudiosos muçulmanos anteriores, classificando-os segundo sua compatibilidade entre si. Também fornece significados lexicais de palavras e examina seu uso na cultura árabe. A história e o *tafsir* de al-Tabari são considerados os exemplos máximos de seus respectivos gêneros.

Aquele que diz [algo] sobre o Alcorão sem conhecimento arderá sob o fogo.
Profeta Maomé

ENTRAI NO PARAÍSO E NELE PERMANECEI PARA SEMPRE
ALCORÃO, 39:73

EM CONTEXTO

TEMA
Conceito corânico do Paraíso

MAIS SOBRE ESTE TEMA
Surata 9 "O Arrependimento" (*al-Tawba*) inclui uma das muitas ocorrências nas quais o Paraíso é descrito como um jardim: "Deus prometeu aos crentes e às crentes jardins, abaixo dos quais correm os rios, onde morarão eternamente, bem como abrigos encantadores, nos jardins do Éden". (9:72).

Surata 47 "Muhammad", sobre a Batalha de Badr, descreve o Paraíso como tendo "[...] rios de água impoluível; rios de leite de sabor inalterável; rios de vinho deleitante para os que o bebem; e rios de mel purificado" (47:15).

Segundo o Alcorão, todas as pessoas morrerão no momento determinado e retornarão a Deus (6:60). Após a morte, os muçulmanos são enterrados: a cremação é proibida no islã. O mundo acabará, com a aniquilação de toda vida, um evento conhecido como o Dia do Juízo (*Yom al-Din*). Nesse dia, o destino de cada pessoa será determinado consultando o Livro das Obras, no qual cada ação, pequena ou grande, é registrada. Aqueles cujas boas ações na Terra superarem as más ações irão para o Paraíso (*Janna*).

O Alcorão oferece várias descrições do Paraíso, incluindo a *surata* 55, que fala de jardins irrigados e da vida de felicidade que os fiéis terão lá, reclinados em sofás "cobertos com pano verde" (55:76) com todos os tipos de frutas e muitas "beldades inocentes" (55:69).

Segundo o *hadith*, há oito portas para o Paraíso, e cada uma equivale a uma prática virtuosa do islã. Por exemplo, há o Bab al-Salah, para os que foram pontuais nas orações; o Bab al-Rayyan, para os que jejuaram; e o Bab al-Hajj para os que fizeram a peregrinação.

As opiniões variam sobre se os não muçulmanos podem entrar no Paraíso. A *surata* 2:62 ("todos os que creem em Deus, no Dia do Juízo Final, e praticam o bem") sugere que sim. ∎

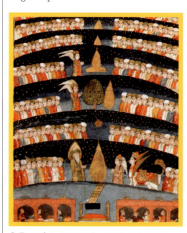

O Paraíso, retratado nesta miniatura persa, é descrito como uma série de níveis guardados por anjos. O mais elevado é conhecido como *firdaus*.

Ver também: Os Seis Pilares da Fé 86–87 ∎ Paraíso na Terra 202–203 ∎ Ritos de passagem 256–259

SEREIS VENCIDOS E CONGREGADOS PARA O INFERNO
ALCORÃO, 67:11

EM CONTEXTO

TEMA
Conceito corânico do Inferno

MAIS SOBRE ESTE TEMA
Surata 4 "As Mulheres" (*al-Nisa*) faz referências ao inferno e suas punições: "Quanto àqueles que negam os Nossos versículos, introduzi-los-emos no fogo infernal. Cada vez que a sua pele se tiver queimado, trocá-la-emos por outra, para que experimentem mais e mais o suplício" (4:56).

Surata 37 "Os Enfileirados" (*al-Saffat*) apresenta a Árvore do Zacum, "que cresce no fundo do inferno. Seus ramos frutíferos parecem cabeças de demônio" (37:62).

Surata 78 "A Notícia" (*al-Naba*) revela que "o inferno é uma emboscada. Morada para os transgressores. Onde permanecerão, por tempo ininterrupto. Em que não provarão do frescor, nem de (qualquer) bebida. A não ser água fervente e uma paralisante beberagem gelada" (78:21-25).

No Dia do Juízo, aqueles cujas más ações superam as boas serão relegados aos tormentos do *Jahannam*, ou Inferno. O Alcorão contém várias descrições do que os pecadores encontrarão lá, sendo o fogo e as chamas um tema constante.

O Livro Sagrado também especifica os pecados que levarão ao Inferno, incluindo morrer como um descrente (2:218); matar um crente (4:93); hipocrisia (4:145); e blasfêmia (39:60). Segundo o Alcorão, haverá diferentes graus de Inferno de acordo com as ações do pecador (6:132), com os hipócritas sendo lançados nas profundezas. Os *ahadith* introduzem outros pecados, punições e informações sobre o Inferno – por exemplo, no *Sunan al-Nasai* Maomé disse que há sete pecados que condenam uma pessoa ao Inferno, incluindo fugir da batalha e caluniar uma mulher casta.

Embora vários versículos do Alcorão se refiram ao Inferno

O Paraíso é uma subida íngreme, enquanto o Inferno é uma descida. Portanto, a luta é pelo Paraíso, não pelo Inferno.
al-Ghazali
Estudioso persa (1056–1111)

eterno, alguns estudiosos muçulmanos argumentam que o Inferno é apenas um castigo e oferece a chance de redenção, como revela a *surata* 6:128, que diz: "O Fogo será a morada para vós, onde permanecereis eternamente, salvo para quem Deus quiser livrar disso". Um *hadith* relata que Maomé profetizou que "Na verdade, chegará um dia no Inferno no qual não haverá um único ser humano nele". ∎

Ver também: Hégira, a fuga de Meca 28–31 ∎ Os Seis Pilares da Fé 86–87

UMA IDE
ISLÂMIC
570–632

NTIDADE
A

INTRODUÇÃO

As realizações do Profeta Maomé são notáveis. Começou transmitindo a mensagem do Alcorão a um punhado de seguidores – principalmente familiares – e acabou formando uma comunidade de fiéis, a *umma*, chegando a pelo menos 10 mil no ano 630.

Maomé tornou-se um líder político que uniu pessoas de diferentes religiões em Medina e, por necessidade, tornou-se um líder militar que liderou essas comunidades na guerra contra os poderosos clãs mercantis de Meca, da qual saiu vitorioso. Ofereceu a seus seguidores a visão de um modo de vida mais justo, caridoso e espiritualmente gratificante e apresentou-se como um exemplo aos muçulmanos. Faleceu em 632.

Depois de Maomé

Os primeiros 30 anos após a morte do Profeta foram dedicados a garantir que sua comunidade não se desintegrasse e que suas lições não fossem esquecidas. Quando Abu Bakar (r. 632–34), amigo e sogro de Maomé, foi escolhido seu sucessor, o novo líder foi imediatamente confrontado com a revolta das tribos árabes que consideraram a morte do Profeta como o fim dos vínculos com o islã. Nas Guerras de Apostasia, Abu Bakar derrotou os rebeldes e colocou a Península Arábica sob o domínio muçulmano.

Os sucessores de Abu Bakar, Omar (r. 634–44) e Uthman (r. 644–56), que também foram Companheiros do Profeta, expandiram o islã muito além da Arábia. Uma década depois da morte do Profeta, os exércitos árabes já haviam tomado Damasco, Jerusalém, Egito e grande parte do antigo Império Sassânida persa.

Além do fervor e da ferocidade dos exércitos árabes, as conquistas tiveram sucesso por outras razões. Os muçulmanos preservaram em grande parte a burocracia dos territórios bizantino e persa e permitiram que os negócios continuassem como antes. Também seguiram uma política de liberdade religiosa e não impuseram o islã aos povos vencidos. Eles apenas fixaram um imposto aos não muçulmanos, usado para financiar a guerra islâmica.

Uma divisão duradoura

A escolha do sucessor de Maomé não foi unânime. Alguns defenderam a candidatura do primo e genro do Profeta, Ali, que foi

UMA IDENTIDADE ISLÂMICA

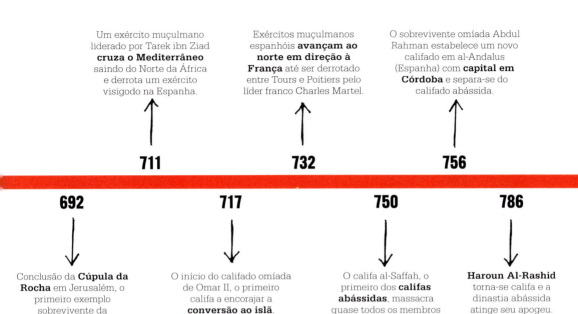

preterido em três ocasiões. Ele acabou se tornando o quarto califa, mas foi morto por opositores em 661. A liderança foi assumida pelo governador de Damasco, que a passou para seu filho. A decisão foi contestada pela família de Ali, levando à Batalha de Carbala, na qual o filho de Ali, Hussein, foi morto. A morte consolidou a divisão entre os apoiadores de Ali, conhecidos como xiitas, e a comunidade sunita.

Codificando o islã

O cisma entre o islã sunita e o xiita não impediu a expansão sob a nova dinastia omíada baseada em Damasco. Com a expansão veio a consolidação. Como os muçulmanos não podiam mais contar com Maomé para responder às suas perguntas sobre questões islâmicas, o califa Uthman supervisionou a padronização do texto do Alcorão. Sob os califas omíadas, os estudiosos se debruçaram sobre os relatos das palavras e ações do Profeta, conhecidos como *ahadith*, e os compilou em volumes autorizados. Foram usados como uma base para a lei islâmica (Sharia) e uma chave para interpretar o Alcorão (*tafsir*).

Foi nessa época que muito do que entendemos como islã foi codificado. Estudiosos islâmicos estabeleceram procedimentos corretos para questões como quando e como orar e a doação obrigatória (*zakat*). Pronunciaram-se sobre regras para questões como consumo de álcool, jogos de azar e restrições alimentares. Formularam um calendário lunar e fixaram datas para os festivais islâmicos. Instituições da lei islâmica proliferaram, produzindo quatro escolas principais de jurisprudência – hanafismo, maliquismo, xafeísmo e hambalismo –, que receberam o nome de seus fundadores.

Alguns muçulmanos reagiram a essa codificação da fé e buscaram regressar ao que consideravam as raízes mais espirituais do islã. Esses muçulmanos esotéricos ficaram conhecidos como sufis. Proscritos e perseguidos com frequência, se revelariam muito resilientes.

Mas os omíadas, que ascenderam pela espada, também morreram por ela, massacrados pelo clã abássida, que depois embainharia suas armas e daria início a uma era dourada da civilização muçulmana. ■

TODA A TERRA SE TORNOU UMA MESQUITA

PROFETA MAOMÉ

EM CONTEXTO

TEMA
Um local de culto islâmico

QUANDO E ONDE
622, Medina

ANTES
Pré-islã As origens da Caaba em Meca não são conhecidas, mas é provável que ela tenha sido usada como santuário desde os primórdios da civilização na Arábia.

DEPOIS
715 O califa omíada Ualide I constrói uma das primeiras grandes mesquitas no local de uma catedral cristã em Damasco, na Síria.

1575 Mimar Sinan, o maior arquiteto do islã, conclui sua obra-prima, a Mesquita Selimiye, em Edirne, na Turquia, para o sultão otomano Selim II.

O s muçulmanos podem realizar suas cinco orações diárias em praticamente qualquer lugar, desde que o local esteja limpo, ou pelo menos possa ser limpo colocando um tapete de oração. Não é permitido orar em apenas alguns lugares específicos – como o teto da Caaba em Meca, cemitérios, lixeiras, matadouros, banheiros, locais onde os camelos descansam e rodovias. Tirando esses lugares, mais de um *hadith* afirma que o mundo inteiro é um *masjid*, ou "lugar de prostração". É dessa palavra, *masjid*, que vem o termo em português "mesquita", possivelmente importado do espanhol *mesquita*.

UMA IDENTIDADE ISLÂMICA 99

Ver também: Maomé, o Profeta 22–27 ▪ Os califados omíada e abássida 136–139 ▪ O califado do Império Otomano 186–189 ▪ Arte e arquitetura islâmicas 194–201

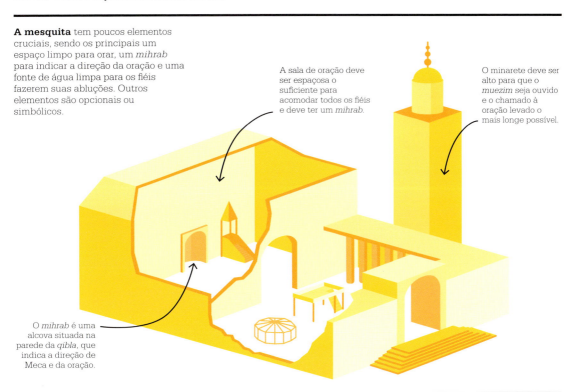

A mesquita tem poucos elementos cruciais, sendo os principais um espaço limpo para orar, um *mihrab* para indicar a direção da oração e uma fonte de água limpa para os fiéis fazerem suas abluções. Outros elementos são opcionais ou simbólicos.

A sala de oração deve ser espaçosa o suficiente para acomodar todos os fiéis e deve ter um *mihrab*.

O minarete deve ser alto para que o *muezim* seja ouvido e o chamado à oração levado o mais longe possível.

O *mihrab* é uma alcova situada na parede da *qibla*, que indica a direção de Meca e da oração.

Como quase qualquer lugar pode ser um local de prostração, a mesquita no islã não é considerada um espaço sagrado como uma igreja cristã. Por exemplo, quando uma mesquita é construída, não há necessidade de consagrar o terreno.

A mesquita tornou-se o símbolo central do islã em todo o mundo. Embora não seja essencial para a oração, é um local onde os muçulmanos podem reunir-se e faz parte da identidade islâmica. Assim, a mesquita serve a causa do islã, razão pela qual outro *hadith* diz: "Quem constrói uma mesquita para Deus, Deus construirá para ele um palácio no Paraíso".

As primeiras mesquitas

Quando o Profeta pregava em Meca, a área ao redor da Caaba era muitas vezes referida como o *masjid* (mesquita). Mas, por razões de segurança, Maomé e seus seguidores oravam nas casas uns dos outros.

Diz-se que a primeira mesquita propriamente dita foi a Masjid al-Taqwa, ou Mesquita da Piedade, construída pelo Profeta e seus seguidores ao chegar a Medina, em 622, fugidos de Meca. Ao chegar ao oásis ao sul de Medina, o Profeta soltou seu camelo, dizendo que onde o camelo parasse seria o local onde a mesquita seria construída. O Profeta instalou-se em uma casa perto da nova mesquita por um tempo e mudou-se quando uma mesquita maior e permanente foi construída no centro de Medina.

Essa mesquita maior é a Masjid al-Nabawi, ou Mesquita do Profeta, formada por um pátio aberto, grande o suficiente para que a comunidade crescente pudesse se reunir em um só lugar, e de arquitetura simples para ser facilmente expandida com o crescimento do número de fiéis. As paredes foram feitas de tijolos de barro; as colunas de troncos de palmeiras e folhas de palmeira cobriam uma área protegendo os fiéis do sol do meio-dia. A direção »

UM LOCAL DE CULTO ISLÂMICO

da oração – conhecida como *qibla* – era indicada por uma grande pedra. Inicialmente, a *qibla* apontava para Jerusalém e, em 624, foi alterada para Meca.

O Profeta e seus seguidores passavam grande parte do tempo na mesquita, não necessariamente em oração. Além de profeta e pregador, Maomé também era o líder político dos medinenses e de seus companheiros exilados de Meca, e administrava a cidade a partir da mesquita, que era tanto uma prefeitura e um local de administração política quanto um local de culto.

Elementos básicos da mesquita

Com a expansão do islã pela Península Arábica e além, muitas mesquitas foram construídas ao estilo da Mesquita do Profeta em Medina. Embora o formato e os estilos variassem de acordo com as tradições e materiais locais, a maioria das mesquitas tinha uma série de elementos e características que ainda persistem na era moderna.

Como a oração deve ser feita de frente para Meca, as mesquitas devem ter alguma maneira clara de indicar sua direção. O *mihrab* assume essa função, normalmente na forma de uma alcova recuada na parede da *qibla* na sala de orações principal. Nas mesquitas maiores, ao lado do *mihrab* há um púlpito, ou *minbar*, um lance de escadas levando a uma plataforma onde o *imã* (líder das orações de sexta-feira) profere o sermão semanal. Uma segunda plataforma, chamada *dikka*, pode ser encontrada nos fundos da sala de orações ou no pátio; é ali que outro clérigo repete o sermão para que os fiéis longe do *minbar* possam ouvir.

Todas as mesquitas devem ter um local para os fiéis fazerem suas abluções antes da oração; pode ser uma área coberta adjacente à área principal de oração ou uma fonte no pátio. A maioria das mesquitas maiores oferece um espaço designado para as mulheres orarem. Quando as orações são feitas sem separação física dos sexos, os homens em geral ficam nas fileiras na frente e as mulheres atrás. Outra opção é os homens ficarem de um lado do recinto de oração e as mulheres do outro, divididos por cortinas ou biombos. Mas algumas mesquitas menores, especialmente nas zonas rurais de todo o mundo muçulmano, não têm instalações adequadas para as mulheres que desejam orar na mesquita.

As pessoas nunca devem entrar calçadas na mesquita, para não contaminar a área de oração, e deve sempre haver

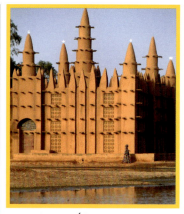

Mesquitas na África Saariana como esta em Diafarabé, no Mali, parecem se elevar da terra lamacenta como se fizessem parte dela. A decoração também é simples e austera.

A Cúpula da Rocha

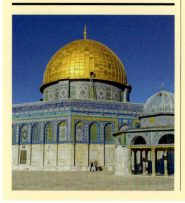

Uma das primeiras mesquitas sobreviventes, a Cúpula da Rocha (*Qubat al-Sakhra*) é diferente de qualquer outra construção muçulmana. Foi construída em 688–92 sobre a rocha no Monte do Templo, em Jerusalém, de onde o Profeta Maomé teria ascendido aos céus em sua milagrosa Jornada Noturna. Antes disso, o local fazia parte das ruínas do Templo de Jerusalém, um local de imensa importância religiosa para os judeus. Até hoje judeus e muçulmanos disputam a posse do local.

A Cúpula foi construída pelo califa omíada Abd al--Malik. Ainda sem uma tradição de design de mesquitas, a Cúpula foi construída por artesãos sírios treinados no estilo bizantino – sua arquitetura e decoração devem muito às tradições dos cristãos orientais. De tamanho modesto, sem espaço para devotos em seu interior, a Cúpula não foi concebida para orações congregacionais, mas como um símbolo do domínio muçulmano na recém--conquistada Jerusalém.

UMA IDENTIDADE ISLÂMICA

Mantenha seus bebês, seus insanos e seus mal-intencionados longe de sua mesquita.
Profeta Maomé

Quando qualquer um de vocês entrar na mesquita, que envie bênçãos ao Profeta.
Profeta Maomé

uma área para os fiéis deixarem seus calçados.

Minaretes e cúpulas

Ao pensar em uma mesquita, costuma-se imaginar um minarete e uma cúpula, mas nenhum deles é obrigatório, pelo menos não nos tempos modernos. O minarete evoluiu a partir da plataforma elevada na qual o *muezim*, que chama os fiéis à oração, subia para projetar melhor a voz. Com o tempo, essas plataformas transformaram-se em torres, ou minaretes, nos quais o *muezim* sobe para dar mais alcance ao chamado.

Como o elemento mais visível da mesquita, o minarete tornou-se uma espécie de símbolo, marcando a presença física do islã. Podem ser lindamente decorados com azulejos ou pedras esculpidas e cada vez mais altos. Hoje, o minarete mais alto do mundo pertence à mesquita Djemaa al-Djazaïr, em Argel, na Argélia, com 265 metros.

Já a cúpula, uma visão familiar em todo o mundo muçulmano, é apenas uma escolha arquitetônica. Remontando à antiga Mesopotâmia e Roma, é usada não apenas por sua resistência estrutural, mas porque ficar sob ela lembra os fiéis da possibilidade de subir ao céu.

Mesquitas modernas

A tecnologia de microfones e alto-falantes tornou o minarete desnecessário, enquanto as modernas tecnologias de construção oferecem muito mais opções do que a cúpula para cobrir grandes espaços. Uma mesquita moderna pode ser tanto um humilde apartamento adaptado com um alto-falante no telhado ou quanto um espaço deslumbrante, como a Mesquita Sheikh Zayed, de Abu Dhabi, que combina o tradicional e o moderno e levou onze anos para ser construída (foi concluída em 2007) por cerca de US$ 545 milhões. A mesquita mais cara já construída é a Grande Mesquita de Meca, na Arábia Saudita, também conhecida como Masjid al-Haram. Ela foi reconstruída em 2016 a um custo estimado de US$ 100 bilhões.

Mesmo não sendo essencial para o culto islâmico, a mesquita tem um papel importante como centro e expressão de qualquer comunidade muçulmana, por menor ou maior que seja. Desse modo, as mesquitas podem variar desde representações opulentas do orgulho nacional até centros de bairro humildes, porém acolhedores. ∎

A Mesquita Sheikh Zayed, em Abu Dhabi, abriga mais de 50 mil fiéis. Tem o maior tapete tecido à mão do mundo e também um dos maiores lustres.

ELE FOI UM MUÇULMANO SUPERIOR A NÓS
TARIKH AL-TABARI, AL-TABARI (c. 915)

EM CONTEXTO

TEMA
Um sucessor para o Profeta

QUANDO E ONDE
610–32, Arábia

ANTES
c. 570–632 Maomé estabelece o islã e é o primeiro líder dos muçulmanos. Ele morre sem nomear um sucessor.

DEPOIS
634 Abu Bakar é sucedido como califa por Omar ibn al-Khattab, que governa por dez anos, seguido por Uthman e Ali ibn Abi Talib. Juntos, os quatro são descritos como os Rashidun, ou califas "bem guiados".

661 Os omíadas da Síria saem vitoriosos de uma guerra de sucessão. Estabelecem um novo califado em Damasco e a posição de califa torna-se hereditária.

Com a morte do Profeta após uma breve doença, em 632, a comunidade muçulmana mergulhou em uma crise. Maomé partiu para sempre e o Alcorão deixava claro que nenhum outro mensageiro viria depois dele. Sendo a revelação final de Deus, o Alcorão bastaria à humanidade até o fim dos tempos. Mas quem sucederia Maomé como o líder da comunidade e como essa pessoa seria escolhida? E, também importante, qual seria a natureza de sua autoridade?

A maioria dos seguidores acreditava que Maomé, tal como o Alcorão, não se posicionara sobre a

---

Abu Bakar é eleito o líder da primeira comunidade muçulmana após a morte de Maomé.

Ele acreditava que a **liderança política** e religiosa dos muçulmanos era um direito dos **Companheiros de Maomé em Meca**, em vez da família de Maomé.

Ele **combateu** os muçulmanos que **se recusaram a pagar o *zakat*...**

... e devolveu **a paz e a estabilidade** à Península Arábica.

UMA IDENTIDADE ISLÂMICA

Ver também: A *umma*: a comunidade do islã 32–33 ▪ A morte do Profeta 56–57 ▪ Os califas bem guiados 104–107 ▪ O surgimento do islã xiita 108–115 ▪ Sunismo e xiismo no Oriente Médio moderno 270–271

questão, deixando de nomear um sucessor e de propor um processo seletivo. Mas outros alegaram que o Profeta havia escolhido seu genro, primo e parente mais próximo, Ali, para sucedê-lo. Os apoiadores de Ali eram conhecidos como *shia*, ou "partido", de Ali. Eles se tornaram os xiitas e o cisma que surgiu entre os xiitas e a maioria dos muçulmanos, que seriam conhecidos como os sunitas (os que aderem ao caminho do Profeta, ou *sunna*) se mantém até hoje.

O primeiro califa

Apesar das alegações do apoio de Maomé, Ali não sucedeu Maomé e não se tornou o novo líder da comunidade muçulmana. O título de califa (do árabe *khalifa*, significando "sucessor") foi para o sogro e Companheiro de Maomé, Abu Bakar. Ele foi nomeado e eleito por um pequeno comitê de anciãos, que considerou Ali inexperiente para a liderança.

Durante os dez anos que antecederam a morte do Profeta, Abu Bakar foi o principal conselheiro de Maomé, mas não ocupou nenhum cargo importante público além de liderar a peregrinação anual a Meca em 631 e substituir Maomé como líder de oração nas orações públicas em Medina durante a doença final do profeta.

Segundo o historiador persa al-Tabari (839–923), Muhammad ibn Saad ibn Abi Waqqas, Companheiro do Profeta, disse: "Perguntei a meu pai se Abu Bakar foi o primeiro muçulmano. Ele respondeu: 'Não, mais de cinquenta abraçaram o islã antes de Abu Bakar; mas ele era superior a nós como muçulmano'".

As Guerras Ridda

Ao tornar-se o califa, o primeiro desafio de Abu Bakar foi reprimir as insurreições tribais que eclodiram após a morte do Profeta. Quando Maomé estava vivo, muitas tribos beduínas juraram lealdade a ele como o Mensageiro de Deus e a maioria concordou em pagar um imposto de caridade (o *zakat*). Com a morte do Profeta, muitas tribos repudiaram os acordos, argumentando que sua lealdade era para com Maomé, não seus sucessores. Algumas tribos continuaram muçulmanas, mas se recusaram a pagar o imposto, enquanto outras apresentaram os próprios profetas e revelações ao estilo do Alcorão.

Temendo um colapso da *umma* e um regresso à fragmentação existente antes do islã, Abu Bakar lançou uma série de campanhas militares contra as tribos. Conhecidas como as Guerras *Ridda* (de apostasia), foram em grande parte travadas em nome do califado pelo general Khalid ibn al-Walid (585–642). Na ocasião da morte de Abu Bakar, as tribos haviam retomado o controle de Medina. ▪

Abu Bakar

Abu Bakar, também chamado de al-Siddiq ("o Íntegro"), nasceu em 573 em Meca em um clã menor da tribo governante coraixita. Era comerciante de tecidos, ia com frequência ao Iêmen e à Síria e era relativamente rico. Quando ouviu falar de Maomé e da nova fé, foi um dos primeiros convertidos.

Diz-se que Abu Bakar se empenhou em converter novos fiéis ao islã, tendo comprado e libertado vários escravizados que se converteram ao islã. Atuou como tesoureiro e aconselhou Maomé quanto às relações com os vários clãs. Sua proeminência entre os primeiros muçulmanos foi reforçada pelo casamento de Maomé com a filha de Abu Bakar, Aisha.

Antes de morrer, Maomé pediu a Abu Bakar que liderasse as orações na mesquita, o que foi considerado um sinal de que ele deveria ser o sucessor. Ele foi o califa por dois anos, dois meses e 15 dias, até sucumbir a uma doença e morrer em 634.

Me foi dada autoridade sobre vocês. Se eu for bem, me ajudem; e se eu errar, me façam acertar.
Abu Bakar

VOU INSTITUIR UM LEGATÁRIO NA TERRA
ALCORÃO, 2:30

CONTEXTO

TEMA
Os califas bem guiados

QUANDO E ONDE
634–61, Arábia e Iraque

ANTES
***c*. 570–634** O Profeta Maomé é o primeiro líder da comunidade islâmica. Após sua morte, ele é sucedido por Abu Bakar, o primeiro dos califas islâmicos.

DEPOIS
661 O governador da Síria, Muawiya, sucede Ali como califa e torna o cargo hereditário. Sua dinastia omíada governará o mundo islâmico por 89 anos antes de dar lugar aos abássidas.

1258 O último califa abássida é morto quando os mongóis saqueiam Bagdá, pondo fim ao governo dos califas.

A bu Bakar foi sucedido por Omar ibn al-Khattab (r. 634–44), Uthman ibn Affan (r. 644–56) e Ali ibn Abi Talib (r. 656–61). Juntos, os quatro são descritos como os Rashidun, ou califas "bem guiados". Depois de Maomé, eles são vistos como os quatro califas guiados por Deus que lideraram com justiça a *umma*, ou comunidade islâmica. Seu governo foi encerrado pela guerra civil, com o califado indo para o vencedor.

O Comandante dos Fiéis
Abu Bakar nomeou Omar como o próximo califa pouco antes de morrer. Embora Omar fosse um Companheiro do Profeta, sua

UMA IDENTIDADE ISLÂMICA

Ver também: A morte do Profeta 56–57 ▪ Compilando o Alcorão 64–69 ▪ Um sucessor para o Profeta 102–103 ▪ O surgimento do islã xiita 108–115 ▪ Os califados omíada e abássida 136–139

Sobre cada homem desonesto há dois vigias: um são os seus bens e o outro é o seu modo de vida.
Omar ibn al-Khattab

adesão ao califado foi contestada pelos apoiadores de Ali, que ficaram desgostosos por seu candidato estar sendo preterido mais uma vez, como aconteceu quando Abu Bakar se tornou califa. Mas, Omar, de quem Ali foi conselheiro, enfrentou pouca resistência interna durante seu agitado reinado de dez anos.

Uma das primeiras medidas tomadas por Omar foi incluir o epíteto *amir al-muminin* ("Comandante dos Fiéis") a seu título, destacando que sua liderança era tanto espiritual quanto política. Omar não tinha a pretensão de ser um profeta como Maomé, mas deixou claro que o califa era o líder do povo muçulmano.

Foi no reinado de Omar que ocorreram as primeiras grandes conquistas árabes, dando continuidade às Guerras *Ridda* travadas por Abu Bakar contra as tribos rebeldes na Arábia. Os exércitos muçulmanos avançaram rapidamente da Arábia para o norte: grande parte do território do atual Iraque caiu em 633, seguida de Damasco em 634. Na Batalha de Jarmuque, em 636, os árabes derrotaram um exército bizantino, pondo fim a mil anos de domínio bizantino de língua grega no Mediterrâneo oriental. No mesmo ano, os muçulmanos derrotaram os sassânidas persas na Batalha de Cadésia, perto do rio Eufrates.

Os quatro primeiros califas do islã (Abu Bakar, Omar, Uthman e Ali, retratados nesta miniatura turca) conheceram Maomé em vida, o que lhes conferiu um status especial.

Uma sucessão de conquistas

Em 638, os muçulmanos capturaram Jerusalém, que se rendeu ao califa Omar. No ano seguinte, os muçulmanos invadiram o Egito. Em 640, capturaram a fortaleza bizantina da Babilônia, no atual Cairo. Em 641, capturaram a Alexandria, capital do Egito, marcando o fim da primeira onda de conquistas muçulmanas. Em apenas sete anos, Omar expandiu enormemente o território, dando origem ao segundo maior império do mundo, perdendo apenas para os chineses. »

Vice-regente de Deus na Terra e a maior autoridade religiosa do islã.

Califa

Líder político e guerreiro capaz de proteger os povos islâmicos e estender seu domínio no mundo.

Outro triunfo de Omar foi na área administrativa. Percebendo que a lealdade dos vencidos era crucial para o sucesso do crescente Império Islâmico, Omar garantiu que os povos derrotados não sofressem muitas convulsões sociais. Para tanto, deixou a estrutura administrativa dos novos territórios praticamente intocada. Um bom exemplo é a Síria, onde os serviços públicos dos bizantinos foram mantidos intactos. Já na Pérsia, o persa permaneceu como o principal idioma e as antigas estruturas foram mantidas. As populações conquistadas também podiam praticar suas próprias religiões, sem qualquer imposição do islã.

Sementes do descontentamento

Omar morreu em 644, assassinado por um escravizado persa. Seu legado como o grande conquistador árabe é reforçado por sua

O envolvimento excessivo nas questões mundanas obscurece o coração, mas o envolvimento nas questões do mundo vindouro o ilumina.
Uthman ibn Affan

humildade pessoal; conta-se que ele costumava dormir no canto de uma mesquita, enrolado em sua capa. O próximo califa foi Uthman, escolhido por um conselho, ou *shura*, composto por Companheiros do Profeta. Uthman era um homem piedoso e foi um dos primeiros seguidores de Maomé, mas, também nesse caso, os apoiadores de Ali ibn Abi Talib se ressentiram de sua nomeação.

Sob Uthman, o império continuou a se expandir, mas com menos rapidez. Os exércitos de Uthman anexaram Chipre ao domínio muçulmano em 649 e causaram a derrocada dos sassânidas, com a morte de seu último xá. O maior legado de Uthman foi o projeto de estabelecer a versão definitiva do Alcorão.

O reinado de Uthman foi marcado por problemas fiscais; segundo os críticos, por causa de gastos excessivos. Uthman também foi acusado de nepotismo ao promover membros de seu próprio clã omíada a posições de poder e influência. Houve revoltas no Egito e Iraque e um grupo de opositores dirigiu-se à capital do califado, Medina. Lá eles encontraram Uthman abandonado por seus aliados e o assassinaram. Dizem que ele lia o Alcorão quando foi morto e seu sangue respingou no livro. Séculos depois, o "Alcorão de Uthman", um exemplar do Livro Sagrado supostamente manchado com o sangue do califa martirizado, passou a ser exibido em ocasiões cerimoniais pelos califas abássidas.

A primeira guerra civil muçulmana

Com a morte de Uthman, o califado finalmente foi entregue a Ali, primo e genro de Maomé, e um dos primeiros convertidos ao islã. Apesar de suas credenciais e do tempo que passou esperando, ele não contava com o apoio de todos. Sua nomeação foi contestada por

Na Batalha do Camelo, Ali ibn Abi Talib derrotou um exército em parte liderado por Aisha, uma das viúvas do Profeta Maomé, montada em um camelo.

UMA IDENTIDADE ISLÂMICA

A Grande Mesquita de Cufa pode ter sido construída pelo califa Omar, mas a cidade tem uma ligação mais estreita com Ali. Acredita-se que ele foi assassinado neste local em 661.

um grupo de muçulmanos proeminentes, que incluía Zubeir ibn al-Awwam, um Companheiro de Maomé, e Aisha, uma viúva do Profeta. Ali também se viu sob pressão dos omíadas, clã de Uthman. Embora ninguém tenha acusado Ali de envolvimento no assassinato, os omíadas exigiram que ele punisse os assassinos. Enquanto Ali não cumpriu essa tarefa, o líder do grande e poderoso clã omíada baseado na Síria, Muawiya ibn Abi Sufyan, recusou-se a jurar lealdade ao novo califa.

Já no primeiro ano do governo de Ali, os muçulmanos entraram em sua primeira guerra civil. Em dezembro de 656, Ali enfrentou os exércitos de Zubeir perto de Basra, no atual Iraque, na Batalha do Camelo, nomeada em homenagem à montaria de Aisha, de onde ela comandou suas forças. Ali saiu vitorioso; Zubeir foi morto e Aisha retirou-se para Medina.

O fim do Rashidun

Ali não voltou a Medina e consolidou sua capital em Cufa, Iraque, entre seus aliados. Pela primeira vez desde a morte de Maomé, a sede do califado afastou-se da Arábia. Zubeir foi derrotado, mas a ameaça de Muawiya permaneceu. Muawiya governava a Síria como uma província autônoma e comandava um grande exército. Ele não queria o califado, mas insistia que Ali punisse os assassinos de Uthman, aliados de Ali no Iraque.

Em 657, Ali subiu com seu exército iraquiano pelo vale do Eufrates, onde encontrou o exército sírio de Muawiya. Os dois se enfrentaram em Siffin, perto da atual Raqqa. O conflito durou semanas, mas sem um grande confronto direto até as forças sírias arrancarem folhas de seus Alcorões e as espetaram nas lanças, exigindo uma arbitragem segundo o livro de Deus. Ali concordou e foi decidido que os representantes das facções inimigas se reuniriam no ano seguinte.

Muitos apoiadores de Ali ficaram consternados com a decisão. Esses dissidentes ficaram conhecidos como carijitas ("os que se separam"), adotando sua própria teologia e estratégia política. Ali desferiu um duro golpe nesses separatistas em 658, na Batalha de Nahrawan, mas os carijitas ficaram com a última palavra. Três anos depois, um carijita invadiu os aposentos do califa, o encontrou orando e o assassinou.

Apesar dos problemas dos reinados de Uthman e Ali, o período dos califas Rashidun ainda é visto pela maioria dos muçulmanos como a expressão mais pura da sociedade islâmica. Foi nessa época que a revelação final de Deus à humanidade foi expressa na consolidação de um império unido pela fé religiosa. Nesse período de 30 anos, a versão definitiva do Alcorão foi estabelecida, garantindo o registro da revelação para as gerações futuras. ∎

Nunca se explique a ninguém, pois os que gostam de você não precisam disso, e os que não gostam nunca acreditarão.
Ali ibn Abi Talib

Os carijitas

Depois de assassinar Ali, os carijitas continuaram liderando rebeliões contra o regime omíada, que se seguiu ao Rashidun. Conhecidos pelo puritanismo e fanatismo, os carijitas consideravam qualquer muçulmano que cometesse um pecado grave um apóstata. Abominavam os casamentos mistos e as relações com outros muçulmanos e insistiam na interpretação literal do Alcorão. Um estudioso do século XIV escreveu sobre os carijitas: "Se um dia ganharem força, eles certamente corromperiam toda a Terra [...] não poupariam um bebê, menino ou menina, nem homem nem mulher, porque acreditam que as pessoas causaram uma corrupção que só pode ser corrigida por assassinatos em massa".

O IMAM É O LÍDER ESCOLHIDO POR DEUS

ALI IBN ABI TALIB (601–61)

O SURGIMENTO DO ISLÃ XIITA

EM CONTEXTO

TEMA
O surgimento do islã xiita

QUANDO E ONDE
680, Iraque

ANTES
632 O Profeta Maomé morre sem nomear um sucessor.

DEPOIS
909–1171 Os fatímidas, que alegam ser descendentes da filha do Profeta, Fatima, tornam-se a primeira grande dinastia xiita. Estabelecem uma capital em al-Qahira (atual Cairo), de onde governam grandes extensões no Norte da África e na Arábia Ocidental.

501 A dinastia persa safávida converte o império de sunita a xiita. Até hoje, o Irã (antiga Pérsia) continua a ser o principal bastião do xiismo em um mundo islâmico predominantemente sunita.

Cerca de 12% a 15% dos muçulmanos são xiitas, muitas vezes descritos como uma seita ou denominação. Mas a tradição xiita do islã, ou xiismo, é uma subdivisão doutrinária, teológica e jurídica do islã.

O termo xiita vem do árabe *shia*, significando "grupo" ou "partido". No caso, o partido era composto de apoiadores da candidatura de Ali ibn Abi Talib, primo e genro do Profeta, para liderar os muçulmanos após a morte de Maomé. A crise sucessória que marcou a era dos califas Rashidun acabou dando origem ao xiismo como uma interpretação distinta, embora minoritária, do islã. Nada criou uma divisão mais profunda entre os muçulmanos do que esse prolongado cisma, e muçulmanos do mundo todo ainda vivem esse conflito não resolvido.

As reivindicações de Ali

Quando Maomé morreu sem – como muitos alegam – nomear um sucessor, a maioria dos muçulmanos concordou que escolher um líder por consenso estava mais de acordo com a *sunna*, a vida e os ensinamentos do Profeta.

Mas um grupo acreditava que Maomé havia escolhido um sucessor para ser o novo líder e guia da comunidade islâmica. Esse homem seria Ali ibn Abi Talib, que, além de ser primo do Profeta (e um dos primeiros convertidos ao islã), era casado com a filha dele, Fatima. Era comum Ali e Fatima estarem na companhia de Maomé e o casal era chamado de *Ahl Al-Beit* ("Membros da Casa"), ou seja, da família do Profeta. Ali também era considerado confiável, leal e destemido. Mas, quando o Profeta

> É uma lei da natureza que as árvores com os frutos mais doces sejam as mais almejadas.
> **Ali ibn Abi Talib**

Após a morte de Maomé, muitos seguidores acreditam que **eleger um líder** está de acordo com a *sunna* – os ensinamentos do Profeta.

↓

O islã sunita é, portanto, liderado por **um líder escolhido por consenso**.

Após a morte de Maomé, o partido de Ali (os xiitas) acredita que Deus indicou **uma linha de sucessão legítima** na família do Profeta.

↓

O islã xiita é, portanto, liderado por um **imam escolhido por Deus**.

UMA IDENTIDADE ISLÂMICA

Ver também: Os califas bem guiados 104–107 ▪ O Império Safávida 192–193 ▪ A ascensão do modernismo islâmico 222–223 ▪ Revolução iraniana 248–251 ▪ Sunismo e xiismo no Oriente Médio moderno 270–271

morreu, Ali tinha apenas 28 anos e os anciãos encarregados de nomear o califa o consideraram jovem demais para liderar.

Segundo os apoiadores de Ali, certos versículos do Alcorão confirmam a alegação de que apenas os membros da família do Profeta deveriam liderar a comunidade muçulmana. Também citaram um sermão proferido por Maomé ao voltar de sua última peregrinação a Meca, pouco antes de morrer. Ele parou a caravana em um local chamado Ghadir Khumm, onde se dirigiu a seus seguidores. Diz-se que ele pegou Ali pela mão e declarou: "Aquele de quem eu sou o mestre, dele Ali também é o mestre".

Ali foi eleito para liderar a comunidade islâmica em 656, após a morte do terceiro califa, Uthman, mas os muçulmanos continuaram divididos. Ali foi forçado a acionar o exército para defender seu governo e foi assassinado após apenas cinco anos como califa. Ironicamente, seus assassinos não eram inimigos, mas ex-apoiadores que achavam que ele não fizera o suficiente para punir os assassinos de Uthman e proteger sua própria posição como califa.

O massacre em Carbala

Com a morte de Ali, muitos esperavam que o califado passasse para seu primogênito, Hassan. Mas Muawiya, o poderoso governante da Síria, aconselhou Hassan a desistir do califado para evitar derramamento de sangue. Hassan concordou, sob certas condições, incluindo que Muawiya nunca usasse o título de *amir al-muminin* ("Comandante dos Fiéis") e que não nomeasse nenhum sucessor.

Hassan retirou-se para Medina, onde, em 669 ou 670, foi, ao que parece, envenenado pela esposa, talvez sob a influência de Muawiya.

Em Damasco, Muawiya governou o califado por 20 anos. Em 680, quando adoeceu, ignorou a promessa que fizera a Hassan e declarou Yazid, seu próprio filho, como sucessor e escreveu aos governantes regionais exigindo lealdade ao novo califa.

Muitos hesitaram, especialmente no Iraque, onde o

Peregrinos xiitas no Santuário Imam Hussein, em Carbala, no Iraque, celebram o martírio do neto do Profeta Maomé, morto no dia 10 de Muharram, 680.

apoio à família do Profeta era grande. Foram enviadas cartas a Medina, instando o irmão mais novo de Hassan, Hussein, a ir ao Iraque, onde seus apoiadores prometeram expulsar os sírios e "retomar a alma do islã". Hussein deixou Medina com 18 membros de sua família em um grupo de pouco mais de 70 pessoas. Três semanas depois, ao se aproximar de Cufa, no Iraque, foram recebidos por um exército omíada, que lhes ordenou que voltassem a Medina. Hussein conduziu o grupo até o rio Eufrates, onde acamparam na planície de Carbala (hoje uma importante cidade iraquiana). Lá, eles foram cercados por um exército de 4 mil soldados, que tentou submeter Hussein e seus seguidores à fome. No sétimo dia, Hussein e um pequeno grupo de guerreiros atacaram o inimigo e foram »

Uma única lágrima derramada por Hussein lava cem pecados.
Ditado popular xiita

Sunitas

O Profeta Maomé não nomeou um sucessor.

Os líderes da comunidade islâmica (califas) são **escolhidos pelo conselho** com base em uma série de critérios, incluindo qualificação para governar e piedade.

Os **califas** são líderes políticos e espirituais, mas **não profetas.**

Estátuas ou pinturas **não são permitidas** na adoração.

Meca, **Medina** e **Jerusalém** são os centros da fé.

O único local de **peregrinação** é **Meca**.

Cerca de **85%** dos muçulmanos do mundo são sunitas.

(intersecção)

Todos os muçulmanos seguem o Alcorão, a *sunna* e os Cinco Pilares do Islã.

Xiitas

O Profeta Maomé escolheu Ali como seu sucessor.

Os **descendentes diretos** do Profeta são os únicos verdadeiros líderes (imames) do islã.

Os **imames** são líderes políticos e espirituais, bem como **guias infalíveis**.

Representações de Ali e de outros imames são **objetos de veneração**.

Meca, Medina, Jerusalém, **Najaf** e **Carbala** são os centros da fé.

Os **imames são reverenciados como santos** e os xiitas fazem peregrinações a seus santuários, além de Meca.

Cerca de **15%** dos muçulmanos do mundo são xiitas.

As diferenças entre sunitas e xiitas são poucas, já que ambos acreditam nos mesmos fundamentos do islã. Eles divergem quanto à sucessão da liderança após a morte do Profeta e suas diferentes experiências históricas a partir daí.

---

massacrados. Diz-se que o neto do Profeta foi o último a morrer. Ele foi decepado e sua cabeça foi empalada em uma lança e enviada a Yazid.

Chamada pelos xiitas de Massacre de Carbala, essa batalha tornou-se um símbolo para congregar os apoiadores de Ali. Consolidou seu desenvolvimento em uma comunidade religiosa distinta, com seus próprios rituais e relatos dos acontecimentos.

Os duodecimanos

A ideia fundamental aceita por todos os xiitas era que a família do Profeta tinha um status especial dentro do islã. Os muçulmanos sunitas também veneravam a família do Profeta, mas os xiitas se distinguiam ao acreditar que apenas a família do Profeta era qualificada para liderar a *umma* (comunidade islâmica) e ser o califa, ou, na terminologia dos xiitas, o imam.

Mas até esse princípio básico foi questionado. Por exemplo, quem pertencia à família do Profeta? Seriam todos os filhos dos filhos de Ali, Hassan e Hussein? E o que dizer dos filhos deles? Não demoraria muito para haver um grande número de candidatos para o cargo de imam. Deveria ser apenas o primogênito? Essas questões tiveram implicações importantes para a liderança xiita e o islã xiita rapidamente se dividiu em uma série de vertentes.

Depois da morte de Hussein, seu filho Ali Zayn al-Abidin tornou-se o imam (líder espiritual) dos xiitas. O título foi transmitido de pai para filho até o 12º imam. Acredita-se que este último imam, Muhammad ibn Hassan, não morreu, mas se escondeu em 874 ("ocultação") e retornará como a figura messiânica conhecida como o Imam al-Mahdi. Seu retorno indicará o início da batalha final pelo bem que no islã marca o fim do mundo. Os xiitas que aderem a essa crença são conhecidos como duodecimanos e representam a maioria dos xiitas. A maior parte da população do Irã moderno é duodecimana; o ex-presidente do Irã, Mahmoud Ahmadinejad, mantinha uma cadeira vazia nas reuniões de gabinete para o Imam al-Mahdi.

Os ismaelitas e os zaiditas
O segundo grande ramo dos xiitas, surgido no século VIII, são os ismaelitas, também conhecidos como setimanos. Eles traçam a sucessão de Jafar al-Sadiq até seu segundo filho, Ismail, que foi designado imam, mas morreu antes do pai. Ao contrário dos duodecimanos, eles não reconhecem a legitimidade do meio-irmão mais novo de Ismail, Musa al-Kazim, e reconhecem Muhammad ibn Ismail ("filho de Ismail") como seu sétimo imam. Alguns ismaelitas acreditam que ele foi o último imam, daí sua designação como os "setimanos". Outros ismaelitas acreditam que a linha da sucessão hereditária se manteve de Muhammad ibn Ismail até o 49º e atual imam, que é um descendente linear direto do Profeta Maomé. Desde o século XIX, o imam Ismaili é conhecido pelo título honorífico de Aga Khan – o atual imam, o Príncipe Shah Karim Al Husseini, é o Aga Khan IV. Hoje os ismaelitas vivem em uma diáspora mundial liderada pelo Aga Khan.

Em outro subgrupo dos xiitas, a linhagem dos imames passa de Ali Zayn al-Abidin para Zayd, o filho mais jovem – daí o nome de zaiditas. Hoje os zaiditas se limitam ao norte do Iêmen.

> A Deus pertencemos e de Deus é o nosso retorno.
> **Imam Hussein**
> *Sermão em Carbala, 680 d.C*

Os ismaelitas ficaram conhecidos pelas ações culturais, filantrópicas e educacionais de seu líder, exemplificadas no Museu Aga Khan, em Toronto, no Canadá.

114 O SURGIMENTO DO ISLÃ XIITA

As crenças dos xiitas

Todas as tradições xiitas compartilham com os sunitas a crença na unidade divina (*tawhid*), na profecia e ressurreição, e na vida além. A essas vertentes, todos os xiitas acrescentam dois princípios, que são a justiça divina (*adl*) e o Imamato (*imama*), para compor seus cinco "artigos de fé". Nas três primeiras crenças, os sunitas e os xiitas dificilmente diferem. Quanto à justiça divina, ambos acreditam que os humanos sabem a diferença entre o bem e o mal e que temos total livre arbítrio. Mas os sunitas acreditam que Deus sabe das nossas decisões antes de as tomarmos e que o destino é predestinado.

A diferença de crença mais marcante entre sunitas e xiitas diz respeito ao imamato. Para os xiitas, os imames da "Casa de Ali" continuam a missão profética de Maomé. Acreditam que os imames são sucessores espirituais e políticos do Profeta, divinamente inspirados e possuidores de conhecimento infalível dado por Deus. Os sunitas consideram essa crença xiita não apenas questionável, mas em desacordo com a doutrina.

Também há importantes diferenças devocionais entre os sunitas e os xiitas. Os xiitas fazem peregrinações aos santuários dos imames e seus descendentes, *imamzadeh* em persa. Lá, eles pedem aos imames para que intercedam junto a Deus em seu favor, uma prática conhecida como *tawassul*. Para os sunitas, isso é altamente heterodoxo. Os xiitas também celebram as tradições dos imames e dos eventos relacionados a eles, como a Ashura, que celebra a morte de Hussein em Carbala.

Quanto às leis e à prática cotidiana, não há muita diferença entre os xiitas e os sunitas. Mas, enquanto os sunitas se baseiam na *sunna* do Profeta, os xiitas seguem os Doze Imames como fontes de inspiração espiritual e de orientação social e política. O xiismo é uma tradição altamente estruturada, ao contrário do sunismo, que não tem um clero organizado. O xiismo também dá maior ênfase aos significados e interpretações esotéricas do Alcorão.

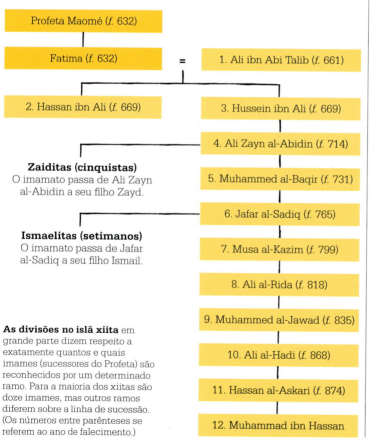

Zaiditas (cinquistas)
O imamato passa de Ali Zayn al-Abidin a seu filho Zayd.

Ismaelitas (setimanos)
O imamato passa de Jafar al-Sadiq a seu filho Ismail.

As divisões no islã xiita em grande parte dizem respeito a exatamente quantos e quais imames (sucessores do Profeta) são reconhecidos por um determinado ramo. Para a maioria dos xiitas são doze imames, mas outros ramos diferem sobre a linha de sucessão. (Os números entre parênteses se referem ao ano de falecimento.)

Esta religião [islã] permanecerá de pé até que doze califas, todos eles coraixitas, governem sobre vós.
Profeta Maomé

UMA IDENTIDADE ISLÂMICA

> Xiitas e sunitas podem coexistir e cooperar, fiéis às suas próprias interpretações do islã, mas confederados na fé.
> **Xá Karim al-Husseini**
> *Aga Khan atual (n. 1936)*

Ascensão ao poder

Depois de Ali, nenhum imam xiita alcançou grande poder político. O mais notável foi o sexto imam, Jafar al-Sadiq (702–765), que se destacou por suas decisões legais e na formulação da doutrina xiita. O oitavo imam, Ali al-Rida, ou Imam Reza, chegou perto do poder quando foi adotado como herdeiro pelo califa abássida al-Mamun para reunificar o islã, mas morreu antes dele – talvez por envenenamento. Seu túmulo em Mexede, no Irã, ainda é um importante local de peregrinação.

Os xiitas conseguiram estabelecer-se no poder pela primeira vez no século X, quando refugiados xiitas do califado abássida fundaram uma nova dinastia política na Tunísia. Conhecidos como fatímidas (em homenagem a Fatima, filha do Profeta e esposa de Ali), assumiram o controle do Egito e fundaram a capital Cairo, onde governaram por mais de 200 anos. Em seguida, o xiismo ganhou destaque com a criação do Império Safávida no século XVI. Seus governantes transformaram o Irã em uma nação xiita, onde o xiismo continua sendo a religião oficial.

Um estado xiita moderno

A reputação de radicalismo dos xiitas é um fenômeno moderno. A politização do clero xiita, por exemplo, foi causada em grande parte por uma nova geração de teóricos xiitas do século XIX. Isso culminou na revolução de 1979 no Irã, quando apoiadores do Aiatolá Khomeini derrubaram o regime monárquico de Muhammad Reza Shah Pahlavi, inaugurando a primeira república islâmica moderna do mundo. A partir daí, o Irã é governado segundo uma teoria específica conhecida como a

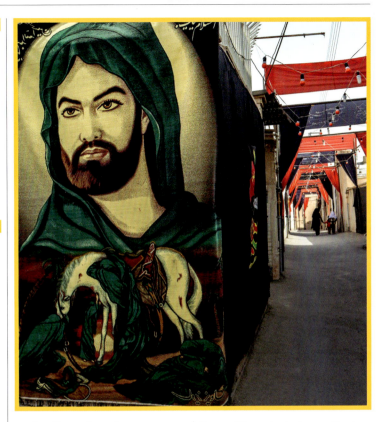

Imam Ali, o primeiro imam xiita, é muito retratado, especialmente em Muharram, o mês do martírio de seu filho Hussein, como pode ser visto aqui em Kashan, no Irã.

"tutela do jurista", com um Líder Supremo "representando" o Imam al-Mahdi.

Esses exemplos realçam a diferença crucial entre os sunitas e os xiitas, que não tem a ver com teologia, mas com a questão da liderança. Tirando a disputa de quase 1.400 anos sobre a sucessão, provavelmente há mais diferenças, pelo menos no que diz respeito à lei islâmica, entre os diferentes grupos sunitas do que entre sunitas e xiitas. ∎

E, PARA A LUA, ASSINALAMOS FASES
ALCORÃO, 36:39

EM CONTEXTO

TEMA
O calendário islâmico

QUANDO E ONDE
c. 638 d.C., Arábia

ANTES
8000 a.C. Os povos pré-históricos da Escócia criam um calendário lunar na forma de doze fossos correlacionados com as fases da Lua.

46 a.C. Júlio César propõe o calendário juliano, um calendário lunar revisto que predomina no mundo romano e na maior parte da Europa.

***c.* 442 a.C.** O calendário de Meca passa do calendário lunar ao calendário lunissolar, incluindo um mês de tempos em tempos para regular o comércio da peregrinação.

DEPOIS
1582 Os países católicos da Europa adotam o calendário gregoriano, que corrige o calendário juliano com um novo cálculo de anos bissextos.

Em 638 d.C., seis anos após a morte de Maomé, um administrador do serviço público do califa Omar se queixou da falta de datas nas correspondências oficiais. Ele disse que era impossível saber quais instruções eram as mais recentes. O tribunal decidiu que os muçulmanos deveriam ter seu

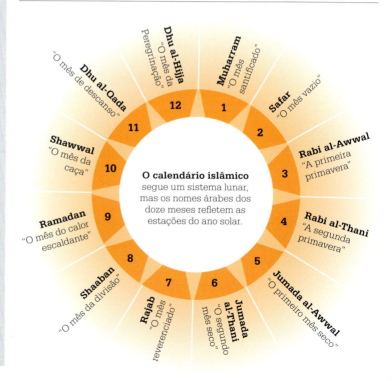

O calendário islâmico segue um sistema lunar, mas os nomes árabes dos doze meses refletem as estações do ano solar.

- 1 **Muharram** "O mês santificado"
- 2 **Safar** "O mês vazio"
- 3 **Rabi al-Awwal** "A primeira primavera"
- 4 **Rabi al-Thani** "A segunda primavera"
- 5 **Jumada al-Awwal** "O primeiro mês seco"
- 6 **Jumada al-Thani** "O segundo mês seco"
- 7 **Rajab** "O mês reverenciado"
- 8 **Shaaban** "O mês da divisão"
- 9 **Ramadan** "O mês do calor escaldante"
- 10 **Shawwal** "O mês da caça"
- 11 **Dhu al-Qada** "O mês de descanso"
- 12 **Dhu al-Hijja** "O mês da Peregrinação"

UMA IDENTIDADE ISLÂMICA

Ver também: Hégira, a fuga de Meca 28–31 ▪ Os Cinco Pilares do Islã: *sawm* 46–49 ▪ Os Cinco Pilares do Islã: *Hajj* 50–55 ▪ Aplicações da astronomia 162–163

próprio sistema de calendário. Eles determinaram que o ano da chegada de Maomé a Medina e a fundação da *umma* – 622 d.C. no calendário gregoriano, ou ocidental – deveria ser o ano 1. Como a fundação da *umma* deriva da Hégira, ou migração para Meca, o novo calendário ficou conhecido como o calendário *hegírico*. As datas são indicadas com d.H. ("depois da Hégira") ou a.H. ("antes da Hégira").

Uma diferença de onze dias

O calendário hegírico é um calendário lunar com base nos ciclos mensais da Lua. Na teoria, um mês lunar vai da observação física de uma nova lua crescente até a próxima, mas na prática a observação deixou de ser utilizada. Agora, os dias do calendário seguem cálculos astronômicos mais precisos baseados na órbita da Lua. Algumas escolas da lei muçulmana abrem uma exceção para o primeiro dia do Ramadan, que por tradição se baseia na

> Para Deus o número dos meses é de doze [...] desde o dia em que Ele criou os céus e a terra.
> **9:36**

observação da nova lua crescente. Por isso é comum a data exata do início do Ramadan só ser conhecida pouco tempo antes.

Como os meses do ano alternam entre 29 e 30 dias, a média mensal é de 29,5 dias, totalizando um ano lunar de 12 meses com apenas 354 ou 355 dias de duração. Já o calendário gregoriano segue um ano solar, de 365 ou 366 dias. O calendário islâmico não tem anos bissextos.

Desse modo, o ano islâmico não pode ser calculado apenas subtraindo 622 do ano gregoriano, porque a cada 33 anos o calendário hegírico ganha um ano em relação ao gregoriano. A posição dos meses islâmicos em relação ao calendário gregoriano também "retrocede" onze dias por ano. Por exemplo, se o Ramadan começar em 12 de abril em um ano, começará em 1 de abril no ano seguinte.

Uso cotidiano

A maioria dos países muçulmanos usa dois ou mais sistemas de calendário. O Irã, por exemplo, utiliza três: o calendário hegírico para identificar dias de celebração e jejum; um calendário solar, que também marca como o ano 1 a migração do Profeta para Medina (o calendário oficial do Irã); e o calendário gregoriano. O calendário gregoriano é o sistema mais utilizado entre as comunidades muçulmanas, especialmente em empresas que negociam com clientes e parceiros estrangeiros. ▪

Datas importantes no calendário islâmico

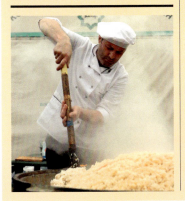

Além do Ramadan e das duas celebrações do *Eid al-Fitr* e *Eid al-Adha* (quando refeições comunais são preparadas, veja à esquerda), os muçulmanos têm várias outras datas importantes. O dia 1 de Muharram é o Ano Novo Islâmico (*Ras al-Sana al-Hijriya*), feriado nos países muçulmanos. O dia 10 de Muharram é a Ashura, quando os xiitas celebram o martírio de Hussein, neto do Profeta, na Batalha de Carbala. O dia 12 de Rabi al-Awwal é o *Mawlid al-Nabi*, ou Aniversário do Profeta Maomé, celebrado em todo o mundo islâmico, exceto no Catar e na Arábia Saudita, onde a interpretação do islã proíbe *mawlids* (celebrações dos aniversários de personalidades sagradas).

O dia 12 de Rajab marca o *Leilat al-Miraj*, a Jornada Noturna do Profeta a Jerusalém e ao Céu. Nessa noite, alguns muçulmanos fazem orações especiais e acendem velas ou exibem iluminações decorativas. O dia 15 de Shaaban é o *Leilat al-Baraat* (Noite da Salvação), quando Deus pode perdoar os pecadores. Os xiitas duodecimanos também celebram o aniversário do 12º imam nessa data.

QUEM SE DESVIA DA MINHA SENDA NÃO É DOS MEUS

PROFETA MAOMÉ

120 PALAVRAS E AÇÕES DO PROFETA

EM CONTEXTO

TEMA
Palavras e ações do Profeta

QUANDO E ONDE
Século IX, Arábia

ANTES
570–632 As palavras e ações do Profeta são observadas por seus seguidores e tomadas como exemplos de um modo correto de vida.

DEPOIS
767–820 O jurista islâmico al-Shafii decide quanto a autoridade de um *hadith* de Maomé, de modo que até o Alcorão deve "ser interpretado à luz de *ahadith*, não vice-versa".

Século XIX Os coranistas rejeitam a autoridade dos *ahadith*, acreditando que a lei e a orientação islâmicas devem ser baseadas apenas no Alcorão.

A base do islã são dois corpos de escrituras. O núcleo da religião é o Alcorão, que os muçulmanos acreditam ser a palavra de Deus revelada ao Profeta Maomé. O Alcorão é complementado com os ensinamentos de Maomé. Conhecidos como *ahadith* (plural de *hadith*), são relatos das palavras e ações do Profeta e seus Companheiros. Enquanto o Alcorão é a palavra de Deus, os *ahadith* são as palavras e ações de Maomé e não têm o status de revelações divinas.

Não se sabe o número exato de *ahadith*, mas, tirando os de autenticidade incerta, chegam aos milhares. A partir dos *ahadith*, os muçulmanos conhecem quase todas as facetas da vida de Maomé e sua missão profética. Se uma resposta a uma pergunta sobre o islã e a vida muçulmana não puder ser encontrada no Alcorão, ela será encontrada em um *hadith*.

Juntos, os *ahadith* constituem a *sunna* ("o caminho"), que é o exemplo de vida de Maomé que todo muçulmano tenta emular.

Usos dos *ahadith*
Grande parte da prática diária do islã não saíram do Alcorão, mas dos *ahadith*. Muitos versículos do Alcorão são vagos, e os *ahadith* ajudam a esclarecê-los. Por exemplo, o Alcorão instrui os muçulmanos a orar, mas são os *ahadith* que descrevem as palavras exatas a recitar e exatamente o que fazer durante as orações. Os *ahadith* explicam como observar corretamente outros pilares do islã, como o quanto doar, como e quando jejuar e os rituais envolvidos na

UMA IDENTIDADE ISLÂMICA

Ver também: Maomé, o Profeta 22–27 ▪ Os Cinco Pilares do Islã: *Shahada* 36–41 ▪ A morte do Profeta 56–57 ▪ A orientação divina através da Sharia 128–133

conclusão do *Hajj*. Cobrindo quase todos os assuntos imagináveis – desde leis (sobre apostasia, usura e punições criminais) até como tratar as mulheres –, os *ahadith* são a base da Sharia, ou lei islâmica. Outros *ahadith* instruem os muçulmanos sobre etiqueta (como receber visitas, o que fazer se uma mosca pousar na bebida), enquanto alguns são mais esotéricos: um *hadith*, por exemplo, diz que Adão tinha 60 braços de altura, enquanto outro diz que 72 *houris* (virgens) aguardam um mártir no céu.

É frequente que frases que foram atribuídas ao Alcorão sejam na verdade de um *hadith*. Também há supostos *ahadith* que condenam judeus, cristãos e homossexuais; ou aqueles que prescrevem o apedrejamento como punição para o adultério, ou morte como pena por apostasia, mas cuja autenticidade é questionada por alguns estudiosos.

Deus Todo-Poderoso disse: ocupe-se com minha adoração e encherei seu coração de riquezas.
Profeta Maomé

Reunindo os *ahadith*
Segundo os historiadores, as principais coletâneas desses ensinamentos e ações do Profeta surgiram cerca de 200 anos depois de sua morte. Os livros de *ahadith* só entraram em circulação no século IX, o que constitui uma grande lacuna desde a época do Profeta.

Há várias explicações possíveis para isso. Uma delas é que, embora os relatos tenham sido registrados durante a vida do Profeta, só foram compilados muito mais tarde. Outra é que os relatos começaram sendo transmitidos oralmente de uma geração à outra e só foram registrados diante do risco de serem esquecidos. Alguns historiadores sugerem que os *ahadith* só foram escritos depois devido a uma proibição dos primeiros califas que temiam que os muçulmanos equiparassem o Profeta a Deus e os *ahadith*, às revelações do Alcorão.

O longo intervalo entre a morte de Maomé e a escrita dos *ahadith* permitiu uma proliferação praticamente irrestrita de *ahadith* por todo o mundo muçulmano. Muitos deles podem ter sido inventados por pessoas buscando promover as próprias crenças ou interesses. No século IX, a situação estava tão fora de controle que um grupo de juristas, trabalhando independentemente uns dos outros, começou a compilar os *ahadith* mais confiáveis em coleções oficiais.

Principais compilações
Para o islã sunita, as duas principais coletâneas de *ahadith* são o *Sahih al-Bukhari* e o *Sahih Muslim*, compilados por Muhammad al-Bukhari (810–70) e Muslim ibn al-Hajjaj (815–74), respectivamente – *sahih* significa "autêntico". A obra de Al-Bukhari é, para a maioria dos sunitas, o texto »

Muçulmanos xiitas oram em Carachi, no Paquistão. Segundo um *hadith*, todos os muçulmanos responderão no Dia da Ressurreição pela forma como observaram as orações diárias.

Um casamento em Escodra, na Albânia. Segundo um *hadith*, uma mulher se casa por sua riqueza, linhagem, beleza ou piedade, e que esta última é a melhor razão para se casar.

religioso mais consagrado depois do Alcorão. Contém nada menos que 7.275 *ahadith* em vários volumes. É organizado por temas, com 93 capítulos cobrindo tópicos como crença, orações, abluções, caridade, jejum, comércio, herança, crime, punição, testamentos, juramentos, guerra, comida e bebida, casamento, caça e etiqueta no banheiro. A coletânea de Muslim contém 4 mil *ahadith* e também é temática.

Al-Bukhari e Muslim ficaram conhecidos pela verificação meticulosa da autenticidade dos *ahadith*, documentando a cadeia de transmissão. Al-Bukhari é considerado o fundador de uma área conhecida como *ilm al-rijal* ("a ciência dos homens eruditos"), ou o estudo detalhado dos indivíduos que transmitiram os *ahadith*.

Correntes de autenticidade

Em qualquer coletânea de *ahadith*, cada entrada é apresentada em duas partes: um texto principal, conhecido como *matn*, que inclui o registro do que o Profeta disse ou fez, e um *isnad* ou "cadeia de transmissão". O *isnad* é uma longa linha de transmissão que, de preferência, liga o *hadith* até o Profeta. Como explicou o estudioso islâmico do século IX e especialista na lei islâmica al-Shafii: "Se uma pessoa confiável transmite [um *hadith*] de outra pessoa confiável até a cadeia terminar com o Mensageiro de Deus, aceita-se que [o *hadith*] vem do Mensageiro de Deus".

Quando as principais coletâneas de *ahadith* foram compiladas, em meados do século IX, essas correntes de transmissão em geral perfaziam cinco ou seis

Nenhum de vocês pode ser um verdadeiro crente se não quiser para seu irmão fiel o que deseja para si mesmo.
Profeta Maomé

Ahadith sunitas e xiitas

Muitas divisões no islã têm origem nos *ahadith*. O que um campo considera autêntico, outro pode alegar ser uma falsificação. Entre os sunitas, considera-se que seis livros de *ahadith* contêm os textos mais autênticos. Além do *Sahih al-Bukhari* e do *Sahih Muslim*, os sunitas também consideram autênticas as coletâneas de Abu Dawud (817–89), Tirmidhi (824–92), Ibn Maja (824–887) e al-Nasai (829–915). Essas coletâneas compartilham muitos dos mesmos *ahadith*, com algumas diferenças de opinião e interpretação.

Ós xiitas têm seus próprios quatro livros canônicos de *ahadith* que chamam de "Quatro Princípios", e nenhum deles é usado pelos sunitas. Em geral, os xiitas priorizam *ahadith* transmitidos pelo Profeta por meio dos *Ahl Al-Beit* (os doze imames e a filha do Profeta, Fatima).

UMA IDENTIDADE ISLÂMICA 123

> Aquele que não agradeceu aos humanos não agradeceu a Deus.
> **Profeta Maomé**

pessoas, ou mais, até Maomé. Um *hadith* típico era algo como: "X disse que Y disse que W disse que V disse que viu o Profeta dizer…" No caso de uma ação do Profeta, um *hadith* diria: "X disse que Y disse que W disse que V disse que viu o Profeta fazer…"

Um elo quebrado na cadeia, como alguém não se lembrando de quem lhe transmitiu um *hadith* ou citando um desconhecido, fazia o *hadith* perder a confiabilidade. Estudiosos dos *ahadith* – conhecidos como *al-muhadithun* – reconhecem mais de 40 categorias de *ahadith*, desde os completamente autenticados (*sahih*), passando pelos fracos (*daif*) mas ainda aceitáveis, até as falsificações descaradas (*mawdu*).

Além de verificar a cadeia de transmissão, especialistas também estudaram a relação de cada *hadith* com o Alcorão. Essa dupla verificação levou a diferenças no conteúdo das compilações, em suas classificações de *ahadith* autênticos e inautênticos e em sua interpretação.

O *hijab*, ou lenço de cabeça, como o desta mulher lendo o Alcorão em uma mesquita de Damasco, não é descrito no Alcorão, mas vem de um *hadith* sobre a modéstia.

Os coranistas

Enquanto os *ahadith* permanecem populares entre muitos muçulmanos e são muito citados em livros, sermões e outros textos religiosos, uma minoria de muçulmanos considera todos os *ahadith* mentiras. Os adeptos do movimento dos coranistas, surgido no século XIX, afirmam que o Livro Sagrado é suficiente para orientar a humanidade e que os *ahadith* não são confiáveis. Essa foi uma das plataformas dos Partidários do Alcorão (*ahl-e Quran*), um grupo de intelectuais muçulmanos formado na região de Punjab, na Índia, nos anos 1890. O coranismo também foi muito influente na Turquia.

A maioria dos muçulmanos reconhece a questão da autenticidade dos *ahadith*, mas salienta que, se os *ahadith* forem rejeitados, grande parte do islã

> Quem obedece ao Mensageiro, obedece a Deus.
> **4:80**

também deve ser – já que os *ahadith* orientam em parte a vida dos sunitas, que compõem a maioria dos muçulmanos do mundo. O fato é que o Alcorão, como os *ahadith*, foi transmitido oralmente e, se o Alcorão é autêntico, dizem eles, é preciso dar aos *ahadith* o benefício da dúvida. ∎

É VEDADA A VÓS A CARNE SUÍNA
ALCORÃO, 16:115

Todo alimento é **halal (autorizado)** a menos que seja especificamente proibido.

O Alcorão especifica alguns alimentos como **haram (proibidos)**, com destaque para a carne de porco.

Alguns outros alimentos são considerados **makruh ("desencorajados, mas não estritamente proibidos")**, entre eles carne de cavalo, lagostins e outros frutos do mar.

EM CONTEXTO

TEMA
Leis dietéticas islâmicas

QUANDO E ONDE
Século VII d.C., Arábia

ANTES
Era pré-islâmica A Torá e a Bíblia ditam os alimentos proibidos, caracterizando-os como "puros" ou "impuros".

DEPOIS
Século VIII d.C. À medida que o islã se expande para fora da Arábia e os muçulmanos incorporam diferentes culturas, estudiosos sistematizam as regras alimentares para além das prescrições do Alcorão.

Hoje Desde o final do século XX, empresas oferecem à crescente população muçulmana produtos halal muito além dos alimentos, como cosméticos, vestuário, finanças e viagens.

Para os fiéis muçulmanos, a comida e a bebida são dádivas de Deus e exemplos de Sua compaixão, providência e generosidade. Por isso, muitos muçulmanos praticantes precedem todas as refeições com as palavras: *Bismillah wa barakati Allah* ("Em nome de Deus e com a bênção de Deus").

A rigor, não há uma culinária islâmica; os muçulmanos comem o que é costumeiro em sua tradição familiar ou cultural. No entanto, leis dietéticas rigorosas determinam o que um muçulmano praticante pode ou não comer e beber.

Halal e *haram*
O Alcorão diz muito pouco sobre a questão da comida e da bebida; não há nada, por exemplo, como o detalhado código dietético que encontramos no Antigo Testamento da Bíblia. Segundo o

UMA IDENTIDADE ISLÂMICA

Ver também: Os Seis Pilares da Fé 86–87 ▪ O islã e álcool, jogos de azar e drogas 126 ▪ O mercado global de halal 290

Alcorão, os muçulmanos podem consumir o que é "bom e puro"; alimentos limpos, frescos e saudáveis. A regra geral é que tudo é autorizado (halal), a menos que seja especificamente proibido (haram) ou se não houver outra opção.

O Alcorão também diz pouco sobre a questão de comidas e bebidas proibidas. Todas as bebidas inebriantes são explicitamente proibidas e, por consequência, qualquer alimento que contiver álcool. Também são considerados haram: "carniça" (a carne de um animal não abatido pelo método islâmico prescrito); sangue; a carne de um animal sacrificado aos ídolos; a carne de um animal morto por estrangulamento ou golpe contundente; carne parcialmente consumida por animais selvagens; e a carne de porco e qualquer derivado.

Carne halal

Embora a palavra halal signifique "permitida", a expressão "carne halal" refere-se à carne de animais abatidos segundo métodos prescritos pela doutrina. Isso implica cortar a garganta do animal com a maior rapidez e misericórdia possível enquanto o nome de Deus é recitado para reconhecer que um animal só pode ser morto com a permissão de Deus. A faca deve ser o mais afiada possível e a artéria carótida, a veia jugular e a traqueia devem ser cortadas de uma só vez, antes de o sangue ser drenado.

> "Desfrutai [...] do lícito e do bom com que Deus vos tem agraciado [...]"
> **16:114**

Muitos ahadith detalham o tratamento de alimentos proibidos e incluem itens não mencionados no Alcorão. Entre os itens proibidos no haram, estão predadores com presas (dentes afiados), como gatos, cães, leões e ursos; pássaros com garras, como corujas; camundongos e ratos; cobras, escorpiões e outros animais tradicionalmente considerados pragas.

Uma terceira categoria, makruh, são os alimentos "detestáveis mas não proibidos", como carne de cavalo e mariscos. Outras classificações, como mubah (neutro) e mustahab (recomendado), ficam entre o halal e haram apesar de não serem apenas aplicadas a alimentos. As escolas de direito são unânimes em dizer o que é halal e haram mas há muitas diferenças de opinião em relação ao que é makruh. ▪

Etiqueta à mesa

Embora o Alcorão nada diga sobre os modos à mesa, muitos ahadith indicam o que é louvável e censurável quando se trata de comer. Ao comer com as mãos, por exemplo, deve-se usar a mão direita para pegar o alimento – sendo que a esquerda é usada para se limpar no banheiro. Comer em excesso é desencorajado; um hadith orienta os muçulmanos a parte de comer antes de se sentir saciado, com "um terço do estômago para a comida; um terço para a bebida; e um terço para o ar". A etiqueta à mesa sugere comer acompanhado, compartilhando as bênçãos de Deus. E, caso você não goste do alimento que lhe foi dado, deve se abster de comê-lo em vez de criticá-lo.

A maioria dos muçulmanos jejua no mês do Ramadan, mas também é incentivada a jejuar por seis dias do mês seguinte, por dois dias por volta do dia 10 de Muharram e no nono dia do mês do Hajj.

Toda a carne vendida em países muçulmanos é halal. E é cada vez mais comum lojas e restaurantes em países de minoria muçulmana oferecerem produtos halal para os consumidores muçulmanos.

BEBIDAS INEBRIANTES E JOGOS DE AZAR [...] SÃO MANOBRAS DE SATANÁS
ALCORÃO, 5:90

EM CONTEXTO

TEMA
O islã e álcool, jogos de azar e drogas

QUANDO E ONDE
Século VII, Arábia

ANTES
Era pré-islâmica Embora os cristãos e os judeus usem vinho em suas cerimônias, as escrituras sagradas das duas religiões advertem sobre a embriaguez e a natureza destrutiva do álcool. Por exemplo, "O vinho é zombador e a bebida fermentada provoca brigas; não é sábio deixar-se dominar por eles" (Provérbios 20:1).

DEPOIS
Era moderna O álcool é completamente proibido em alguns países muçulmanos. Outros países muçulmanos o permitem até certo ponto, para vender a não muçulmanos, por exemplo, mas o proíbem totalmente no Ramadan.

Todas as bebidas inebriantes são proibidas pela lei islâmica, bem como todas as substâncias recreativas que afetam negativamente a consciência. O uso medicinal de drogas como opioides é permitido em determinadas condições. O Alcorão faz três referências específicas ao álcool, duas um pouco críticas e uma condenando-o abertamente, na *surata* 5:90. Segundo os tradicionalistas, isso reflete a natureza pragmática da lei islâmica. Os árabes do deserto eram tão habituados à embriaguez que seria impossível introduzir a proibição da noite para o dia. Por isso o álcool foi abolido aos poucos, com duas advertências quanto aos efeitos nocivos e uma proibição clara. Em todos os países de maioria muçulmana há alguns muçulmanos que bebem álcool e usam drogas apesar da proibição.

Os jogos de azar são condenados com frequência pelo Alcorão nos mesmos versículos que proíbem o álcool: "Interrogam-te acerca da bebida inebriante e do jogo de azar; dize-lhes: 'Em ambos há benefícios e malefícios [ ]'" (2:219). Ambos são vistos como vícios que podem destruir vidas e desestabilizar a sociedade. Apostas em esportes também são proibidas, bem como qualquer tipo de loteria ou jogos de azar. As várias escolas discordam se os sorteios são definidos como jogos de azar. Também há controvérsias quanto aos jogos de azar que não envolvem dinheiro, como um jogo de baralho. ■

Ó crentes! Não vos deis à oração enquanto vos achardes ébrios [...]
4:43

Ver também: Leis dietéticas islâmicas 124–125

UMA IDENTIDADE ISLÂMICA 127

DEUS DESTITUIRÁ A USURA DE TODAS AS BENESSES
ALCORÃO, 2:276

EM CONTEXTO

TEMA
Emprestar dinheiro no islã

QUANDO E ONDE
Século VII, Arábia

ANTES
2000–1400 a.C. Os textos védicos da Índia antiga mencionam a usura, mas sem emitir opinião. Os *jatakas* budistas (600–400 a.C.) condenam a prática.

***c.* 600 a.C.** No Judaísmo, diversas passagens bíblicas criticam a cobrança de juros. A palavra hebraica para juros é *neshekh*, literalmente "uma mordida".

DEPOIS
634–44 d.C. Sob o califa Omar, a cobrança de juros é proibida por lei.

Século XIX O reformista islâmico indiano Sayyid Ahmad Khan defende uma diferenciação entre usura e juros sobre investimentos comerciais.

A palavra árabe *riba* deriva de uma raiz que significa "aumento" ou "crescimento". Costuma ser traduzida como "usura" – cobrar juros excessivos (ou quaisquer juros) ao emprestar dinheiro. O Alcorão adverte os fiéis em diversos versículos a evitar qualquer tipo de usura e afirma que Deus punirá quem o fizer: "Ó crentes, temei a Deus e abandonai o que ainda vos resta da usura, se sois crentes! Mas, se tal não acatardes, esperai a hostilidade de Deus e do Seu Mensageiro" (2:278–79).

Estudiosos muçulmanos oferecem várias explicações para a usura ter sido declarada *haram*, ou ilegal, com tanta firmeza. A resposta está nos mercadores de Meca. Alguns versículos que mencionam a usura datam do início da carreira do Profeta, quando ele dirigia grande parte de sua mensagem aos cidadãos de Meca, instando-os a mudar. Havia uma grande desigualdade social entre os comerciantes e as classes baixas. Maomé percebeu que os ricos usavam a usura para enriquecer enquanto os pobres eram penalizados. Isso contrariava o espírito de fraternidade da mensagem do Profeta.

Em grande parte dos países de maioria muçulmana, há controvérsias quanto a o que de fato constitui a *riba* e instituições ainda negociam com juros, muitas vezes transformando os juros em "comissões". ∎

Os que praticam a usura serão ressuscitados como aquele que foi perturbado por Satanás [...]
2:275

Ver também: A orientação divina através da Sharia 128–133 ▪ O sistema bancário islâmico 291

A CADA UM DE VÓS TEMOS DITADO UMA LEI E UMA NORMA

ALCORÃO, 5:48

A ORIENTAÇÃO DIVINA ATRAVÉS DA SHARIA

EM CONTEXTO

TEMA
A orientação divina através da Sharia

QUANDO E ONDE
Século VIII, Arábia

ANTES
Século VI a.C. A Torá registra os Dez Mandamentos, leis religiosas e éticas entregues a Moisés por Deus.

610–632 d.C. O Profeta Maomé recebe a revelação do Alcorão e seus seguidores começam a divulgar suas palavras e ações.

DEPOIS
Século XIV O estudioso islâmico Ibn Taymiyya publica uma *fatwa* (decisão legal) contra os mongóis por não basearem suas leis na Sharia.

997 O Conselho Europeu para Fatwas e Pesquisa é fundado para ajudar os muçulmanos europeus a interpretar a Sharia.

A palavra árabe *sharia* significa "caminho". No contexto histórico, significa "o caminho para o bebedouro". Na Península Arábica deserta, o caminho para a água é um caminho para a sobrevivência. E, no sentido islâmico, a Sharia é o caminho, pela lei de Deus, para a salvação espiritual. É um sistema de ética e leis (*fiqh*) que visa orientar a humanidade e tudo o que as pessoas fazem. Diz-se que o islã é mais que uma declaração de fé; é um modo de vida.

No início, os muçulmanos se guiaram pelas revelações de Deus (o Alcorão) e pela vida do Profeta (*sunna*). Mas, com a morte de Maomé, eles ficaram sem essa orientação. Nos 100 anos seguintes, a comunidade islâmica expandiu-se rapidamente de um pequeno grupo em Medina e Meca para um império que se estendia da Espanha à Ásia Central. A questão de como aplicar as revelações do Alcorão à vida cotidiana nas várias culturas da crescente comunidade muçulmana ficava cada vez mais complexa. Mesmo com juízes islâmicos, que podiam decidir sobre questões públicas e privadas, se fazia necessária uma orientação mais uniforme e clara – a Sharia.

Então, te ensejamos (ó Mensageiro) o caminho reto da religião. Observa-o, pois, e não sigas os desejos daqueles que não têm conhecimento.
45:18

Definindo a lei islâmica

Estudiosos interessados em padronizar a jurisprudência islâmica surgiram em muitas comunidades muçulmanas, levando a divergências de como aplicar a lei. Seu âmbito deveria restringir-se aos ensinamentos do Alcorão e da *sunna* ou os juristas poderiam incorporar a própria análise?

No século VIII, os muçulmanos divergiam muito quanto à aplicação da Sharia. Um estudioso, Abu Abdullah Muhammad ibn Idris al-Shafii, se propôs a oferecer uma visão unificadora para as questões jurídicas da época. Segundo al-Shafii, as leis vinham de quatro fontes: o Alcorão, a *sunna*, o consenso da comunidade (*ijma*) e raciocínio por analogia (*qiyas*).

A principal fonte da Sharia é o próprio Alcorão. Em muitas passagens, aborda diretamente questões como exploração dos pobres, usura, roubo e adultério – todas explicitamente condenadas. Também orienta os muçulmanos em questões pessoais e

Abu Abdullah Muhammad ibn Idris al-Shafii

A vida do grande estudioso al-Shafii é rica em lendas. Não se sabe muito sobre sua infância, mas ele teria nascido em 767, em uma família coraixita em Gaza. Sua família mudou-se para Meca, onde ele estudou os *ahadith*. Diz-se que ele memorizou o Alcorão com 10 anos de idade. Mudou-se para Medina, onde estudou com Malik ibn Anas, o fundador do maliquismo, uma escola de direito islâmico. Serviu como governador no Iêmen, lecionou em Bagdá e se estabeleceu no Egito.

Em suas viagens, al-Shafii notou as idiossincrasias da aplicação da lei islâmica no mundo muçulmano. Ele resolveu "tirar a lei da fonte", o que significava um retorno ao Alcorão e aos *ahadith*. É creditado por criar os fundamentos da *fiqh* (jurisprudência islâmica). Faleceu em 820 e foi enterrado no Cairo.

UMA IDENTIDADE ISLÂMICA   131

Ver também: Maomé, o Profeta 22–27 ▪ Palavras e ações do Profeta 118–123 ▪ A busca para tornar suprema a palavra de Deus 134–135

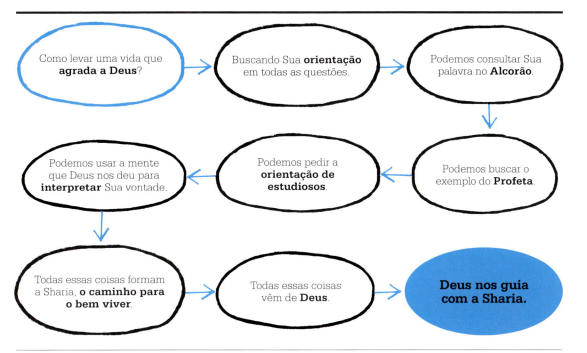

comunitárias. Diz muito sobre questões relativas aos direitos das mulheres, como o divórcio, a guarda dos filhos e os direitos de herança. Mas grande parte da abordagem às questões jurídicas é genérica. Por exemplo, "Quem matar, intencionalmente, um crente, seu castigo será o inferno […]" (4:93) funciona no sentido teológico mas não diz qual deveria ser a punição do assassino na Terra. Por isso, a palavra do Alcorão é complementada pelos exemplos de Maomé, derivados da *sunna* – as coletâneas acadêmicas das palavras e ações do Profeta, conhecidas como *ahadith*.

A terceira fonte de leis é o consenso da comunidade, ou *ijma*. Maomé teria dito que sua comunidade jamais concordaria com um erro. Assim, Al-Shafii concedeu autoridade às decisões legais tomadas por consenso entre os muçulmanos. Com o tempo, "a comunidade" foi definida em termos jurídicos como um corpo »

Não viva em uma terra sem um estudioso para lhe informar sobre sua religião e um médico para lhe falar sobre seu corpo.
Al-Shafii

"O caminho para o bebedouro" (tradução literal de "Sharia") era um conceito que repercutia entre os fiéis das terras desérticas da Península Arábica.

A ORIENTAÇÃO DIVINA ATRAVÉS DA SHARIA

O **raciocínio por analogia** pode ser usado para determinar o comportamento aceitável.

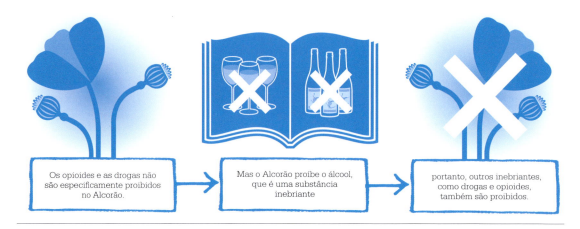

Os opioides e as drogas não são especificamente proibidos no Alcorão.

Mas o Alcorão proíbe o álcool, que é uma substância inebriante

portanto, outros inebriantes, como drogas e opioides, também são proibidos.

de juristas e autoridades religiosas que decidiriam em nome da sociedade muçulmana.

Esforço intelectual

Muadh ibn Jabal foi um Companheiro do Profeta. Foi enviado ao Iêmen para ensinar sobre o islã. Maomé perguntou como ele resolveria quaisquer disputas entre os iemenitas. "Consultando o Alcorão", respondeu Ibn Jabal.

Já vos chegou de Deus uma Luz e um Livro esclarecedor, pelo qual Deus conduzirá aos caminhos da salvação aqueles que procurarem a Sua complacência [...]
5:15–16

"E se a resposta não estiver no Alcorão?", perguntou Maomé.

"Seguindo seu exemplo", respondeu Ibn Jabal.

"E se não houver precedente para a questão?", perguntou Maomé.

"Então exercerei a minha própria razão e discernimento", respondeu Ibn Jabal.

Quando o Alcorão e a *sunna* não forneciam respostas e não era possível chegar a um consenso, os juristas usavam seu próprio discernimento para arbitrar novas questões jurídicas. Isso ficou conhecido como *ijtihad*, que significa "esforço intelectual".

Al-Shafii restringiu o papel do raciocínio pessoal no *ijtihad* à analogia, ou *qiyas*, ou seja, tirar uma conclusão da experiência de alguém em uma ou mais situações semelhantes. Assim, a quarta fonte básica da lei Sharia é encontrar situações análogas no Alcorão ou na *sunna* para embasar novas decisões legais. Por exemplo, o Alcorão proíbe negociações de compra e venda durante as chamadas à oração de sexta-feira para os devotos poderem se reunir para a adoração (62:9–10). E quanto a outros contratos firmados nos chamados à oração? Por exemplo, um casamento pode ser arranjado nesse momento? O Alcorão nada diz sobre a questão, mas o raciocínio por analogia pode ser usado para chegar a uma conclusão jurídica. Se o objetivo do Alcorão é desencorajar ações que impeçam os muçulmanos de adorar, restrições aos negócios podem ser aplicadas a outros contratos, como o casamento.

Fechando a porta

No século X, alguns estudiosos criticaram o uso do discernimento independente para formular novas regras, acreditando que isso promovia uma confiança excessiva no poder da razão humana. O princípio do consenso da comunidade também foi descartado. Desenvolveu-se a ideia de que a "porta do raciocínio independente" estava fechada e que os juristas deveriam voltar-se ao estudo e reinterpretação de leis antigas, como fizeram seus

Estudiosos islâmicos ainda são importantes na vida política muçulmana, como nesta conferência de paz em Bagdá, no Iraque.

antecessores, em vez de criar as próprias inovações jurídicas.

Quatro escolas

Com o tempo, várias escolas jurídicas surgiram em diferentes regiões do império. No século XIII, quatro escolas predominavam no islã sunita. Cada uma é nomeada em homenagem a seu fundador: hanafismo, hambalismo, maliquismo e xafeísmo.

A mais difundida é o hanafismo, fundado pelo jurista Abu Hanifa (699–767), natural de Cufa, no Iraque. O hanafismo e o maliquismo, fundado por Malik ibn Anas (711–95), incentivam o uso de todas as quatro fontes de leis. Já o xafeísmo e o hambalismo aceitam apenas o Alcorão e a *sunna*, pois al-Shafii rejeitou decisões com base em interpretações de juristas e da comunidade. O xafeísmo predomina na Índia e no Sudeste Asiático. O hambalismo, a quarta e a menor escola de direito sunita, fundada por Ahmad ibn Hanbal (780-855), é a mais conservadora.

A Sharia hoje

Hoje, os estatutos, muitos deles provenientes de sistemas jurídicos europeus introduzidos no período colonial, substituíram as leis tradicionais em grande parte do mundo islâmico. Mas muitos países de maioria muçulmana incorporam a Sharia em seu sistema jurídico, sobretudo no que diz respeito às leis civis, abrangendo questões como casamento e herança. Os muçulmanos em dúvida quanto à melhor maneira de viver segundo o islã podem consultar um sheik versado para obter orientações.

Com a ascensão do islamismo moderno no final do século XX, a Sharia foi associada a uma forma extrema de lei proibitiva que corta mãos de ladrões, apedreja adúlteros e realiza decapitações públicas. A maioria dos muçulmanos vê isso com horror. Eles são mais inclinados à visão da Sharia descrita pelo jurista sírio al-Jawzi (f. 1350), que escreveu: "A base da Sharia é a sabedoria e a salvaguarda do bem-estar das pessoas nesta vida e na próxima [...] Cada decisão que substitui justiça por injustiça, misericórdia por seu oposto [...] é uma decisão que não pertence à Sharia." ∎

A criação de *fatwas*

Uma *fatwa* é um decreto religioso, ou decisão. Só pode ser pronunciada por um estudioso qualificado do islã (*mufti*) que chegou a uma decisão considerando as quatro fontes da lei Sharia. As *fatwas* expandem e atualizam aspectos da lei Sharia para acompanhar as mudanças sociais e econômicas, sendo emitidas sobre todas as questões imagináveis. Hoje existem sites com bancos de dados que reúnem as milhares de decisões já emitidas. Se uma *fatwa* específica não for encontrada, o site pode conectar o usuário a um "ciber-*mufti*" que emitirá uma *fatwa* em menos de 24 horas.

As *fatwas* podem ser controversas. Por exemplo, após a invasão do Kuwait em 1990, as autoridades religiosas da Arábia Saudita emitiram uma *fatwa* sancionando uma guerra santa contra Saddam Hussein por todos os muçulmanos. O hambalismo é a escola jurídica oficial na Arábia Saudita e no Catar. O islã xiita tem a própria escola, o jafarismo, reconhecida como a quinta escola da lei islâmica, ao lado das quatro escolas sunitas.

A MAIOR *JIHAD* É CONTRA SI MESMO

A HISTÓRIA DE BAGDÁ, AL-KHATIB AL-BAGHDADI (SÉCULO XI)

EM CONTEXTO

TEMA
A busca para tornar suprema a palavra de Deus

QUANDO E ONDE
Século VII–VIII, Arábia

ANTES
Século VII Maomé e seus seguidores são perseguidos pelos habitantes de Meca e forçados a lutar.

661–750 O califado omíada expande o Império Islâmico por meio de conquistas.

DEPOIS
Século XII O filósofo muçulmano andaluz Averróis classifica a *jihad* em quatro tipos: pelo coração, pela língua, pela mão e pela espada.

c. 1964 O pensador egípcio Sayyid Qutb defende a *jihad* como a missão de tornar o islã dominante no mundo.

A palavra "jihad" é muitas vezes traduzida equivocadamente como "guerra santa", seja por ignorância ou por má interpretação deliberada.

A simplificação do significado da palavra tem levado a mal-entendidos e reações negativas por parte de muçulmanos e não muçulmanos.

UMA IDENTIDADE ISLÂMICA

Ver também: Hégira, a fuga de Meca 28–31 ▪ Os califas bem guiados 104–107 ▪ Os califados omíada e abássida 136–139 ▪ A ascensão do islã político 238–241 ▪ Os novos extremistas 272–277

O significado da *jihad*

Jihad é uma de várias palavras com as raízes j–h–d, todas relacionadas a esforço, luta e resistência. O conceito de *ijtihad*, que se refere ao raciocínio intelectual, vem da mesma raiz. No Alcorão, o termo "*jihad*" é usado no sentido de força de vontade e energia para uma causa específica, e sempre "em nome de Deus" (*fi sabil Allah*). Diz-se que o Profeta Maomé referiu-se à luta contra os caprichos e exigências do eu inferior, ou *nafs*, como a "*jihad* suprema" (*jihad al-akbar*). O Alcorão é claro quando diz que a forma mais gratificante de *jihad* é a luta que todos os muçulmanos travam dentro de si e contra si mesmos: "Que será venturoso quem (a alma) purificar, e desventurado quem a corromper" (91:9–10).

A *jihad* também pode ser uma luta armada. Ela é chamada de "*jihad* menor" e tem seu próprio termo árabe, *qital* ("combate"). Enquanto a *jihad* suprema é uma luta interior e espiritual constante para permanecer no caminho correto da crença e da prática, a *jihad* menor é temporária e uma resposta a circunstâncias específicas.

> Ele permitiu (o combate) aos que foram atacados [...]
> **22:39**

A *jihad* através dos tempos

As interpretações e implementações da *jihad* foram em grande medida influenciadas pela política da época. No início, era comum a *jihad* assumir a forma de uma luta armada. Desde o início, o Profeta foi forçado a defender a si e a seus seguidores dos habitantes de Meca, que perseguiram os muçulmanos e tentaram eliminá-los. Mas, ao se armar, Maomé aderiu às lições do Alcorão: "Quando os castigardes, fazei-o do mesmo modo como sois castigados; porém, se fordes pacientes será preferível para os que forem pacientes" (16:126). A *jihad* armada ocorreu sob os omíadas quando o califado – e, por extensão, o islã – expandiu seu território. No período abássida, mais pacífico, que se seguiu, a *jihad* tornou-se mais ligada à luta interna pessoal.

Hoje, os críticos usam a palavra *jihad* para significar "guerra santa", sugerindo que os muçulmanos estão em uma missão de islamizar o mundo. Alguns muçulmanos reagem negando qualquer ligação entre a *jihad* e guerras. Ambas as posições são problemáticas. O Alcorão deixa claro que o significado de *jihad* é muito mais amplo do que combater um inimigo. ▪

O que é o jihadismo?

No Alcorão, a palavra "*jihad*" pode ter muitos significados, sendo que o mais puro é a luta espiritual interior. "Jihadismo" (e "jihadista") é um termo recente usado em grande parte no Ocidente para descrever movimentos militantes islâmicos extremistas que recorrem à violência para atingir seus objetivos.

Os jihadistas são definidos como pessoas que consideram a violência necessária para remover os obstáculos à restauração do governo de Deus na Terra e defender a comunidade muçulmana, ou *umma*, dos infiéis. Eles defendem que a *jihad* é uma obrigação coletiva que deve ser cumprida por todos os muçulmanos capazes. Os muçulmanos que discordam são rotulados de "desviantes" e considerados alvos legítimos.

Na era moderna, o termo jihadismo é ligado a grupos militantes como a Al-Qaeda e o Estado Islâmico. A maioria dos muçulmanos evita a palavra por vê-la como uma associação de um conceito nobre à violência ilegítima.

> Vocês vieram da *jihad* menor para a *jihad* maior – a luta de um servo (de Deus) contra seus desejos.
> **Al-Khatib al-Baghdadi**
> *Estudioso islâmico (1002–71)*

PARTE DA COMPLETUDE DO ISLÃ

CALIFA UALIDE II (r. 743–44)

EM CONTEXTO

TEMA
Os califados omíada e abássida

QUANDO E ONDE
661–1258, Damasco e Bagdá

ANTES
656 Ali ibn Abi Talib torna-se o quarto califa eleito após a morte do Profeta Maomé.

DEPOIS
1258 Com a destruição de Bagdá pelos mongóis, não existe mais uma única potência dominante no mundo islâmico. Dinastias rivais dividem os territórios antes governados pelos califados omíada e abássida.

1517 Depois de tomar o Egito, a Síria e a Arábia, a dinastia turca otomana proclama-se o novo califado, que dura até 1924.

Com a morte de Ali ibn Abi Talib em 661, seu rival Muawiya, governante da Síria, tornou-se o primeiro califa não escolhido por um conselho de Companheiros do Profeta, usando seu poderio militar para tomar o poder. Muawiya foi o primeiro califa omíada, nomeado em homenagem à tribo omíada de Meca, à qual pertencia. Seu califado duraria menos de 90 anos, mas nesse período as fronteiras do mundo islâmico foram expandidas para criar um império só igualado em tamanho pelo Império Otomano cerca de 900 anos depois. Ao nomear o próprio filho seu sucessor, Muawiya marcou o

UMA IDENTIDADE ISLÂMICA

Ver também: Um local de culto islâmico 98–99 ▪ Os califas bem guiados 104–107 ▪ A Casa da Sabedoria 150–151 ▪ O califado do Império Otomano 186–189 ▪ Arte e arquitetura islâmicas 194–201

Abdullah ibn Zubeir, filho de um dos Companheiros mais próximos de Maomé, que convocou um conselho para nomear um novo califa. Da família do Profeta, o filho mais novo de Ali, Hussein, apoiou os dissidentes. Yazid enviou 4 mil soldados para massacrar o grupo de 70 seguidores e familiares de Hussein nas planícies de Carbala, no Iraque, em 680.

Construção do império

Yazid não deixou um herdeiro natural e o cargo de califa foi preenchido por um candidato de outro ramo do clã omíada. Ao assumir o poder, Abd al-Malik (r. 685–705) teve que reprimir uma tentativa de golpe em Damasco, derrotar rivais no Iraque e eliminar a ameaça de Abdullah ibn Zubeir em Meca, tudo pela causa da reunificação do califado. Feito isso, ele atacou o Império Bizantino, avançando para a Turquia e o Cáucaso e varrendo o Norte da África. Sob Abd al-Malik, o árabe tornou-se a língua oficial do governo. Novas moedas foram cunhadas e as antigas moedas bizantinas e »

início de uma nova era no islã, baseada na linhagem, e não mais na idoneidade ou na piedade.

Regra hereditária

Sob os califas Rashidun, a fé foi o principal unificador social. Para os omíadas, com base em Damasco, a fé não fazia muita diferença e as relações de sangue e tribais tornaram-se o principal motivador. Sob o governo de Muawiya, o exército foi modernizado e o império continuou sua expansão.

Para governar as novas terras remotas, ele retomou um estilo de liderança mais tribal, revivendo práticas antigas como a *wufud*, que envolvia tribos enviando delegações para manter o califa informado. A restauração dessas práticas levou muitos críticos de Muawiya a descrevê-lo como um *malik*, ou rei secular, no estilo dos governantes pré-islâmicos da Arábia.

Muawiya demonstrou que se via mais como um rei do que como um califa quando nomeou seu filho ineficaz, Yazid, como herdeiro do califado. Ofendidos com a ideia de um califado hereditário, muitos clãs recusaram-se a jurar fidelidade. Algumas antigas famílias de Medina apoiaram

Ele [Muawiya] colocou seu trono em Damasco e recusou-se a subir ao trono de Maomé [Medina].
A Crônica Maronita
Manuscrito sírio do século VII

persas foram substituídas por um sistema único e centralizado de dinares de ouro e dirrãs de prata em todo o império em expansão. A última parte da era omíada também foi marcada por construções impressionantes, como palácios fabulosos para a elite e locais de culto, com destaque para a magnífica Cúpula da Rocha em Jerusalém (688–92).

Abd al-Malik foi sucedido por seu filho Ualide I (r. 705–15), que liderou uma segunda onda de conquistas expansionistas, com o domínio muçulmano cruzando o Mediterrâneo até a Península Ibérica e se espalhando pelo subcontinente indiano. No reinado de Ualide, o califado atingiu sua maior extensão territorial. Em 732, os exércitos árabes avançaram pela Espanha até Loire, na França, e foram detidos pelo rei franco Carlos Martel na Batalha de Tours.

Nessa época, o próprio califa nomeava seu herdeiro. Uma carta escrita por um califa omíada posterior ilustra o privilégio que acompanhava o cargo: nela, Ualide II (r. 743-44) afirma que o califado é "parte da completude do islã e da perfeição dos imensos favores pelos quais Deus torna o Seu povo obediente a Ele".

Desigualdade crescente

Todo esse progresso também teve seus problemas. Sob os omíadas, muitas tradições pré-islâmicas foram retomadas, com os antigos clãs árabes se restabelecendo como a elite proprietária de terras. O califado foi assolado por lutas sangrentas por poder. Igualmente pernicioso foi o surgimento do arabismo. Ser árabe muitas vezes era mais importante do que ser muçulmano. Isso levou a uma sociedade estratificada, com os árabes muçulmanos no topo, seguidos dos não árabes convertidos ao islã, depois os judeus e os cristãos, e os escravizados na base. O descontentamento dos muçulmanos não árabes seria a ruína dos omíadas.

Alegando ser descendentes de Abbas ibn Abd al-Muttalib, tio do Profeta, os abássidas do norte da Arábia tinham uma rivalidade de longa data com os omíadas. Valeram-se do apoio dos não árabes insatisfeitos às margens do Império Omíada para fomentar a rebelião. Com sua ajuda, os abássidas tomaram o poder primeiro no nordeste do Irã e seus exércitos enfrentaram os omíadas em uma série de batalhas que culminaram com a morte do último califa omíada na Batalha do Grande Rio Zab (750).

De Damasco a Bagdá

Na cerimônia de posse, o primeiro califa abássida, al-Saffah (r. 750–54), justificou o novo califado dizendo que os abássidas eram "parentes do mensageiro de Deus" e criados "a partir dos ancestrais do Profeta, crescendo a partir de sua árvore".

O segundo califa abássida, Al Mansur (r. 754–75), iniciou a construção de uma nova capital dinástica no centro do Iraque, em uma pequena aldeia chamada Bagdá, às margens do rio Tigre. Criou uma magnífica cidade

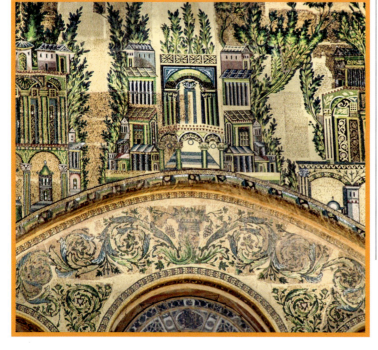

A Grande Mesquita de Damasco foi construída no reinado de Ualide I. Artesãos bizantinos foram contratados para fazer os mosaicos que cobrem as fachadas do pátio.

UMA IDENTIDADE ISLÂMICA

A Grande Mesquita de Samarra, no Iraque, foi, por um tempo, a maior mesquita do mundo. Construída pelos abássidas no século IX, tem um minarete incomum na forma de um cone em espiral.

redonda, cercada por altos muros com quatro grandes portões, simbolizando a centralização do poder nas mãos do califa. Entronizados na nova cidadela, os primeiros abássidas foram autocráticos, mantendo o poder na família e nunca hesitando em eliminar possíveis rivais.

O quinto califa abássida, Haroun Al-Rashid (r. 786–809), neto de Al Mansur, é considerado por muitos o maior dos califas. Seu reinado lançou uma era de ouro da cultura e ciência islâmicas, que foi continuada por seu filho Mamun. Pai e filho também promoveram os estudos islâmicos, resultando em avanços nos campos da jurisprudência, filosofia e teologia muçulmanas, bem como na matemática, medicina e ciências.

Declínio e queda

Os últimos 300 anos da era abássida foram menos prósperos. Da dúzia de califas que governaram entre 860 e 934, metade foi assassinada. Um dos califas posteriores, Mustaqfi (r. 944–46), foi forçado a ceder o controle de Bagdá a uma dinastia de líderes militares, os buídas, a fim de manter o califado. Enquanto isso, outras dinastias ávidas de poder aproveitaram-se da fraqueza do califado para proclamar governadores ou sultões de outras partes do império. Os abássidas muitas vezes foram forçados a entregar o poder a esses governantes regionais em troca de dinheiro. Quando, em 1258, os exércitos mongóis atacaram Bagdá vindos do leste, o império já estava fragmentado. Mesmo assim, a queda dos abássidas foi cruel. Bagdá foi saqueada e seus palácios e locais de ensino, destruídos. Quase um milhão de pessoas foram massacradas. O 37º e último califa abássida foi enrolado em um tapete e pisoteado até a morte. O califado, a mais importante instituição política e espiritual islâmica desde a época de Maomé, foi extinto. ∎

Essas pessoas [os omíadas] agiram como não fiéis, por Deus, da maneira mais flagrante. Então, amaldiçoe-os, que Deus os amaldiçoe!
Abu Hamza, o Carijita
Século VIII

A vida dos califas abássidas

Muhammad ibn Ali al-Abdi era oficial da corte do califa. Em 932, foi convidado a escrever uma crônica dos califas abássidas. Seus relatos nem sempre foram lisonjeiros. Segundo ele, o primeiro califa abássida, Assafá, era "rápido em derramar sangue". Seu sucessor, Al Mansur, foi "o primeiro a semear a discórdia na família de Abbas e na família de Ali, que até então tinham em vista uma causa em comum". Por outro lado, ele só tem elogios a Haroun Al-Rashid, "escrupuloso no cumprimento de seu papel de peregrino na condução de guerras santas". Al-Rashid também realizou muitas obras públicas na estrada para Meca e em Mina e Arafat, paradas importantes no *Hajj*. Espalhou sua riqueza e o tesouro de sua justiça sobre todos os súditos. "O erro", escreveu al-Abdi, "foi reprimido, a verdade ressurgiu e o islã, brilhando com um novo esplendor, a tudo eclipsou".

CONCEDE-ME A BELEZA DE TEU ROSTO

RABIA AL-ADAWIYYA (*c.* 714–801)

142 O SUFISMO E A TRADIÇÃO MÍSTICA

EM CONTEXTO

TEMA
O sufismo e a tradição mística

QUANDO E ONDE
Séculos VIII–XIX, Síria e Iraque

ANTES
***c.* 610–32** O Profeta Maomé estabelece o islã e dá o exemplo vivendo com piedade, simplicidade e caridade.

DEPOIS
Século XIII Algumas práticas sufis, como recitar os nomes de Deus, são incorporadas ao culto judaico.

1830–47 Emir Abdelkader, um estudioso sufi, lidera a luta contra a invasão francesa da Argélia.

1925 A nova república da Turquia abole as ordens sufis.

Século XXI Há mais de cem ordens sufis em todo o mundo.

As origens do sufismo – ou misticismo muçulmano – remontam dos primórdios do islã. Sob o governo omíada, que começou menos de 30 anos após a morte do Profeta, alguns muçulmanos já estavam desiludidos com a indulgência da elite governante. Eles buscavam um retorno ao que consideravam a simplicidade do islã na época de Maomé. Havia também uma aversão à codificação da lei islâmica, que parecia estar reduzindo a fé a regras e rituais. Enquanto os estudiosos da Sharia se preocupavam com o local e com a sequência correta de ações durante a oração, outros muçulmanos se focavam no estado do coração e da mente do adorador. Eles queriam reproduzir dentro de si o estado de espírito que possibilitou a Maomé receber as revelações do Alcorão.

Ensinamentos e práticas

O termo "sufi" entrou em uso em meados do século IX e vem do tecido grosso de lã, conhecido como *suf*, com o qual eram feitas as vestimentas dos primeiros místicos. O sufismo antigo ou clássico, que abrange os três primeiros séculos da era islâmica, centrava-se na tentativa do indivíduo de comungar diretamente com Deus. Os ensinamentos sufis são diversos, mas o objetivo é atingir o estado de *ihsan* – ou seja, adorar a Deus como se pudesse vê-Lo.

Isso envolve eliminar todo traço negativo para atingir um estado de "unificação". Além desse, há outros estágios, todos com o objetivo de abandonar o ego até que nada reste, exceto Deus. O processo muitas vezes é apresentado como uma jornada, semelhante a uma peregrinação.

Para fazer essa jornada, os sufistas romperam os laços com o mundo material por meio da pobreza, jejum, silêncio ou celibato. Com o tempo, eles criaram várias técnicas para concentrar a mente, como vigílias noturnas, a repetição cantada dos nomes de Deus ou exercícios respiratórios meditativos. Mais

Viva neste mundo como se você nunca tivesse posto os pés aqui, e no próximo mundo como se você nunca o tivesse deixado.
Hassan al-Basri

Túmulo do sheik Salim Chishti (*f.* 1572) em Fatehpur Sikri, na Índia. Chishti foi o fundador de uma ordem sufi. Sua tumba foi construída pelo imperador Akbar como sinal de respeito ao sheik.

UMA IDENTIDADE ISLÂMICA

Ver também: Os Cinco Pilares do Islã: *Shahada* 36–41 ▪ A orientação divina através da Sharia 128–133 ▪ A obra de Jalal al-Din Muhammad Rumi 174–175 ▪ Divulgando o islã por meio do comércio 182–185

tarde, grupos de sufis incluíram música e dança extática para induzir um estado de transe.

Fundadores do sufismo

Apesar da ênfase no diálogo pessoal com Deus, houve muitas figuras influentes no início do sufismo. Hassan al-Basri (642–728) pregou contra o mundanismo e o materialismo nos primórdios do califado omíada. Ensinou gerações de estudantes e é chamado por alguns historiadores de "o grande patriarca" do início do sufismo. Diz-se que Al-Basri aprendeu muito com Ali ibn Abi Talib, razão pela qual muitas ordens sufis traçam sua descendência espiritual a esse quarto califa.

Rabia al-Adawiyya (c. 714–801), um raro exemplo de uma mulher registrada no início da história islâmica, viveu reclusa nos desertos do Iraque, onde praticou intensa abnegação e devoção a Deus. É considerada a pessoa que introduziu a doutrina do amor divino, que é a crença de que só vale a pena amar a Deus e que Ele é o único que pode retribuir esse amor. Um exemplo dessa visão está em um ditado atribuído a ela: "Ó meu Senhor, se eu Te adoro por medo do inferno, queime-me no inferno. Se eu Te adoro pela esperança do Paraíso, barra-me de seus portões. Mas, se eu Te adoro somente por Ti, concede-me a beleza do Teu rosto".

Hussein al-Mansur, também conhecido como al-Hallaj (858–922), passou um ano inteiro jejuando em silêncio no pátio da Caaba, em Meca. Ele teria dito "Eu sou a verdade", o que causou indignação por parecer reivindicar a divindade. Ele foi preso, mas se recusou a se arrepender. Devido à sua alegação de que era possível fazer um *Hajj* espiritual válido sem sair de casa, ele voltou a ser preso e em seguida executado.

Aquele que conhece a Deus O ama e aquele que conhece o mundo se abstém dele.
Hassan al-Basri

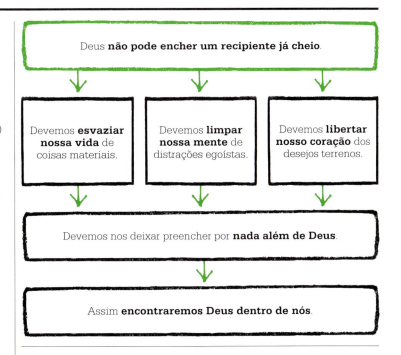

Deus **não pode encher um recipiente já cheio**.

↓ ↓ ↓

Devemos **esvaziar nossa vida** de coisas materiais.

Devemos **limpar nossa mente** de distrações egoístas.

Devemos **libertar nosso coração** dos desejos terrenos.

↓

Devemos nos deixar preencher por **nada além de Deus**.

↓

Assim **encontraremos Deus dentro de nós**.

O caminho

Os primeiros sufis eram itinerantes, viajando pelas terras islâmicas. Nas principais cidades, foram abertas pousadas onde os sufis podiam ficar e trocar conhecimento. Com o tempo, essas pousadas transformaram-se em escolas ou ordens de pensamento sufistas, conhecidas como *tarika* – do árabe para "caminho" ou "estrada", referindo-se à jornada espiritual em direção a Deus. As ordens eram centradas em um mestre sufi, ou sheik, que atuava como um guia espiritual ou guru para os discípulos (*murid*). Cada *tarika* criou a própria metodologia, com seus próprios estágios e níveis de realização no caminho para uma alma purificada. A maioria enfatizou características como »

O SUFISMO E A TRADIÇÃO MÍSTICA

O rodopio é uma forma de meditação praticada pela ordem mevlevi de sufistas turcos. Ocorre na *sema*, ou cerimônia de adoração, quando os sufis visam a alcançar a unidade com Deus.

generosidade, humildade e unidade com Deus. Quando um sheik morria, um de seus discípulos assumia a *tarika*, orientando a próxima geração. Assim, cada *tarika* reivindicava legitimidade através de uma cadeia (*silsila*) de autoridade espiritual que inevitavelmente remontaria ao Profeta. Algumas *tarikas* mais influentes desenvolveram vários ramos, alguns deles espalhando-se por todo o mundo islâmico.

Ordens e devoções sufis

Uma das ordens mais antigas e influentes remonta à Bagdá do século XII. A ordem qadiri, em homenagem ao pregador Abdul Qadir Jilani (1077–1166), expandiu-se para Marrocos, Espanha, Turquia, Índia, África oriental e ocidental no fim do século XV. Não era raro os sufis viajarem depois de ter sonhos nos quais o Profeta os instruía a convocar as pessoas a Deus em lugares distantes. A mensagem de amor do sufismo, seus ensinamentos esotéricos e a piedade de seus devotos ajudaram a disseminar o islã em novas terras.

Os devotos do qadiri concentram seus atos devocionais (*dhikr*) em entoações repetitivas da *Shahada* cada vez mais rápido até a frase se quebrar. Os discípulos da ordem naqshbandi, fundada no início do século XIV, em Bucara, na Ásia Central, empregam o "*dhikr* silencioso", no qual os nomes de Deus são repetidos mentalmente em um ato de meditação, em vez de falados em voz alta em uma invocação. A ordem espalhou-se por todo o subcontinente indiano no século XVI e mantém sua influência, com cerca de 60 milhões de discípulos em países de todo o mundo.

A mais conhecida de todas as ordens sufi é sem dúvida a mevlevi. Foi fundada em Konya, na Anatólia (atual Turquia), pelos seguidores do

Antes eu era inteligente e queria mudar o mundo. Hoje sou sábio e estou mudando a mim mesmo.
Rumi

místico e poeta do século XIII Jalal al-Din Muhammad Rumi. O *dhikr* praticado pelos mevlevis é uma dança giratória lenta, em oposição aos "dervixes rodopiantes".

A ordem chishti, popular no subcontinente indiano, emprega música e poesia, mas outras ordens sufis praticam *dhikr* mais esotéricos. A ordem rifai da Macedônia é famosa pelos discípulos que se perfuram com espetos quando entram em transe, enquanto em partes do Marrocos há sufis que praticam o *dhikr* por meio de grandes feitos de força.

Omar Khayyam

Muitos muçulmanos acreditam que os sufis sempre forçaram os limites da ortodoxia islâmica. Esse sem dúvida foi o caso de um dos sufis mais conhecidos, o persa Omar Khayyam (1048–1131). Filho de um fabricante de tendas (o significado da palavra árabe *khayyam*), ele foi um astrônomo, matemático e poeta brilhante. Seu *Rubaiyat* – quadras, ou poemas de quatro versos – é publicado até hoje. Muitos desses versos são odes

Beba vinho e contemple a lua; pense em todas as civilizações que a lua viu passar.
Omar Khayyam

ao vinho e à embriaguez, algo que o Alcorão proíbe, apesar de o fato de Khayyam escrever tanto sobre o vinho sugerir que o consumo de álcool era comum na Pérsia do século XII. Ele continua sendo muito lido em persa e em inglês, graças a uma tradução altamente interpretativa do poeta inglês Edward FitzGerald, publicada em 1868.

O sufismo hoje

Mesmo sem interesse no poder político, os sufis muitas vezes atraíram a ira das autoridades. O islã é uma religião comunal e não encoraja o radicalismo nem o individualismo. Para um muçulmano, retirar-se da comunidade em busca de um relacionamento pessoal com Deus vai contra o espírito do islã. Ao longo da história, os sufistas foram perseguidos – incluindo no Irã safávida no século XVI, em Meca e Medina no século XIX, na Turquia após a fundação da república em 1923 e no Paquistão hoje.

Mesmo assim, o sufismo tem milhões de seguidores ao redor do mundo e muitas de suas ideias entraram no *mainstream* global, como a poesia de Rumi; a música *qawwali* do Paquistão popularizada internacionalmente graças a artistas como Nusrat Fateh Ali Khan; os vídeos pop de Madonna e os livros do escritor brasileiro Paulo Coelho.

Direta ou indiretamente, o trabalho missionário do sufismo continua até hoje, seguindo – nas palavras do estudioso andaluz e poeta místico Ibn Arabi – "a religião do amor para onde quer que os seus camelos se voltem". ∎

Conferência dos pássaros

A tradição sufi produziu algumas das obras de poesia e prosa mais memoráveis da história islâmica. Uma dessas obras-primas é *Conferência dos pássaros*, do poeta sufi persa Farid al-Din Attar (*c.* 1145–*c.* 1221 ou 1230). Nele, os pássaros do mundo se reúnem em torno da poupa, a ave escolhida para guiá-los em uma jornada para ver o *simurgh*, ou Rei dos Pássaros. Para isso, os pássaros têm de atravessar sete vales traiçoeiros, cada um representando uma estação no caminho. Somente depois que os pássaros aprenderem a "destruir a montanha do ego" é que eles poderão se aproximar do trono do *simurgh*. Dos milhares de pássaros que iniciaram a jornada, apenas 30 chegam ao fim. Mas, quando finalmente pousam o olhar nele, não veem o Rei dos Pássaros, mas a si mesmos. Apesar de terem viajado muito e vencido muitos obstáculos, era a si mesmos que eles estavam buscando. Essa é a essência do sufismo.

O *qawwali* é um tipo de música sufista devocional popular no Paquistão. Ganhou fama internacional com Nusrat Fateh Ali Khan.

A IDADE
OURO D
756–1526

DE
O ISLÃ

148 INTRODUÇÃO

Os muçulmanos conquistam o reino visigótico da Espanha, que passa a ser conhecido pelos árabes como **al-Andalus**.

711

O príncipe omíada Abdul Rahman I estabelece um tribunal em **Córdoba**, na Espanha.

756

O médico e filósofo persa **Ibn Sina (Avicena)** conclui sua enciclopédia de cinco volumes, *O cânone da medicina*.

1025

O sultão aiúbida **Salah al-Din toma Jerusalém** dos cruzados cristãos.

1187

750

A **dinastia abássida** sobe ao poder e funda uma nova capital em Bagdá em 762.

813–833

O califa abássida Al Mamun funda a **Casa da Sabedoria** como o repositório de todo o conhecimento do mundo.

1138–54

O estudioso muçulmano **al-Idrisi compila um mapa-múndi** para Rogério II da Sicília.

Em 762, o segundo governante da dinastia abássida transferiu a capital do califado islâmico de Damasco à recém-fundada cidade de Bagdá. A mudança é vista como o início de uma era de ouro na qual a ciência, a arte e a cultura floresceram.

A civilização islâmica incorporou diversas culturas e tradições intelectuais. Nobres abássidas patrocinaram estudiosos para explorar o conhecimento de territórios estrangeiros. Esses estudiosos traduziram obras de outras civilizações, especialmente dos gregos, e usaram esse conhecimento para fazer suas próprias descobertas. Alguns avanços feitos por astrônomos, geógrafos e matemáticos muçulmanos foram motivados por problemas apresentados nas tradições islâmicas, como o desenvolvimento da álgebra por al-Khwarizmi para resolver as leis de herança e avanços na astronomia e na geometria para determinar a direção de Meca.

Em 802, quando o califa Haroun Al Rashid enviou representantes ao governante franco Carlos Magno, mandou de presente um relógio d'água que marcava as horas lançando bolas de latão em címbalos. Esse sofisticado relógio foi apenas um exemplo dos avanços árabes que estavam muito à frente dos europeus.

Uma idade de ouro

Com o árabe como a língua franca, o conhecimento espalhou-se por todo o mundo islâmico – um muçulmano precisava saber um pouco de árabe para ler o Alcorão mesmo se a sua língua materna fosse o persa, o siríaco ou o berbere. Governantes nas grandes cidades muçulmanas competiam para atrair os melhores estudiosos pelo prestígio que trariam. Por exemplo, em lugares distantes como Córdoba, na Espanha islâmica, um tribunal estabelecido por um príncipe omíada refugiado atraiu muitos estudiosos do Oriente.

Os historiadores apontam os séculos X e XI como o auge dessa era de ouro, quando um panteão de estudiosos e cientistas muçulmanos fez grandes avanços em vários campos. Al-Hazém fez experiências com a luz e a visão, lançando as bases para a óptica moderna. Al-Biruni sugeriu um sistema heliocêntrico, que tinha o Sol no centro do Universo. Al-Razi produziu as primeiras descrições

A IDADE DE OURO DO ISLÃ

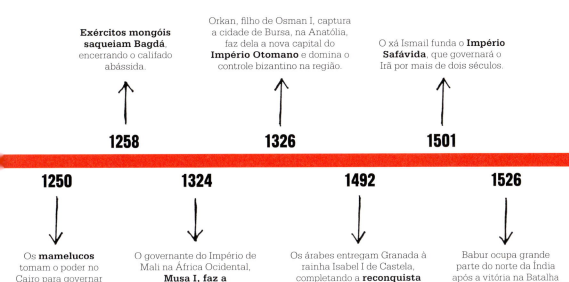

da varíola e do sarampo, enquanto Ibn Sina (Avicena) compilou uma enciclopédia médica com um milhão de palavras usada em faculdades de medicina europeias até o século XVII.

A expansão global do islã

Embora os abássidas fossem menos expansivos que seus antecessores, o islã se espalhou. Foi levado com mercadorias em caravanas de camelos pelos desertos da África Oriental e Ocidental, e pela Ásia Central até a China. Viajou a bordo de navios para portos das ilhas e arquipélagos do Oceano Índico nos mares do Sudeste Asiático. Quando o grande viajante árabe Ibn Battuta passou quase 30 anos viajando na primeira metade do século XIV, a maioria das terras que visitou eram islâmicas. O conhecimento transmitido por mercadores e viajantes, confirmado por observações científicas, permitiu que os muçulmanos fossem, por algum tempo, os melhores cartógrafos do mundo e alguns dos primeiros etnógrafos e cronistas de viagens. A ampla influência do comércio muçulmano pode ser vista no número de palavras árabes adotadas pelas línguas europeias, como *al-kohl* (álcool), *laymun* (limão), *naranj* (laranja), *qahwa* (café), *qairawan* (caravana), *sukkar* (açúcar) e *qutun* (algodão).

Três grandes impérios

Dos séculos X ao XIII, o mundo árabe muçulmano esteve sob ataque quase constante. Os mongóis do Oriente invadiram o Império Abássida, saqueando Bagdá. Exércitos cristãos buscavam reconquistar a Espanha e os cruzados invadiram o Mediterrâneo Oriental. O poder passou dos abássidas a outras dinastias – incluindo os mamelucos, que, em uma fortaleza no Cairo, governaram 250 anos de florescimento das artes e da arquitetura. Os europeus redescobriram os ensinamentos da Grécia clássica por meio de textos árabes. O interesse por esses manuscritos desencadearia o Renascimento na Itália.

Mas o islã voltaria reviver e se expandir na forma de três poderosos impérios. Esses novos impérios não seriam árabes: os otomanos eram turcos, os safávidas eram persas e os mogóis eram indianos descendentes dos mongóis. Esses três impérios controlariam metade do mundo conhecido. ■

TODO MUÇULMANO TEM O DEVER DE BUSCAR CONHECIMENTO
PROFETA MAOMÉ

EM CONTEXTO

TEMA
A Casa da Sabedoria

QUANDO E ONDE
Século IX, Bagdá

ANTES
Séculos V e IV a.C.
Estudiosos da Grécia clássica, como Aristóteles, Euclides e Platão, produziram grandes obras sobre vários temas.

224 d.C. O Império Sassânida persa torna-se uma das principais potências mundiais e rival do Império Bizantino.

DEPOIS
1258 Os mogóis destroem a Casa da Sabedoria e saqueiam Bagdá, marcando o fim do califado abássida.

Século XIV Textos árabes de obras clássicas são traduzidos para o latim, desencadeando uma revolução intelectual e cultural conhecida como Renascença Italiana.

Textos gregos de Aristóteles, Euclides, Galeno, Platão, Ptolomeu e outros são **traduzidos para o persa** pelos sassânidas.

→

Os abássidas conquistam os sassânidas e seus textos são **traduzidos para o árabe** em Bagdá.

↓

Os **manuscritos árabes** apreendidos quando os cristãos expulsaram os árabes da Espanha são **traduzidos para o latim**.

←

Textos latinos são **traduzidos para línguas europeias**, espalhando os textos clássicos perdidos por todo o mundo ocidental.

A busca por conhecimento e iluminação é uma base do islã. "Lê" foi a primeira palavra que Deus disse a Maomé na caverna de Hira, dando início à revelação do Alcorão. Segundo compiladores dos *ahadith*, Maomé teria dito: "Todo muçulmano tem o dever de buscar conhecimento" e "A quem segue o caminho da busca do conhecimento, Deus facilitará o caminho para o Paraíso".

Programa de tradução
Os primeiros estudiosos islâmicos dedicaram-se a transcrever e interpretar o Alcorão. Em seguida, os abássidas patrocinaram estudiosos para explorar o conhecimento de obras estrangeiras, em vez de confiar apenas nas orientações do Alcorão. Os abássidas ocuparam terras dos sassânidas (um império que reinou de 224 a 651) e tradutores se dedicaram a transferir os textos sassânidas para o árabe. O programa de tradução foi estendido aos textos eruditos de outras civilizações, com destaque para os gregos e os indianos. Estudiosos traduziram as obras de filósofos como Aristóteles e Platão, tomos médicos de Galeno, tratados

A IDADE DE OURO DO ISLÃ

Ver também: Os califados omíada e abássida 136–139 ▪ Os primeiros cientistas modernos 152–155 ▪ Os primórdios da filosofia islâmica 156–157 ▪ Os algarismos arábicos e o *al-jabr* 158–161 ▪ Aplicações da astronomia 162–163

A tinta do erudito é mais sagrada que o sangue do mártir.
Profeta Maomé

de geometria de Euclides e astronomia de Ptolomeu, disponibilizando suas ideias ao mundo islâmico de língua árabe.

Papel e caligrafia

A preservação e difusão do conhecimento foram facilitadas pela substituição do dispendioso pergaminho pelo papel, inventado pelos chineses, parceiros comerciais dos árabes. Uma fábrica de papel foi aberta em Bagdá em 795. Também foi desenvolvida uma nova escrita árabe, mais fluida e rápida de escrever do que as formas mais antigas. Assim, na Bagdá do século VIII, tornou-se possível escrever e vender um livro pela primeira vez na história da humanidade.

A Casa da Sabedoria

O movimento de tradução atingiu o auge no reinado de 20 anos do sétimo governante da dinastia, o califa Al Mamun (r. 813–833). Meio árabe e meio persa, Al Mamun promoveu a abertura a outras religiões e culturas, atraindo a Bagdá estudiosos de várias áreas, oriundos de todo o império.

Esse ambiente estimulou a liberdade de pensamento e encorajou a produção de escritos originais sobre astronomia, matemática, medicina, filosofia e vários ramos da ciência. Governantes estrangeiros derrotados em batalha muitas vezes eram obrigados a entregar livros como parte dos termos de rendição. Diz-se que Al Mamun buscou reunir todo o conhecimento do mundo sob o mesmo teto e a instituição que ele criou para isso ficou conhecida como a Casa da Sabedoria, ou *Beit al-Hikma* em árabe.

Não se sabe como era a Casa da Sabedoria porque nenhuma descrição escrita ou evidência arqueológica sobreviveu, mas devia ser mais do que apenas uma biblioteca. Alguns escritos sugerem que ela também funcionava como uma academia, atraindo muitos dos estudiosos mais proeminentes da era de ouro do islã. O movimento de tradução durou cerca de duzentos anos. Nesse período, a Bagdá abássida tornou-se um centro de aprendizagem que só seria igualado no Renascimento italiano, nos séculos XV e XVI. ■

A Casa da Sabedoria acolheu estudiosos que traduziam obras gregas para o árabe. Eles se basearam no conhecimento clássico para fazer avanços em campos como a astronomia.

As universidades mais antigas

Bagdá não foi o único exemplo de uma antiga cidade islâmica voltada ao conhecimento. A universidade mais antiga do mundo, em funcionamento até hoje, foi fundada em Fez, Marrocos, em 859. Chamada al-Kairouan, foi fundada por uma mulher chamada Fatima al-Fihri, cuja família pertencia à tribo dos coraixitas de Meca.

Em 972, a dinastia ismaelita xiita fatímida fundou a mesquita al-Azhar, no Cairo, que começou a aceitar estudantes três anos depois. Aulas eram ministradas em direito islâmico, astronomia, filosofia e lógica. No reinado do sultão Saladino (r. 1174–93), a universidade tornou-se uma instituição sunita e continua sendo a principal universidade de ensino islâmico sunita até hoje. Representa uma forma de islã mais moderada do que a promovida por países como a Arábia Saudita. Alguns muçulmanos consideram o grande sheik de al-Azhar a maior autoridade em jurisprudência e pensamento islâmico sunita.

NÃO HÁ CONFLITO ENTRE O ISLÃ E A CIÊNCIA

OSMAN BAKAR, CENTRO DE ENTENDIMENTO MUÇULMANO-CRISTÃO

EM CONTEXTO

TEMA
Os primeiros cientistas modernos

QUANDO E ONDE
Séculos x–xi, em todo o mundo islâmico

ANTES
Séculos v e iv a.C. Pensadores da Grécia clássica produzem grandes obras em muitos campos científicos. Mas as obras são quase puramente teóricas.

762 d.C. O novo califado abássida estabelece Bagdá como capital e patrocina estudos e pesquisas.

DEPOIS
543 Andreas Vesalius publica *De Humani Corporis Fabrica* e Nicolau Copérnico publica *Da revolução de esferas celestes*.

Uma minoria de muçulmanos defendem que os textos do Alcorão e dos *ahadith* contêm tudo o que alguém precisaria saber sobre o mundo. Segue-se a isso que não há sentido na investigação científica – alguns chegam a alegar que a busca pela ciência é anti-islâmica.

Essa opinião sempre existiu no islã, defendida por uma minoria. A maioria dos muçulmanos vê a ciência como um meio de expandir o conhecimento, algo encorajado pelo Alcorão. Numerosos versículos do Alcorão orientam os seguidores a observar e refletir

A IDADE DE OURO DO ISLÃ 153

Ver também: O sufismo e a tradição mística 140–145 ▪ A Casa da Sabedoria 150–151 ▪ Os algarismos arábicos e o *al-jabr* 158–161 ▪ O exemplo da Espanha islâmica 166–171 ▪ Avicena e *O cânone da medicina* 172–173

> Alguns muçulmanos acreditam que **buscar conhecimento científico é um dever coletivo** da comunidade muçulmana. Muitos versículos do Alcorão orientam os muçulmanos a observar e estudar o mundo.

> Alguns muçulmanos acreditam que o **Alcorão contém as respostas** para todas as questões sobre o mundo que qualquer fiel poderia querer saber.

sobre os fenômenos naturais, o que é interpretado como um incentivo à investigação científica.

A maneira correta de ver

Abu Ali al-Hassan ibn al-Haytham, mais conhecido como Abu Ali Haçane ou Al-Hazém, nasceu em Basra (no sul do atual Iraque), por volta de 965. Trabalhou para os governantes abássidas em sua cidade natal, mas logo abandonou o cargo por uma carreira intelectual no Cairo, capital da dinastia rival fatímida. Chamou a atenção do califa fatímida com uma proposta para construir uma barragem. Apesar de não ter conseguido construí-la, produziu mais de 200 manuscritos valiosos em áreas como astronomia, engenharia, ética, matemática, música, política e teologia. Seu pensamento mais influente foi compilado no *Kitab al-Manazir* (*Livro de óptica*), um tratado revolucionário de sete volumes com a teoria matemática da visão, publicado em 1021.

O *Livro de óptica* de Al-Hazém descreve sua concepção da anatomia do olho e como essa anatomia poderia funcionar como um sistema óptico.

Os princípios básicos da óptica geométrica foram definidos na Grécia antiga por Platão e Euclides, abrangendo conceitos como a propagação da luz em trajetórias lineares e as leis da reflexão. Em vez de ser puramente teórico, o *Livro de óptica* de Al-Hazém é um verdadeiro tratado científico, com descrições detalhadas de experimentos, o aparato necessário e como ser usado. Resultados dos experimentos foram apresentados para validar suas teorias.

A teoria mais importante de Al-Hazém está relacionada com a visão. Os gregos acreditavam que as pessoas enxergam porque os olhos emitem raios de luz que iluminam os objetos. Al-Hazém foi o primeiro a deduzir que na verdade é o contrário, e que a visão funciona pela refração da luz nas lentes do olho. Ele também deduziu que a refração é explicada pela desaceleração da luz em meios mais densos, como o cristalino do olho, porque mais partículas ficam em seu caminho. Ele também investigou aspectos meteorológicos relacionados ao arco-íris, além de explorar a natureza de fenômenos celestes como eclipses e a luz da Lua.

A tradução latina do *Livro de óptica* de Al-Hazém teve ampla influência em cientistas e filósofos europeus medievais. Uma edição publicada em 1572, na Basiléia, influenciou matemáticos como Johannes Kepler (1571–1630), René »

OS PRIMEIROS CIENTISTAS MODERNOS

> Os extremistas classificariam as ciências como ateístas.
> **Al-Biruni**

Descartes (1596–1650) e Christiaan Huygens (1629–95).

A que altura fica o céu?

Outro físico árabe do século XI, Ibn Muadh al-Jayyani (989–1079), de Córdoba, investigou a óptica e os fenômenos celestes. Ele concluiu que o crepúsculo após o pôr do sol deve ser causado pelo vapor d'água iluminado na atmosfera superior, refletindo a luz depois que o sol se põe. Usando geometria e um valor para o tamanho da Terra proposto por astrônomos de Bagdá, al-Jayyani deduziu que a altura da atmosfera da Terra era de 84 km. No século XX, com a ajuda de aviões a jato, geofísicos determinaram que a fronteira entre a atmosfera da Terra e o espaço fica, na verdade, a cerca de 100 km. O cientista islâmico, há 900 anos, ficou a apenas 16 km da distância.

O polímata supremo

Embora seja fácil apontar as principais realizações de Al-Hazém e Ibn Muadh, a produção de Abu Rayhan

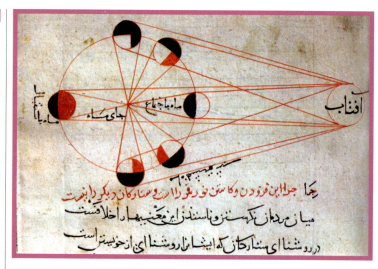

Al-Biruni estudou quase todos os campos da ciência e escreveu tratados sobre a maioria deles. Esta ilustração de uma de suas obras astronômicas explica as diferentes fases da lua.

Muhammad Al-Biruni (973–1050), também conhecido como Al-Biruni, é tão excepcional em tantas áreas que é difícil saber por onde começar.

Nascido na Ásia Central, Al-Biruni passou grande parte de sua vida em Gasni, no Afeganistão, como estudioso e conselheiro da corte do sultão Ghaznavid. Tudo despertava seu interesse. Escreveu um livro explicando como determinar as coordenadas das cidades, o que foi crucial para saber a direção de Meca para as orações. Também produziu um importante estudo sobre a Índia, a primeira obra do gênero, com análises das relações entre a civilização grega e a hindu, e entre o islã e o hinduísmo e compilou uma farmacopeia descrevendo todos os remédios conhecidos na época, com nomes dos medicamentos em vários

O que aconteceu com a ciência muçulmana?

A ciência no mundo islâmico prosperou entre o ano 700 e o século XI; depois disso entrou em declínio. Por sua vez, a atividade científica europeia foi insignificante até por volta do século XV, quando ganhou força e ultrapassou o mundo islâmico. O que aconteceu com a ciência islâmica?

Segundo alguns historiadores, quando os mongóis arrasaram Bagdá e os cristãos reconquistaram a Espanha, os dois centros de ensino islâmico foram desativados. Os novos impérios islâmicos que surgiram eram turcos, persas e indianos, e não muito cooperativos. Outra teoria é que o movimento de ortodoxia islâmica suplantou os racionalistas e, até certo ponto, "reislamizou" a ciência ao retratar o Alcorão como a única fonte de conhecimento.

Hoje em dia, a ciência no mundo islâmico está ressurgindo e três muçulmanos ganharam o Prêmio Nobel de ciências.

idiomas. Além disso, foi um matemático notável: usou o cálculo para descrever o movimento dos corpos celestes, e assim estabeleceu as bases para as leis de Isaac Newton, mais de 600 anos depois. Na física, Al-Biruni criou vários métodos para explorar densidades, pesos e até a gravidade.

Metodologia científica
Tal qual as práticas documentadas de Al-Hazém, a abordagem de Al-Biruni à descoberta científica era muito semelhante ao método científico moderno. Consistia em um ciclo repetido de observação, hipótese e experimentação confirmadas por verificações independentes. Quando Al-Biruni não conseguia encontrar provas definitivas para uma teoria, mantinha-se imparcial – inclusive quanto à questão que incomodava as grandes mentes da época. Essa questão era se o Sol e os planetas orbitavam a Terra (segundo a teoria geocêntrica de Ptolomeu) ou se a Terra e os outros planetas orbitavam o Sol (a teoria heliocêntrica). Ao assumir uma posição neutra, Al-Biruni agia segundo o Alcorão, que afirma na *surata* 17:36, "Não sigas (ó humano) o que ignoras".

Segundo alguns historiadores, a ciência moderna teve início em 1543 com a publicação de *De Humani Corporis Fabrica* pelo anatomista italiano Andreas Vesalius e *Da revolução de esferas celestes* (com a tese de que a Terra gira em torno do Sol) do astrônomo polonês Nicolau Copérnico. Mas Al-Hazém e Al-Biruni claramente foram "cientistas modernos" 500 anos antes. Ambos incorporaram o espírito científico do método experimental. Apesar de desconhecermos as visões teológicas de Al-Hazém, Al-Biruni foi claro quando afirmou que o Alcorão "não interfere na ciência nem infringe o domínio da ciência".

Renascimento moderno
O paquistanês Muhammad Abdus Salam (1926–96) foi um dos ganhadores do Prêmio Nobel de Física de 1979 por sua contribuição no campo da física de partículas. Em seu discurso de aceitação, ele citou o Alcorão no sentido de que, quanto mais buscamos, mais ficamos maravilhados. Salam foi o primeiro cientista muçulmano a ser agraciado com o Prêmio Nobel desde o início da premiação em 1901. E, como gostava de dizer, ele seguia uma tradição altamente distinta e venerável de cientistas islâmicos inovadores. ∎

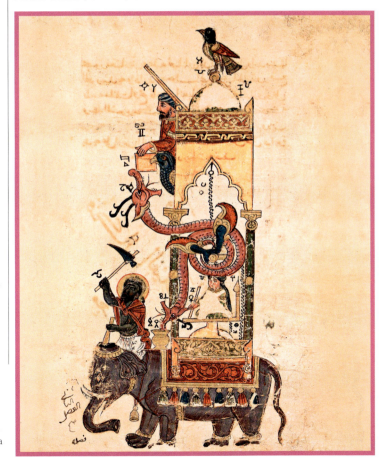

Exemplificando a genialidade islâmica para a ciência aplicada, o engenheiro al-Jazari (1136–1206) inventou vários relógios, incluindo este "relógio-elefante", movido a um sistema hidráulico na barriga do animal.

NÃO NOS ENVERGONHEMOS DE ADMITIR A VERDADE
A FILOSOFIA PRIMEIRA, AL-KINDI (SÉCULO IX)

EM CONTEXTO

TEMA
Os primórdios da filosofia islâmica

QUANDO E ONDE
Século IX, em todo o mundo islâmico

ANTES
Antes do século IX O conhecimento dos gregos antigos declina no Ocidente com a queda do Império Bizantino. Muitos textos gregos são traduzidos pelos sassânidas e preservados.

DEPOIS
Século XI Ibn Sina (Avicena) tenta conciliar a filosofia racional com a teologia islâmica.

Século XI al-Ghazali escreve *A incoerência dos filósofos*, atacando o uso da filosofia na teologia.

Século XII Ibn Rushd publica *A incoerência da "incoerência"*, refutando a obra de al-Ghazali.

A Casa da Sabedoria de Bagdá formou vários estudiosos célebres, muitos deles polímatas que se destacaram em uma ampla variedade de campos. O primeiro desses polímatas abássidas foi Al-Kindi, mais conhecido por apresentar a filosofia de Aristóteles ao mundo de língua árabe no século IX. Ele tornou o trabalho do filósofo grego não apenas acessível, mas aceitável, ao fundir a filosofia aristotélica com a teologia islâmica.

Al-Kindi (800–73) era seguidor do mutazilismo ("aqueles que se separam"), uma doutrina que defendia um espírito de investigação racional e se opunha à interpretação literal do Alcorão. Os mutazilitas acreditavam que era o intelecto humano que guiava a humanidade em direção a um verdadeiro conhecimento de Deus e a uma compreensão mais clara das palavras do Alcorão. Seus oponentes, contudo, sustentavam que a filosofia secular era anti-islâmica.

A filosofia primeira

Das muitas obras de Al-Kindi, a mais famosa é *A filosofia primeira*. Começa com um convite ao leitor para honrar a sabedoria filosófica da Grécia antiga. Al-Kindi argumenta que ninguém deve ignorar as realizações dos estudiosos do passado por serem de raça, cultura ou credo diferentes. Ele acusa os que não apreciam as contribuições dos gregos de serem tacanhos e terem pouca fé no islã.

A filosofia primeira inclui uma célebre discussão sobre a eternidade do mundo. Aristóteles

---

Deus e Aristóteles

Aristóteles acreditava que o Universo sempre existiu, **de modo que não houve um criador**.

Al-Kindi argumentou que o Universo teve um início e um **criador**.

A IDADE DE OURO DO ISLÃ

Ver também: O sufismo e a tradição mística 140–145 ▪ A Casa da Sabedoria 150–151 ▪ Os algarismos arábicos e o *al-jabr* 158–161 ▪ O exemplo da Espanha islâmica 166–171 ▪ Avicena e *O cânone da medicina* 172–173

> A ignorância leva ao medo, o medo leva ao ódio e o ódio leva à violência.
> **Averróis**

acreditava que o Universo sempre existiu, de modo que não houve um criador e, portanto, não existe Deus. Para Al-Kindi, um muçulmano devoto, o desafio era conciliar Deus e a Criação, tal como descritos no Alcorão, com essa visão do cosmos.

Al-Kindi apresentou um robusto argumento para refutar a ideia de um Universo eterno, que expressou em termos matemáticos. Seu raciocínio o levou a acreditar que o tempo não poderia ter existido antes da criação do Universo e deve ter surgido junto com ele. A finitude do Universo permitiu a Al-Kindi identificar Deus como o criador do mundo, que o criou a partir do nada.

Avicena e Averróis

No século X, um estudioso chamado al-Farabi (*c.* 872–950), conhecido como Alfarábi, continuou a explorar a intersecção do islã com a filosofia clássica. Escreveu comentários sobre as obras gregas, com ênfase em temas islâmicos centrais, como leis, profecias, sucessão política e jurisprudência.

Ibn Sina (980–1037), mais conhecido como Avicena, foi um muçulmano devoto da Ásia Central que tentou conciliar a filosofia racional com a teologia islâmica. Apresentou um argumento formal para provar a existência de Deus, conhecido como "Prova do Verdadeiro", que foi considerado um dos argumentos medievais mais influentes em prol da existência de Deus. Ibn Rushd (1126-1198), conhecido como

Alfarábi fundou sua própria escola de filosofia, o "farabismo". Seu objetivo era sintetizar a filosofia e o sufismo. Ele é homenageado neste selo do Cazaquistão, onde teria nascido.

Averróis, foi um andaluz que argumentou que a filosofia não pode contradizer as revelações do islã por serem apenas dois métodos diferentes de alcançar a verdade e que "a verdade não pode contradizer a verdade". ▪

Al-Kindi

Pouco se sabe sobre a vida de Yaqub ibn Ishaq Al-Kindi, também conhecido como Al-Kindi. Ele nasceu por volta do ano 800 em uma linhagem aristocrata árabe na poderosa tribo quinda, originária do Iêmen porém influente na Arábia desde os tempos pré-islã. Nasceu em Cufa, no atual Iraque, mas se mudou para Bagdá, onde recebeu sua educação.

Mostrou-se um acadêmico promissor e foi recrutado para trabalhar sob a patronagem do califa Al-Mamun (r. 813–33). Além de supervisionar a tradução de textos gregos, Al-Kindi escreveu mais de 200 obras sobre uma variedade impressionante de temas, como ética, música, o funcionamento do olho humano e a fabricação de espadas. Teve um importante papel na introdução dos algarismos indianos no mundo islâmico e, posteriormente, dos algarismos arábicos no mundo cristão. É mais conhecido por fundar toda uma tradição filosófica que embasou os pensadores islâmicos durante séculos. Morreu em 873.

EQUILIBRANDO A EQUAÇÃO

COMPÊNDIO SOBRE CÁLCULO POR RESTAURAÇÃO E BALANCEAMENTO, ALCUARISMI (SÉCULO VIII)

EM CONTEXTO

TEMA
Os algarismos arábicos e o *al-jabr*

QUANDO E ONDE
Século IX, Bagdá

ANTES
1650 a.C. No antigo Egito, o Papiro de Rhind apresenta soluções para equações lineares.

300 a.C. *Os elementos*, de Euclides, estabelece as bases da geometria.

Século III d.C. O matemático grego Diofanto usa símbolos para representar quantidades desconhecidas.

Século VII Brahmagupta resolve a equação quadrática.

DEPOIS
1202 Fibonacci (Leonardo de Pisa) usa o sistema numérico indo-arábico em seu *Liber Abaci* (*Livro de cálculo*).

Por volta de 830, Muhammad ibn Musa Alcuarismi, um estudioso da Casa da Sabedoria, concluiu uma obra que revolucionaria a matemática. Suas páginas iniciais são uma dedicatória que explicita a ligação entre a fé islâmica e o esforço intelectual: "Este gosto pela ciência, pelo qual Deus distinguiu o Imam Al-Mamun, o Comandante dos Fiéis [...] encorajou-me a compor uma pequena obra sobre o cálculo (pelas regras de) adição e subtração".

Esse livro, *Compêndio sobre cálculo por restauração e balanceamento* (em árabe, *Kitab*

A IDADE DE OURO DO ISLÃ

Ver também: A Casa da Sabedoria 150–151 ▪ Os primórdios da filosofia islâmica 156–157 ▪ Aplicações da astronomia 162–163 ▪ A obra de Jalal al-Din Muhammad Rumi 174–175

---

al-Mukhtasar fi Hisab al-Jabr w'al-Muqabala), definiu os princípios que constituem a base da álgebra moderna, que, por sua vez, é o fio condutor de quase toda a matemática.

O *al-jab* equivale à álgebra

Alcuarismi introduziu algumas operações básicas, que descreveu como redução, reunião e equilíbrio. O processo de redução (a simplificação de uma equação) podia ser feito reagrupando (em árabe, *al-jabr*, de onde vem a palavra álgebra), em outras palavras, movendo os termos subtraídos para o outro lado da uma equação e equilibrando a equação.

Alcuarismi não inventou esses processos, mas reuniu regras matemáticas conhecidas por poucos na época e as transformou em um manual de instruções para resolver problemas matemáticos em situações cotidianas. No início do livro, ele descreve vários casos nos quais essas fórmulas poderiam ser úteis: "em casos de herança, legados, partilha, ações judiciais e comércio [...] ou, no que diz respeito à medição de terras, escavação de canais, cálculos geométricos e outros objetos de vários tipos".

O compêndio sobre cálculo é dividido em duas partes. Na primeira, Alcuarismi estabelece as regras da álgebra e as sequências necessárias para resolver diversos problemas. A segunda parte está repleta de exemplos de seus métodos aplicados a uma ampla gama de problemas cotidianos. Em vez dos símbolos matemáticos que »

- A **álgebra** lida com números e **quantidades desconhecidas**.
- Elas estão **relacionadas** a coisas **conhecidas**.
- Quantidades desconhecidas podem ser determinadas **examinando coisas conhecidas**.
- É possível **determinar quantidades do desconhecido**.

Alcuarismi

Pouco se sabe sobre a vida de Alcuarismi. Historiadores acreditam que ele nasceu por volta de 780 em Carizim, na época parte do Império Persa, atual Quiva, no Uzbequistão. Mudou-se para Bagdá, onde trabalhou na corte do califa Al-Mamun. Era tão respeitado que foi nomeado astrônomo-chefe e diretor da biblioteca da célebre Casa da Sabedoria.

Apesar de provavelmente ter sido persa, Alcuarismi costuma ser descrito como um matemático árabe porque escreveu em árabe e fez todo seu trabalho no contexto da cultura árabe abássida. Além do trabalho com álgebra, fez contribuições importantes para a trigonometria, defendeu o uso de numerais indianos, revisou a *Geografia* de Ptolomeu, supervisionou a elaboração de um novo mapa-múndi, participou de um projeto para determinar a circunferência da Terra e compilou tabelas astronômicas dos movimentos do Sol, da Lua e dos cinco planetas conhecidos na época. Faleceu por volta de 850.

160 OS ALGARISMOS ARÁBICOS E O AL-JABR

usamos hoje, Alcuarismi escreveu todas as equações com palavras, explicadas por diagramas. Por exemplo, ele escreveu a equação $(x/3 + 1)(x/4 + 1) = 20$ como "Uma quantidade: multipliquei um terço e um dirham por um quarto e um dirham; resultou em 20". O dirham era uma moeda usada por Alcuarismi para se referir a uma unidade.

O "calculador egípcio"

O texto de Alcuarismi inspirou vários matemáticos por todo o mundo islâmico. O matemático egípcio Abu Kamil (850–930) escreveu o *Livro de álgebra* (*Kitab fi al-Jabr w'al-Muqabala*), um tratado acadêmico para outros matemáticos. Em *O livro das raridades da aritmética* (*Kitab al-Taraif fi al-Hisab*), Abu Kamil, apelidado de o "calculador egípcio", tentou resolver equações indeterminadas (com mais de uma solução). Explorou o tema mais a fundo em seu *Livro das aves* (*Kitab al-Tair*), apresentando vários problemas de álgebra relacionados a pássaros, incluindo: "De quantas maneiras se pode comprar cem aves no mercado com 100 dirhams?".

> Quando penso no que as pessoas geralmente querem ao calcular, descobri que é sempre um número.
> **Alcuarismi**

Embora mais conhecido por sua poesia, o persa Omar Khayyam (1048–1131) também foi um matemático brilhante. Seu *Tratado de demonstrações de problemas de álgebra* (1070) tratou de equações cúbicas.

Algarismos arábicos

Uma das maiores contribuições dos matemáticos islâmicos foi a popularização do sistema decimal usado até hoje em todo o mundo. O sistema se originou na Índia, onde o uso de nove símbolos e o zero foi desenvolvido nos séculos I a IV d.C. para permitir a escrita de qualquer número. O sistema foi adotado e refinado por matemáticos em Bagdá – daí o nome, sistema decimal indo-arábico. No século IX, tanto Alcuarismi quanto o filósofo Al-Kindi escreveram livros sobre o tema. Suas obras foram posteriormente traduzidas para o

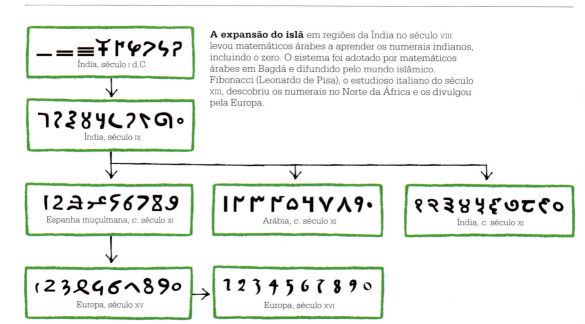

A expansão do islã em regiões da Índia no século VIII levou matemáticos árabes a aprender os numerais indianos, incluindo o zero. O sistema foi adotado por matemáticos árabes em Bagdá e difundido pelo mundo islâmico. Fibonacci (Leonardo de Pisa), o estudioso italiano do século XIII, descobriu os numerais no Norte da África e os divulgou pela Europa.

A IDADE DE OURO DO ISLÃ

Matemáticos islâmicos reúnem-se na biblioteca de uma mesquita nesta ilustração de um manuscrito do poeta e estudioso do século XII al-Hariri de Basra.

latim e publicadas no Ocidente, apresentando aos europeus o sistema decimal, conhecido na Idade Média apenas como algarismos arábicos. Mas os números decimais passaram muito tempo sendo considerados símbolos do inimigo muçulmano pagão e a Europa persistiu com os algarismos romanos, representando os números por letras. O sistema funcionava para a maioria das necessidades do dia a dia, com todos os números até 1.000 representados por combinações de apenas sete letras (I, V, X, L, C, D, M; representando 1, 5, 10, 50, 100, 500 e 1.000). Mas era muito complicado quando aplicado à matemática. Por exemplo, a multiplicação básica 42 × 58 = 2.436 torna-se XLII × LVIII = MMCDXXXVI. Apenas no Renascimento italiano a Europa adotou os numerais indo-arábicos, que passaram a ser utilizados no fim do século XV ou início do século XVI.

O símbolo decimal

Os árabes também introduziram o símbolo decimal, que permitiu aos matemáticos expressar frações de números inteiros. Esse pequeno, porém crucial, símbolo aparece pela primeira vez em *O livro dos capítulos sobre aritmética hindu* (*Kitab al-Fusul fi al-Hisab al-Hindi*) de Abu al-Hassan al-Uqlidisi (920–80),

Quem pensa que a álgebra é um truque para obter incógnitas está enganado.
Omar Khayyam

escrito por volta de 952 em Damasco. O nome Uqlidisi refere-se a Euclides e pode significar que al-Uqlidisi ganhava a vida fazendo e vendendo cópias da famosa obra *Elementos*, de Euclides. Em seu livro, al-Uqlidisi usa um traço inclinado sobre o número decimal que depois evoluiria para a vírgula decimal.

Influência no Ocidente

As descobertas e regras estabelecidas pelos estudiosos islâmicos medievais sustentam grande parte da matemática até hoje, particularmente a álgebra. Quando o *Compêndio sobre cálculo* de Alcuarismi foi traduzido para o latim 300 anos após sua morte, seu estilo era tão claro e confiável que o livro se tornou o texto matemático padrão na Europa nos séculos seguintes. O título em latim, *Liber Algorismi*, popularizou o nome latinizado de seu autor (Algorismi), sinônimo da própria aritmética. Também nos deu a palavra "algoritmo", em homenagem ao maior matemático muçulmano. ∎

NÃO REPARAM, ACASO, NO FIRMAMENTO QUE ESTÁ ACIMA DELES?
ALCORÃO, 50:6

EM CONTEXTO

TEMA
Aplicações da astronomia

QUANDO E ONDE
Séculos x–xiii d.C. em todo o mundo islâmico

ANTES
Século ii d.C. O polímata grego Ptolomeu escreve o *Almagesto*, um tratado astronômico sobre o movimento das estrelas e dos planetas.

476–550 O matemático indiano Ariabata escreve o *Aryabhatiya*, um influente tratado astronômico em sânscrito.

DEPOIS
543 Nicolau Copérnico propõe um modelo heliocêntrico do sistema solar. Sua obra é defendida por Galileu Galilei (1564–1642).

576 O primeiro observatório europeu importante foi estabelecido por Tycho Brahe, três séculos depois de Maragha.

O islã é uma das poucas religiões da história que requer procedimentos científicos para o ritual religioso. A observação dos corpos celestes é essencial na organização do calendário lunar para determinar as datas de celebrações religiosas e o horário das cinco orações diárias. O Sol também tem um papel nos rituais do islã, ajudando a determinar a *qibla*, ou direção da oração.

Localizando Meca
Cinco vezes ao dia, muçulmanos do mundo todo se voltam a Meca para orar. Desse modo, é importantíssimo saber a direção de Meca. No século x, astrônomos islâmicos descobriram que, em dois dias no ano, em um horário preciso, o Sol passa diretamente acima de Meca. Nesses dias, qualquer pessoa no mesmo hemisfério de Meca (norte) poderia facilmente determinar a *qibla* observando a posição do Sol na hora certa do dia e identificando sua direção na bússola. Dois dias diferentes poderiam ser usados para determinar a direção correta da *qibla* no hemisfério sul.

Bagdá foi um importante centro de astronomia sob os califas abássidas a partir do século viii. Com base no *Almagesto*, um tratado astronômico grego sobre os movimentos das estrelas e as trajetórias planetárias escrito por Cláudio Ptolomeu no século ii d.C., os estudiosos da Casa da Sabedoria verificaram suas medidas. O matemático árabe Alcuarismi (c. 780-850) compilou as primeiras tabelas de horários de oração diários, fazendo cálculos com a ajuda de observações astronômicas diretas.

Se a distância da Caaba for pequena, sua direção pode ser determinada por um leigo diligente, mas, quando a distância é grande, apenas os astrônomos podem determinar essa direção.
Al-Biruni

A IDADE DE OURO DO ISLÃ 163

Ver também: Os Cinco Pilares do Islã: *salat* 42–43 ▪ O calendário islâmico 116–117 ▪ A Casa da Sabedoria 150–151 ▪ Os algarismos arábicos e o *al-jabr* 158–161

A direção de Meca em qualquer local é determinada pelo método do "Grande Círculo", ou seja, pelo caminho mais curto (passando por um dos polos, se necessário).

Quem não sabe que não sabe fica para sempre preso na dupla ignorância.
al-Tusi

Uma sucessão de renomados astrônomos muçulmanos baseou-se no trabalho de Alcuarismi, entre eles o sírio Altabatani (858–929) e o egípcio Ibne Iunus (950–1009). Uma das principais realizações de Altabatani foi determinar o ano solar como tendo 365 dias, 5 horas, 46 minutos e 24 segundos, errando por apenas 2 minutos e 22 segundos.

A Terra no centro

Com base em *Almagesto*, de Ptolomeu, os astrônomos islâmicos adotaram a visão de que a Terra ficava no centro do sistema solar e que os outros planetas giravam em torno dela. Essa visão raramente foi questionada; o astrônomo do século X, Al-Biruni, propôs um sistema heliocêntrico com o Sol no centro, mas não conseguiu provar e decidiu manter-se imparcial.

A Revolução Maragha

No século XIII, a astronomia islâmica havia atingido seu apogeu. Em 1259, o imperador mongol Hulagu Khan construiu um observatório em Maragha, no noroeste do Irã. Lá, o astrônomo persa Nasr al-Din al-Tusi (1201–74) e seus sucessores usaram um enorme quadrante para medir as elevações dos planetas ao cruzar o meridiano. Com esse dispositivo, os astrônomos produziram tabelas planetárias (*zijes*) bastante precisas.

O observatório atraiu estudiosos de lugares distantes, como a China. Juntos, eles contribuíram para a chamada Revolução Maragha, que reformulou o trabalho de Ptolomeu na astronomia e substituiu as hipóteses dos gregos por novas teorias solares e lunares. Por exemplo, para explicar a velocidade variável de alguns planetas ao se mover pelo cosmos, Ptolomeu sugeriu que os planetas giravam em torno de polos que não coincidiam com seu centro, o que seria impossível. Astrônomos muçulmanos criaram modelos que produziam os mesmos efeitos sem violar as leis da física.

Algumas ideias desenvolvidas pelos astrônomos islâmicos inspiraram o astrônomo polonês Nicolau Copérnico, que derrubou o Universo ptolomaico em 1543, quando propôs que os planetas giravam em torno do Sol, não da Terra. ∎

No mundo mulçumano, a direção de Meca, ou *qibla*, costuma estar indicada em edifícios públicos.

AS PESSOAS PRECISAM MAIS DE HISTÓRIAS DO QUE DE PÃO
AS MIL E UMA NOITES

EM CONTEXTO

TEMA
A corrente da tradição oral

QUANDO E ONDE
Séculos IX–X, Bagdá

ANTES
224–651 d.C. Reunir histórias interessantes entra na moda na Pérsia sassânida pré-islâmica. *Hazar Afsaneh* (*Mil histórias*), por exemplo, foi traduzido para o árabe em algum momento dos séculos VIII ou IX.

Século VIII Os épicos homéricos são traduzidos para o árabe na corte abássida.

DEPOIS
704–17 A tradução francesa de Antoine Galland apresenta *As mil e uma noites* a um público não falante do árabe.

2019 A Walt Disney Pictures produz um filme baseado nos contos de Aladin em *As mil e uma noites*.

O Alcorão já existia na forma oral muito antes de suas partes serem reunidas e escritas no século VII. Os seguidores do Profeta decoraram e repetiram fielmente as palavras reveladas a ele. Versículos como "Em verdade, facilitamos o Alcorão" (54:17) sugerem que o livro sagrado muçulmano deveria ser decorado e recitado. Hoje, devotos continuam a memorizar e recitar o Alcorão, citando-os para expressar suas opiniões.

O Alcorão surgiu em uma época e lugar em que a escrita era pouco usada. A sociedade árabe pré-islâmica orgulhava-se de recitar longos poemas. A tradição é mantida até hoje; no Golfo Arábico, por exemplo, o *Million's Poet* – um *reality show* no qual os participantes recitam versos de sua autoria por prêmios em dinheiro – é um dos programas de TV árabe de maior sucesso de todos os tempos.

O **hakawati**, ou contador profissional de histórias, praticamente desapareceu no século XIX. Algumas poucas pessoas, como este artista em um café de Damasco, mantêm viva a tradição.

Contadores de histórias
Em uma sociedade que venerava a antiga tradição de contar histórias, os contos do Profeta Maomé eram eficazes em comunicar a mensagem do islã. Pessoas conhecidas como *quss* se especializaram em contar histórias religiosas nas mesquitas.

Fora da mesquita, os contos mais populares eram os épicos dos heróis islâmicos. O romance de Abu Zeid, por exemplo, relatava as vitórias árabes sobre os berberes do Norte de África, e as histórias de al-Zahir Beibars contavam as façanhas de um sultão mameluco que governou o Egito no século XIII. Embora essas histórias às vezes

A IDADE DE OURO DO ISLÃ

Ver também: *Al-Jahiliyyah*, a Idade da Ignorância 20–21 ▪ Palavras e ações do Profeta 118–123 ▪ Os califados omíada e abássida 136–139 ▪ Orientalismo 218

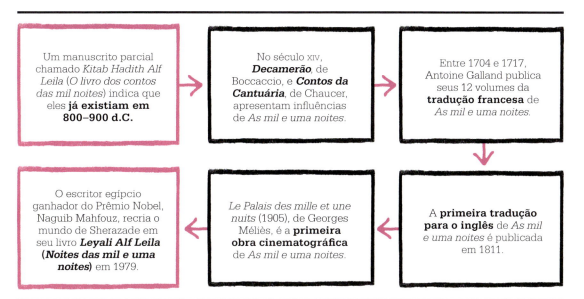

Um manuscrito parcial chamado *Kitab Hadith Alf Leila* (*O livro dos contos das mil noites*) indica que eles **já existiam em 800–900 d.C.**

No século XIV, ***Decamerão***, de Boccaccio, e ***Contos da Cantuária***, de Chaucer, apresentam influências de *As mil e uma noites*.

Entre 1704 e 1717, Antoine Galland publica seus 12 volumes da **tradução francesa** de *As mil e uma noites*.

A **primeira tradução para o inglês** de *As mil e uma noites* é publicada em 1811.

Le Palais des mille et une nuits (1905), de Georges Méliès, é a **primeira obra cinematográfica** de *As mil e uma noites*.

O escritor egípcio ganhador do Prêmio Nobel, Naguib Mahfouz, recria o mundo de Sherazade em seu livro ***Leyali Alf Leila*** (***Noites das mil e uma noites***) em 1979.

fossem escritas, elas sobreviviam nas performances de contadores de histórias profissionais conhecidos como *hakawati*. Os *hakawati* eram comuns em cidades muçulmanas como a Damasco omíada e a Bagdá abássida. Contavam suas histórias sempre que alguém parava para ouvir e só perderam popularidade no século XIX.

As mil e uma noites

Entre as histórias contadas pelos *hakawati*, as mais conhecidas fora do mundo muçulmano são as *Alf Leila wa Leila*, ou *As mil e uma noites*. A história é um ciclo de contos narrados a um sultão que tem o hábito de levar para a cama uma nova esposa todas as noites e matá-la de manhã. Quando o sultão escolhe a astuta Sherazade, ela passa a noite contando uma história cativante, que promete continuar na noite seguinte, adiando a morte.

Manuscritos em língua árabe de algumas dessas histórias datam do século IX, mas é provável que Sherazade preceda o islã. *As mil e uma noites* não tem um autor conhecido nem um sumário fixo. Como as *suratas* do Alcorão, alguns contos têm apenas um parágrafo e outros têm centenas de páginas. As histórias não têm uma origem definida, como no folclore do Oriente Médio, da Índia e de todo o mundo muçulmano – sempre permeadas pelas culturas medievais de Bagdá e do Cairo.

Apesar das várias alusões ao Profeta e dos ecos do Alcorão, as histórias fazem referências demais a magia e feitiçaria, obscenidade e amoralidade para serem consideradas respeitáveis. São histórias para ser ouvidas em cafés, não em casa ou na mesquita.

As mil e uma noites ficaram conhecidas fora do mundo de língua árabe por uma tradução do orientalista francês Antoine Galland, impressa em 1704–17. Foi a primeira versão impressa em qualquer idioma. A partir daí, os contos foram retraduzidos, recontados e adaptados no mundo ocidental em livros, músicas, balés e filmes. ∎

Ele recita andando de um lado ao outro no meio do café.
Alexander Russel
A História Natural de Alepo (1794)

O CINTILANTE ORNAMENTO DO MUNDO

OS SOFRIMENTOS DE PELÁGIO, ROSVITA DE GANDERSHEIM (SÉCULO X)

O EXEMPLO DA ESPANHA ISLÂMICA

EM CONTEXTO

TEMA
O exemplo da Espanha islâmica

ONDE E QUANDO
912-61, Espanha

ANTES
A partir do século v Espanha fica sob controle dos visigodos, tribos germânicas que invadem a região conforme o poderio romano decai.

641 Tropas muçulmanas tomam o Egito, depois a Líbia. A Tunísia cai em 647, a Algéria em 680 e o Marrocos no ano seguinte.

711 Tarek ibn Ziyad cruza o Estreito à frente de um exército árabe muçulmano e berbere para invadir o sul da Espanha.

DEPOIS
1492 O último governador muçulmano da Espanha, o sultão Muhammad XII, entrega Granada a Ferdinando de Aragão e Isabel de Castela.

Se a Bagdá dos primeiros califas abássidas foi o arauto de uma era de ouro da ciência e cultura islâmicas, seu ápice ocorreu quase um século depois, não no Oriente Médio, mas na Espanha.

Em 711, o general omíada Tarek ibn Ziyad havia feito a travessia do norte da África até a Espanha (conhecida como Ibéria pelos romanos), estendendo a lei islâmica Europa adentro. A presença muçulmana na Espanha, em um território a que chamavam de al-Andaluz, durou quase 800 anos. Em seu auge – do início do século X ao início do século XI –, o que o Ocidente denominou Espanha Moura foi o cenário para um aclamado capítulo da civilização islâmica, em que muçulmanos, cristãos e judeus coexistiam para o benefício de todos.

Quando o ex-primeiro-ministro britânico Tony Blair escreveu, em 2007, "Era bem mais provável encontrar baluartes da tolerância no início da Idade Média em terras muçulmanas do que nas cristãs", era a al-Andaluz que ele se referia.

Uma nova capital em Córdoba

No começo, al-Andaluz era uma província distante do Império

> Os ismaelitas o chamam de al-Andaluz, e o reino se chama Córdoba.
> **Hasdai ibn Shaprut**
> *vizir judeu de Abdul Rahman III*

Islâmico governado de Damasco. Mas em 750 os abássidas subjugaram os omíadas e erradicaram sua classe dominante. Um príncipe, Abdul Rahman, escapou do massacre e fugiu sentido oeste até os pontos mais longínquos do alcance muçulmano: al-Andaluz. Ali, ele passou a controlar os soldados e colonos muçulmanos no território recém-conquistado, e fundou um estado omíada politicamente independente do califa em Bagdá, com a cidade de Córdoba como capital.

No século e meio seguinte, Abdul Rahman e seus descendentes

A conquista da Espanha

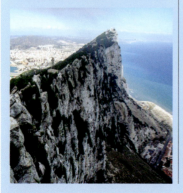

O Estreito de Gibraltar, faixa de mar que separa a fronteira da Europa ocidental e o norte da África, extraiu seu nome do Rochedo de Gibraltar (*foto*), nomeado a partir da *Jebel Tarek* árabe, ou Montanha de Tarek.

Tarek ibn Ziyad foi o general omíada que conduziu um exército invasor islâmico pelo estreito em 711. Não se sabe ao certo, mas é provável que Tarek tenha sido um ex-escravizado berbere. Os berberes foram os habitantes pré-árabes de boa parte do norte da África; foram convertidos ao islã no século VII e compunham a maioria do exército de Tarek. Dos vários relatos históricos sobre a campanha, ao menos um mostra Tarek falando, ao chegar à Espanha: "Não viemos aqui para voltar. Ou tomaremos o local e ficaremos ou morreremos", e incendiou a própria frota para evitar que sua tropa desertasse.

Os muçulmanos enfrentaram o exército visigodo, conduzido pelo rei Roderic, na Batalha de Guadalete em 711 – os muçulmanos venceram e Roderic morreu.

A IDADE DE OURO DO ISLÃ

Ver também: Tolerando outras crenças 80-81 ▪ Os califados omíada e abássida 136-139 ▪ Arte e arquitetura islâmicas 194-201 ▪ Paraíso na Terra 202-203

governaram como emires de Córdoba, com controle nominal sobre o restante de al-Andaluz. Mas seu neto Abdul Rahman III, que se tornou emir em 912, não apenas reforçou seu poderio em toda al-Andaluz como também o expandiu para o norte da África. Em 929, ele se proclamou califa de todo o mundo islâmico, competindo por influência com o califa abássida em Bagdá.

A glória de al-Andaluz

Sob a lei de Abdul Rahman III, de seu filho al-Hakam II (r. 961-76) e do regente al-Mansur ibn Abi Amir (r. 981-1002), al-Andaluz se tornou um polo cultural. A cidade de Córdoba passou a ser conhecida como um dos principais centros econômicos e culturais do mundo islâmico.

Uma freira alemã, Hrotsvitha de Gandersheim (c. 935-73), visitando a região no século X, escreveu: "O ornamento reluzente do mundo brilhou no oeste, uma nobre cidade conhecida por façanhas militares que seus colonizadores hispânicos trouxeram, de nome Córdoba". Além de ruas pavimentadas e bem-

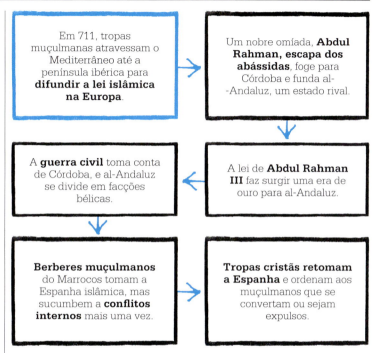

Em 711, tropas muçulmanas atravessam o Mediterrâneo até a península ibérica para **difundir a lei islâmica na Europa**.

Um nobre omíada, **Abdul Rahman, escapa dos abássidas**, foge para Córdoba e funda al--Andaluz, um estado rival.

A **guerra civil** toma conta de Córdoba, e al-Andaluz se divide em facções bélicas.

A lei de **Abdul Rahman III** faz surgir uma era de ouro para al-Andaluz.

Berberes muçulmanos do Marrocos tomam a Espanha islâmica, mas sucumbem a **conflitos internos** mais uma vez.

Tropas cristãs retomam a Espanha e ordenam aos muçulmanos que se convertam ou sejam expulsos.

-iluminadas, aquedutos para fornecer água fresca aos cidadãos e centenas de casas de banho e mesquitas, conta-se que a cidade tinha 70 bibliotecas. O palácio real tinha sua própria biblioteca, com, dizem, cerca de 400 mil livros – isso numa época em que a maior biblioteca na Europa provavelmente não tinha mais que 400. Nas palavras do historiador estadunidense Firas Alkhateeb, Córdoba era uma "cidade que servia como ponte entre a Europa subdesenvolvida e em geral iletrada e

Medinat al-Zahra era a cidade-palácio fortificada construída por Abdul Rahman III como capital de seu califado. Foi saqueada em 1009. Suas ruínas ficam nos arredores da Córdoba atual.

as grandes cidades culturais do mundo muçulmano".

Voo e fórceps

No início, a ciência e a erudição se baseavam nos livros árabes que chegaram de Bagdá, mas, com o tempo, o reduto ocidental do islã ofereceu sua própria contribuição significativa para o desenvolvimento tecnológico e intelectual do mundo. Há quem considere Abbas ibn Firnas (810-87) o primeiro aviador do mundo. Ele construiu uma asa-delta rudimentar e saltou da lateral de uma montanha. Alguns relatos dizem que ele flutuou vários minutos no ar antes de se estatelar no chão. Abu al-Qasim al-Zahrawi (c. 936 – c. 1013) era médico do califa al-Hakam, e inventou » mais de cem instrumentos cirúrgicos, inclusive o fórceps usado em nascimentos de bebês. Supostamente, ele desenvolveu esponjas anestésicas inaladoras embebidas em maconha e álcool e aperfeiçoou o procedimento de traqueostomias. Seus 30 volumes do *Método de Medicina (Kitab al-Tasrif)* foram traduzidos para o latim, a fim de servirem como fonte principal para o conhecimento europeu da medicina.

Córdoba também era a cidade-natal de Ibn Rushd (1126-98), conhecido no Ocidente como Averróis, um filósofo extremamente influente que comentava as obras do grego Aristóteles. Muitos o consideram o pai do pensamento secular na Europa e um dos filósofos mais importantes de todos os tempos. Também foi em al-Andaluz que Moses ben Maimon (1135-1204), mais conhecido como Maimônides, escreveu seu texto definitivo sobre a lei judaica, que permanece crucial para o tema mais de oito séculos depois.

Judeus e cristãos

O fato de as principais obras da cultura judaica serem provenientes da Espanha islâmica é um indicativo do pluralismo e da tolerância religiosa que passou a caracterizar al-Andaluz. Quando Abdul Rahman III tornou-se emir de Córdoba em 912, o estado civil e status político dos judeus se aprimoraram notoriamente. Muçulmanos aceitavam muito mais o judaísmo do que os cristãos visigodos em sua época. Os judeus eram autorizados a praticar sua religião e viver de acordo com as leis e escrituras de sua comunidade. Eles se beneficiaram do compartilhamento de boa parte da vida social e econômica muçulmana. Os mesmos direitos se estendiam aos cristãos.

> A Europa era atolada em lama, e as ruas de Córdoba, pavimentadas.
> **Victor Robinson**
> História da Medicina *(1932)*

Havia, no entanto, restrições para judeus e cristãos: eles estavam sujeitos a impostos (*jizya*) e a códigos de vestimenta específicos, além de não poder exibir em público seus rituais religiosos. Eles até prosperavam, mas continuavam sendo cidadãos de segunda classe.

Em poucas gerações, houve uma acentuada taxa de conversão do cristianismo para o islã. Isso foi incentivado pelos muçulmanos com um leque de vantagens civis para os convertidos, sobretudo a isenção do *jizya*. A miscigenação posterior ajudou a criar uma sociedade de etnias mistas e fés mescladas. Muitas palavras passaram a ser usadas para indicar as permutações variadas da sociedade: havia termos para cristãos vivendo sob leis árabes (*mozarab*); muçulmanos vivendo sob leis cristãs (*mudejar*); cristãos convertidos ao islã (*muladi*); judeus convertidos ao cristianismo (*converso*); judeus convertidos que, por dentro, continuavam judeus (*marrano*); e, mais tarde, muçulmanos convertidos ao cristianismo (*morisco*).

A queda de al-Andaluz

A causa da queda da era islâmica não foram as guerras entre cristãos e muçulmanos, mas uma série de guerras brutais pela sucessão do califado cordovano, no início de 1009. Elas terminaram em 1013, quando uma tropa invasora berbere muçulmana do Marrocos saqueou Córdoba, massacrando seus cidadãos e queimando o complexo palaciano e sua biblioteca, reduzindo-os a cinzas.

Os novos governantes de al-Andaluz foram os almorávidas, depois, os almóadas, duas dinastias

A riqueza e a erudição de al-Andaluz se expressavam em sua arquitetura. A Grande Mesquita de Córdoba, inaugurada em 784, tem uma sala de orações de magnificência inigualável.

A IDADE DE OURO DO ISLÃ

> Os mouros ensinaram a Espanha e a Itália durante cinco séculos.
> **Voltaire**
> *Dicionário Filosófico*

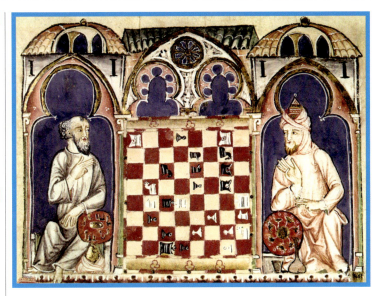

Um cristão e um árabe jogam xadrez em uma ilustração de um trabalho feito para Alfonso X de Castela e Leon (r. 1252-84). Conhecido como Alfonso, o Sábio, o rei incentivava uma corte cosmopolita.

originárias da cordilheira do Atlas no sul do Marrocos. Sob eles, a presença islâmica na Espanha continuou por mais 280 anos, mas o espírito de coexistência diminuiu. Al-Andaluz se desintegrara em vários pequenos municípios chamados *taifas*, governados por emires politicamente fracos que competiam entre si. Com o tempo, o controle muçulmano da Espanha também foi arruinado pela reconquista dos reinos cristãos do norte. O último território muçulmano, o emirado de Granada, caiu em 1492. Os monarcas cristãos – Isabel de Castela e Ferdinando II de Aragão – ordenaram a expulsão imediata de todos os judeus da Espanha. Mais tarde, os muçulmanos também foram forçados a se converter ou seriam expulsos.

O legado de al-Andaluz

A retomada da Espanha deu à Europa cristã acesso à riqueza de conhecimentos produzida no mundo islâmico. Várias cidades, sobretudo Toledo, tornaram-se centros de tradução de textos árabes para o latim. Uma das primeiras traduções foi uma versão em castelhano de uma série de fábulas com animais conhecidas como *Kalila wa Dimna*, livros que instruíam governadores e servos a fazer escolhas sábias. Em séculos posteriores, quando foram inauguradas universidades nas principais cidades europeias, grande parte do acervo das bibliotecas eram traduções em latim de textos árabes de cordoveses.

Al-Andaluz continua firme na imaginação muçulmana moderna. Ainda é tema popular para a literatura, poesia e para filmes, frequentemente invocada como o ideal da sociedade islâmica, se não do mundo. ∎

> Para cada [cristão] capaz de escrever uma carta em latim, há mil que se expressam com elegância em árabe, e escrevem poemas melhores em sua língua do que os próprios árabes.
> **Álvaro de Córdoba**
> *estudioso cristão (c. 800-61)*

Ferdinando II de Aragão foi o rei que liderou campanhas para reconquistar a Espanha dos cristãos. Seu túmulo em Sevilha contém inscrições em árabe, hebraico, latim e castelhano.

O CONHECIMENTO DE QUALQUER COISA NÃO É PLENO A MENOS QUE SE SAIBAM SUAS CAUSAS
IBN SINA (AVICENA)

EM CONTEXTO

TEMA
Avicena e *O cânone da medicina*

ONDE E QUANDO
c. 1012, Bukhara

ANTES
Século IX Na Pérsia, al-Razi escreve obras médicas, mais tarde traduzidas para o latim.

c. 1000 Em Córdoba, a enciclopédia de medicina de al-Zahrawi inclui o primeiro guia ilustrado de cirurgias.

DEPOIS
Século XII O persa Ibn Rushd (Averróis) escreve uma enciclopédia médica, mais tarde conhecida como a *Colliget*, em latim.

Século XIII Ibn al-Nafis, de Damasco, é o primeiro a delinear a circulação pulmonar do sangue.

Século XV Obras do médico otomano Serefeddin Sabuncuoglu revelam procedimentos cirúrgicos avançados.

A medicina é "a ciência da qual se aprendem as condições do corpo humano relacionadas à saúde e à ausência de saúde, cujo objetivo é conservá-la quando presente e restaurá-la quando ausente". Se a frase parece chover no molhado, ela era muito menos óbvia quando foi registrada pela primeira vez, por volta de 1012. Constitui parte do texto de abertura do *Qanum fi al-Tib*, ou *O cânone da medicina*, escrito pelo médico e filósofo persa Ibn Sina (980-1037).

Na obra de cinco volumes, Ibn Sina buscou coletar e organizar todas as informações médicas conhecidas, construindo um legado bem elaborado da medicina árabe. Foi durante a era de ouro islâmica que a medicina começou a ser tratada como uma ciência de verdade, com ênfase na evidência empírica e procedimentos repetitivos.

Médicos pioneiros
Os primórdios da medicina islâmica provêm da antiga teoria grega dos humores, a qual divide os fluidos humanos em quatro tipos básicos: sangue, fleuma, bile amarela e bile negra. O equilíbrio entre elas determina a saúde de uma pessoa. Essa teoria foi desacreditada por Muhammad ibn Zakariya al-Razi (854-925), farmacologista e clínico persa de um hospital de Bagdá no fim do século IX. Hospitais haviam se espalhado pelo mundo islâmico sob os califas abássidas. Al-Razi introduziu muitas práticas

Tratados médicos de eruditos muçulmanos tinham compêndios de plantas e animais necessários para fazer uma "teriaga", antídoto composto de ingredientes múltiplos.

A IDADE DE OURO DO ISLÃ

Ver também: A Casa da Sabedoria 150-151 ▪ Os primórdios da filosofia islâmica 156-157 ▪ O exemplo da Espanha islâmica 166-171

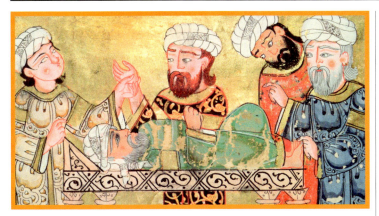

avançadas, inclusive definindo uma ala psiquiátrica nesse hospital numa época em que, em outras partes do mundo, considerava-se que pessoas mentalmente doentes estavam possuídas por demônios. Ele conduziu testes clínicos valendo-se de um grupo de controle, tratando um conjunto de pacientes com sangria, mas não o outro, a fim de comparar resultados.

Na Espanha islâmica, Abu al-Qasim al-Zahrawi (936-1013) compilou o *Kitab al-Tasrif (O método da medicina)*, uma enciclopédia de 30 volumes que documentavam relatos das próprias experiências e das de colegas no tratamento de doentes e feridos,

Um médico ignorante é o ajudante da morte.
Ibn Sina

A medicina no mundo islâmico
era muito mais avançada do que no Ocidente durante a Idade Média. Médicos muçulmanos escreveram exaustivamente sobre anatomia, dores, curas e práticas clínicas.

incluindo procedimentos cirúrgicos e instrumentos utilizados. Muitos desses instrumentos foram inventados por al-Zahrawi e seus colegas; ele também foi pioneiro no uso de categute para costurar pacientes após uma operação. O médico Abu al-Qasim Ammar ibn Ali al-Mawsili (996-1020) desenvolveu uma seringa oca para remover cataratas via sucção.

O cânone da medicina
Os estudos e práticas desses e de outros pioneiros deram a Ibn Sina muito o que aproveitar em seu *cânone da medicina*. Trata-se de uma síntese de tudo o que se sabia na medicina, abrangendo princípios médicos e fisiológicos básicos, assim como anatomia e um compêndio de remédios e suas propriedades gerais. Um volume reunia diagnósticos e tratamentos de doenças específicas para uma parte do corpo, enquanto outro abarcava condições não

Ibn Sina (Avicena)

Abu Ali al-Hussein ibn Abdullah ibn Sina nasceu em 980, perto de Bukhara, hoje no Uzbequistão. Na época, Bukhara fazia parte do Império Samânida persa e era um dos centros intelectuais do mundo islâmico. O jovem Ibn Sina teve uma infância privilegiada. Quando menino, memorizou todo o Alcorão e muita poesia persa. Após estudar lógica, filosofia, metafísica e ciências naturais, ele se interessou por medicina e, aos 18 anos, era clínico.

Ainda que seus trabalhos mais famosos sejam em medicina, dizem que Ibn Sina escreveu mais de 450 obras. Embora nem um terço se relacionasse a filosofia, Ibn Sina foi chamado de "o filósofo mais influente da era pré-moderna". Também escreveu sobre alquimia, astronomia, geografia, matemática e física, e compôs poemas. Morreu em 1037 em Ramadan, no Irã, onde está enterrado.

específicas a apenas uma parte corporal, como mordidas venenosas e obesidade. O *cânone* também continha a obra do próprio Ibn Sina, como sua explicação sobre doenças contagiosas, e a sugestão de que atividades e exercícios físicos são fatores importantes na prevenção de várias doenças crônicas.

Mais tarde, quando a obra foi traduzida para o latim por Gerard de Cremona no século XII (e Ibn Sina se tornou conhecido no Ocidente como Avicena), ela continuou sendo o texto principal para o ensino de medicina na Europa por cerca de seis séculos. ■

TUDO NO UNIVERSO ESTÁ DENTRO DE VOCÊ
JALAL AL-DIN MUHAMMAD RUMI (SÉCULO XIII)

EM CONTEXTO

TEMA
A obra de Jalal al-Din Muhammad Rumi

ONDE E QUANDO
1207-73, Turquia

ANTES
656 Ali ibn Abi Talib, primo e genro de Maomé, torna-se califa.

Século X A interpretação mística de Ali do Alcorão torna-se a base do Sufismo.

DEPOIS
1273 Seguidores de Rumi fundam a ordem Mevlevi do Sufismo com sede em Cônia, na Turquia.

1925 Após a fundação de uma república secular na Turquia, a ordem Mevlevi é banida, permanecendo ilegal até 1954.

1976 O poeta norte-americano Coleman Barks começa a publicar suas paráfrases das traduções do século XIX da obra de Rumi, alcançando muito mais leitores no Ocidente.

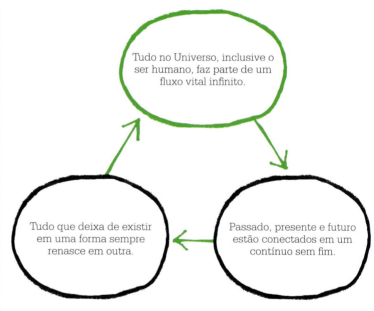

Tudo no Universo, inclusive o ser humano, faz parte de um fluxo vital infinito.

Passado, presente e futuro estão conectados em um contínuo sem fim.

Tudo que deixa de existir em uma forma sempre renasce em outra.

Jalal al-Din Muhammad Rumi nasceu em 1207 em Balque, no Afeganistão, então um centro de cultura persa. Era muçulmano devoto, estudioso islâmico, especialista em direito islâmico, teólogo e sufi. Desenvolveu uma versão do sufismo que buscava explicar a relação do ser humano com o divino. Foi um dos maiores poetas da língua persa, e seus livros estão até hoje entre os mais vendidos nos Estados Unidos.

Rumi foi criado na tradição ortodoxa do islã. A família se mudava com frequência, passando um tempo em Bagdá antes de se

A IDADE DE OURO DO ISLÃ

Ver também: O surgimento do islã xiita 108-115 ▪ O sufismo e a tradição mística 140-145 ▪ A secularização da Turquia 228-231 ▪ A criação do Paquistão 242-247

estabelecer em Anatólia, na Turquia. Como o pai, Rumi tornou-se jurista islâmico e professor, até que, em 1244, um encontro com um andarilho dervixe chamado Shams al-Din Tabrizi mudou completamente sua vida. Rumi se transformou em um asceta, dedicando-se por inteiro à vida no sufismo.

O eterno fluxo da vida

Rumi tornou-se professor da ordem Sufi. Em contraste com a prática islâmica geral, enfatizou o *dhikr* (oração ritual ou canto) em vez da análise racional do Alcorão para orientação divina, e ficou famoso pelas revelações extáticas. Ele acreditava que era seu dever comunicar as visões que experienciava, anotando-as em forma de poemas.

O cerne da filosofia de Rumi era a ideia de que o Universo e tudo que ele contém é um fluxo vital infinito, no qual Deus é uma presença eterna. O ser humano, acreditava ele, era um elo entre o passado e o futuro em um processo contínuo de vida, morte e renascimento – não como um ciclo ou

Morri como mineral e me tornei planta, morri como planta e acordei como animal, morri como animal e me tornei humano.
Rumi

reencarnação, mas numa evolução de uma forma para outra. A morte é inevitável, mas, quando algo deixa de existir em uma forma, renasce em outra. Por isso, pensava Rumi, não devemos temer a morte nem lamentar uma perda. Porém, para garantir nossa evolução de uma forma a outra, devemos praticar o crescimento espiritual e a compreensão da relação entre o humano e o divino. Rumi acreditava que a compreensão provinha da emoção, não da razão. Entre outras obras, no fim de sua vida Rumi também compôs o Masnavi, poema épico de seis livros que contém lições morais e alusões frequentes aos versos do Alcorão.

O legado de Rumi

Os elementos místicos das ideias de Rumi foram uma inspiração no sufismo, e também influenciaram o islã tradicional. Também foram cruciais para converter boa parte da Turquia do cristianismo ortodoxo para o islã. Após sua morte, em 1273, os seguidores de Rumi fundaram a ordem Mevlevi do sufismo, famosa por seus dervixes rodopiantes que executam uma forma distinta do *dhikr* exclusiva da seita.

Apesar do banimento imposto à ordem Mevlevi pela república secular de Kemal Atatürk da Turquia, em 1925, a obra de Rumi vivenciou uma popularidade renovada no século XX, no Ocidente e no Oriente. Um de seus grandes admiradores era o poeta, filósofo e político Muhammad Iqbal, conselheiro de Muhammad Ali Jinnah, que fez campanha por um estado islâmico do Paquistão nos anos 1930. ▪

Rumi no Ocidente

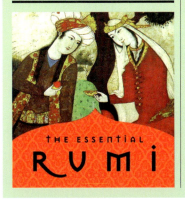

As ideias e imagens usadas por Rumi em sua poesia transcenderam épocas e culturas. Sua popularidade é tamanha que Madonna gravou uma tradução em inglês de um de seus poemas e a banda britânica Coldplay incorporou uma declamação de outro poema em um álbum. Mas o que salta aos olhos é a quantidade de versões modernas de Rumi sem referências do Alcorão em seus versos. Os tradutores mais populares da obra poética do persa, como Coleman Barks e Deepak Chopra, preferem apresentar Rumi como um poeta místico da Nova Era ou um escritor de poemas amorosos. O amor é uma parte imensa da obra de Rumi, mas, para ele, tratava-se de um amor maior, por Deus. Sem dúvida, a espiritualidade de Rumi era do tipo religiosa, o que fica explícito em um trecho do *Masnavi*: *Servirei ao Alcorão enquanto eu viver. Sou poeira do caminho de [Maomé], o escolhido. Se alguém citar minhas palavras que não estas, dele me afasto e fico ultrajado.*

A TERRA É REDONDA COMO UMA ESFERA
O LIVRO DE ROGER, DE AL-IDRISI

EM CONTEXTO

TEMA
Mapeando o mundo islâmico

ONDE E QUANDO
Século XII, Sicília

ANTES
c. 150 d.C. Em sua *Geografia*, o polímata grego Cláudio Ptolomeu compila coordenadas geográficas que oferecem uma base para desenhar mapas.

Século VII O estudioso espanhol Isidoro de Sevilha provê uma descrição do mundo que inspira séculos de mapas europeus mais simbólicos do que práticos.

DEPOIS
1507 Acompanhando viagens de Cristóvão Colombo e outros ao "Novo Mundo", o mapa-múndi realmente global do cartógrafo alemão Martin Waldseemüller é o primeiro a usar o nome "América".

1569 Gerardus Mercator de Flanders (Bélgica) desenvolve uma projeção cilíndrica que ainda é amplamente usada para cartas náuticas e mapas-múndi.

Mapas modernos situam o norte no topo, com o Polo Norte e o Ártico no teto do mundo. Mas, na verdade, não há "parte de cima" e "parte de baixo" na Terra – mapas apenas representam como as pessoas que os fazem veem o mundo. Nos séculos XV e XVI, quando os impérios da Espanha e Portugal começaram a explorar o mundo, os cartógrafos pioneiros eram europeus. Eles situavam seus próprios países no centro e no topo

A IDADE DE OURO DO ISLÃ

Ver também: A Casa da Sabedoria 150-151 ▪ Os algarismos arábicos e o al-jabr 158-161 ▪ O exemplo da Espanha islâmica 166-171 ▪ Divulgando o islã por meio do comércio 182-185

Onde fica o topo?

No **antigo Egito**, pictogramas têm **o leste no topo** porque essa é a direção da qual o sol nasce.

Os primeiros mapas islâmicos favoreceram **o sul no topo** porque, para a maioria dos muçulmanos, essa era a direção de Meca.

Na **China primitiva**, o imperador morava no norte do país, portanto, **o norte ficava no topo do mapa**.

Mapas **medievais cristãos** colocavam o **leste no topo** porque a Bíblia situa o Jardim do Éden no leste.

do mapa, o que resultou no norte na "parte de cima". Antes da era europeia de descobrimentos (séculos XV-XVII), os cartógrafos mais avançados eram muçulmanos, e para eles o sul estava no topo.

Mapas islâmicos primitivos
Os primeiros mapas muçulmanos foram produzidos na abássida Bagdá. O califa Al-Mamun (r. 813--33) ordenou a produção de um novo mapa do mundo para atualizar os que os árabes herdaram dos gregos. Liderados por al-Khwarizmi, 70 geógrafos e outros estudiosos recalcularam as coordenadas das principais cidades e outros pontos de referência, e acrescentaram cidades islâmicas importantes, como Meca e Bagdá. Corrigiram a noção grega de que os oceanos Atlântico e Índico eram mares cercados por terra, e ajustaram o que antes era uma hiperestimativa tosca do tamanho do Mediterrâneo. O mapa de Al-Mamun não existe mais, mas sabemos um pouco sobre ele porque estudiosos descreveram alguns de seus atributos em uma compilação de informações geográficas chamada *Surat al-Ard* (*Retrato da Terra*), finalizado em 833.

O mais influente de todos os mapas muçulmanos surgiu três séculos mais tarde. Foi o trabalho de Abu Abdullah Muhammad al-Idrisi, mais conhecido por al-Idrisi apenas. Nascido por volta de 1100 na cidade de Sebta (hoje Ceuta), na fronteira norte hoje no Marrocos, ele estudou em Córdoba, Espanha, na época um polo central de aprendizado. Al-Idrisi viajou muito quando jovem, finalmente se estabelecendo na Sicília, que »

Cartógrafos islâmicos eram auxiliados pelos relatos de viagens de peregrinos que faziam o *Hajj* a Meca, conforme esta pintura do artista francês Léon Belly em 1861.

estava sob o comando do rei cristão normando Rogério II.

Situado no coração do Mediterrâneo Oriental, o reino da Sicília comercializava com todas as terras que margeavam esse mar. Rogério queria mapas mais exatos, e recorreu à ajuda de al-Idrisi. Embora normando e cristão, o rei tinha plena ciência de que o método da Europa cristã de elaborar mapas à época ainda era altamente simbólico. Os mapas mostravam uma terra circular composta de três continentes de mesmo tamanho – Ásia, África e Europa – separados por faixas estreitas de água. Jerusalém ficava no centro, enquanto monstros ocupavam as regiões inexploradas.

Mapeando rotas

Muçulmanos faziam mapas melhores, e havia dois motivos para isso: economia e fé. Enquanto a Europa medieval era fragmentada e paroquial, o mundo muçulmano era unificado por religião, cultura e um comércio de longa distância em florescimento. Quando viajavam, mercadores e oficiais muçulmanos usavam os chamados "livros de estrada", que descreviam rotas e cidades pelo caminho. Tal conhecimento também era relevante à população muçulmana em geral, pois boa parte em algum momento da vida faria o *Hajj* até Meca. Essa peregrinação poderia envolver meses de viagem por terra e mar – o Império Islâmico do século XII espalhou-se da costa Atlântica da África e da Espanha para toda a Índia.

O atlas mundial que o rei siciliano encomendou em 1138 levou cerca de 15 anos para ficar pronto. Al-Idrisi começou a avaliar todo o conhecimento geográfico disponível, dos gregos antigos e séculos de estudos islâmicos, além de fontes contemporâneas. Os assistentes do Marrocos também perguntavam às tripulações dos navios nos portos sicilianos sobre os lugares que elas tinham visitado.

O Livro de Rogério

Finda a pesquisa, teve início a tarefa cartográfica. O atlas resultante foi finalizado e apresentado ao rei em 1154, a poucas semanas de sua morte, provavelmente de infarto. A obra foi intitulada *Nuzhat al-Mushtaq fi Ikhtiraq al-Afaq* (*Para Deleite de Quem Deseja Cruzar as Regiões do Mundo*), ou, simplificando, *al-Kitabi al-Rujari* (*O Livro de Rogério*).

A obra contém 70 mapas seccionais, mas seu elemento mais famoso é um mapa-múndi circular gravado em um amplo disco de prata, também incluído no livro.

O mapa circular de al-Idrisi refletia o conhecimento que ele, como outros cartógrafos da Europa medieval, herdara dos gregos. "A terra é redonda como uma esfera, e as águas aderem a ela e aí se mantêm por meio de um equilíbrio natural que não sofre alterações", explicou ele nas notas que acompanhavam o atlas. O mundo, acrescentou, permanecia "estável no espaço como a gema no ovo". O grande mapa de al-Idrisi, no

> "Para os muçulmanos, rituais de peregrinação têm um quê de sublime."
> **Ibn Jubayr**

Rogério II da Sicília comandava uma corte multicultural, mesclando cristãos orientais e ocidentais, muçulmanos e judeus. Esse estado greco-normando-islâmico era poderoso e próspero.

O *Hajj* e além

Muitos relatos escritos pelos primeiros peregrinos que fizeram o *Hajj* sobreviveram. Um dos mais famosos é o de Ibn Jubayr, nascido em Valência, na Espanha, que atuou como secretário no palácio do governador de Granada. Ele partiu para Meca em fevereiro de 1183 e ficou fora por dois anos. Nesse período, ele fez anotações meticulosas da jornada. Viajou por mar até Alexandria e o Egito, depois subiu para o Nilo antes de atravessar o deserto para o mar Vermelho. Lá, entrou em um barco para Jedá, na Arábia, e chegou a Meca em agosto.

Na jornada de volta, Ibn Jubayr se juntou a uma caravana peregrina até Medina, seguiu sentido norte para Bagdá e então Damasco e, depois, à costa mediterrânea. Naufragou na Sicília, governada pelo rei William II, falante de árabe e neto de Rogério II. Ibn Jubayr enfim voltou à Espanha em abril de 1185. As anotações de suas jornadas inspiraram um novo gênero de escrita, o *rihla*, ou diário de viagem.

A Terra é essencialmente redonda, mas em nenhum ponto a redondez é perfeita.
Al-Idrisi

entanto, acrescentava um nível sem precedentes de detalhes cartográficos e uma orientação muito islâmica.

O mundo de al-Idrisi

O mapa de al-Idrisi mostra uma massa de terra coesa cercada por oceanos. A Europa até o círculo Ártico, a Ásia e o norte da África são todos identificáveis, bem como vários rios principais e lagos. O mapa inclui as Ilhas Canárias a oeste e a China a leste. O Mediterrâneo oriental e a Arábia, as terras centrais do mundo islâmico, estão no meio do mapa. Essas áreas, ao lado da Ásia, estão representadas com alguns detalhes.

Dominando todos os outros continentes, está a África, inclusive as fontes do Nilo, não exploradas pelos europeus até o século XIX, mas conhecidas pelos viajantes muçulmanos do século XII. Há um vazio abaixo da linha do Equador, acreditando-se que sua zona temperada ao sul era inatingível por uma área intransponível de calor mortal. O norte da Europa, uma área de pouco interesse aos muçulmanos, está espremida na base do mapa.

Mudança sísmica

Para um observador moderno, o aspecto que mais salta aos olhos no mapa de al-Idrisi é que nele a África está no topo e a Europa na base.

Mapas islâmicos situavam o sul no topo porque Meca ficava ao sul da maior parte dos países muçulmanos, mas sua importância exigia que ela ficasse no topo do mapa. Da mesma forma, mapas cristãos da era medieval apresentam o leste no topo, porque é aí que a Bíblia situa o Jardim do Éden, e eles colocavam a cidade sagrada de Jerusalém no centro. Também no antigo Egito o topo do mundo era o leste, ou seja, a direção do nascer do sol.

Comparado à simplicidade dos mapas produzidos na Europa à época, o mapa-múndi de al-Isidri é notável. Sua influência foi imensa, e por volta de três séculos depois geógrafos continuaram a copiar seu trabalho, com somente pequenas alterações.

Os textos que acompanham os mapas no livro de Rogério são a

Das dez cópias remanescentes do *Livro de Rogério*, ou *Tabula Rogeriana* em latim, esta é a mais antiga. Está conservada na Bibliothèque Nationale de France.

descrição mais elaborada do mundo produzida na Idade Média. Eles descrevem o mundo habitável, começando de oeste para leste e do sul ao norte através de dez seções. Cada seção contém uma descrição geral e um resumo das principais cidades, e também as distâncias entre elas.

Al-Idrisi deu continuidade à composição de outra obra geográfica para Guilherme I, sucessor de Rogério. Dizem que esse trabalho foi ainda mais extenso do que o anterior, mas apenas fragmentos sobreviveram. ∎

QUE DEUS CONCEDA A VITÓRIA AO ISLÃ
NUR AL-DIN (SÉCULO XII)

EM CONTEXTO

TEMA
As Cruzadas pela perspectiva muçulmana

ONDE E QUANDO
Séculos XII-XIII, Síria

ANTES
620 Maomé empreende sua Jornada Noturna a Jerusalém no corcel alado Buraque.

638 Tropas muçulmanas lideradas pelo segundo califa, Umar, capturam Jerusalém dos bizantinos.

DEPOIS
1187 Salah al-Din retoma Jerusalém dos Cruzados.

1453 Constantinopla cai em mãos otomanas, marcando o fim do Império Bizantino.

1917 Durante a Primeira Guerra Mundial, o general britânico Allenby toma Jerusalém, dando fim a 730 anos de governo muçulmano.

1948 Consequente à criação de Israel, Jerusalém é dividida em Oriente (árabes) e Ocidente (judeus).

Para os muçulmanos, Jerusalém é a cidade sagrada de todos os profetas anteriores a Maomé. Como tal, ela foi o primeiro *qibla*, local a que as orações eram dirigidas. Conta-se que o Profeta Maomé disse: "Não se prepare para uma jornada, exceto para as três mesquitas: Masjid al-Haram [Meca], a mesquita de Aqsa [Jerusalém] e a minha [Medina]". Assim, Jerusalém se confirma como uma das três cidades sagradas para os muçulmanos. Seis anos após a morte do profeta, em 638, Jerusalém foi conquistada pelas tropas muçulmanas do califa Umar ibn al-Khattab.

A primeira Cruzada
No dia 15 de julho de 1099, cerca de 15 mil soldados cristãos tomaram Jerusalém após um cerco de um mês. Os cruzados vitoriosos assassinaram

---

Forças cristãs tentam **conquistar territórios muçulmanos** por todo o Mediterrâneo.

→ O papa Urbano II convoca **soldados cristãos** a iniciar uma **guerra santa** para invadir Jerusalém.

↓

Salah al-Din retoma Jerusalém para o islã e expulsa os Cruzados da Terra Santa.

← Tropas cruzadas **tomam Jerusalém** e estabelecem **quatro estados cristãos** em terras muçulmanas.

↓

A **apropriação de terras muçulmanas** pelo Ocidente cristão retorna com a **colonização por nações europeias**.

A IDADE DE OURO DO ISLÃ

Ver também: Maomé, o Profeta 22-27 ▪ O islã na Europa 210-215 ▪ A ascensão do islã político 238-241

No cerco de Jerusalém de 1099 os primeiros cruzados conquistaram a Cidade Sagrada do califado egípcio fatímida. Os muçulmanos a retomariam 200 anos depois.

os defensores muçulmanos e judeus em um ato sangrento que marcou o início de 200 anos de guerras intermitentes entre muçulmanos e cristãos em terras muçulmanas.

A campanha se originou em 1095, após um discurso proferido pelo papa Urbano II em Clérmont, França, no qual anunciou que "uma raça absolutamente alheia a Deus invadiu a terra dos cristãos". O papa se referia aos turcos sejúlcidas, cuja recente vitória sobre os bizantinos em Manziquerta ameaçava empurrar as fronteiras do cristianismo de volta para os portões de Constantinopla, mas seu objetivo era capturar Jerusalém, local do túmulo de Jesus Cristo. Guerreiros cristãos se uniram à causa, ávidos para ganhar a salvação e espólios ao se juntar à chamada "guerra santa" em nome de Deus.

Amigos e inimigos

Os cruzados também capturaram as cidades de Edessa, Antioquia e Trípoli, que, ao lado de Jerusalém, tornaram-se cidades-estado cristãs. A contraofensiva do comandante sejúlcida Nur al-Din de Damasco abriu caminho para Salah al-Din (Saladino), sultão do Egito e da Síria, que retomou Jerusalém em 1187. Mas os cristãos ainda marcavam presença em terras muçulmanas até serem rechaçados de seu último forte de Acre, em 1291.

Os muçulmanos consideravam os europeus, ou *afranj* (de francos, regentes medievais da maior parte da Europa ocidental), bárbaros. Um nobre muçulmano do norte da Síria, Usama ibn Munqidh (1095-1188), escreveu sobre os *afranj* em seu *Kitab al-Itibar* (*O livro do aprendizado pelo exemplo*). Bradava contra os invasores com expressões do tipo *qabbahum Allah* ("Que Deus os torne feios") e os rotulava de *shayatin* ("demônios"). Na sua opinião, eles eram intelectualmente inferiores, amplamente iletrados e, como animais, sem virtude alguma além da coragem. Também ficava espantado pelos europeus adorarem Deus em forma de menino (Jesus).

Mas, apesar de amaldiçoar os *afranj*, ibn Munqidh também fez amigos entre eles. Um cruzado se ofereceu para levar seu filho à Europa e lhe ensinar cavalaria – uma ideia que deixou o muçulmano horrorizado.

Guerreiros muçulmanos às vezes se alinhavam política e militarmente com cruzados contra outros muçulmanos em disputas por poder regional. O comércio continuou entre muçulmanos e cristãos, além de casamentos. As Cruzadas também levaram a cultura islâmica à Europa: alguns dos *afranj* levaram para casa conhecimentos islâmicos de ciências, matemática, medicina e filosofia. ■

A cruzada em andamento

Alguns historiadores muçulmanos não consideram que as Cruzadas começaram com o discurso de 1095 do papa Urbano II e terminaram com a queda de Acre em 1291. Eles veem os eventos chamados de Cruzadas por historiadores europeus como um capítulo de um padrão contínuo de agressões contra o mundo muçulmano – incluindo conquistas cristãs anteriores da Espanha islâmica e a tomada normanda da Sicília no século XI.

Aos olhos de muitos historiadores muçulmanos, a ameaça ocidental não cessou até meados do século XV, quando os otomanos conquistaram Constantinopla. Também há uma visão de que as posteriores conquistas coloniais europeias de terras muçulmanas – desde a invasão francesa do Egito em 1798 até ocupação da Argélia em 1830 – faziam parte do mesmo movimento. Nos anos 1960, o teórico islâmico egípcio Sayyid Qutb afirmou que "o espírito das Cruzadas corre nas veias de todos os ocidentais".

Nunca nos sentimos seguros com os francos, cujo território era vizinho ao nosso.
Usama ibn Munqidh

DEUS ABRIU O CORAÇÃO DO REI PARA O ISLÃ
VIAGENS, IBN BATTUTA (SÉCULO XIV)

EM CONTEXTO

TEMA
Divulgando o islã por meio do comércio

ONDE E QUANDO
Século xiv, pelo mundo islâmico

ANTES
Século vii De acordo com a tradição islâmica, muçulmanos chegaram até a Etiópia durante a vida de Maomé.

DEPOIS
1453 Após a conquista de Constantinopla pelos otomanos, a cidade de Bósforo se torna o grande polo comercial do mundo islâmico.

Século xvii Os otomanos dominam o comércio no sudeste da Ásia; com a chegada dos europeus no século xvii, a região até a Nova Guiné é predominantemente muçulmana.

A expansão inicial do islã foi por conquistas. Durante o século vii, os seguidores de Maomé se espalharam depressa a norte e oeste pelos territórios do Império Bizantino. No século ix, o domínio islâmico se estendeu à Pérsia e à Ásia Central. Enquanto isso, a mensagem do profeta percorria maiores distâncias pelo mundo, transmitida não por tropas e espadas, mas por navios mercantes e caravanas de camelos.

O islã na África

A África não teve que esperar muito para ser exposta ao islã. Enquanto Maomé ainda vivia, um grupo de seus seguidores fugiu da

A IDADE DE OURO DO ISLÃ

Ver também: Mapeando o mundo islâmico 176-179 ▪ O califado do Império Otomano 186-189 ▪ O islã na Europa 210-215 ▪ O islã na África 278-279

Os comerciantes muçulmanos que iam para o **sudeste da Ásia** buscar **especiarias** como canela, pimenta, cravo e noz-moscada levavam consigo toda sorte de produtos e a religião islâmica.

Caravanas muçulmanas atravessavam a **Rota da Seda** pela Ásia Central até a **China** para buscar sedas e outros tecidos finos, e também tecnologias como o papel.

As principais **cidades comerciais muçulmanas** na Arábia e no leste do Mediterrâneo eram Meca, Medina, Bagdá, Damasco e Cairo.

Os **europeus importavam itens de luxo** do mundo islâmico, entre eles, algodão, seda, perfumes, frutos exóticos e especiarias. Exportavam madeira, metais e lã.

Na **África oriental**, os muçulmanos enviavam carregamentos de sal para o sul, e em troca recebiam **ouro e escravizados**.

Ibn Battuta

Aos 21 anos, Ibn Battuta (1304-1368/69) partiu de sua cidade natal, Tânger, para realizar o *Hajj*, com intenção de estudar leis islâmicas no caminho. Depois disso, passou grande parte dos 29 anos seguintes viajando, perfazendo por volta de 120.700 km e visitando o equivalente a 44 países de hoje. Durante este tempo, ele atuou como juiz islâmico na Índia; conheceu o imperador cristão em Constantinopla; foi sequestrado e roubado, sobreviveu a naufrágios, casou-se e se divorciou dez vezes, e teve vários filhos.

Como resultado da expansão islâmica, primeiro por conquistas, depois pelo comércio, a maioria dos países que ele visitou seguiam leis muçulmanas e pertenciam ao *dar al-Islam*, ou Mundo do islã. Mesmo os que não eram islâmicos tinham pequenas comunidades muçulmanas. "Parti sozinho", escreveu ele depois, "sem companheiro de viagem para me animar nem caravana a que me juntar". Mas o fato é que o grande viajante raramente ficava longe de seus companheiros de religião ao viajar.

---

perseguição em Meca para se estabelecer na atual Etiópia. Mais tarde, mercadores da Arábia começaram a se estabelecer em cidades pela costa leste africana – escavações no Quênia revelaram mesquitas que datam do século X.

Das costas do norte da África, o islã se estendeu ao sul até a África ocidental. Rotas de comércio cruzavam o deserto do Saara, ligando os árabes do norte aos africanos que moravam ao longo do rio Níger. Ouro e escravizados iam para o norte; sal e o islã para o sul. Aos poucos, a religião muçulmana influenciou a cultura local – tanto que, no século XII, Mali havia se tornado o primeiro reino muçulmano da África ocidental. Dizem que quando seu rei, Mansa Musa, peregrinou para Meca em »

DIVULGANDO O ISLÃ POR MEIO DO COMÉRCIO

O rei do Mali, Mansa Musa, aparece no Atlas Catalão (1375) usando uma coroa de ouro e segurando um disco dourado como sinal da vasta riqueza de seu Império Africano.

1324, ele e seu séquito de 8 mil súditos gastaram tanto dinheiro e deram tanta esmola pelo caminho que o valor do ouro no Egito e na Arábia caiu pelos doze anos seguintes. De volta ao Mali, Mansa Musa levou consigo os melhores artífices, cientistas e estudiosos islâmicos, e criou um novo polo de pesquisa e aprendizado em Timbuctu, onde construiu mesquitas e madrassas.

O famoso viajante muçulmano Ibn Battuta visitou a África ocidental e a oriental no século XIV. Ele notou o zelo religioso do povo, que viam o islã não como uma religião imposta, mas como uma religião nativo-africana.

Pelo mar à Ásia

Em 1343, Ibn Battuta visitou as ilhas Maldivas no oceano Índico, onde a antiga população budista se convertera ao islã havia pouco tempo. De acordo com o relato do viajante, aquele era o resultado do trabalho de um missionário norte-africano. "Ele ficou entre eles", escreve Ibn Battuta, "e Deus abriu o coração do rei ao islã e o aceitou antes do fim do mês".

O islã foi a cola que uniu rotas de comércio do leste da África à Arábia, Índia e outros territórios. Os comerciantes muçulmanos levavam sua religião e produtos aos portos pela costa do oceano Índico e até o sudeste da Ásia – logo seguidos pelos missionários, muitas vezes sufis. O primeiro estado muçulmano no sudeste asiático foi no norte da Sumatra (Achém). Quando o mercador, explorador e escritor

c. 651

c. 750

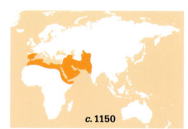
c. 1150

c. 1550

Da península arábica, os seguidores do islã expandiram sua religião primeiro por conquistas ao redor do Mediterrâneo oriental e Pérsia adentro. Mais tarde, comerciantes levaram a religião sentido sul, até a África, e leste, rumo às ilhas do oceano Índico e ao sudeste asiático.

italiano Marco Polo viajou pela Ásia no século XIII, ele observou o respeito dos sumatranos à "Lei de Maomé". O islã logo se espalhou a leste pelo arquipélago malaio, uma ilha de cada vez, e dali até a Indonésia e além das Filipinas.

Rotas da seda e especiarias

O califa Uthman ibn Affan enviou um mensageiro à dinastia Tang, na China, no início de 650. Diz a tradição islâmica que o imperador que recebeu o enviado ordenou a construção de uma mesquita em honra a Maomé, embora não haja evidência histórica a respeito. O certo é que, nos séculos seguintes, o comércio entre dinastias muçulmanas em Damasco e em Bagdá e os chineses floresceram pela estrada mercantil da Ásia Central: a Rota da Seda. Mas, além das regiões mais ocidentais do país onde a Rota da Seda terminava, o islã não conseguiu criar raízes na China. Os chineses se mostraram indiferentes à nova religião. Ainda que muçulmanos tenham se estabelecido em cidades chinesas, sobretudo em portos a sudeste à beira-mar, eles permaneceram em comunidades isoladas.

Se há Paraíso nesta terra, ele fica em Damasco, e em nenhum lugar que não nela.
Ibn Battuta

Veneza e os mamelucos

A Europa continuava resistindo ao islã enquanto mantinha fortes vínculos comerciais com o mundo muçulmano. Os muçulmanos controlavam o leste do Mediterrâneo, que era o elo em que as antigas redes comerciais que se estendiam a oeste para a Europa e a leste para a Ásia se encontravam. Os muçulmanos eram os intermediários, organizando o trânsito e a troca de bens preciosos. Na Europa, o principal destino de importados de luxo do leste era a Itália. Veneza, Florença e Gênova, que controlavam o comércio marítimo no Mediterrâneo, estreitaram laços com o Egito, a Síria e outras regiões pelo leste da costa mediterrânea do século XIII em diante.

Veneza, em particular, tornou-se a interface mais importante da Europa cristã com as terras muçulmanas do Oriente Próximo. Mercadores italianos negociavam sobretudo com cidadãos do Egito mameluco e da Síria. A arte islâmica floresceu sob essa dinastia, e um leque estonteante de produtos – tecidos, tapetes, metalurgia incrustada, pedras preciosas, vidro, porcelana e papel – percorriam ambas as direções. Os mamelucos tinham influência artística direta dos estilos e da arquitetura de Veneza, cujos artífices adaptavam e imitavam os gostos e técnicas muçulmanos. Evidências dessa afirmação subsistem nas pedras policromáticas e arabescos que embelezam boa parte da arquitetura veneziana até hoje.

Mesmo resistindo com firmeza à divulgação do islã como religião, a Europa ficou feliz em se beneficiar de outras dádivas do mundo islâmico. ∎

Eles converteram os nativos à Lei de Maomé.
Marco Polo

Os venezianos enriqueceram pelo comércio com o mundo islâmico e foram inspirados por suas cidades, como Damasco (imagem) para orientalizar suas próprias construções.

VISTA O MANTO SAGRADO E REZE A DEUS
HOCA SALEDDIN EFENDI (1596)

EM CONTEXTO

TEMA
O califado do Império Otomano

ONDE E QUANDO
1517-1923

ANTES
1258 Os mongóis saqueiam Bagdá e executam o califa abássida, dando fim à era do califado.

1299 Osman I funda a dinastia otomana.

1453 Mehmed II toma Constantinopla, estabelecendo os otomanos como a maior potência do mundo muçulmano.

DEPOIS
1952 Em Jerusalém, o partido islamita Hizb ut-Tahrir defende a volta do califado para unificar todos os muçulmanos.

2014 O chamado Estado Islâmico se proclama como um novo califado.

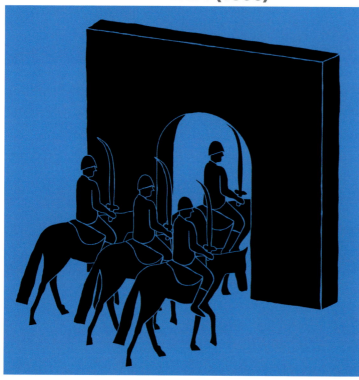

Q uando Bagdá foi tomada pelos mongóis em 1258, foi o fim da era do califado abássida. Havia uma sombra de califado abássida pairando no Cairo (Egito), mas esses califas não tinham poder algum e eram somente símbolos espirituais servindo aos sultões mamelucos em exercício. Depois que o sultão otomano Selim, o Resoluto conquistou o Egito em 1517, a sombra do califado se dissipou, e o sultão de Constantinopla se tornou califa. Derrotando os mamelucos, os otomanos não acrescentaram só o Egito ao seu império, mas também a Síria e a Arábia, inclusive as cidades sagradas de

A IDADE DE OURO DO ISLÃ

Ver também: Um sucessor para o Profeta 102-103 ▪ Os califas bem guiados 104-107 ▪ Os califados omíada e abássida 136-139 ▪ O islã na Europa 210-215 ▪ A secularização da Turquia 228-231

Com a morte do Profeta Maomé em 632, um suplente, ou **califa**, é nomeado para sucedê-lo como **líder da *umma*, ou comunidade muçulmana**.

O cargo de **califa existe sob os sultões mamelucos do Egito** como puramente cerimonial, sem **autoridade alguma**.

O sultão otomano também assume o título de califa e se apresenta como **líder espiritual e político do mundo islâmico**.

Os **otomanos derrotam os mamelucos** e acrescentam o Egito, a Síria e a Arábia ao seu império.

Meca e Medina. De um império às margens do mundo islâmico, centrado na Anatólia turca, os otomanos passaram a comandar a maioria das terras tradicionais do islã. Eles já podiam se afirmar herdeiros do califado, e, com eles, o título de califa readquiriu a antiga autoridade.

A ascensão dos otomanos

A dinastia otomana recebeu o nome de seu fundador, Osman I (r. 1299-1324), que liderou aldeões turcos do que hoje se conhece como Ásia Central até a conquista de boa parte da região hoje chamada de Turquia. Seus sucessores estenderam esse império para a Grécia em 1345 e para a Sérvia em 1389. Mehmed II (que governou duas vezes, de 1444-46 e de 1451-81) conquistou Constantinopla em 1453, empreitada já tentada por califas omíadas sete séculos antes, encerrando o milenar Império Bizantino.

Mehmed, cujas façanhas lhe renderam o epíteto "Mehmed, o Conquistador", tornou Constantinopla a capital do Império e a renomeou como Istambul.

Assinalando a supremacia muçulmana, Mehmed transformou Santa Sofia, uma das maiores catedrais cristãs, em mesquita. Perto dela, ele construiu uma grande madrassa (seminário islâmico) e um conjunto de outras instituições islâmicas. Em 1463, a nova »

Este mapa de Istambul, capital do Império Otomano, aparece em uma miniatura do soldado-cartógrafo Matrakçi Nasuh de seu relato de 1537 sobre a campanha de Suleiman no Irã e no Iraque.

O CALIFADO DO IMPÉRIO OTOMANO

Mesquita Fatih (ou do Conquistador), um imenso monumento à vitória, foi construído no local das ruínas da Igreja dos Apóstolos. Mehmed também iniciou a construção do palácio Topkapi, um complexo de cortes privadas e públicas, jardins, salões, pavilhões, tendas, haréns e alojamentos imperiais em um promontório com vista panorâmica para a cidade e o estreito de Bósforo abaixo. Para promover o renascimento da cidade, o sultão incentivou a elite a investir e construir, forçando as pessoas a se instalarem na nova capital, que se tornou um porto comercial vital entre Oriente e Ocidente.

Mehmed passou a maior parte de seu governo de 30 anos fazendo campanhas, consolidações e expansão de domínios otomanos, unificando a Anatólia (hoje Turquia central) e conquistando o sudeste da Europa até a Bósnia.

Governando o império

Para controlar seu vasto território, os otomanos desenvolveram um sistema sólido de governo que aliava administração local e controle central. O sultão, cujos irmãos eram habitualmente mortos para evitar reivindicações rivais, era o líder supremo, mas um grupo de conselheiros – e, mais tarde, seu vice, o grão-vizir – governava em nome do sultão. Eles apontavam governadores militares regionais (*beys*), com conselhos locais para manter os *beys* sob controle.

Suleiman I (1494-1566) governou por cerca de 45 anos. Décimo líder da Casa de Osman, ele era conhecido como *Kanuni* ("o Legislador") devido a suas importantes reformas legais.

O exército otomano também foi crucial para o sucesso do império. Tinha tecnologia avançada – com canhões a partir do cerco de Constantinopla – e táticas sofisticadas. Sua cavalaria veloz era capaz de transformar uma aparente retirada em uma investida lateral devastadoramente eficaz, cercando o inimigo em uma formação crescente que o apanharia de surpresa.

Os janízaros

No coração do exército estavam os janízaros, uma unidade de infantaria que começou como guarda imperial e se expandiu até se tornar a força de elite mais temida do período. No início, a unidade era composta de homens que, quando crianças, eram separadas de famílias cristãs nos Bálcãs. Sob o sistema *devsirme*, também conhecido como "imposto de sangue", meninos dos 8 aos 18 anos eram levados pela milícia otomana, convertidos ao islã (apesar da proibição do Alcorão de conversões forçadas), e enviados para morar com famílias com as quais aprendiam a língua e costumes turcos. Então recebiam rigoroso treinamento militar,

Adorar a Deus é o mais elevado trono, a mais feliz de todas as condições.
Suleiman I

A Mesquita de Suleiman, em Istambul, foi encomendada por Suleiman I. Inaugurada em 1557, suas dimensões impressionantes e a bela decoração são um testemunho da grandiosidade do Império Otomano.

Nós, turcos, somos muçulmanos fiéis.
Mehmed II

e quem demonstrasse talento particular era selecionado para funções especializadas, de arqueiros a engenheiros. Para garantir lealdade exclusiva ao sultão, os janízaros não podiam se casar até serem dispensados do serviço, mas recebiam benefícios e privilégios especiais. Embora constituíssem apenas uma pequena parte do exército otomano, tinham funções de liderança e papel crucial em muitas vitórias, inclusive em Constantinopla e no Egito.

O apogeu otomano

O império atingiu o ápice econômico, militar e cultural sob o sultanato de Suleiman I (r. 1520-66). Conhecido como Suleiman, o Magnífico, se aliou aos franceses contra os líderes habsburgos do Sacro Império Romano e assinou um tratado com os safávidas da Pérsia que dividiu a Armênia e a Geórgia entre as duas potências. Também conquistou boa parte da Hungria e chegou a sitiar Viena em 1529, embora não tenha conseguido tomá-la.

Os otomanos levaram a fé islâmica aos territórios conquistados, construindo mesquitas em todos os lugares – e, com elas, a educação e o ensino islâmicos.

No passado, vários estados muçulmanos afirmaram ser califados – entre eles, os fatímidas do Egito (909-1171), os omíadas de Córdoba (929-1031) e os almóadas no Marrocos (1121-1269) –, mas, ao contrário dos otomanos, nenhum governou a maioria dos muçulmanos e controlou as cidades sagradas de Meca e Medina.

Líderes de muçulmanos

Da conquista do Egito em 1517 à Primeira Guerra Mundial em 1914-18, foram os otomanos que todos os anos protegeram de ladrões as gigantescas caravanas que partiam para o *Hajj* de Damasco e do Cairo e que providenciaram o *kiswa*, o tecido ornamental que cobria a Caaba. Esse "patrocínio" do *Hajj* foi um grande incentivo para todos os muçulmanos considerarem os otomanos líderes do mundo islâmico.

Havia quem questionasse a legitimidade de um califado turco, pois apenas um membro da aldeia coraixita do profeta poderia ser califa. Na metade do século XVI, o grão-vizir otomano Lutfi Pasha respondeu em um opúsculo argumentando que as únicas qualificações para o cargo eram poder e competência, e que herança ou parentesco nada tinham a ver com isso.

A legitimidade dos califas otomanos se destacava pela posse de relíquias supostamente pertencentes ao profeta. Uma delas era um manto grosseiro, o *Burda*. O sultão Mehmed III (r. 1596-1603) levou esse item talismânico em campanha à Hungria. A certa altura, quando parecia que o exército estava perdendo a batalha, um membro da corte chamado Saadeddin disse ao sultão: "Vista o manto sagrado e reze a Deus". O sultão o fez, e a batalha teve uma reviravolta.

O último califa

No século XVIII, com o Império Otomano cada vez mais ameaçado pelo poderio militar das potências

Artesãos otomanos eram excelentes em cerâmica, tapeçaria e produtos têxteis, sobretudo seda, como neste tecido de fios dourados e prateados rico em motivos como flores e arabescos.

europeias, os sultões abraçaram a ideia do califado para impulsionar sua autoridade. Quando Abdul Hamid II assumiu o trono em 1876, ele foi obrigado pelos reformistas a concordar com um sistema parlamentar de governo. Como compensação pela perda de poder temporal, uma nova constituição reafirmou o papel do sultão como califa e líder de todos os muçulmanos.

Isso não duraria. Com a derrota na Primeira Guerra Mundial, o Império Otomano caiu e foi substituído pela nova República da Turquia de Mustafa Kemal Atatürk, em 1923. O cargo de califa e o califado foram abolidos no ano seguinte. ∎

A PRIMEIRA CRICÃO DE DEUS FOI A PENA

PROFETA MAOMÉ

EM CONTEXTO

TEMA
A divina arte da caligrafia islâmica

ONDE E QUANDO
Século x, Bagdá

ANTES
c. 150 a.C. Os nabateus, cuja capital é Petra (na Jordânia atual), desenvolvem um alfabeto. Usado para escrever a língua aramaica, ele possui 22 letras, todas representando consoantes, e é escrito da direita para a esquerda.

Séculos III a V d.C. A escrita aramaica nabateia se desenvolve em um formato árabe reconhecível.

Século VII Após a queda do Império Sassânida, os persas adotam a escrita arábica.

DEPOIS
1514 O primeiro livro em árabe é uma tradução da obra cristã devocional *Livro das Horas*, e é impresso na Itália.

A caligrafia é uma arte de imenso prestígio na cultura islâmica. O Alcorão é a palavra de Deus, que foi transmitida a Maomé e recitada pelos primeiros muçulmanos. Após a morte de Maomé, ela foi anotada. A primeira impressão do Alcorão foi feita no século XVI; antes disso, durante 900 anos todas as edições do Alcorão foram manuscritas.

Copiar o texto do Alcorão era considerado um ato de devoção. Como a caligrafia era equivalente a glorificar a linguagem do Alcorão, ela era vista como o embelezamento da face invisível de Deus. Nem todas as caligrafias árabes eram de conteúdo religioso, mas a língua árabe foi a escolhida por Deus para Sua revelação, e, portanto, o árabe está intimamente vinculado com o islã.

Os escribas buscavam tornar a palavra de Deus autoritária, mas bela. Para esse fim, eles desenvolveram uma escrita estilizada e retilínea que se tornou conhecida como *cúfica*. Foi na cidade de Cufa, no Iraque, antigo centro de cultura islâmica, que a nova escrita surgiu, no fim do século VII.

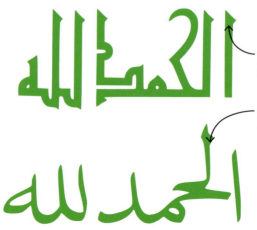

A escrita **cúfica** é caracterizada por formas angulares

A **nastalique** é mais arredondada, e mais fácil de ler e escrever

Alhamdulillah ("Graças a Deus") escrito em duas grafias diferentes ilustra a diversidade estilística da caligrafia árabe.

A IDADE DE OURO DO ISLÃ

Ver também: Imagens do Profeta 58-59 ▪ Compilando o Alcorão 64-69 ▪ Composição do Alcorão 70-75 ▪ Arte e arquitetura islâmicas 194-201

Se uma pessoa vê uma boa escrita, quer saiba ler ou não, vai apreciar o que vê.
Qadi Ahmed
"Calígrafos e Pintores", 1606

O estilo fez surgir muitas variantes, mas todas reconhecidamente *cúficas* pelos ângulos acentuados e linhas fortemente verticais e horizontais. Por cerca de 300 anos, a escrita *cúfica* foi a única considerada apropriada para redigir o Alcorão. Foi usada, por exemplo, no primeiro monumento remanescente da arquitetura islâmica, o Domo da Rocha em Jerusalém (finalizado em 691-92), e nas primeiras moedas islâmicas, cunhadas durante os reinados de califas Rashidun (632-61).

Os Seis Estilos

Um funcionário da corte abássida em Bagdá, Ibn Muqla (886-940), é frequentemente citado como o inventor da *nastalique*, uma escrita redonda, fácil de escrever e de alta legibilidade que substituiu a *cúfica* angular como padrão caligráfico islâmico. Sobre ele, dizia-se: "Ele é um profeta na área da escrita a mão. Ela foi derramada sobre ele, tal como se revelou às abelhas como fazer seu enxame hexagonal".

A Ibn Muqlah também se atribui a criação de mais cinco escritas, que, junto com a *nastalique*, são conhecidas como os Seis Estilos (*aqlam al-sitta*) da caligrafia clássica islâmica.

Uma profusão de caligrafias

Considerando a proibição geral de representações figurativas pelo islã, os calígrafos eram os artistas em mais alta conta na cultura islâmica. Técnicas eram transmitidas de mestre para aluno, muitas vezes da mesma família. Para se tornar mestre de caligrafia, o aluno tinha que treinar por anos, copiando modelos para aperfeiçoar habilidades. A caneta do calígrafo, a *qalam*, era feita de junco seco ou bambu, e mergulhada na tinta. A introdução do papel da China no século IX permitiu a escribas muçulmanos criar muito mais livros que seus colegas na Europa, que ainda usavam pergaminhos caros.

A caligrafia aparece em objetos sagrados e seculares de quase todo material – pedra, estuque, cerâmica, vidro, joias, bordados, carpetes, madeira entalhada e metais. Oferece informações valiosas sobre o objeto que ela decora, especialmente na arquitetura, em que, além de versos do Alcorão, as letras revelam os nomes de patronos e datas.

A prática da caligrafia no mundo islâmico continua. Novas gerações de artistas reinventam continuamente a tradição, trocando meios antigos, como caneta e papel, por novas técnicas, como grafites e gráficos digitais. Os muçulmanos continuam muito cientes de que as letras árabes – as letras do Alcorão – são legados preciosos. ∎

A caligrafia islâmica, como nesta lamparina de mesquita, reflete a ideia de que Deus fala com o ser humano pela língua árabe, falada ou escrita.

Escrita árabe

O árabe é o segundo sistema de escrita mais amplamente usado no mundo, com base no número de países que o empregam. Os caracteres são escritos da direita para a esquerda. Ele contém 28 letras, mas muitas delas se diferenciam por pontos, ou seja, na verdade são 18 formas de letras para 28 sons. Só há letras para três vogais, e a maioria dos sons vocálicos são indicados por um sistema de sinais diacríticos.

O árabe não tem letras maiúsculas, mas o formato delas muda dependendo da posição na palavra (no começo, no meio ou no fim, ou colocadas por conta própria). Em sistemas provenientes do latim (como francês e inglês), as letras são conectadas na escrita ou na caligrafia, e desconectadas quando impressas, mas no árabe isso depende das letras. Todas as letras podem se conectar com a letra anterior, mas algumas não se conectam com a letra seguinte. Uma tradição poética diz que essas são as "letras angelicais", porque são ligadas à sua origem (Deus) mas desligadas do que vem depois (o mundo).

A SOMBRA DE DEUS NA TERRA
XÁ ISMAIL (SÉCULO XVI)

EM CONTEXTO

TEMA
O Império Safávida

ONDE E QUANDO
Século XVI, Pérsia

ANTES
661 Após a morte de Ali, o quarto califa, muçulmanos se dividem. Alguns apoiam a reivindicação de Muawiya como próximo líder dos muçulmanos; outros, a reivindicação do filho de Ali. O último é conhecido como xiita.

765 Após a morte do sexto imam, um grupo de xiitas se separa da corrente principal e se torna conhecido como ismaelistas ou setimanos.

780 Fundação do primeiro estado xiita pela dinastia idríssida com sede na África do Norte.

DEPOIS
1979 A revolução no Irã derruba a monarquia e estabelece uma república islâmica sob o aiatolá Ruollah Khomeini.

Em 1500, aos 13 anos, Ismail tornou-se líder da ordem sufi Safávida no Azerbaijão e partiu em busca de vingar o pai, que havia sido morto pelas aldeias turcas que comandavam a maior parte do Irã.

No ano seguinte, os seguidores de Ismail invadiram Tabriz e tomaram o poder no Irã. Ismail fez de Tabriz a capital e se proclamou xá (rei), fundando o Império Safávida, que governaria até 1722. Ele também declarou o xiísmo duodecimano a religião oficial de seu novo império, mudando, assim, o curso da história islâmica.

O Mahdi escondido

O xiísmo duodecimano foi um ramo importante do islamismo xiita que nunca obteve poder político abrangente. Seus adeptos afirmavam que nenhuma regra poderia ser legítima na ausência do décimo-segundo, o "imam escondido", o Mahdi, que está escondido mas, um dia, voltará para trazer justiça e paz ao mundo.

Antes de Ismail, a maioria dos xiitas era árabe, e a maior parte dos muçulmanos no Irã não árabe era sunita. Ismail se dizia descendente de Ali, o primeiro imam, e apresentava-se como o Mahdi oculto

Meu nome é Xá Ismail. Sou o mistério de Deus.
Xá Ismail

dos duodecimanos e a chamada "Sombra de Deus na Terra". Ele também compunha poemas que enfatizavam suas credenciais: *Minha mãe é Fatima, meu pai, Ali; sou um dos doze imames. Recuperei o sangue de meu pai de Yazid.* (Yazid foi o califa omíada sunita que matou o filho de Ali, Hussein, na batalha de Carbala em 680).

Ismail passou a eliminar o sunismo no Irã. Líderes sunitas foram executados ou deportados. No lugar deles, eruditos religiosos eram convidados de centros árabes de ensino duodecimano para inaugurar escolas xiitas no Irã. A guerra de Ismail contra o sunismo se estendeu além do Irã. Em 1510, ele derrotou os sunitas usbeques em Khorasan, que ficava no atual noroeste do Irã e partes

A IDADE DE OURO DO ISLÃ

Ver também: Os califas bem guiados 104-107 ▪ O surgimento do islã xiita 108-115 ▪ O sufismo e a tradição mística 140-145 ▪ Revolução iraniana 248-251 ▪ Sunismo e xiismo no Oriente Médio moderno 270-271

Isfahã, do xá Abba, foi agraciada com praças públicas e jardins, além de uma profusão de belas mesquitas e palácios com azulejos turquesa.

da Ásia Central e do Afeganistão. Ele também empreendeu campanhas contra os otomanos, mas foi derrotado pelo sultão Selim I na Batalha de Chaldiran em 1514, e morreu em 1524. No fim do século XVI, entretanto, quase todos os iranianos eram xiitas, como o são até hoje.

Filosofia e supressão

No reinado do bisneto de Ismail, o xá Abbas I (r. 1588-1629), o Império Safávida atingiu seu zênite. Abbas obteve vitórias decisivas sobre os otomanos e fez acordos diplomáticos com potências europeias para manter Constantinopla sob controle. Suas tropas estenderam o jugo safávida a oeste, no Iraque, ao sul, no Indo, e ao norte, no Cáucaso.

Abbas também mudou a capital safávida para a cidade de Isfahã, onde floresciam a cultura e atividades intelectuais. Mesmo mantendo o domínio do xá ulema

– os "instruídos", uma classe de poder que controlava as leis canônicas e a teologia com mão de ferro –, a filosofia islâmica floresceu sob seu governo, produzindo grandes pensadores que constituíram o que hoje se chama de Escola de Isfahã.

Após Abbas, houve uma mudança da leitura filosófica do xiismo, que passou a ser mais literal. Uma figura importante nesse realinhamento foi Muhammad Baqir Majlisi (1627-99).

Clérigo influente, Majlisi baniu os sufis como hereges e proibiu o ensinamento da filosofia islâmica. Com isso, promoveu a observância estrita de rituais matinais em homenagem ao imam Hussein em Carbala, e visitas regulares aos templos dos imames e seus parentes nas cidades-santuários de Najaf e Carbala, no Iraque, e Meshed e Qom, no Irã. Essas características da tradição islâmica permanecem no Irã atual. ∎

Templos xiitas

Na era safávida, quando os otomanos controlavam Meca e Medina, o xá Abbas promoveu Meshed, no Irã, como uma cidade alternativa de peregrinação. O templo do imam Reza em Meshed (à esquerda) abriga o túmulo de Ali ibn Musa al-Reza (também conhecido como Ali al-Rida), o oitavo imam xiita duodecimano e descendente direto do Profeta Maomé. Ele morreu em 818 num vilarejo próximo a Meshed. Supostamente envenenado, al-Reza é reverenciado como mártir. Por ser o único imam xiita enterrado no Irã, seu túmulo é de grande importância para os iranianos xiitas. Em certa ocasião, o xá Abbas I foi a pé de Isfahã a Meshed em 28 dias para demonstrar devoção. Ele sugeriu que isso era equivalente a completar o *Hajj*.

Outros locais sagrados para muçulmanos xiitas são a Mesquita do imam Ali, em Najaf, no Iraque, onde jaz o primeiro xá imam; o templo do imam Hussein em Carbala, no Iraque, local de descanso do terceiro xá imam; e a mesquita Sayyida Zeinab, em Damasco, onde descansa Zeinab, filha de Ali e Fatima, bisneta de Maomé.

DEUS É BELO, E ELE AMA A BELEZA

MAOMÉ, O PROFETA

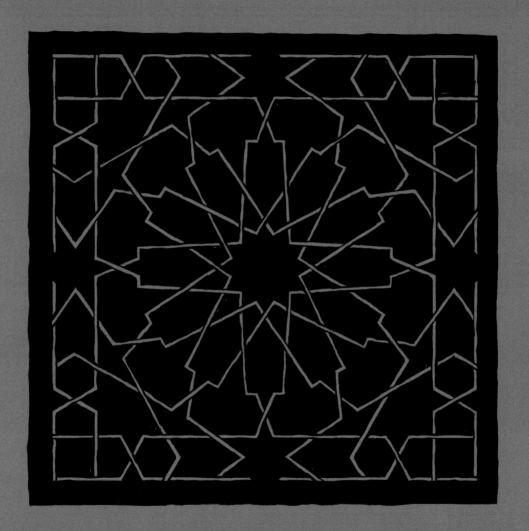

ARTE E ARQUITETURA ISLÂMICAS

EM CONTEXTO

TEMA
Arte e arquitetura islâmicas

ONDE E QUANDO
A partir de 692, mundo islâmico

ANTES
Século I d.C. Os romanos estendem seu domínio para o Oriente Próximo, construindo templos em locais como Gérasa, na atual Jordânia, e Palmira, na Síria.

Século IV Sucessores dos romanos e recém-convertidos ao cristianismo, os bizantinos começam a construir igrejas em lugares simbólicos para a história cristã, em Jerusalém e pelo Oriente Próximo e no Egito.

DEPOIS
2016 Os arquitetos Glenn Murcutt e Hakan Elevli projetam uma mesquita surpreendentemente moderna no Centro Islâmico Australiano, em Melbourne.

Durante sua era de ouro, o islã foi difundido em regiões geograficamente distantes e culturalmente diversas como a península ibérica, os desertos do norte da África e da Arábia, e as estepes da Ásia Central. Ainda assim, é possível falar sobre arte e arquitetura comuns ao islã. Historiadores da arte salientam uma consistência extraordinária de estilos e desenhos compartilhados em todas essas regiões – estilos e desenhos bastante distintos de todas as tradições artísticas ocidentais.

A mais patente dessas características é a ausência de pessoas ou animais (com poucas exceções notáveis). Esse traço a distingue não apenas da estética cristã, na qual o ser humano é o tema principal do artista, mas também da arte de tempos mais antigos – do antigo Egito, da Mesopotâmia, da Grécia e de

Maravilhosos azulejos azuis, brancos e dourados adornam a fachada do Domo da Rocha em Jerusalém. A arte foi acrescentada no século XVI por Suleiman I, substituindo os mosaicos originais externos.

O princípio que rege a arte islâmica e a filosofia da beleza que a comanda vêm diretamente do Alcorão e dos *ahadith*.
Sayyid Hussein Nasr
filósofo islâmico (nasc. em 1933)

Roma. Em contraste, a arte islâmica favorece traços, naturais e fluidos (ou "arabescos"), e geométricos. Na tradição ocidental, o traço é aplicado esporadicamente; no islã ele é onipresente, cobrindo todas as superfícies.

Outro aspecto distintivo do estilo islâmico é a caligrafia, religiosa e não religiosa. Considerada a mais elevada forma artística, ela aparece em construções e muitos outros objetos decorativos. Isso é um contraste marcante com o Ocidente, onde a caligrafia é amplamente confinada a manuscritos.

A IDADE DE OURO DO ISLÃ

Ver também: Imagens do Profeta 58-59 ▪ Um local de culto islâmico 98-101 ▪ Os califados omíada e abássida 136-139 ▪ A divina arte da caligrafia islâmica 190-191

Estilos decorativos islâmicos

A **caligrafia** dá forma visível à palavra revelada do Alcorão e, portanto, é considerada a mais nobre das artes. É amplamente usada na decoração de construções.

Traços geométricos conferem um quê de "unicidade", pois incorporam a criatividade do artífice em um propósito geral maior.

Os **padrões arabescos** – desenhos repetidos, entrelaçados, com traços laminados ou de flores – são onipresentes e refletem a presença de Deus no mundo natural.

É provável que nenhum dos primeiros artistas, arquitetos ou artífices achava que seu trabalho era "islâmico". Eles trabalhavam conforme tradições locais, regionais e nacionais. A ideia de um estilo islâmico universal é uma invenção de eruditos ocidentais do século XIX. No entanto, é evidente que o islã gerou uma linguagem artística distinta. O filósofo iraniano Sayyid Hussein Nasr afirma que toda arte islâmica é uma expressão física da "realidade interna que é o islã".

Primórdios emprestados

A arte e a arquitetura do islã inicial foram marcadas pela influência de outras tradições artísticas pré-islâmicas, entre elas o mosaico bizantino. O Domo da Rocha em Jerusalém (finalizado em 692) e a Grande Mesquita de Damasco (715), dois dos monumentos islâmicos mais antigos, apresentam mosaicos estonteantes, feitos por artífices provavelmente convertidos ao islã mas que também tinham um pé na tradição bizantina. Outras influências são as antigas construções gregas e romanas, das quais construtores muçulmanos tomaram – muitas vezes, quase literalmente – elementos como colunas e capitéis.

Os omíadas (661-750), construtores do Domo da Rocha e da Grande Mesquita, também construíram muitos pequenos palácios no deserto. As ruínas de um deles, Mshatta, a 30 km ao sul de Amã, na Jordânia, mostram evidentes traços coptas (egípcio cristão) em forma de imagens e animais entalhados. Mas uma das seções não tem imagem, apenas entalhes de desenhos florais. Historiadores especulam que ela pode ter sido o muro que cercava a mesquita do palácio, em que os artífices eram instruídos a não incluir representações de ídolos.

Traços e significados

As ruínas de Mshatta são um exemplo primitivo das inscrições laminadas às vezes chamadas de arabescos que se tornaram um dos marcos da arte islâmica. A inspiração provável foram os acantos e vinhas, populares na »

Kars Mshatta foi encomendado pelo califa omíada Al-Walid II (r. 743-44). Foi abandonado antes de ser finalizado, mas a decoração do palácio é de imenso interesse a historiadores.

ARTE E ARQUITETURA ISLÂMICAS

O domo na mesquita do sultão mameluco Qaitbay, no Cairo, é um ponto alto do cinzelamento em pedras, aliando desenhos laminados e de vinhas a um traço geométrico repetitivo em formato estelar.

decoração da Grécia e de Roma, e que foram se tornando mais elaborados pelos artífices islâmicos que desenvolveram o estilo.

Além de traços laminados e florais, os artífices trabalhavam com um repertório de formas geométricas, como estrelas, losangos e polígonos, que eles usavam em arranjos complexos, muitas vezes com aparência de ilusões de ótica. Os desenhos eram aplicados em todas as superfícies das construções; de domos e portais a paredes, tetos, pisos, e objetos do dia a dia.

Os estudiosos debatem se as formas geométricas têm ou não significado na arte islâmica. Uma teoria predominante sustenta que os traços simbolizam a unicidade transcendental e infinita de Deus. Em geral, artífices muçulmanos evitam pontos focais óbvios, para que a atenção não fique centrada em apenas uma parte do desenho; ele deve ser visto como um todo. A repetição laboriosa de traços tira a atenção do individual e a direciona a uma noção mais holística da beleza. O traçado completo também desvia o olhar do formato de uma estrutura, que é terrena e temporária.

Legados de dinastias

Os abássidas, que venceram os omíadas em 750, criaram duas grandes capitais – em Bagdá e, mais tarde, Samarra –, mas pouca coisa restou delas, dificultando avaliar suas contribuições para a arte e a arquitetura. Entretanto, podemos rastrear os avanços sob os fatímidas (909-1171), que desafiaram o jugo dos abássidas e estabeleceram um califado rival no norte da África.

Dinastia muçulmana xiita que afirmava descender da filha do profeta, Fatima, os fatímidas primeiro governaram da Tunísia, e depois da nova capital, Cairo. Em suas construções, eles popularizaram o uso do "arco em quilha" – que fica pontudo no ápice,

A imagem viva

Em geral, o islã torcia o nariz para a representação de pessoas e animais, mas nem todas as culturas reconheciam essa proibição. Cerâmicas fatímidas, por exemplo, frequentemente apresentavam imagens de seres vivos. Na Pérsia, dinastias islâmicas muitas vezes recorriam à arte pré-islâmica dos impérios Aquemênida (c. 550-330 a.C.) e Sassânida (224-651 d.C.), que representavam humanos. Pintar miniaturas semelhantes a joias para patronos abastados e iluminuras em manuscritos era uma especialidade exclusiva dos safávidas (1501-1736). Essas composições estilizadas feitas com caligrafia e traços geométricos às vezes incluíam cenas mostrando episódios da vida na corte ou dos grandes épicos da poesia persa – como o *Shahnameh* (*Livro dos Reis*), a história mítica do povo persa escrita por Ferdowski no fim do século x. Miniaturas também se tornaram parte do legado artístico dos turcos otomanos e dos mugais indianos.

Quem não conheceu Cairo não conheceu o mundo. Ela é a mãe do mundo...
História do Médico Judeu
As mil e uma noites

A IDADE DE OURO DO ISLÃ

como o casco de um barco virado para cima – e introduziu o "ângulo", estrutura que permite o encaixe de um domo no topo de um cômodo quadrado. Ambas se tornariam características notórias da arquitetura islâmica. Os fatímidas também faziam objetos valiosos de madeira entalhada, mármore e cristal de rocha, e seus oleiros produziam distintas louças douradas (cerâmicas com brilho metálico).

Cairo se tornou uma cidade de riquezas culturais ainda maiores sob os mamelucos, antigos soldados escravizados que tomaram o poder no Egito em 1250 e estabeleceram seu próprio sultanato, controlando a maior parte do Oriente Médio. Eles usaram as riquezas adquiridas para governar com grande pompa e cerimônia, e empreenderam luxuosos programas de construções, tornando a cidade o centro econômico, intelectual e artístico do mundo islâmico árabe por 250 anos. As mesquitas, mausoléus e madrassas (colégios religiosos) da era mameluca têm paredes exteriores com cantaria listrada, domos e minaretes esculpidos, e interiores suntuosos revestidos de mármore policromado embutido. A arte decorativa mameluca, enriquecida por influências de todo o mundo islâmico, foi muito visada na região mediterrânea e pela Europa por causa de preciosidades como vidros esmaltados e dourados, e trabalhos em metal e madeira.

Na segunda metade do século XV, as artes floresceram sob o patrocínio do sultão mameluco al-Ashraf Qaitbay (r. 1468-96), que, entre outros projetos, mandou restaurar os templos de Meca e Medina. Um dos primeiros projetos foi seu próprio complexo funerário no Cairo, uma das estruturas mais admiradas na arquitetura islâmica.

Técnicas e cores

As dinastias berberes dos almorávidas (*c.* 1040-1147) e dos almóadas (1147-1248) governavam do Marrocos territórios que abrangiam a Espanha muçulmana. Eles desenvolveram uma estética distinta, mas ainda totalmente islâmica.

Os artistas dessa região levaram a técnica de esculpir estuque a um ápice de complexidade e beleza, a ponto de o trabalho ter aparência de renda. Eles aprimoraram formas arquitetônicas básicas curvando os arcos para que se parecessem ferraduras, ou adicionando recortes ao lado deles. O trabalho intricado em tijolo e estuque era imitado pelo uso extenso de azulejos com »

Azulejos com desenhos em Marrakech, Marrocos, decoram a base de paredes e colunas. Essa é uma característica do estilo desenvolvido no Marrocos e al-Andaluz, ou Espanha muçulmana.

desenhos: não somente em pisos, mas também em paredes, ou como decoração em minaretes. Isso fica mais patente na fortaleza de Alhambra, construída em Granada, na Espanha, de 1230 a 1492, durante a era crepuscular de al-Andaluz.

A tradição de azulejos na arquitetura, usada de maneira estonteante sob as dinastias berberes do Marrocos e na Espanha

A mesquita do sheik Lutfallah em Isfahã, no Irã, é patrimônio mundial da Unesco e uma das criações arquitetônicas mais impressionantes do islã, construída em 1619 para o xá Abbas e as mulheres de sua corte.

muçulmana, foi compartilhada pelos povos mongóis da Ásia Central, na Pérsia e no Iraque, onde a tradição precedeu a chegada do islã. A dinastia ilcânida (1256-1335) só se tornou muçulmana no fim do século XIII, o que talvez explique por que seus artífices, que trabalhavam nas lojas de cerâmica da capital Tabriz, produzia notáveis azulejos em formato estelar que, em geral, continham imagens não islâmicas de aves e outros animais.

As construções da dinastia timúrida da Ásia Central (1370-1507) têm domos esmaltados de turquesa brilhante, feitos para refletir o céu. Eles são vívidos por causa de uma técnica chamada *underglaze*, na qual a superfície pintada é coberta por um esmalte transparente, e então queimada. A técnica foi aprendida com os vizinhos chineses, dos quais os timúridas também obtiveram noções de pigmentos azuis. A paleta vívida dos timúridas, que incluía tons cobalto, amarelos, ferrugem e dourado, era usada para criar desenhos quase psicodélicos.

Essa beleza faz contraste marcante com o fundador da dinastia, Timur (conhecido no Ocidente como Tamerlão), que tinha fama de bruto. Assolando a Pérsia e o Iraque, ele assassinou colegas muçulmanos e fez torres com suas cabeças decapitadas, mas costumava poupar artistas e artesãos, levando-os à sua gloriosa capital, Samarcanda. Quando o Império Timúrida colapsou, seu legado artístico continuou na Pérsia e em partes da Turquia e da Índia.

A joia da coroa

Se alguma cidade compete com Samarcanda em esplendor, é Isfahã, no atual Irã. Reconstruída pelo xá safávida Abbas I no início do século XVII, um historiador disse que a cidade era "talvez a mais esplêndida e impressionante galeria da arquitetura islâmica do mundo". Um trocadilho persa com o

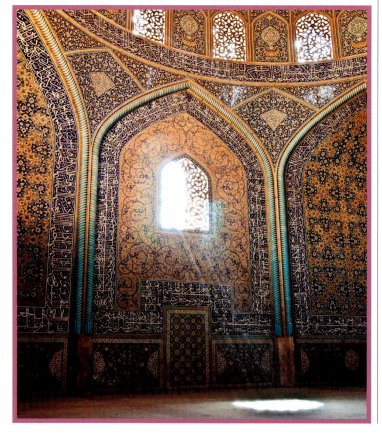

Uma das maiores e mais elegantes cidades, e a mais perfeita em beleza.
Ibn Battuta
descrevendo Samarcanda em 1330

Se houvesse um único olhar para dar ao mundo, o alvo deveria ser Istambul.
Alphonse de Lamartine
escritor francês (1790-1869)

nome da cidade se gaba de que "Isfahã é metade do mundo" (*Esfehan nesfe jahan*). Seu elemento central é a grande Maydan-e Naqsh-e Jahan ("Imagem da Praça do Mundo"), flanqueada por mesquitas, palácios e pavilhões.

Entre elas está a mesquita do sheik Lutfallah batizada em homenagem ao sogro do xá, um venerável pregador. A ausência de átrio ou minarete é incomum (era uma mesquita privada para uso exclusivo da corte, portanto não havia necessidade), mas os azulejos são uns dos mais belos do mundo.

Enquanto a mesquita do sheik Lutfallah é intimista e régia, a outra mesquita que o xá Abbas construiu na praça é imensa e pública. A Masjid-e Shah (Mesquita Real) foi concebida por Abbas para ser "inigualável no Irã e, quiçá, no mundo inteiro". Sua ambição é expressa nas inscrições de seus alicerces, onde se lê "Uma segunda Caaba foi construída".

O grande Sinan

As grandes obras artísticas do islã tendem a ser creditadas a seus patronos, imperadores, xás e sultões, enquanto os nomes de seus verdadeiros criadores são esquecidos pela história. A única grande exceção é Mimar Sinan (*c.* 1488-1588), cujo título "Mimar" é "arquiteto", em turco.

Sinan foi nomeado arquiteto-chefe da corte otomana por Suleiman I em 1539, e, ao longo de uma carreira de 50 anos, elaborou e supervisionou a construção de mais de 370 obras, entre aquedutos, banhos, fontes, palácios, túmulos, escolas, hospitais, cozinhas, celeiros, caravançarás e famosas mesquitas imperiais. São construções com imensos domos centrais cercados de cascatas de pequenos domos e minaretes acentuados. Apesar do tamanho, são muito iluminadas, por dentro e por fora.

A arquitetura notória de Sinan deixou sua marca não só na capital otomana em Istambul, onde suas criações continuam a dominar o horizonte da cidade moderna, mas também ao longo de um vasto império, do Danúbio ao rio Tigre.

A mesquita de Suleiman, em Istambul, é uma das obras mais famosas do arquiteto Sinan, e foi encomendada pelo sultão Suleiman I em 1550.

Mantendo as artes vivas

Finalizada em 1993, a mesquita de Hassan II em Casablanca, no Marrocos, poderia conter a basílica romana de São Pedro em sua sala de orações. É uma construção extraordinária, situada em uma plataforma de terras recuperadas que se projetam para o oceano Atlântico. Painéis de vidro no piso permitem que visitantes vejam as ondas abaixo – referência ao versículo sete da 11ª *surata* do Alcorão: "Ele foi Quem criou os céus e a terra em seis dias – quando, antes, abaixo de Seu Trono só havia água [ ]". A mesquita tem um dos minaretes mais altos do mundo (210 m) e em seu topo um *laser* cujo brilho, dizem, pode ser visto a 48 km de distância.

Além do tamanho, a beleza da mesquita impressiona. A mesquita é produto de mais de 10 mil artífices, contratados para entalhar mármore e madeira, e fazer mosaicos. Ela serviu como escola de treinamento para uma nova geração de artífices de ambos os sexos, mantendo vivas as artes do islã.

OS TEMENTES ESTARÃO [...] ENTRE JARDINS
ALCORÃO, 44:51-52

EM CONTEXTO

TEMA
Paraíso na Terra

ONDE E QUANDO
Séculos XIII a XVII, Espanha, Pérsia e Índia

ANTES
Século VI a.C. Na antiga Pérsia, Ciro, o Grande (559-30 a.C.) cria um "jardim real" em Pasárgada, a capital imperial, com palácios, monumentos e fontes ladeados de um parque repleto de árvores.

c. 290 a.C. O sacerdote babilônio Berosso escreve sobre os Jardins Suspensos da Babilônia, que ele atribui ao rei Nabucodonosor II (r. 605-562 a.C.). Mais tarde, escritores gregos listam os jardins como uma das Sete Maravilhas do Mundo Antigo.

DEPOIS
2005 Aga Khan funda um novo e extenso parque público no Cairo, projetado com traçados islâmicos e recursos aquáticos, plantas exuberantes e muita sombra.

A ideia do Paraíso como um jardim é bem anterior ao islã. Um "Jardim dos Deuses", por exemplo, aparece no épico sumério *Gilgamesh*, que data de mais ou menos 1800 a.C. A Suméria foi uma das civilizações fundadas na Mesopotâmia. Seu nome significa "entre dois rios" em grego, refletindo o fato de que ela atravessava os rios Tigre e Eufrates. Se o Paraíso era um jardim para os moradores das férteis terras sumérias, esse conceito deve ter sido ainda mais fascinante aos povos dos desertos da Árabia!

Não surpreende que o Alcorão tenha mais de cem referências ao jardim, na maioria das vezes retratado como um refúgio à espera dos verdadeiros fiéis no pós-vida: "Eis a descrição do Paraíso, prometido aos tementes [...] seus frutos são inesgotáveis, assim como suas sombras" (13:35); "E as sombras os cobrirão, e os cachos (de frutos) estarão pendurados [...]" (76:14).

No Alcorão, a água é um símbolo da piedade divina: Deus envia água dos céus para molhar as plantações a fim de amparar humanos e animais (10:24, 16:65). Da mesma maneira, a piedade divina levou Deus a fazer "descer água do céu e armazená-la na terra" (23:18), gerando frutos valiosos. Água, frutos e a bendita sombra fornecida por amplas folhagens são os três elementos-chave do jardim islâmico, oferecendo apoio espiritual e físico.

Não é coincidência que o verde, a cor do Paraíso, seja associada ao islã. Dizem que era a cor favorita de Maomé, e ela aparece especificada em várias descrições do paraíso no Alcorão: "[...] cobertos com pano verde e formosas almofadas" (55:76) e "[...] vestimentas verdes, de tafetá e de brocado" (76:21).

[...] seu Senhor os encaminhará aos jardins do prazer [...] abaixo dos quais correm os rios.
10:9

A IDADE DE OURO DO ISLÃ

Ver também: Conceito corânico do Paraíso 92 ▪ O exemplo da Espanha islâmica 166-171 ▪ O Império Safávida 192-193 ▪ Arte e arquitetura islâmicas 194-201 ▪ O Império Mogol 204-205

Paraíso terreno

Independentemente de onde ou quando foram criados ou do tamanho, quase todos os jardins islâmicos contêm os mesmos elementos. O eixo central ou traço principal é quase sempre a água: uma piscina ou bacia, ou canais fluindo. Áreas com plantas são dispostas ao redor da água, ou em padrões simétricos ou geométricos. Na Pérsia, um desenho popular era o chamado *chahar bagh*, ou "quatro jardins", um leiaute quadrilátero baseado na *surata* 55 do Alcorão, que descreve dois pares de jardins.

Ao contrário dos grandes jardins europeus, que podem ser espaços verdejantes amplos e abertos, no mundo islâmico é comum os jardins serem mais privativos. Historicamente, muitas vezes eram anexos a palácios ou outras moradas nobres, e quase sempre murados a fim de criar um espaço próprio para contemplação. As plantas eram organizadas com cuidado para proveito máximo, entre elas árvores altas e sombrosas ao lado de espécies frutíferas menores. Os canteiros recebiam arbustos de flores aromáticas, como jasmim e rosas.

Em certas regiões, mesmo as casas mais modestas da *medina* (cidade murada) tinham um pequeno quintal interno com uma fonte central e algumas árvores frutíferas – um jardim paradisíaco em miniatura. No Marrocos, muitas dessas casas com quintal, conhecidas como *riads*, foram transformadas em pousadas.

Em Granada, na Espanha, a dinastia moura nacérida (1230-1492) construiu Alhambra, uma cidadela com uma série de pátios com terraços, piscinas, fontes e cascatas.

Os jardins de Alhambra combinam cor, sombra, plantas aromáticas e fontes com jatos de água para dar prazer aos sentidos.

Os jardins também eram apreciados na Pérsia, sobretudo durante a era cultural dos safávidas (1501-1722), que cultivavam espaços verdes nas cidades de Isfahã, Kashan e Shiraz. Mas, sem dúvida, o auge dos projetos de jardins islâmicos foi na Índia mogol (1526-1857), quando a construção de jardins era um dileto passatempo imperial. Aos elementos tradicionais dos jardins islâmicos, eles adicionaram dispositivos hidráulicos para irrigação e para alimentar os canais aquáticos, assim como canais, pavilhões e outeiros. O Shalimar Bagh, em Lahore, construído em 1619, tinha 450 fontes, algumas capazes de disparar água a 3,6 m de distância. ■

O OBJETIVO DOS ADORADORES DE DEUS É FAZER AVANÇAR OS PRÓPRIOS DESTINOS
IMPERADOR AKBAR

EM CONTEXTO

TEMA
Império Mogol

ONDE E QUANDO
Século XVI, na Índia

ANTES
c. 1700 a.C. O hinduísmo surge no vale do rio Indo.

Século VIII d.C. O islã chega à Índia em forma de tropas invasoras vindas da Ásia Central. Ele se torna uma religião importante sob o sultanato Deli.

DEPOIS
Século XVIII Os maratas hindus derrotam as tropas mogóis e estabelecem um império rival no subcontinente.

1857-58 A Rebelião Indiana contra o jugo britânico é reprimida. O sultão deli Bahadur Shah, último da dinastia mogol, morre no exílio em 1862.

1947 A Índia é dividida por linhas religiosas, levando à criação do novo estado muçulmano do Paquistão.

O imperador mogol Akbar I funde elementos das múltiplas fés de seu povo para criar **uma religião chamada Din-i Ilahi**.

Do sufismo, almejar a Deus como elemento-chave da espiritualidade.

+

Do catolicismo, a ideia de celibato como virtude.

+

Do jainismo, a condenação ao extermínio de animais.

+

Do zoroastrismo, tornar o fogo e o sol objetos de veneração divina.

No fim do século XVI, o terceiro imperador mogol Akbar I tentou introduzir uma nova interpretação radical do islã na Índia. Chamada *Din-i Ilahi* ("Religião de Deus"), ela aliava o sufismo a elementos do cristianismo, hinduísmo, jainismo e zoroastrismo. A intenção era oferecer um sistema comum de crenças para unificar o Império Indiano, mas seu efeito duradouro foi causar uma forte reação ortodoxa na comunidade islâmica na Índia.

O islã na Índia
Os primeiros muçulmanos chegaram à Índia no século VIII, ao longo de repetidas invasões do norte indiano por tropas muçulmanas na Ásia

Central. No fim do século XII, um desses líderes militares – Muhammad de Ghur – conquistou uma base permanente, levando à formação do sultanato deli, um Império Islâmico com sede em Deli que governou grandes regiões do subcontinente indiano por mais de 300 anos.

Em 1526, outro conquistador da Ásia Central, Babur (r. 1526-30), que afirmava descender direto de Gengis Khan, derrotou o sultão de Deli na Batalha de Panipate. O império que ele fundou ficou conhecido como Império Mogol, em referência ao legado mongol de Babur, e durou até 1857. Embora fossem muçulmanos, os mogóis governaram um país com ampla maioria hindu. Os novos governantes não tentaram impor o islã a seus súditos, incentivando, em vez disso, uma miscelânea cultural. O idioma urdu, por exemplo, desenvolveu-se na era mogol como uma fusão do persa, do árabe e do hindi.

Din-i Ilahi

A combinação de culturas atingiu o ápice durante o reinado de Akbar I (r. 1556-1605), neto de Babur. Ele era patrono das artes e intelectual. Fundou uma academia, a *Ibadat Khana* ("Casa de Culto") em 1575, em que representantes de todas as principais fés podiam se encontrar para discutir questões teológicas. Com base nesses debates, Akbar concluiu que nenhuma religião captava a verdade plena, e que elas precisavam se aliar. A partir daí surgiu o *Din-i Ilahi*.

Os seguidores eram incentivados a encontrar a pureza através de um Deus islâmico – reconhecido por meio de orações e encantamentos de *Allahu akbar* (Deus é grande) – mas eles também adoravam a luz (na forma de sol e fogo) como os zoroastristas. A

O imperador Aurangzeb é frequentemente culpado pela queda do Império Mogol. Sua intolerância religiosa, que chegou a demolir templos, isolou vários de seus aliados-chave hindus.

nova religião incentivava o celibato, como o catolicismo, e proibia o extermínio de animais na linha do jainismo, mas não havia escrituras sagradas ou hierarquia sacerdotal. No centro da religião estava o próprio Akbar, como um novo profeta.

A *Din-i Ilahi* foi a solução do imperador ao problema de como um governador muçulmano comandaria um estado de maioria hindu. No entanto, a religião nunca se espalhou além de um círculo restrito de associados do próprio Akbar. A maioria dos clérigos muçulmanos declarou que ela era uma heresia.

Depois de Akbar

Após a morte de Akbar, seus herdeiros retomaram caminhos mais tradicionais. Seu filho Jahangir (r. 1605-27) reinstaurou o islã como a religião do estado, ao mesmo tempo mantendo uma política de pluralidade religiosa. Sob seu sucessor, o xá Jahan (r. 1628-58), a pluralidade encontrou a mais refinada expressão

> Animem-se, meus amigos! Existe um Deus! Existe um Deus!
> **Imperador Aurangzeb**

no Taj Mahal, em Agra. Ápice da arte mogol, o mausoléu de mármore branco construído para a esposa favorita do xá, Mumtaz Mahal, é uma brilhante fusão do hindu e do islâmico fruto do talento de artífices de todo o Império Islâmico.

O filho de Jahan, Aurangzeb (r. 1658-1707), foi o sexto e último grande imperador mogol. Ele subiu ao trono após prender o pai e matar o próprio irmão, governando por quase 50 anos. O reinado se caracterizou pelo poderio militar – as conquistas expandiram o Império Mogol a seu alcance máximo – e pela religiosidade.

Muçulmano devoto e intransigente, Aurangzeb deu fim à política de tolerância religiosa incentivada por imperadores anteriores. Ele não deixou mais a comunidade hindu viver sob as próprias leis e costumes, demoliu muitos templos e impôs a lei Sharia sobre o Império. Aurangzeb desaprovava o Taj Mahal de seu pai, acreditando que a construção ia contra os ensinamentos de Maomé. ∎

REFORM
RENASC
1527–1979

A E
MENTO

Suleiman I lidera uma tropa otomana em uma primeira tentativa de tomar Viena, capital do poderoso Império Habsburgo.

O chefe tribal **Muhammad bin Saud** une forças com o líder religioso **Muhammad Abdul Wahab** para criar o primeiro estado saudita.

O sultão Mahmoud II introduz a **Tanzimat, reformas ocidentalizantes** no Império Otomano.

Os britânicos usam a **Revolta Indiana de 1857** como pretexto para exilar o último imperador mogol, o xá Bahadur II.

1529   **1744**   **1808**   **1858**

1683   **1798**   **1830**   **1871**

O grão-vizir otomano Kara Mustafa Pasha **sitia Viena** e sofre esmagadora derrota por uma coalizão de forças europeias.

Forças francesas sob **Napoleão Bonaparte invadem o Egito otomano** para impedir a comunicação britânica com seus territórios na Índia.

A **França invade e toma a Algéria**, província do Império Otomano desde 1529.

O ativista persa **Jamal al-Din al-Afghani** inspira um círculo de reformadores que desejam revitalizar o islã.

Em 1521, o exército otomano de Suleiman I tomou Belgrado, uma importante fortaleza no reino cristão da Hungria, e, oito anos depois, sitiou Viena, capital do Império Habsburgo. A cidade resistiu e os otomanos acabaram recuando, sem se preocupar com o revés. Em 1571, o Império Otomano sofreu sua primeira grande derrota militar na Batalha de Lepanto, um combate no mar no qual venezianos afundaram quase toda a frota imperial. A resposta dos otomanos foi construir uma frota maior e mais moderna, e consolidaram seu poderio no Mediterrâneo.

Em 1683, outra tropa otomana voltou aos portões de Viena, e mais uma vez foi rechaçada. Desta vez, a debandada não foi ordenada, mas derrotada por uma aliança de potências europeias. Pela primeira vez, os otomanos foram forçados a entregar o controle de territórios europeus importantes. Foi aí que as fronteiras do islã pararam de expandir e recuaram.

Colonizando terras muçulmanas

A Europa iniciou uma fase de dinamismo, invenções e criatividade incentivada pela Renascença italiana dos séculos XIV ao XVII. Boa parte desse renascimento cultural e econômico foi inspirado pela transmissão de conhecimentos de terras muçulmanas e pela riqueza adquirida por meio do comércio com países muçulmanos no Mediterrâneo.

Em 1499, o explorador português Vasco da Gama encontrou uma rota marítima até a Índia que deu aos europeus acesso direto às cobiçadas especiarias do sudeste da Ásia, antes só adquiridas de mercadores muçulmanos. Potências em ascensão, como Espanha, Portugal, Inglaterra e Holanda exploraram e colonizaram boa parte do mundo. Conforme os grandes impérios do islã – os otomanos, safávidas e mogóis – foram aos poucos diminuindo, as potências europeias disputavam os despojos. Os portugueses, britânicos e franceses garantiram apoio na Índia, onde os britânicos encerraram a era mogol em 1857. A França invadiu o Egito otomano e a Síria em 1798-1801, depois a Algéria, em 1830.

O colonialismo não se limitou a imperialistas europeus. No século XIX, os chineses e russos tomaram as províncias muçulmanas da Ásia Central. A província chinesa de Xinjiang foi criada dos oásis da Rota da Seda que durante séculos foram controlados por muçulmanos.

REFORMA E RENASCIMENTO

O reformista indiano Mirza Ghulam Ahmad estabelece o movimento **Ahmadia** para renovar o islã.

Reza Khan lidera um golpe bem-sucedido no Irã e funda a dinastia Pahlavi, secular e modernizante.

O professor egípcio Hassan al-Banna funda a **Irmandade Muçulmana**.

A Índia é dividida e o **Paquistão é criado** a partir de áreas de maioria muçulmana.

O xá é deposto pela **revolução no Irã** e o **Aiatolá Khomeini** se torna líder supremo da República do Irã.

1889 **1921** **1928** **1947** **1979**

1908 **1923** **1932** **1964**

Uma coalizão de grupos reformistas, conhecida coletivamente como os **Jovens Turcos**, destrona o sultanato otomano.

O ex-oficial da marinha **Mustafa Kemal Atatürk** funda a República da Turquia. No ano seguinte, ele extingue o califado.

Os reinos de Najd e Hejaz na península arábica são unificados como o **Reino da Arábia Saudita**.

O ativista por direitos civis afro-americanos **Malcolm X** deixa a organização **Nação do Islã** e se torna muçulmano sunita.

O novo despertar

Na metade do século XIX, grande parte do mundo islâmico era controlada por potências coloniais. Não havia embate ideológico – o cristianismo não triunfou sobre o islã, já que esta crença era de pouco interesse para os colonizadores. Mas, para muitos muçulmanos que se sentiram traídos por líderes nacionais que colaboraram com potências colonialistas, o islã se tornou uma causa mobilizadora.

A partir de meados do século XIX, movimentos islâmicos liderados por ideólogos carismáticos emergiram por todo o mundo islâmico. Todos tinham o mesmo objetivo de despertar os muçulmanos e abolir o controle colonialista, mas os métodos variavam. Alguns acreditavam que muçulmanos tinham que emular o Ocidente pela modernização e educação, a fim de competir em pé de igualdade. Era essa a visão dos pensadores reformistas indianos Sayyid Ahmad Khan (1817-98) e Muhammad Iqbal (1877-1938), que foram cruciais na criação do Paquistão, e de Mustafa Kemal Atatürk (1881-1938), futuro fundador da República Turca.

Alguns achavam que os muçulmanos deviam absorver lições do Ocidente e ao mesmo tempo renovar a fé no islã. Essa não era a opinião, entre outros, do escritor persa Jamal al-Din al-Afghani (1838-97), pai e fundador do Modernismo Islâmico, e Hassan al-Banna (1906-49), fundador da Irmandade Muçulmana do Egito.

Outros defendiam a completa rejeição de toda ocidentalização, em prol do retorno à forma pura e original do islã. Um dos proponentes desse método era o intelectual egípcio Sayyid Qutb (1906-66).

Ser ou não ser islâmico?

A ascensão do islã político veio junto de um crescente nacionalismo pelo mundo islâmico. Após a Primeira Guerra Mundial, as potências ocidentais despedaçaram o antigo Império Otomano, formando as nações árabes do Oriente Médio moderno. Muitas dessas novas nações clamaram por independência e muitas delas a obtiveram na primeira metade do século XX.

A questão que surgiu em seguida foi até que ponto o islã participaria dessas nações modernas. As respostas variavam – da recém-independente Turquia, onde o presidente Kemal Atatürk expurgou a religião do estado nos anos 1920 e 1930, ao Irã, onde a revolução de 1979 refundou o país como um estado totalmente islâmico. ∎

ANTES TURCOS DO QUE PAPISTAS

PROTESTANTES HOLANDESES (1574)

212 O ISLÃ NA EUROPA

EM CONTEXTO

TEMA
O islã na Europa

ONDE E QUANDO
Séculos XVI a XIX, Europa

ANTES
711 Uma tropa árabe e berbere liderada por Tarek ibn Ziyad sai do norte da África e inicia a conquista muçulmana da Espanha.

1299 Osman I funda a dinastia otomana, que conquistará a Turquia e, depois, a Grécia e a Sérvia.

1453 Mehmed II, também conhecido como Mehmed, o Conquistador, toma Constantinopla, iniciando séculos de glória para o Império Otomano.

DEPOIS
1920 Após a derrota otomana na Primeira Guerra Mundial, o Tratado de Sèvres divide o Império Otomano, levando à criação da Turquia e do mundo árabe moderno.

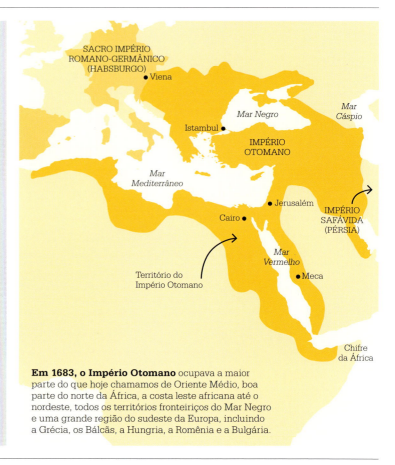

Em 1683, o Império Otomano ocupava a maior parte do que hoje chamamos de Oriente Médio, boa parte do norte da África, a costa leste africana até o nordeste, todos os territórios fronteiriços do Mar Negro e uma grande região do sudeste da Europa, incluindo a Grécia, os Bálcãs, a Hungria, a Romênia e a Bulgária.

Em 1683, como em 1529, uma tropa otomana sitiou Viena, a capital do Sacro Império Romano-Germânico, ou Habsburgo. Essa segunda tentativa foi um momento crucial na história do islã e da Europa. Se Viena tivesse caído, os otomanos teriam adentrado a Europa mais a fundo para tomar o controle das principais rotas comerciais, mudando o curso da história no continente. Mas as tropas cristãs da Europa, sob o comando do rei da Polônia Jan III Sobieski, derrotaram o exército otomano e o fizeram recuar.

O cerco de Viena em 1683 muitas vezes é considerado o choque definitivo das civilizações – islã contra o Ocidente cristão –, mas isso é um erro. A verdade tem mais nuances: por exemplo, enquanto os vienenses temiam os muçulmanos acampados do lado de fora da cidade, na França os cristãos estavam abertamente ávidos pela ideia de uma vitória otomana. E Jan Sobieski talvez não tivesse vencido a batalha se não fosse pela ajuda dos tártaros muçulmanos desse país. Também conhecidos como tártaros de Lipka, eles eram os descendentes de refugiados de Tamerlão que encontraram asilo na Europa oriental em 1397. Hábeis cavaleiros, eles combateram por seu novo país desde então.

O inimigo do meu inimigo
Assim como houve cismas políticos no mundo muçulmano – os impérios vizinhos dos turcos otomanos e dos persas safávidas estavam frequentemente em guerra –, rivalidades e inimizades também dividiam a Europa. Em 1517, um monge alemão chamado Martinho Lutero iniciara uma reforma da igreja

REFORMA E RENASCIMENTO 213

Ver também: Divulgando o islã por meio do comércio 182-185 ▪ O califado do Império Otomano 186-189 ▪ O Império Safávida 192-193 ▪ A secularização da Turquia 228-231

católica cristã, causando um cisma em que seus seguidores ficaram conhecidos como protestantes. A Europa se dividiu entre um sul com predomínio católico e um norte amplamente protestante. O islã – graças à ocupação do Império Otomano dos Bálcãs, da Grécia e do reino da Hungria – constituiu um terceiro poder na Europa. Isso tornou as relações cristãs-muçulmanas uma complexa dança política, baseada no antigo princípio de que "o inimigo do meu inimigo é meu amigo".

Os otomanos aproveitaram para usar os cismas cristãos como vantagem política, conforme consta em uma carta do sultão Murad III (r. 1574-95) aos luteranos protestantes na Espanha católica, sua arquirrival. "Vocês baniram as estátuas, quadros e sinos das igrejas, e declararam sua fé afirmando que

Não acho que é uma ofensa a Deus colocar seus inimigos um contra o outro; o infiel [otomano] contra o idólatra [espanhol].
William Harborne
Embaixador inglês de Constantinopla, 1583-88

Deus Todo-Poderoso é só um e o Sagrado Jesus é Seu profeta [...] mas o infiel a quem chamam de papa não reconhece seu criador como Um, atribuindo a divindade ao Sagrado Jesus [...] lançando, assim, dúvidas sobre a unicidade de Deus".

Em 1600, numa linha política semelhante, a corte da rainha Elizabeth I da Inglaterra recebeu Muhammad al-Annuri, embaixador do sultão saadiano do Marrocos. Ele estava em Londres para negociar uma aliança comercial e militar entre a rainha protestante e o sultão contra um inimigo em comum, a Espanha católica.

Foram muitas as alianças cristãs-muçulmanas contra outros cristãos ou outros muçulmanos. Em 1598, os irmãos ingleses Robert e Anthony Sherley tentaram fazer um pacto com os safávidas da Pérsia para uma possível guerra contra os otomanos. A França queria os otomanos como aliados contra os habsburgos; a Suécia queria ajuda otomana contra os russos; príncipes protestantes da Hungria estavam dispostos a se tornar vassalos dos otomanos se eles conseguissem derrotar os habsburgos católicos. Os cristãos protestantes perceberam que eram mais bem-tratados pelos otomanos do que pelos católicos. Refugiados da perseguição católica muitas vezes encontravam proteção no Império Otomano, entre eles os judeus da Espanha e os huguenotes da França. Protestantes holandeses sob jugo espanhol tinham um ditado: "Antes turcos do que papistas" (*Liever Turks dan paaps*), indicando que era melhor ser muçulmano do que católico.

Projeto de pluralidade

Com territórios estendendo-se do norte da África até as fronteiras do Irã, e ao norte até os limites da Rússia e da Polônia, o Império Otomano era lar de minorias de judeus e cristãos. Os otomanos »

Sultão Mehmed II, obra do italiano Gentile Bellini, cujo trabalho gerou o interesse artístico europeu pelo Oriente. Ele passou dois anos em Constantinopla, de 1479 a 1481.

Muhammad al-Annuri, embaixador marroquino cuja estadia na corte da rainha inglesa Elizabeth I pode ter inspirado o Otelo, de Shakespeare.

Uma missão persa

Em 1598, os mercadores e aventureiros ingleses Sir Anthony e Sir Robert Sherley viajaram a Isfahã numa tentativa de fazer amizade com o xá da Pérsia. Eles queriam formar uma aliança que quebrasse o monopólio otomano e espanhol no lucrativo comércio com o extremo Oriente. Por conta própria, os ingleses se tornaram companheiros próximos do xá Abbas. Eles lhe propuseram um pacto persa-cristão que derrotaria "os turcos" e dariam controle ao xá sobre a Ásia Central. O xá deu a Anthony Sherley autoridade para negociar em seu nome com outras potências europeias para formar o pacto e também declarou suas terras abertas a todos os povos cristãos e sua religião. O esquema dos Sherleys não deu em nada, pois a maior parte da Europa, inclusive a Inglaterra, já desfrutava de uma relação bastante lucrativa com os otomanos.

transformavam igrejas em mesquitas e forçavam cristãos à conversão, mas também presidiram uma era de pluralismo. Cada comunidade religiosa era autorizada a se organizar em um *millet*, ou "nação", separada com base em religião, e não em etnia ou nacionalidade: todos os judeus no império, por exemplo, pertenciam automaticamente ao *millet* judaico. Cada *millet* tinha o próprio sistema educacional e judiciário. Dar autonomia a cada comunidade religiosa incentivava a harmonia social entre elas. O sistema estava longe da perfeição, mas foi descrito como um projeto de pluralidade religiosa.

Colonos e convertidos

Dados do censo da época do cerco de Viena em 1683 sugerem que só 20% da população dos territórios otomanos na Europa eram muçulmanos, constituídos de um terço de colonos muçulmanos e dois terços de convertidos ao islã. O principal incentivo para a conversão provavelmente era econômico e social, já que muçulmanos tinham mais direitos e privilégios que os cristãos. Mas a difusão do islã nunca foi a meta da expansão

> [...] um certo grão da Arábia do qual eles fazem uma bebida chamada café [...] que hoje em dia está muito requisitada.
> **Philippe Sylvestre Dufour**
> *mercador francês do século XVII*

otomana – e, sim, terras, mão de obra e pilhagem de riquezas. Jovens de territórios capturados eram incorporados ao exército otomano que assim reabastecia e aumentava suas linhas. Os soldados não lutavam pelo islã, mas por recompensas e promoções.

O fascínio do Oriente

No auge do poder, nos séculos XVI e XVII, os otomanos exploraram as lutas religiosas de potências europeias para própria vantagem política e passaram a comercializar com seus vizinhos, mas em outros aspectos eles eram indiferentes aos europeus cristãos. Isso contrastava com a curiosidade europeia sobre "os turcos".

A Europa desenvolveu um fascínio pelo mundo otomano, conhecido como "Turqueria" ou "Turcomania", e que atingiu o ápice entre 1650 e 1750. Tornou-se moda imitar aspectos da cultura otomana, seja com novas óperas e balés, emprestando padrões de suas artes

A tulipa é nativa da Ásia Central, terra natal originária dos turcos otomanos. Ela se tornou um padrão favorito na arte otomana, usada em tecidos e azulejos, como nesta imagem da mesquita Rüstem Pasha (1563), em Istambul.

Mostar, na Bósnia e Herzegovina, Europa Central, vicejou como cidade fronteiriça otomana nos séculos XV e XVI. A Ponte Velha foi projetada por um aluno do arquiteto imperial Sinan.

decorativas e arquitetura, usando trajes turcos para retratos e bailes, e bebendo café. A bebida de origem árabe espalhou-se pelo Império Otomano no século XVI. Considera-se que a primeira cafeteria europeia foi aberta em Veneza, por volta de 1630, seguidas de outras em Paris e Londres. Isso fez brotar uma cultura de cafeterias por toda a Europa no século XVIII.

Enquanto isso, os holandeses foram pegos pela "tulipomania". Um botânico holandês importou tulipas de Istambul para a Holanda no fim do século XVI, onde ela passou a ser cultivada. Rapidamente as flores se tornaram um cobiçado item de luxo e, a certa altura, na metade de 1630, botões eram comercializados a preços bem salgados nos mercados financeiros.

A Europa também passou a se interessar por línguas "orientais", inclusive o árabe. Parte da motivação foi comercial: saber árabe era útil para a negociação de especiarias na Ásia e no oceano Índico. Esse comércio era dominado pela Companhia Holandesa das Índias Orientais, e um dos primeiros centros de estudos, inaugurado em 1613, foi em Leiden, na Holanda. Em 1636 estabeleceu-se uma cátedra de árabe em Oxford; seu primeiro professor foi Edward Pococke, que trabalhava como capelão na comunidade mercante inglesa em Alepo. Os acadêmicos da Europa cristã continuavam hostis ao islã, afirmando que era preciso estudá-lo, mas sobretudo com o propósito de prová-lo equivocado.

O croissant, de acordo com uma história popular, surgiu em Viena para celebrar a derrota dos otomanos em 1683. Dizem que seu formato foi inspirado pela lua crescente da bandeira otomana.

Como a experiência dos árabes seria útil se a Europa levasse sua influência civilizatória para a Ásia e a África.
Michael Jan de Goeje
orientalista holandês (1836-1909)

Equilíbrio vacilante

Em termos militares, o Império Otomano nunca se recuperou de sua derrota nas cercanias de Viena em 1683. Daí em diante, qualquer batalha – a maioria contra o Império Habsburgo e a Rússia czarista – resultou em perda territorial. O Tratado de Karlowitz otomano-habsburgo de 1699 viu os otomanos cederem controle da maior parte da Europa Central e estabeleceu a monarquia de Habsburgo como a potência dominante na região.

Ao longo dos 200 anos seguintes, exércitos cristãos expulsaram milhões de muçulmanos da Europa, demolindo mesquitas conforme avançavam e tirando os otomanos dos Bálcãs até quase as fronteiras da atual Grécia, posição ratificada no Tratado de Berlim de 1878. O islã ficou com apenas uma pequena presença na Europa, nas atuais Albânia, Kosovo, e Bósnia e Herzegovina.

Com o tempo, o interesse pelo Ocidente começou a semear em terras islâmicas. Estudiosos muçulmanos passaram a frequentar universidades europeias e voltavam com ideias novas que mais tarde remoldariam o islã, tanto quanto confrontos militares, se não mais. ∎

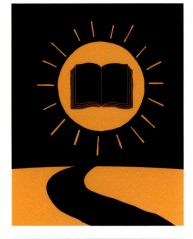

UNIFICADORES DA PRÁTICA ISLÂMICA
MUHAMMAD IBN ABD AL-WAHAB

Deus revela o Alcorão a Maomé com sua mensagem central sobre a Unicidade de Deus.

Gerações de **estudiosos islâmicos interpretam o Alcorão** e as palavras e ações de Maomé, a fim de levar uma vida conforme o islã, ou *sunna*.

O **wahabismo** leva o **Alcorão e o *hadith* ao pé da letra**, rejeita interpretações e considera desviantes os sunitas e sufis.

EM CONTEXTO

TEMA
Wahabismo, ou Reforma Islâmica

ONDE E QUANDO
Século XVIII, Arábia

ANTES
Século XIII O teólogo sírio Ibn Taymiyya prega contra a contaminação do islã.

DEPOIS
1932 Ibn Saud funda a moderna Arábia Saudita, e o ramo Wahabi do islã é adotado como a religião oficial do estado.

1979-89 Tropas soviéticas invadem o Afeganistão; milhares de combatentes estrangeiros se juntam à *jihad* anticomunista formada pela Arábia Saudita e os Estados Unidos, e são expostos ao wahabismo – dando origem ao Talibã e à al-Qaeda, entre outros.

N ascido em 1703 na região árabe central de Najd, Muhammad ibn Abd al-Wahab provém de uma família de acadêmicos religiosos. Quando jovem, ele viajou a Medina e a Basra, atual Iraque, para estudar sob supervisão de estudiosos que seguiam a rígida escola Hanbali de direito islâmico. Transformou-se em um pregador com ideologia absolutista, que condenava muitos aspectos do ensinamento e prática islâmicos contemporâneos, o que o colocou em conflito com autoridades religiosas locais.

Al-Wahab foi dispensado como herege e expulso de várias cidades, mas acabou atraindo apoiadores de duas aldeias, que o aceitaram como líder religioso. Porém fez inimigos poderosos, e mais uma vez foi obrigado a se retirar.

Ao se mudar para al-Diriyah, perto de Riyadh, al-Wahab ganhou novos seguidores e um poderoso patrono na figura de um comandante local chamado Muhammad bin Saud. Al-Wahab e seus discípulos receberam sinal verde de Bin Saud para converter os moradores à causa, e em 1744 os dois homens fizeram um juramento de lealdade mútua, criando o primeiro estado saudita (e wahabi).

Os wahabis
Os seguidores de al-Wahab, conhecidos como wahabis, e sua doutrina, o wahabismo, se opunham

REFORMA E RENASCIMENTO

Ver também: A orientação divina através da Sharia 128-133 ▪ A ascensão do Modernismo Islâmico 222-223 ▪ O nascimento da Arábia Saudita 232-237 ▪ O estado moderno Sharia 266-269 ▪ Os novos extremistas 272-277 ▪ Salafismo 304

ao islã padrão e defendiam aderência estrita à Sharia e entendimentos literais de versos ambíguos do Alcorão, desvinculados das interpretações contextuais de estudiosos islâmicos anteriores.

O wahabismo afirmava representar o princípio do *tawhid*, ou proclamação da unicidade de Deus, com mais precisão do que outras linhas do islã sunita. Os seguidores se autointitulavam *muwahhidun*, que significa "unitaristas" ou "unificadores da prática islâmica", e o próprio al-Wahab era descrito como *mujaddid*, um renovador da mensagem básica do islã e componentes. Seus seguidores citavam um *hadith* afirmando que o profeta dissera: "Deus elevará à *umma*, a cada cem anos, aquele que reviver sua religião".

Militarismo wahabi

Os wahabis enviavam cartas a acadêmicos religiosos e líderes políticos de países muçulmanos até o Marrocos, pedindo que se convertessem à doutrina wahabi. Se as cartas não surtissem efeito, wahabis eram incentivados a travar uma *jihad* contra muçulmanos não wahabis, declarando-os apóstatas que abandonaram o islã.

Em 1812, um exército saudita-wahabi saqueou cidades xiitas no Iraque. O xiismo causava ira nos wahabis sobretudo pelo culto dos templos dos imames, antigos líderes religiosos a quem adoravam como santos. Em resposta, o sultão otomano Mahmoud II, cujo império abarcava o Iraque e a península arábica, enviou seu vice-rei egípcio Muhammad Ali para destruir o primeiro estado saudita-wahabi. O governador Abdullah bin Saud foi decapitado em Istambul em 1818.

Renascimento do wahabismo

Al-Wahab morreu em 1792. Ele tinha seis filhos, e seus descendentes, conhecidos como os *Ahl ash-sheikh*, historicamente dominaram as instituições religiosas do estado árabe saudita. Fora da península arábica, o wahabismo permaneceu um movimento herético e marginal até o advento dos denominados movimentos modernistas islâmicos e o colapso do Império Otomano no início do século xx. A esta altura, as ideias de al-Wahab que clamavam por um islã básico foram adotadas por alguns reformistas, entre eles o intelectual libanês Rashid Rida, que fez campanha para reavivar algumas ideias wahabistas.

De 1970 em diante, agora com dinheiro do petróleo, o estado saudita começou a divulgar o wahabismo, por exemplo, construindo escolas islâmicas, universidades e mesquitas pelo mundo, a fim de projetar seus valores além da península arábica.

Polêmicas sobre o legado de al-Wahab ainda persistem. Críticos alegam que sua interpretação estrita do islã inspirou uma geração de terroristas, inclusive o líder da al-Qaeda Osama bin Laden (1957-2011). Apoiadores, no entanto, afirmam que em vida al-Wahab favoreceu o debate sobre a violência, e nem todos concordam que exista um vínculo ideológico com Bin Laden, apontando que sua motivação política era a inimizade com o Ocidente, sobretudo com os Estados Unidos. ▪

Muçulmanos de Qatar do lado de fora da mesquita nacional de Doha, batizada em homenagem a al-Wahab. O Qatar é o único país além da Arábia Saudita cujo povo é predominantemente wahabi.

Um precursor do wahabismo

Muito antes de al-Wahab começar a promover sua leitura descompromissada do islã, visões similares foram expressas pelo teólogo do século XIII Ibn Taymiyya (1263-1328). Nascido na Síria, estudou na escola Hanbali de jurisprudência e, mais tarde, causou controvérsias ao denunciar líderes sufis por venerarem santos e, ao menos em uma ocasião, clamando pela morte de um cristão acusado de insultar o profeta. Por diversas ocasiões foi preso a pedido de acadêmicos religiosos mais ortodoxos.

Ibn Taymiyya também pregava opiniões extremas sobre a *jihad*. Ele declarou *fatwa* contra os mogóis, que haviam começado a se converter ao islã no século XIII, mas a quem acusou de não seguir a lei de Deus. Seu aval para agir com violência contra muçulmanos inspirou grupos extremistas no século XX em atos de violência contra seus próprios governos.

UMA ATITUDE PROBLEMÁTICA DA EUROPA EM RELAÇÃO AO ISLÃ
EDWARD SAID (1978)

EM CONTEXTO

TEMA
Orientalismo

ONDE E QUANDO
Séculos XVIII a XIX, Europa

ANTES
1479 O notável artista italiano Gentile Bellini chega a Istambul para passar dois anos, disparando o interesse artístico europeu pelo Oriente.

1798 Napoleão Bonaparte invade o Egito, levando consigo cientistas, arqueólogos e artistas cujos registros do país e de seu povo inspira uma nova onda de interesse.

DEPOIS
1978 Edward Said publica *Orientalismo*, desafiando intelectuais ocidentais em suas ideias sobre a "mente árabe".

1979-89 A casa de leilões de Christie faz a primeira venda orientalista; os principais compradores são do Oriente Médio.

Aos olhos das potências europeias, o Império Otomano era um poder militar temível e um aliado comercial valioso. Mas, a partir do século XVIII, conforme os turcos sofriam perdas territoriais em série e os estados-nação da Europa ficavam economicamente mais fortes, o "Oriente" (nesse sentido, sobretudo o Oriente Médio e o norte da África) era cada vez mais visto como retrógrado, incivilizado e anticristão.

Autoridades religiosas ocidentais atacavam o islã e o Alcorão. O pensador político francês Alexis de Tocqueville (1805-59), por exemplo, declarou que "em geral, poucas religiões no mundo foram tão mortais para o homem quanto a de Maomé". Tais ideias foram reforçadas pelos chamados "orientalistas" e pela sua arte, que representava o mundo muçulmano como libertino (mulheres num harém eram um tema favorito dos pintores), brutal (espadas e escravizados também eram populares) e fanático.

Essa visão reducionista abriu caminho para as potências europeias colonizarem países muçulmanos, que eram apresentados como desesperadamente necessitados de intervenção cristã. Na era pós-colonial, o acadêmico palestino-americano Edward Said (1935-2003) articulou a perspectiva muçulmana em seu influente estudo *Orientalismo*, publicado em 1978. Nele, Said escreveu: "Dizer tão somente que o Orientalismo foi uma racionalização da lei colonial é ignorar a extensão com que a lei colonial foi justificada antes do Orientalismo, e não depois dele". ■

Pinturas orientalistas mexiam com fantasias ocidentais sobre o Oriente exótico e, em geral, eram dramáticas e coloridas, como esta obra do artista francês Jean-Léon Gérôme (1824-1904).

Ver também: O califado do Império Otomano 186-189 ■ O islã na Europa 210-215 ■ A crescente onda de islamofobia 286-287

REFORMA E RENASCIMENTO

A PURIFICAÇÃO PELA ESPADA
MUHAMMAD AHMED, "O MAHDI"

EM CONTEXTO

TEMA
O Mahdi do Sudão

ONDE E QUANDO
1881-85, Sudão

ANTES
Século IX O 12º imam se esconde da vista humana (fica em "ocultação"); em algum momento futuro ele reaparecerá para resgatar seu povo.

c. 1844 Sayyid Ali Muhammad Shirazi (1819-50) torna-se *bab* ("portão"), uma figura como um Mahdi, fundando o babismo na Pérsia. Ele e milhares de seus seguidores são executados pelas autoridades. Depois ele passa a ser cultuado como uma das figuras centrais da fé bahai.

DEPOIS
1882 No Punjab, norte da Índia, Mirza Ghulam Ahmad, fundador do movimento Ahmadia, declara-se profeta menor do islã e Mahdi.

Mesmo que não haja referência ao Mahdi – "o guiado" – no Alcorão, apenas no *hadith*, muçulmanos xiitas vivem à espera dessa figura messiânica que surgirá no fim dos tempos, com Jesus, para trazer paz à Terra. Até hoje várias pessoas afirmaram ser o Mahdi.

Em 1881, o líder religioso de uma ordem sufi no Sudão, Muhammad Ahmed bin Adballah (1844-85), que se declarava descendente de Fatima, a filha do Profeta Maomé, foi proclamado Mahdi por seus discípulos. À época, havia amplo ressentimento entre os sudaneses pelas altas taxas impostas pelo Egito, que conquistara o Sudão nos anos 1820. O Mahdi considerava os egípcios hipócritas e apóstatas que haviam virado as costas ao islã.

Em 1881, o Mahdi enviou uma mensagem pessoal ao governador-geral do Sudão informando-o de que ele, o Mahdi, estava agindo por inspiração divina do Profeta Maomé – e qualquer um que não aceitasse a missão divinamente incumbida do Mahdi seria "purificado pela espada".

A revolta madista angariou apoio do país inteiro, e os rebeldes, armados apenas com espadas e lanças, venceram primeiro os egípcios e, depois, as forças britânicas, capturando a cidade de Cartum em 1885. O Mahdi morreu de tifo mais tarde nesse mesmo ano e a revolta terminou em 1898, mas seu nome permaneceu um símbolo potente. Um descendente direto, Sadiq al-Mahdi, foi duas vezes primeiro-ministro do Sudão, em 1966-67 e em 1986-89. ∎

Este mundo é uma carcaça, e aqueles que a desejam são animais.
The Mahdi
Carta aos Britânicos, 1884

Ver também: O surgimento do islã xiita 108-115 ▪ O califado do Império Otomano 186-189 ▪ As origens de Ahmadia 220-221

FUI ENCARREGADO E SOU O PRIMEIRO DOS QUE CREEM
MIRZA GHULAM AHMAD

EM CONTEXTO

TEMA
As origens da Ahmadia

ONDE E QUANDO
Fim do século XIX, Índia

ANTES
632 O Profeta Maomé, o último profeta do islã, morre em Medina.

1857 A Rebelião Indiana é massacrada, mas lança o movimento de independência que inclui elementos do militarismo.

DEPOIS
1908 A liderança do Ahmadia passa para Hakim Noor-ul-Din, um companheiro de Ghulam Ahmad.

1983 A conferência anual do Ahmadia no Paquistão atrai quase 250 mil participantes; em 1984, restrições impostas ao grupo obrigam seu líder a se exilar.

1984 A sede do Ahmadia se muda para o Reino Unido.

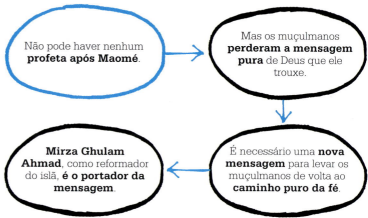

O movimento Ahmadia surgiu no final do século XIX nos territórios a noroeste da Índia sob jugo britânico. Seu fundador foi Mirza Ghulam Ahmad, que em 1882 declarou-se reformista do islã por indicação divina. O nome do movimento não se refere apenas ao seu fundador, mas a "Ahmad", outro nome do Profeta Maomé em algum *hadith*.

Segundo Ghulam Ahmad, sua missão era reviver o islã e devolvê-lo à pureza de suas bases. Ele não se afirmava um novo profeta – no pensamento muçulmano, o Profeta Maomé é o último profeta do islã, e qualquer outro que tente usar o status de profeta deve ser denunciado. Ghulam Ahmad dizia que não estava trazendo uma nova revelação, mas uma nova interpretação, visando guiar a comunidade muçulmana de volta a suas raízes. Ele se via como alguém capaz de restaurar o islã a seu estado puro original. Angariou seguidores em Punjab e Sindh, e lançou o movimento com uma cerimônia de aliança em 1889.

Ver também: Maomé, o Profeta 22-27 ▪ A busca para tornar suprema a palavra de Deus 134-135 ▪ O Mahdi do Sudão 219 ▪ A criação do Paquistão 242-247

Ensinamentos não ortodoxos

Em um clima de crescente sentimento anti-imperialista na Índia ocupada pelos britânicos, Ghulam Ahmad defendia, polemicamente, apenas a forma espiritual da *jihad* e a difusão pacífica do islã, e nenhuma forma de confronto militar.

Outros ensinamentos eram mais incendiários. Ahmad afirmava que Issa (Jesus) não morreu na cruz, e que ele – como era a crença tradicional dos muçulmanos – foi salvo de morrer na cruz por ter sido levado por Deus até o céu. Ahmad dizia que Issa desmaiou, recuperou-se e foi ao Afeganistão e à Caxemira em busca das tribos perdidas de Israel, onde morreu de velhice.

Ahmad não apenas se intitulava reformador do islã, mas uma segunda vinda de Maomé e Issa. Ele era o Mahdi ("o guiado") e o Messias que, em alguns *hadiths*,

O movimento Ahmadia tem missão evangelista, e incentiva a construção de mesquitas pelo mundo. Essa, em Berlim, na Alemanha, foi erguida em 1925.

foram previstos por Maomé como uma aparição no fim dos tempos.

Essas afirmações foram longe demais para muitos muçulmanos, e Ahmad foi rotulado como um herege que desafiava a posição de Maomé como o último profeta e as revelações que ele recebera. Em 1908, quando Ahmad morreu, seus seguidores se dividiram entre ahmadias qadianis, que aceitavam suas afirmações e continuaram seus ensinamentos, e ahmadias lahoris, que o viam como um renovador da fé islâmica, mas não como um profeta menor.

Em 1973, a lei paquistanesa sancionou que os ahmadias qadianis não eram muçulmanos; a partir de 1984, qualquer qadiani que se afirmasse muçulmano, usasse termos islâmicos ou se referisse à própria fé como islã seria punido. Perseguidos, os qadianis mudaram sua sede do Paquistão para o Reino Unido e hoje constituem cerca de 1% dos muçulmanos no mundo – embora, de maneira geral, os outros muçulmanos não os considerem como tais. ▪

Mirza Ghulam Ahmad

Filho de médico, Mirza Ghulam Ahmad nasceu em 1835 em Qadian, um vilarejo perto de Lahore, Punjab, hoje no Paquistão, mas no passado uma parte do noroeste da Índia. Estudou árabe e persa, e um pouco de medicina com o pai. Embora tenha atuado por um tempo como funcionário público, ele voltou a Qadian e se concentrou no estudo religioso e debates públicos em defesa do islã.

Em 1882, Ahmad declarou ter uma missão divina. Sete anos depois, cerca de 40 de seus seguidores prometeram se aliar a ele, e em 1889 ele publicou um conjunto de regras para guiar todos os que se juntavam ao movimento. Viajou pelo norte da Índia e Déli, difundindo sua mensagem e debatendo com líderes islâmicos. Escreveu vários livros, entre eles, *Argumentos da Ahmadiyya* (1880-84), *Vitória do islã* (1891) e *A estrela do guia* (1898).

Em 1908, quando Ahmad morreu, a liderança da Ahmadia passou para Hakim Noor-ul-Din, que mais tarde a passou para o filho mais velho de Ahmad. Hoje, acredita-se que o movimento tenha de 10 a 20 milhões de seguidores no mundo todo.

O CENTRO DE ATENÇÃO NÃO É MAIS O ISLÃ COMO RELIGIÃO
JAMAL AL-DIN AL-AFGHANI

EM CONTEXTO

TEMA
A ascensão do Modernismo Islâmico

ONDE E QUANDO
Fim do século XIX, Egito

ANTES
Século XIX O poder otomano em queda permite que nações europeias tomem o controle de partes do mundo muçulmano, sobretudo o Egito, em 1882.

DEPOIS
1923 Mustafa Kemal Atatürk proclama a República da Turquia, transformando o antigo Império Otomano Islâmico em um estado secular moderno, nacionalista e com tendências ocidentais.

1928 Hassan al-Banna funda a Irmandade Muçulmana no Egito para criar uma forma política do islã capaz de enfrentar o Ocidente.

Apenas quando o **islã** é considerado **relevante no mundo moderno** é visto como uma religião para todas as gerações...

↓

... portanto, o **islã** deve se **reconciliar com valores ocidentais** como democracia, direitos civis, igualdade e progresso.

↓

Ao mesmo tempo, muçulmanos devem **resistir à exploração colonial ocidental** e à imposição de valores seculares ocidentais...

↓

... e muçulmanos também precisam insistir na **importância da fé religiosa** na vida pública.

No fim do século XIX, surgiu um movimento para preservar e modernizar o islã em alinhamento com as instituições e a sociedade ocidental. Esse movimento, conhecido como Modernismo Islâmico, teve vários expoentes, entre eles, Sayyid Ahmad Khan (1817-98) e seu movimento Aligarh na Índia, que visava estabelecer um sistema moderno de educação para a população muçulmana da Índia britânica.

Porém, os dois modernistas mais influentes, cujo impacto foi sentido em todo o mundo islâmico, foram Jamal al-Din al-Afghani (1838-97) e seu aluno e colaborador Muhammad Abdu (1849-1905). Al-Afghani defendia que o islã deveria ser visto, em primeiro lugar, como civilização, e não como religião, e incitava os muçulmanos a se envolverem no mundo moderno, não a fugir dele.

A ascensão de um modernista

Al-Afghani afirmava descender de sunitas afegãos, daí seu nome, mas muitos acreditavam que sua origem era persa xiita, de um vilarejo no oeste do Irã. Certo era que ele teve uma educação eclética no Irã e em cidades de culto xiita do Iraque, que

REFORMA E RENASCIMENTO 223

Ver também: A orientação de Deus através da Sharia 128-133 ▪ O islã na Europa 210-215 ▪ Wahabismo, ou Reforma Islâmica 216-217 ▪ A ascensão do islã político 238-241 ▪ A criação do Paquistão 242-247

A Universidade al-Azhar, no Cairo, é o cerne do pensamento sunita islâmico. Como o egípcio Grand Mufti, Muhammad Abdu buscou reformar seus ensinamentos, impactando todo o islã sunita.

acabaram levando-o a mesclar ideias sufis, xiitas e racionalistas na estrutura de seu pensamento. Ele era modernista tanto no uso dos meios de comunicação, especificamente jornais, para mobilizar a sociedade contra as potências coloniais, quanto em sua abordagem do islã, insistindo que a teologia islâmica e a tradição legal (Sharia) precisavam se alinhar para enfrentar o desafio ocidental. Ele chegou a essas conclusões trabalhando e estudando na Índia, no Afeganistão, em Istambul e no Cairo, onde conheceu um aluno de misticismo islâmico, Muhammad Abdu, em 1868.

Nascido na elite egípcia no delta do Nilo, norte do Cairo, Abdu ficou impressionado com as ideias de al-Afghani. Juntos, em 1884, eles criaram o jornal *al-Urwa al-Wuthqa* (termo do Alcorão que significa "o elo mais sólido"), com 18 edições publicadas em Paris. Circulando na esteira da ocupação francesa da Tunísia em 1881, da ocupação egípcia pela Grã-Bretanha em 1882 e da falência otomana por credores europeus, o jornal foi revolucionário ao gerar um senso de unidade islâmica fundada em oposição à colonização europeia de terras muçulmanas.

Uma abordagem racionalista

A abordagem racionalista de al-Afghani e Abdu do Alcorão e da lei islâmica despertou a hostilidade de autoridades islâmicas no Cairo e em Istambul, mas o respeito de oficiais e acadêmicos ocidentais que ouviram falar deles. Em 1883, quando o acadêmico francês Ernest Renan afirmou publicamente que muçulmanos rejeitavam a educação e a ciência, a insistência de al-Afghani de que o islã podia ser um motor para o racionalismo e o progresso científico foi amplamente discutida.

Como Grand Mufti do Egito (importante jurista islâmico) desde 1899, Abdu passou a ser um confidente próximo de Lord Cromer, agente dos britânicos e cônsul-geral no Egito. Após a morte de al-Afghani, Abdu trabalhou com um acadêmico religioso libanês, Rashid Rida, que viera ao Egito em 1897. Eles fundaram o jornal *al-Manar*, que promovia ideias reformistas. Rida incentivava muçulmanos a interpretar as fontes principais do islã por si mesmos, como ele o fazia. Suas ideias eram consideradas polêmicas por muitos – sem falar no apoio à teoria evolucionista de Darwin, algo que alguns muçulmanos ainda não aceitam.

Abdu continuou pressionando por reformas. Argumentava que muçulmanos não podiam confiar em interpretações de textos feitas por estudiosos medievais – era preciso usar a razão para acompanhar a mudança dos tempos. Ele reinterpretou a Sharia de modo a aplacar exigências estritas, como evitar taxas de usura em transações financeiras e comer apenas carne halal. Também defendia a educação das mulheres. Os oponentes muçulmanos o chamavam de infiel, mas seu legado foi uma tendência do pensamento liberal no islã do século xx. ▪

Fui ao Ocidente e vi o islã, mas nenhum muçulmano; voltei ao Oriente e vi muçulmanos, mas nenhum islã.
Muhammad Abdu

OS ESTADOS UNIDOS PRECISAM ENTENDER O ISLÃ
MALCOLM X (1964)

EM CONTEXTO

TEMA
Primeiros muçulmanos nos EUA

ONDE E QUANDO
Início do século xx, EUA

ANTES
Século XII O Mali se torna o primeiro reino muçulmano da África ocidental, após séculos de comércio com árabes marroquinos.

1503 O comércio transatlântico de escravizados tem início, e leva mais de 10 milhões de africanos às Américas até 1867.

DEPOIS
1984 O rapper norte-americano William Michael Griffin se converte ao islã. Como Rakim, ele se torna um dos artistas de hip hop mais influentes de todos os tempos, e cita o islã em suas letras.

2006 Keith Ellison, o primeiro muçulmano eleito para o congresso estadunidense, faz seu juramento usando o Alcorão de Thomas Jefferson.

Em 29 de maio de 1921, o jornal *The Detroit Free Press* publicou uma reportagem com a manchete "Sheik ajuda a construir mesquita muçulmana". O "sheik" em questão era Hassan Karoub, o imigrante sírio que presidiu a abertura do que se tornaria a primeira mesquita construída para fins específicos nas Américas.

Os Karoub saíram de Damasco, Síria, e se mudaram para Detroit, Michigan, por volta de 1912 para trabalhar na indústria automobilística, como a maioria dos imigrantes muçulmanos. Eles faziam parte de uma comunidade muçulmana local que tinha por volta de 16 mil pessoas na época. A maioria eram imigrantes

Ver também: Divulgando o islã por meio do comércio 182-185 ▪ As origens da Ahmadia 220-221 ▪ Demografia atual do islã 260-261 ▪ Muçulmanos no Ocidente 282-285

A partir de 1503, um grande número de muçulmanos chega como **escravizados capturados na África Ocidental**.

No **fim do século XIX**, uma onda de imigrantes muçulmanos chega do **Oriente Médio e do sul da Ásia**. A situação foi barrada pela Lei de Imigração de 1924.

Estima-se que hoje **3,45 milhões de muçulmanos** vivam nos Estados Unidos, o que representa apenas pouco mais de **1%** do total da **população norte-americana**.

A imigração muçulmana em larga escala volta após a **Lei de Imigração e Naturalização de 1965**.

Nos anos 1920 e 1930, surgem vários movimentos negros muçulmanos, inclusive o **Nação do Islã**.

---

recentes, embora o islã já tivessem uma longa história nos Estados Unidos, com raízes datadas de antes de sua fundação, em 1776.

Islã acorrentado

Os primeiros muçulmanos que chegaram às Américas foram trazidos como escravizados. Eles chegaram a partir de 1503, quando os espanhóis capturaram africanos e os levaram pelo Atlântico até o Caribe e o Novo Mundo. Os pesquisadores divergem quanto ao número exato de escravizados muçulmanos, mas eles estimam que por volta de um terço de todos os africanos escravizados saíram de regiões amplamente muçulmanas da África Ocidental – sobretudo dos atuais Senegal, Gâmbia, Guiné, Mali e Nigéria. Colocados para trabalhar nas plantações, a maioria dos muçulmanos escravizados,

forçados por seus proprietários a se converter ao cristianismo, abandonaram a religião. Porém, apesar da coerção, alguns desses muçulmanos mantiveram as práticas religiosas. Entre eles, Ayuba Suleiman Diallo, um homem instruído de uma família de clérigos muçulmanos no Senegal. Sequestrado em 1730, Ayuba foi enviado para uma plantação de tabaco em Maryland. Ele fugiu e conseguiu chegar em Londres em 1733, onde escreveu suas memórias. »

Ayuba Suleiman Diallo, pintado por William Hoare de Bath em 1733, ano em que Ayuba escapou da escravidão e partiu para a Inglaterra.

PRIMEIROS MUÇULMANOS NOS EUA

Malcolm X era uma figura dinâmica, influente e polarizadora, que no início lutou pelo nacionalismo negro sob a égide da Nação do Islã.

Omar ibn Said foi levado do Senegal em 1807. Ele também era instruído, e, antes de ser sequestrado, havia sido um estudioso islâmico. Omar passou o restante da vida escravizado na Carolina do Norte e morreu em 1864, ano anterior à abolição da escravatura nos Estados Unidos. Deixou uma breve biografia e outras obras em árabe, que revelam que, mesmo aparentemente convertido ao cristianismo, ele continuou escrevendo versos do Alcorão em árabe em sua Bíblia.

Relatos em primeira pessoa de escravizados muçulmanos, como Ayuba Suleiman Diallo e Omar ibn Said, são raros, mas mostram que, na época de sua independência em 1776, os Estados Unidos já tinham uma população muçulmana significativa. Entre os nomes de soldados a serviço durante a Guerra Americana da Independência em 1775-83 estão nomes muçulmanos, como Bampett Muhammad e Yusuf Ben Ali.

Thomas Jefferson, principal autor da Declaração da Independência em 1776 e terceiro presidente dos Estados Unidos (1801-09), tinha sua própria cópia do Alcorão, uma tradução para o inglês de 1734 feita por George Sale. Não se sabe por que Jefferson tinha o Alcorão, mas sugere uma consciência da diversidade religiosa na nação recém-formada que hoje em dia muitos esqueceram.

Pós-escravidão

O islã que chegou aos Estados Unidos pelos muçulmanos escravizados não sobreviveu. Sob pressão para se converterem ao cristianismo, não puderam transmitir sua religião aos descendentes. No entanto, no fim do século XIX, milhares de imigrantes econômicos muçulmanos chegaram aos Estados Unidos de países do Oriente Médio e do sul da Ásia. Eles formaram comunidades, construíram mesquitas e integraram o islã na estrutura da vida estadunidense.

O legado dos primeiros escravizados muçulmanos foi resgatado no início do século XX, com o movimento para promover a ideia do islã como parte perdida da herança afro-americana. Em 1914, o imigrante jamaicano Marcus Garvey fundou a Associação Universal para o Progresso Negro (Unia), no Harlem, na cidade de Nova York. A Unia defendia o

---

Os Estados Unidos […] não têm em si nenhum aspecto de inimizade contra as leis, a religião ou a tranquilidade dos muçulmanos.
John Adams
2º presidente dos Estados Unidos
(1735-1826)

Da Espanha à Califórnia

Há uma teoria de que o islã já estava nas Américas mesmo antes da chegada dos primeiros muçulmanos escravizados no século XVI: mouros expulsos da Espanha no século XIV também podem ter cruzado o Atlântico. Além disso, é possível que Cristóvão Colombo tivesse muçulmanos em sua tripulação quando, em 1492, saiu da Espanha para "descobrir" o Novo Mundo.

Um legado mais duradouro pode existir no nome de um dos territórios fundados pela Espanha: a Califórnia. Há quem diga que foi inspirado no nome de um romance popular entre os conquistadores, *As aventuras de Esplandián*. A obra cita uma ilha rica chamada Califórnia, comandada por amazonas negras e sua rainha Calafia. O livro foi publicado em 1510 em Sevilha, cidade que tinha sido parte de al-Andaluz e regida sob a lei de um califa muçulmano: de "califa" vem o feminino Calafia, e depois, talvez, Califórnia.

[O islã] é a única religião que apaga de sua sociedade o problema racial.
Malcolm X

separatismo negro e o retorno à África para dar fim ao colonialismo branco e unir o continente sob leis negras. Embora cristão, às vezes Garvey mencionava o islã em seus discursos, enquanto o jornal interno da Unia, *Negro World*, publicava histórias sobre muçulmanos em 1920, exercendo um papel na difusão da conexão entre o islã e o nacionalismo negro.

O Templo da Ciência Moura da América, fundado em Chicago em 1913 por Timothy Drew – ou Nobre Drew Ali – propôs uma conexão mais explícita, afirmando que afro-americanos tinham ascendência moura do Império Marroquino, e, portanto, eram islâmicos.

A Nação do Islã fundada em Detroit em 1930 por Wallace D. Fard, ou Wali Fard Muhammad era influente. Graças a seus líderes carismáticos, como Elijah Muhammad, que a liderou de 1934 a 1975, a Nação ajudou a estabelecer as bases para a ascensão do islã como parte influente do Black Power e movimentos mais amplos por direitos civis dos anos 1950 e 1960.

Os ensinamentos da Nação misturavam elementos da Bíblia e o Alcorão para afirmar que os africanos eram o povo original da Terra e que os norte-americanos de ascendência africana deviam receber um estado próprio, separado da raça branca.

Enquanto esteve preso, entre 1946 e 1952, Malcolm Little se converteu ao islã e juntou-se à Nação, mudando seu nome para Malcolm X – um protesto pela perda de identidade quando proprietários brancos de escravizados impuseram novos sobrenomes a eles. Depois de solto, ele se tornou um dos membros de maior destaque da Nação, mas se desiludiu, deixou a organização e abraçou o islã sunita padrão, fazendo o *Hajj* em 1964. Ferrenho crítico das crenças separatistas da Nação, ele foi assassinado por três de seus membros em 1965.

Embora fizessem campanha por melhorias para afro-americanos, as crenças religiosas não ortodoxas desses grupos eram externas ao islã padrão; a maioria dos muçulmanos não considerava muçulmanos os seguidores da Nação e de movimentos similares.

Unidade islâmica nos EUA

A mesquita que Muhammad Karoub fundou em Detroit em 1921 fechou em 1927. No entanto, a mesquita Sadiq, construída em Chicago em 1922 em homenagem a Muhammad Sadiq, que

Ramy Youssef, comediante egípcio-americano cujo programa de sucesso *Ramy*, de 2019, abordava a experiência de ser um muçulmano norte-americano.

foi enviado aos Estados Unidos em 1920 como missionário do movimento Ahmadia, ainda está de pé. Em busca de formar pontes entre afro-americanos e outros muçulmanos, ele converteu milhares de pessoas.

Os ahmadis são a comunidade muçulmana (embora alguns muçulmanos não os aceitem como tal) mais antiga nos Estados Unidos, com cerca de 20 mil seguidores, dos estimados 3,45 milhões de muçulmanos nas Américas hoje. Como disse Barack Obama, o 44º presidente estadunidense, em 2015, o islã está "mesclado à estrutura de nosso país". ∎

Mesquita no noroeste do interior de Ohio. Ela pertence a uma comunidade muçulmana localizada na região desde os anos 1930.

CONTANTO QUE NÃO INTERFIRA NA RAZÃO SÃ
MUSTAFA KEMAL ATATÜRK

EM CONTEXTO

TEMA
A secularização da Turquia

ONDE E QUANDO
1923, Turquia

ANTES
1299 d.C. Osman funda a dinastia otomana, que conquistará a Turquia, depois, a Grécia e a Sérvia.

1453 Mehmed II, também conhecido como Mehmed, o Conquistador, toma Constantinopla, encerrando o Império Bizantino e iniciando séculos de glória para o Império Otomano.

DEPOIS
2001 Políticos formam o partido turco AKP, voltado para a tradição conservadora do passado turco-otomano e busca restaurar a identidade islâmica do país.

No século XIX, o Império Otomano, cujos sultões governaram a maior parte do mundo islâmico por mais de 500 anos, estava em declínio; situação realçada por uma série de campanhas militares fracassadas. A corte tentou reverter a tendência por meio de uma política de ocidentalização. Na metade do século XIX, oficiais lançaram reformas em larga escala em administração, direito, militarismo e educação. Em última instância, o desejo de se reinventar levaria o império mais poderoso do islã a abandonar amplamente a fé muçulmana em nível estatal e se transformar em uma sociedade quase integralmente secular.

REFORMA E RENASCIMENTO 229

Ver também: O califado do Império Otomano 186-189 ▪ O islã na Europa 210-215 ▪ Demografia atual do islã 260-261 ▪ Islã e democracia 264-265

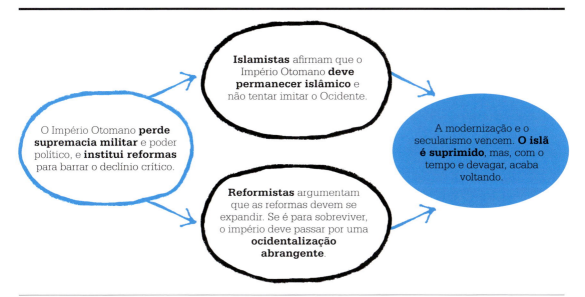

O Império Otomano **perde supremacia militar** e poder político, e **institui reformas** para barrar o declínio crítico.

Islamistas afirmam que o Império Otomano **deve permanecer islâmico** e não tentar imitar o Ocidente.

Reformistas argumentam que as reformas devem se expandir. Se é para sobreviver, o império deve passar por uma **ocidentalização abrangente**.

A modernização e o secularismo vencem. **O islã é suprimido**, mas, com o tempo e devagar, acaba voltando.

Raízes da secularização

Vários fatores levaram ao colapso do sultanato, mas as sementes do desmantelamento estão no programa Tanzimat, instituído em 1839. Sua meta era reformar a estrutura política do estado em linhas ocidentais – criando novos quadros de burocratas, especialistas e elites militares dialogando em métodos e linguagens europeus. Reformistas também fizeram leis para reduzir o poder das instituições religiosas por meio da restrição do âmbito da lei Sharia. Infelizmente, o custo financeiro das reformas levou à falência do estado a seus credores ocidentais em 1870. Enquanto isso, as perdas territoriais continuaram, já que os otomanos perderam os Bálcãs e o Cáucaso para os russos.

A reação do sultão Abdul Hamid II, que governou de 1876 a 1909, foi uma política de reafirmação do poder islâmico, incluindo reforçar seu status de califa, e um regime de repressão que começou com o encerramento de um breve experimento no governo pelo parlamento em 1878. Mas a reforma já avançara muito para permitir o retrocesso a leis autoritárias. Pequenos grupos clandestinos, mais tarde conhecidos como "Jovens Turcos", continuaram pressionando por mudança. A maioria dos grupos foi eliminada, mas um deles, o Comitê de União e Progresso (CUP), conseguiu tomar o controle do exército otomano na Macedônia. Em »

Mantendo o islã vivo na Turquia

Said Nursi (1877-1960) foi um teólogo e acadêmico islâmico. Ele fundou o Movimento Nur, que defendia a reinterpretação do islã de acordo com necessidades da sociedade moderna. Originalmente membro do Jovens Turcos, mais tarde teve problemas com a república e foi acusado de participar de revoltas antigovernamentais. Na prisão, escreveu uma obra de comentários do Alcorão que chegou a mais de 6 mil páginas. Partes foram distribuídas a seus discípulos por toda a Turquia naquilo a que ele chamou de "*jihad* do mundo", caracterizada por ele como a luta para reviver a ética muçulmana em um mundo que se tornara altamente secularizado.

Após a morte de Nursi, um dos que deram continuidade a seu trabalho foi o colega acadêmico e pregador Fethullah Gülen. Rivalidades entre o movimento Gülen, de milhões de adeptos, e o partido no comando, AKP, emergiram em 2013, e em 2016 o AKP culpou os gülenistas por uma tentativa de golpe na Turquia.

1908, o CUP tinha poder o bastante para enviar um telegrama ao sultão, já idoso, exigindo restauração do parlamento. Diante de um exército rebelde armado marchando em Constantinopla, Abdul Hamid cedeu à exigência. Eleições para o novo parlamento viram o CUP ocupar todas as vagas, exceto uma.

Colapso do império

O Império Otomano entrou na Segunda Guerra Mundial em 1914 atacando a Rússia, que declarou guerra em resposta, assim como a França e a Grã-Bretanha, aliadas russas. Quando a guerra terminou em derrota e ocupação, o governo CUP, desonrado, foi destituído do poder. Os britânicos e os franceses planejaram dividir o império em esferas de influência de respaldo europeu. Unidades renegadas do exército começaram a se unir sob a liderança de Mustafa Kemal, um jovem general turco que rechaçara com êxito a invasão aliada de Dardanelos em 1915-16. Em 1919, Kemal liderou uma revolta do interior, declarando a independência e formando um novo governo na cidade de Ankara. "De agora em diante", declarou ele, "Istambul não controla a Anatólia, mas Anatólia controla Istambul".

As autoridades rivais em Istambul e Ankara ficaram em um impasse por dois anos, mas, em outubro de 1922, as forças de Mustafa Kemal prevaleceram. O sultanato foi abolido e o último sultão fugiu de Istambul para a Itália. A República Turca foi proclamada em outubro de 1923, com Mustafa Kemal "Atatürk" ("pai dos turcos") como presidente e Ankara, a capital. O califado foi abolido no ano seguinte.

Deislamificação

Os anos seguintes foram de desmantelamento de instituições islâmicas, incluindo o fechamento de tribunais Sharia, o banimento de ordens sufis e a retirada do islã da constituição. Parte de uma política geral para reduzir a presença do islã na Turquia, outras medidas foram banir o "véu islâmico" (hijab) em instituições públicas, obrigar homens

> Se vejo a crença de minha nação garantida, nem vou me importar em queimar no inferno.
> **Said Nursi**

Em 1924, a Assembleia Nacional notifica o fim do califado ao sultão após a proclamação da república turca no ano anterior (Capa de um jornal francês).

REFORMA E RENASCIMENTO

São muitos os países, mas apenas uma civilização. Se uma nação quer atingir o progresso, ela precisa fazer parte dessa civilização.
Mustafa Kemal Atatürk

Mustafa Kemal Atatürk é homenageado em seu mausoléu, em Ankara, no dia da República, mas são muitos os críticos do secularismo agressivo que removeu o islã da vida pública turca.

a usar chapéus ocidentais em vez do fez, uso exclusivo do calendário gregoriano em vez do islâmico, e adoção obrigatória de sobrenomes turcos no lugar dos islâmico-árabes.

As medidas mais radicais foram as reformas linguísticas, que viram a escrita árabe ser substituída pela latina em 1928, ao lado de um expurgo de palavras árabes e persas em troca de palavras, muitas vezes, inventadas.

Um partido político não pode ter religião. Só pessoas podem.
Recep Tayyip Erdogan

Tentaram-se outras reformas que nunca ganharam muita força, mesmo durante a vida de Atatürk, como a introdução de assentos e uso de sapatos dentro das mesquitas.

O efeito combinado dessas políticas foi excluir a Turquia de seus vizinhos do Oriente Médio e de seu passado otomano. A meta do novo regime era criar um novo turco europeu, que ocuparia seu lugar como membro do "grupo avançado das nações".

A atitude do próprio Atatürk com o islã parece ambígua. Dizem que ele falou: "Religião é uma instituição importante. Nações sem religião não sobrevivem", mas também declarou: "Não tenho religião, e às vezes gostaria que todas elas afundassem. Quem precisa de religião para sustentar um governo é um comandante fraco". Depois acrescentou: "Todo homem pode seguir a própria consciência, contanto que isso não interfira na razão".

Depois de Atatürk

O fervor do novo radicalismo começou a enfraquecer após a Segunda Guerra Mundial. Eleições multipartidárias foram instituídas pelo sucessor de Atatürk, Ismet Inönü, a partir de 1950. Ao longo das décadas subsequentes, partidos que tomaram o poder conseguiam apoio da interiorana Anatólia, que nunca apoiou por inteiro uma revolução secular. Apesar de uma série de golpes militares para remover esses governos, o islã político cresceu em força, respaldado por redes sufistas e o trabalho do acadêmico religioso Said Nursi.

O islã político acabou superando os adversários seculares em vitórias eleitorais dos anos 1980 em diante. A partir de 2002, governos do Partido da Justiça e Desenvolvimento (AKP) constituídos sob a liderança de Recep Tayyip Erdogan foram o auge dessa situação. Atraindo uma coligação de conservadores religiosos e forças seculares motivadas pelo discurso sobre direitos civis e promessas de participação da UE, o AKP provou ser durável. Sob o AKP, o sufismo também ressurgiu.

Mas o legado de Atatürk permanece, e nos últimos anos uma das áreas mais ferozes de discórdia no discurso público foi entre interpretações seculares e religiosas da história republicana turca e da imperial otomana. ■

NOSSA CONSTITUIÇÃO
É O ALCORÃO
REI FAISAL (1967)

O NASCIMENTO DA ARÁBIA SAUDITA

EM CONTEXTO

TEMA
O nascimento da Arábia Saudita

ONDE E QUANDO
1932, Península Arábica

ANTES
967 Durante a era abássida, cria-se o cargo de *sharif* de Meca para o administrador das cidades sagradas, Meca e Medina, e da região vizinha de Hejaz. O termo *sharif* significa "nobre" em árabe, e é usado para os descendentes do neto do profeta, Hassan.

1919 O sharif Hussein de Meca se recusa a ratificar o Tratado de Versalhes e perde o apoio britânico a suas reivindicações para governar a Arábia.

DEPOIS
1946 Abdullah, filho do sharif Hussein, torna-se o primeiro rei do recém-independente Reino Hachemita da Jordânia.

Repito, não se pode comparar a Arábia Saudita a outros países.
Al-Walid bin Talal
membro da família real saudita
(1955)

A Rocha do Elefante, no norte da Arábia Saudita, é um raro marco rochoso num país quase todo constituído de desertos e amplas reservas petrolíferas, sobretudo na província oriental.

No século VII, exércitos varreram a Arábia para conquistar vastos territórios em nome do islã. Em pouco tempo, novas dinastias emergiram em Damasco, Bagdá, e, mais tarde, no Cairo e em Istambul, relegando o local de nascimento do islã a um remanso político. Do século X em diante, as cidades sagradas de Meca e Medina ficaram sob o controle de um comandante árabe local conhecido como o sharif de Meca, cargo que conferia aliança a potências em outros lugares, como os abássidas, os mamelucos e, a partir do século XVI, os otomanos. O restante da Arábia voltou à lei tribal, como antes da vinda do profeta.

Mas o século XX trouxe uma reviravolta notável – por meio de uma combinação de conquista, diplomacia e sorte, a península arábica readquiriu o controle do destino do islã.

Alianças valiosas

O primeiro estado da Arábia, chamado Emirado de Diriah, resultou de uma aliança entre um líder local, Muhammad bin Saud (1710-65), e o pregador de uma forma puritana do islã, Muhammad ibn Abd al-Wahab (1703-92). Os dois formaram uma parceria em 1744, consolidada pelo casamento de seus filhos, e fundaram a Casa de Saud. A ideologia religiosa de Wahab concedeu à Casa de Saud a legitimidade e o poder que outras tribos não tinham. Essa mesma ideologia derrubou o primeiro estado saudita em 1818, depois que a expansão territorial dos wahabis, inspirada na *jihad*, incitou o Império Otomano a intervir e executar seus líderes.

Os sauditas estabeleceram um segundo estado saudita-wahabi seis anos depois. Conhecido como Emirado de Najd, na prática ele se limitou ao território natal da região de Najd, na Arábia Central. Mesmo assim, a lei dos sauditas foi contestada por uma tribo rival, os Rashidi, e em 1891 os sauditas sofreram uma derrota decisiva e foram para o exílio no Kuwait, onde buscaram proteção da família al-Sahab, que estava no poder.

Ver também: Wahabismo, ou Reforma Islâmica 216-217 ▪ O estado moderno Sharia 266-269 ▪ Sunismo e xiismo no Oriente Médio moderno 270-271 ▪ Os novos extremistas 272-277

Em 1902, Abd al-Aziz (1875--1953), também conhecido como Ibn Saud, filho do governador saudita expulso, conseguiu reaver Riyadh, cidade natal da família, em um ataque noturno surpresa. Usando Riyadh como base, Ibn Saud respondeu com ataques a pequenos vilarejos no sul de Najd, forçando os combatentes de Rashidi a recuar.

No intuito de formar um novo estado, Ibn Saud teve o cuidado de não cometer erros do passado. Quando a Primeira Guerra Mundial estourou, ele buscou apoio dos britânicos, que estavam ávidos para controlar os mares ao redor da Arábia, e incentivaram os sauditas a tirar a península arábica do controle otomano. Assim, apoiado por financiamento e armamento britânicos, Ibn Saud capturou Meca e Medina.

Com o colapso do Império Otomano no fim da Primeira Guerra Mundial, os Rashidis perderam seus apoiadores, e em 1927 os sauditas já tinham o controle da maior parte da Arábia. Em 1932, Ibn Saud uniu seu reino ao da Arábia Saudita, sendo ele o rei. Voltou a impor o ramo wahabi do islã para toda a população, e apontou dois filhos seus como vizires das regiões mais importantes do país, Najd e Hejaz. Também convidou árabes muçulmanos do Iraque, da Síria e do Egito para ajudar a administrar o território, que tinha quase dois terços do tamanho da Índia, embora de população esparsa.

O novo reino ainda era extremamente pobre. Sua principal receita eram os impostos pagos por peregrinos, mas mesmo essa renda era instável. Em consequência da Grande Depressão dos anos 1930, o número de peregrinos caiu para um quinto do que havia sido poucos anos antes.

A Arábia Saudita é o coração do mundo muçulmano.
Abul Ala Mawdudi
líder político paquistanês (1903-79)

Petróleo e Estados Unidos

O destino dos reinos, assim como a política do Oriente Médio, mudaram quando, em 1938, perfuradoras descobriram petróleo em Dharan, na província oriental do país. Ibn Saud, sem dinheiro, deu a empresas petrolíferas norte-americanas concessão para explorar e escavar mais a fundo. Essa descoberta seria a primeira de muitas, e revelou a Arábia Saudita como a maior fonte de petróleo em estado bruto ("ouro negro") do mundo. As descobertas foram tão significativas que, em

1945, à medida que a Segunda Guerra Mundial chegava no último ano e a Guerra Fria arrefecia, o então presidente norte-americano, Franklin Roosevelt, reuniu-se com Ibn Saud para garantir concessões de acesso irrestrito ao petróleo da região. Dizem que os dois homens se deram tão bem que Roosevelt presenteou o rei com uma de suas cadeiras de rodas, e entre os presentes do monarca estavam uma adaga incrustada de diamantes.

Esse encontro foi a base de um vínculo próximo entre Arábia Saudita e Estados Unidos, que continua até hoje e influenciou profundamente a história do Oriente Médio moderno. Nos anos que se seguiram, a presença norte-americana na Arábia Saudita aumentou, com o estabelecimento de uma base aérea norte-americana em Dharan e um esquema de incentivo para jovens sauditas fazerem faculdade nos Estados Unidos, na tentativa de garantir que a nação saudita permaneça pró-americana.

Problemas de sucessão

Com a morte de Ibn Saud, em 1953, seu segundo filho, o príncipe Saud, assumiu o controle. Seu reinado foi marcado por conflitos com o irmão Faisal – considerando que o pai tivera 45 filhos, dos quais 36 chegaram à idade adulta, a rivalidade entre irmãos era quase inevitável, além de extremamente perigosa. Em 1964, Faisal aproveitou uma viagem do rei para o exterior por motivos de saúde e tomou o poder. Preocupado que ele próprio poderia sofrer um golpe, »

Em 1945, Ibn Saud, rei da Arábia Saudita, encontrou-se com Franklin Roosevelt, presidente dos Estados Unidos, a bordo de um navio de guerra no canal de Suez. O encontro selou um vínculo duradouro entre os países.

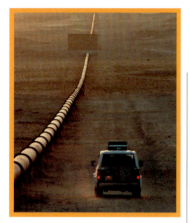

Faisal se envolveu em supressões internas brutais. Quando outro irmão, o príncipe Talal, e alguns príncipes sauditas liberais exigiram reforma política e uma constituição escrita, a qual ele temia que pudesse restringir suas ações, o rei respondeu: "nossa constituição é o Alcorão".

Seguiram-se inúmeras tentativas de derrubar o governo de Faisal, a maioria malograda por um sofisticado aparato interno de segurança saudita, treinado e equipado pelos Estados Unidos. Foi um choque para o Ocidente quando, em 1973, Faisal retirou o petróleo de mercados mundiais em protesto ao apoio ocidental a Israel pela guerra árabe-israelita.

A atitude conferiu ao rei imenso prestígio entre as nações árabes amigas. O embargo do petróleo quadruplicou o preço do produto em nível internacional e inundou a Arábia Saudita de dinheiro, gerando um *boom* econômico na região do golfo arábico. Mas Faisal não conseguiu desfrutar dos benefícios desse golpe de sorte e foi assassinado em 1975.

Grandes sombrinhas retráteis protegem peregrinos do sol na Mesquita do Profeta, em Medina. A Arábia Saudita fez investimentos maciços no desenvolvimento de locais sagrados para acomodar mais peregrinos.

Um oleoduto transportava petróleo do leste da Arábia Saudita, via Jordânia e Síria, até um porto mediterrâneo no Líbano. A operação cessou em 1990 por conta de disputas regionais.

Política movida a petróleo

O embargo do petróleo da Arábia Saudita de 1973 foi um choque e tanto para o Ocidente. O mesmo aconteceu quando o presidente do Egito, Gamal Abdel Nasser, assumiu o poder, em 1956, e nacionalizou o canal de Suez, uma artéria vital para a navegação internacional e suprimentos petrolíferos. A visão de Nasser do pan-arabismo secular o tornara um herói não apenas para os árabes, mas para todo o mundo em desenvolvimento.

Na esperança de frear a crescente influência de Nasser, a monarquia saudita abriu os braços aos oponentes dele, em especial o grupo islâmico egípcio Irmandade Muçulmana, dando-lhes o dinheiro e as armas de que precisavam na luta contra Nasser. Nesse ínterim, muitos egípcios – e também sírios, iraquianos e outros árabes – afluíram à Arábia Saudita, onde receberam não só abrigo e trabalho em cargos civis, campos de petróleo e universidades, mas também exposição em primeira mão à doutrina wahabista.

A partir de 1975, sob o comando dos sucessores de Faisal, a Arábia Saudita começou a fazer valer seu peso no mundo através de gastos exorbitantes. Muitas de suas metas de política externa se alinhavam com as dos Estados Unidos: o líder palestino Yasser Arafat recebeu dinheiro para manter a paz com Israel; os somalis receberam dinheiro para expulsar os soviéticos de seu país; o Zaire recebeu fundos para combater rebeldes pró-soviéticos em Angola.

A antiga aliança pela qual o estado saudita apoiou seus clérigos wahabis ainda vicejava, garantindo a eles apoio suficiente para impor sua interpretação rigorosa do islã no país e em locais sagrados. Porém, após a derrubada da monarquia do Irã, em fevereiro de 1979, e um levante saudita anulado por dissidentes wahabistas no mesmo ano, o estado

REFORMA E RENASCIMENTO

Riad, capital da Arábia Saudita, é a terceira maior cidade árabe do mundo. Datada da era pré-islâmica, ela se tornou uma metrópole moderna com uma população de mais de seis milhões de pessoas.

decidiu mantê-los distante da política doméstica e os fez se ocuparem da promoção de interesses wahabi-sauditas no exterior. Na década seguinte, a Arábia Saudita se aliou aos Estados Unidos na formação de milhares de soldados *mujahidin* de todo o mundo muçulmano, a fim de combater a incursão da União Soviética no Afeganistão.

Reformas moderadas

Em 1990, após a invasão iraquiana do Kuwait e temendo um ataque na Arábia Saudita, o reino se juntou à coalizão militar contra o líder iraquiano Saddam Hussein. Porém, quando o rei Fahd (r. 1982-2005) convidou forças da coalizão para ocupar a Arábia Saudita, facções de dentro do reino denunciaram a dependência saudita dos Estados Unidos. Na esteira da guerra do Golfo, a Arábia Saudita sofreu uma onda de atentados terroristas que, acreditava-se, eram cometidos pela al-Qaeda e outros grupos extremistas como parte de uma campanha contra ocidentais e a ocidentalização. Em 1992, em parte como reação ao conflito civil, o rei Fahd decretou a Lei Básica da Arábia Saudita, uma cartilha dividida em nove capítulos. Ela garantiu aos cidadãos que a constituição da Arábia Saudita era "o Sagrado Alcorão e a *sunna*" do Profeta Maomé. Ainda que a Lei Básica contenha muitas características de uma constituição, ela não substitui as leis islâmicas.

A Arábia Saudita também percebeu que a difusão do wahabismo foi vista como um problema por seus aliados norte-americanos. Isso levou a uma nova era de reformas incentivadas pelo príncipe herdeiro e, mais tarde, rei Abdullah (r. 2005-15), que instituiu uma reestruturação do sistema judicial e limites no esquema religioso. As reformas continuaram sob seu sucessor, o rei Salman.

A Arábia Saudita tem cerca de 20% das reservas petrolíferas conhecidas do planeta, e acredita-se que a Saudi Aramco, que extrai esse recurso, é a empresa mais lucrativa do mundo. Para se ter uma ideia, em 2022 a expectativa era de que a renda anual proveniente do *Hajj* e da *Umra* excedesse US$ 150 bilhões. Essa riqueza garante que a Arábia Saudita continue exercendo uma forte influência sobre a prática do islã. ■

Mídia abrangente

A Arábia Saudita detém uma posição poderosa na mídia pan-arábica, influenciando como se apresentam notícias, política, entretenimento e assuntos religiosos. Essa mídia tende a apoiar a agenda da Arábia Saudita na política externa, e ataca quem não se alia a uma linha wahabista do islã – alvos de destaque são o Irã e o islã xiita em geral. Desde os anos 1990, a MBC saudita, o Orbit e a ART têm sido uns dos canais televisivos de maior audiência no mundo árabe. A ascensão da mídia saudita marca o declínio do Egito como força política, econômica e midiática na região.

Em 2003, os sauditas iniciaram a Al Arabiya, um canal de notícias que concorre com a Al Jazeera, do Qatar. Em conjunto com os Emirados Árabes Unidos (EAU), sede da Al Arabiya, a mídia saudita está no front de uma nova batalha por domínio entre a Arábia Saudita e os EAU de um lado, e a Turquia e o Irã no outro.

Desenvolvemos um caso de vício em petróleo na Arábia Saudita.
Muhammad bin Salman
príncipe herdeiro da Arábia Saudita

O ISLÃ É A SOLUÇÃO
A IRMANDADE MUÇULMANA

EM CONTEXTO

TEMA
A ascensão do islã político

ONDE E QUANDO
1928, Egito

ANTES
Fim do século XIX Jamal al-Din al-Afghani e Muhammad Abdu reformulam o Modernismo Islâmico.

DEPOIS
1966 O então líder da al--Qaeda, Ayman al-Zawahiri, começa sua trajetória de terrorismo, inspirado pela mensagem de Sayyd Qutb, indignado por sua execução.

2001 Osama bin Laden fica famoso no mundo inteiro após os ataques de 11 de setembro nos Estados Unidos. Ele cita os ensinamentos de Sayyid Qutb como uma de suas influências.

A Irmandade Muçulmana (jamaat al Ikhwan al Muslimin) foi formada no Egito em 1928, na cidade de Ismaília, na margem ocidental do canal de Suez, pelo professor Hassan al-Banna (1906-49). Ele foi influenciado pelos partidários de Jamal al-Din al-Afghani, Muhammad Abdu e Rashid Rida do Modernismo Islâmico, e por seu projeto de reformular o islã a fim de enfrentar os desafios do Ocidente. Hoje, a Irmandade (como costuma ser chamada) é o grupo político islâmico mais antigo do mundo. Sempre defendeu um sistema de regras baseado na lei islâmica, com o lema "O islã é a solução". A Irmandade

REFORMA E RENASCIMENTO 239

Ver também: *Al-Jahiliyya*, a Idade da Ignorância 20-21 ▪ A ascensão do Modernismo Islâmico 222-223 ▪ A secularização da Turquia 228-231 ▪ Os novos extremistas 272-277

Muçulmanos que **não vivem de acordo com a Sharia** vivem em ***jahiliyya***, ou um estado de ignorância que surge com a influência do Ocidente.

Uma vanguarda de **verdadeiros muçulmanos** deve buscar a ***jihad*** para levar esclarecimento à grande nação muçulmana.

O objetivo é trazer o **poder supremo de Deus**, ou *hakimiyyat Allah*, e a liberação da servidão de humano para humano.

adotava a ideia do ativismo político com responsabilidade social, oferecendo ajuda aos marginalizados pela sociedade. Porém, membros e afiliados do partido descambaram para a violência extremista, e a organização foi demonizada e perseguida pelo estado egípcio.

Início na milícia
Ao fundar a Irmandade, o carismático al-Banna foi influenciado por vários fatores, inclusive a crença de que a Grã--Bretanha pressionara os turcos a abolir o califado islâmico em 1924, e a contínua presença de tropas britânicas no Egito supostamente independente. A organização de al-Banna, que depressa se espalhou por todo o Egito, foi constituída em torno de uma estrutura de *usra* ("famílias") de quatro ou cinco iniciados liderados por um *naqib*, ou "capitão") e unida por uma estrita cultura de obediência. Em 1936 ela conseguiu organizar protestos em massa contra o jugo britânico na Palestina. Após a Segunda Guerra Mundial, a Irmandade enviou unidades paramilitares para participar da guerra de 1948 na Palestina. Alarmado pelo tamanho e alcance do grupo, e temendo que ele daria um golpe, o governo egípcio, com apoio da Grã-Bretanha, baniu a organização em dezembro de 1948. Em retaliação, um membro da Irmandade assassinou o primeiro--ministro egípcio Mahmoud al-Nokrashi. Em fevereiro de 1949, criminosos desconhecidos mataram al-Banna a tiros.

Sayyid Qutb
A Irmandade entrava no seu período mais influente, dominado pelo grande intelectual Sayyid Qutb (1906-66). Qutb era servidor público e crítico literário notório quando se converteu para a ideologia islâmica no fim dos anos 1940. Em 1950, após dois anos de estudo nos Estados Unidos, Qutb voltou ao Egito e se tornou crítico ferrenho não só dos Estados Unidos, mas da cultura secular ocidental em geral. Ele apoiava a Irmandade abertamente,

Em 1954 a sede da Irmandade Muçulmana no Cairo foi incendiada por uma multidão furiosa em retaliação contra a tentativa de assassinato do primeiro-ministro Gamal Abdel Nasser.

A civilização do Ocidente, que foi brilhante por muito tempo em virtude de sua perfeição científica, agora está falida e decadente.
Hassan al-Banna

embora apenas tenha se juntado a ela em 1953. Quando oficiais do exército liderados por Gamal Abdel Nasser tomaram o poder em um golpe militar em 1952, derrubando a monarquia respaldada pelos britânicos, Qutb e a Irmandade Muçulmana cooperaram entusiasmados com os líderes do golpe. A relação se deteriorou quando Qutb recusou a oferta do então primeiro-ministro, Nasser, de um cargo no Ministério da Educação, e a Irmandade como um todo não se dispôs a colocar sua imensa organização a serviço do novo regime militar. Após sofrer uma tentativa de assassinato em 1954, Nasser rompeu com a Irmandade, e Qutb foi um dos vários presos.

Vanguarda de fiéis
Na prisão, Qutb escreveu o livro *Maalim fi'l-Tariq* (*Marcos ao longo do caminho*), que foi publicado em 1964 e se tornou um manifesto internacional para a revolução islâmica. O livro se baseia nos conceitos gêmeos de *jahiliyya* (ignorância) e *hakimiyya* (soberania). Qutb acreditava que o mundo moderno, inclusive as partes habitadas por muçulmanos, não era melhor que a "Idade da Ignorância" pré-islâmica. Ele argumentava que uma vanguarda de verdadeiros fiéis é necessária para levar uma sociedade realmente muçulmana a toda a humanidade, em que clérigos e governadores garantam que o parlamento só aprove leis de acordo com a Sharia. Qutb era contundente quanto a ideologias nacionalistas contemporâneas não islâmicas, incluindo as ideias de Nasser sobre o pan-arabismo, e sugeriu que a vanguarda teria de ser preparada para se defender das forças do estado.

Uma sociedade não pode ser islâmica se repele as leis religiosas do islã, então nada resta do islã exceto ritos e cerimoniais.
Sayyid Qutb

Qutb dizia que somente a vanguarda eram verdadeiros muçulmanos e que todos os outros, vivendo em estados árabes e não árabes onde a lei Sharia não era aplicada (o Egito, por exemplo) eram, por definição, não muçulmanos. Na opinião de Qutb, governos e sociedades muçulmanas tinham sido corrompidos pelo Ocidente e acabaram abandonando o islã. Apenas o retorno ao islã poderia libertar as pessoas para se tornarem verdadeiras muçulmanas, vivendo sob a soberania de Deus. Aquele era

Inspiração europeia

Em dois livros, *Islã e a problemática da civilização* (1962) e *O islã: a religião do futuro* (1964), Sayyid Qutb cita várias passagens da crítica à civilização industrial (1935) de Alexis Carrel, biólogo francês que se tornou eugenista. A ideia de Carrel de uma nova elite de pessoas mental e fisicamente superiores que deveriam se afastar da sociedade em preparação para a renovação é um claro prognóstico da noção de Qutb da vanguarda muçulmana. Os críticos apontam que, embora Qutb não tenha traduzido as passagens de Carrel que defendem a esterilização e eutanásia dos "defeituosos" da sociedade, ele também não apresentou nenhum contraponto a isso.

O trabalho de Qutb também é comparado com o do teórico anticolonial da Índia ocidental Frantz Fanon (1925-61) e seu estudo da guerra de independência da Algéria. Os dois autores lidaram com a perpetuação de atitudes coloniais por regimes sucessores. Fanon é muito semelhante a Qutb, quando diz: "Então, camaradas, não vamos homenagear a Europa criando estados, instituições e sociedades que se inspiram nela".

Apoiadores de Muhammad Mursi, o candidato da Irmandade Muçulmana que se tornou presidente do Egito, marcham em 2013. O antigo partido islâmico comandou brevemente o país.

Irmandade surgiu como ator político dominante. Nas eleições presidenciais em 2012, seu candidato, Muhammad Mursi, venceu. Mas o estilo secreto de governar de Mursi e as políticas restritivas logo vieram à tona, fazendo com que os militares articulassem um golpe.

Depois que Mursi foi deposto, o estado impôs uma repressão brutal. Centenas de membros da Irmandade foram mortos nas ruas, milhares foram presos e os líderes exilados. O grupo se mostrara incapaz de gerenciar a transição democrática do Egito, ainda movido pelo modelo qutbista da vanguarda, enquanto o pensamento partidário sobre questões sociais e políticas, como os direitos das mulheres e liberdades do secularismo, estava em grande descompasso com o público egípcio, mais moderado.

Legado perturbador

Embora a Irmandade Muçulmana não se identifique mais com os ensinamentos de seu ex-líder Sayyid Qutb, ele continua bastante influente. Seu chamado para os muçulmanos substituírem a soberania do ser humano pela de Deus continua inspirando pensamentos extremistas – embora seja preciso notar que Qutb nunca sancionou a violência, e certa vez escreveu que matar inocentes não tem nenhuma justificativa no Alcorão. Exceto por especialistas em Oriente Médio, poucos ocidentais ouviram falar de Sayyid Qutb; porém, no mundo muçulmano seu legado é muito estudado e continua a fomentar cisões décadas após sua morte, em 1966. ∎

um programa revolucionário para salvar a humanidade. Dois anos após a publicação de *Marcos ao longo do caminho*, Qutb foi enforcado por traição, tornando-se mártir pela causa do islã radical.

A Irmandade hoje

Após a era inicial de al-Banna e a era radical de Qutb, um terceiro ato na história da Irmandade colocou o grupo de volta à participação ativa na sociedade civil.

Quando o presidente Anwar Sadat assumiu, em 1970, ele libertou um grande número de prisioneiros e permitiu à Irmandade que voltasse à ativa. Uma nova geração de membros entrou na política e fez grandes progressos, tornando-se o grupo de oposição mais forte não apenas no Egito, mas por toda a região, por meio de partidos afiliados como El Nahda, na Tunísia, e Milli Görüs (Visão Nacional), na Turquia.

Esse período se encerrou na primavera árabe, em 2011. Depois que o presidente egípcio Hosni Mubarak foi deposto após protestos públicos em massa em fevereiro daquele ano, a

Só no estilo de vida islâmico os seres humanos se tornam livres da servidão de homem para homem.
Sayyid Qutb

TERRA DOS PUROS

REHMAT ALI (1933)

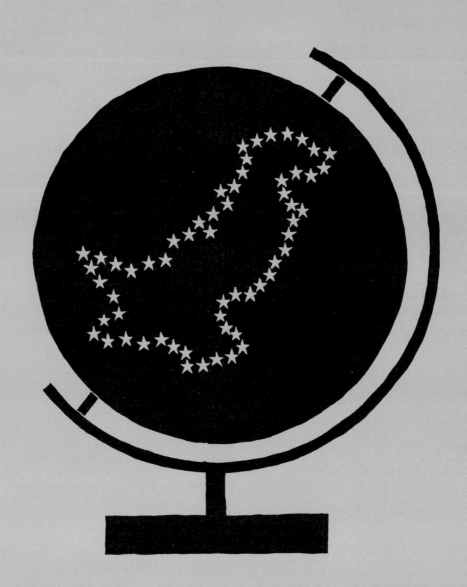

244 A CRIAÇÃO DO PAQUISTÃO

EM CONTEXTO

TEMA
A criação do Paquistão

ONDE E QUANDO
1947, Índia

ANTES
Século VIII O islã chega à Índia com as tropas invasoras da Ásia Central e se torna uma religião importante sob o sultanato Déli.

1526 Babur derrota o sultão de Déli na Batalha de Panipate e funda o Império Mogol.

DEPOIS
1977 O general Zia-ul-Haq assume o controle do Paquistão em um golpe; ele se compromete em fundar um estado islâmico e a aplicar a Sharia para restaurar a identidade islâmica do país.

1988 Após a morte de Zia-ul-Haq, Benazir Bhutto torna-se a primeira mulher no cargo de primeira-ministra, e também a primeira líder de governo em um país de maioria muçulmana.

Nacionalistas indianos exigem **independência** da Grã-Bretanha, mas muçulmanos têm receio de ser marginalizados em uma Índia de maioria hindu.

↓ ↓

Mahatma Gandhi agrega milhões com seu chamado pela **resistência não violenta** e **desobediência civil** para encerrar o domínio britânico.

A Liga Muçulmana Todos pela Índia exige um **estado independente para muçulmanos**.

↓ ↓

A Índia conquista a independência em 1947 e o país **se divide em dois**, criando o **Paquistão**, um país separado para muçulmanos indianos.

O Paquistão é conhecido como o único país que foi criado em nome do islã. Sua formação data de 1947, quando a Índia foi dividida em duas nações distintas: a Índia predominantemente hindu e o Paquistão muçulmano. Como resultado, cerca de 97% dos paquistaneses são muçulmanos, e o país tem a terceira população de muçulmanos no mundo (só a Indonésia e a Índia têm mais). O nome do país foi criado em 1933 por Rehamt Ali, um indiano muçulmano que estudou na Grã-Bretanha, e elaborou o acrônimo "Pakstan" para descrever um futuro estado muçulmano que incluiria o Punjab, a fronteira provinciana noroeste (ou Província Afegã), a Caxemira, Sind e Baluchistão. A letra "i" foi adicionada para facilitar a pronúncia. *Pak* também significa "puro" em urdu – portanto, o Paquistão seria a "Terra dos Puros", totalmente islâmica.

A ameaça britânica

Em seu auge, no fim do século XVI e sob o comando de Akbar, o Grande, o Império Mogol governou quase todo o sul da Ásia: uma área que abrangia os atuais Afeganistão, Bangladesh, Nepal, Índia, Paquistão e Sri Lanka. Os mogóis se inspiraram no legado dos sultanatos muçulmanos que haviam governado a maior parte do norte da Índia desde o fim do século XII. Quando o Império Mogol começou a se desintegrar, no início do século XVIII, as dinastias muçulmanas que se sucederam continuaram a controlar boa parte da Índia, embora os hindus constituíssem a maioria da população.

Mas a principal ameaça ao domínio muçulmano não provinha dos hindus, e sim dos britânicos. A Companhia Britânica das Índias Orientais abriu o primeiro posto de

REFORMA E RENASCIMENTO

Ver também: Império Mogol 204-205 ▪ As origens da Ahmadia 220-221 ▪ A secularização da Turquia 228-231 ▪ Demografia atual do islã 260-261 ▪ A crescente onda de islamofobia 286-287

O objetivo do islã é uma revolução universal.
Abul Ala Mawdudi

comércio em 1619, mas no século XVIII seus interesses passaram a ser territoriais. Em 1757, ela assumiu o controle de Bengala, depois, de Bihar, e aos poucos expandiu seus territórios até dominar a maior parte do subcontinente indiano.

Havia outros desafios ao domínio muçulmano. No norte da Índia, Sayyid Ahmad Barelvi (1786-1831) pregava o renascimento islâmico e conduzia uma *jihad* contra o crescente poder dos siques no Punjab. Ele morreu, junto a muitos seguidores, em uma batalha em Balakot em 1831. Alguns estudiosos acreditam que ele antecipou a ideia de islâmicos modernos ao empreender a *jihad* para tentar criar um estado islâmico. Um momento crítico na luta por poder aconteceu com a rebelião de 1857 contra os britânicos. Embora muitos hindus tenham participado, os britânicos entendiam que a força principal por trás da insurreição era dos muçulmanos, e eles sentiram o impacto da ira britânica. Desde então, os hindus passaram a ser favorecidos por oficiais britânicos, em oposição a seus colegas muçulmanos.

A teoria das duas nações

O aristocrata mogol Sayyid Ahmad Khan (1817-98) considerava que os muçulmanos precisavam cooperar

Não compare sua nação com as nações do Ocidente. Distinta é a nação do profeta do islã.
Muhammad Iqbal

com os britânicos e aprender com o Ocidente moderno, a fim de desenvolver sua educação e competir com os hindus. Ele fez um alerta, dizendo que a Índia era habitada por duas nações diferentes, e que elas competiriam entre si por poder se os britânicos se retirassem.

Em 1885, menos de três décadas após a insurreição de 1857, constituiu-se o Congresso Nacional Indiano a fim de conferir representação política a indianos na Índia comandada pelos britânicos. Todos podiam ser membros do congresso, mas os hindus superaram os muçulmanos, refletindo o fato de que só um quarto da população na Índia era muçulmana. Em resposta, em 1906 os muçulmanos fundaram a Liga Muçulmana Todos pela Índia, com o objetivo de conter a crescente influência dos hindus.

A liga muçulmana de início era um grupo intelectual da Universidade Muçulmana Aligarh, fundada por »

A divisão da Índia em 1947 levou a um dos maiores deslocamentos populacionais em época de paz, conforme muçulmanos e hindus passavam para seus respectivos lados da nova fronteira.

Sayyid Ahmad Khan. O poeta Muhammad Iqbal foi eleito presidente da Liga em 1930, e em seu discurso de posse, em Allahabad, apresentou a demanda por um estado muçulmano separado na Índia, composto pelo Punjab, a província fronteiriça noroeste, Sind e Baluchistão. Segundo ele, "Seja com um governo autônomo dentro do Império Britânico ou fora dele, a formação de um estado muçulmano indiano consolidado a noroeste da Índia me parece o destino final dos muçulmanos, ao menos nesta parte da Índia".

A chamada "teoria das duas nações" ganhou popularidade entre os muçulmanos, mas foi rejeitada pelo Congresso Nacional Indiano. Em 1935, os britânicos concordaram em conceder governo autônomo à Índia, em forma de democracia parlamentar. O congresso fez uma promessa informal à Liga Muçulmana de que as duas partes formariam governos de coalizão em províncias com populações muçulmanas substanciais, mas após as eleições eles renegaram a promessa. Na Resolução Lahore (ou Resolução Paquistanesa) de 1940, o então líder da Liga, Muhammad Ali Jinnah, definiu a demanda formal por um estado muçulmano independente.

O nascimento do novo estado

Em 1942, após duas décadas liderando, na Índia, movimentos em massa de protestos não violentos, Mahatma Gandhi fez o discurso "Deixem a Índia", incitando hindus e muçulmanos a se unir para acabar com o domínio britânico. Mas a violência hindu-muçulmana aumentou, e, em 1947, paralisada pela dívida após a Segunda Guerra Mundial, a Grã-Bretanha fez um acordo com o congresso e a Liga Muçulmana pela separação da Índia. A região denominada Paquistão consistiria de duas metades: a leste,

A bandeira do Paquistão, agitada em um jogo de críquete, é a lua crescente e a estrela. O verde representa a maioria muçulmana do país; o branco, suas minorias; a estrela é luz, a lua crescente, o progresso.

Jamaat-e Islami

Em 1867, um grupo de acadêmicos indianos fundou uma *madrassa* hostil ao domínio colonial britânico. A escola foi batizada como Darul Uloom Deoband, e seus seguidores passaram a ser conhecidos como deobandis. O movimento se espalhou pelo sul da Ásia e em 1941 as ideias difundidas pelos deobandis inspiraram o filósofo, jurista, jornalista e imam islâmico Abul Ala Mawdudi (1903-79) a fundar o Jamaat-e Islami (Partido do Islã) na Índia. Mawdudi desejava reviver o islã em reação ao que ele considerava a ameaça do imperialismo secular ocidental.

No começo o Jamaat se opôs à ideia de criar o Paquistão, preferindo lutar por uma sociedade muçulmana integral dentro da Índia. Após a separação, o partido se dividiu em grupos na Índia e no Paquistão; o grupo paquistanês liderou o movimento que transformou o país em um estado islâmico. Depois que o general Muhammad Zia-ul-Haq tomou o poder no Paquistão em um golpe militar em 1977, o Jamaat o apoiou introduzindo a "Sharização". Desde a morte de Zia, em 1988, a influência de Jamaat diminuiu.

a área de maioria muçulmana de Bengala, e a oeste a área de maioria muçulmana do Punjab e territórios adjacentes. Os dois se separavam por quase 1.600 km do território indiano. Jinnah foi feito governador-geral, e seu alferes na liga, Liaquat Ali Khan, foi nomeado primeiro-ministro.

Identidade paquistanesa

A separação causou um dos maiores deslocamentos humanos já visto. Muçulmanos saíram do norte da Índia em direção ao Paquistão, e hindus deixaram o atual Paquistão e foram a territórios indianos. Cerca de 12 milhões de pessoas se tornaram refugiadas, e entre meio e um milhão de pessoas foram mortas por violência religiosa.

Apesar da criação de uma nova nação muçulmana, mais muçulmanos ficaram na Índia do que saíram, enquanto cerca de dois milhões de hindus permaneceram no Paquistão. A crise sobre quem iria controlar a região da Caxemira levou as duas nações a guerrear. Em 1971 o Paquistão se dividiu em dois países, com a criação de uma do Bangladesh independente a leste.

Jinnah e seu primeiro-ministro foram assassinados quatro anos após a criação do Paquistão, e a influência da Liga Muçulmana arrefeceu. Desde então, o governo do país oscilou entre democracia e ditadura militar.

Mesmo o islã sendo a religião do estado, o Paquistão não é um estado islâmico; sua legislação não é imposta pela Sharia. Partidos políticos têm opiniões opostas quanto ao Paquistão ser um lar secular para muçulmanos indianos (ponto de vista de Jinnah) ou um estado islâmico. Muitas pessoas perguntam qual o motivo de se criar um estado muçulmano se ele não é islâmico, mas partidos islâmicos nunca conseguiram angariar apoio significativo nas eleições. ∎

Tire o islã do Paquistão e torne-o um estado secular; ele entraria em colapso.
Muhammad Zia-ul-Haq
presidente do Paquistão de 1978-88

A Mesquita Faisal na capital do Paquistão, Islamabad, é uma das maiores do mundo. Construída com financiamento do rei saudita Faisal em 1976, sua estrutura lembra o formato de uma tenda beduína.

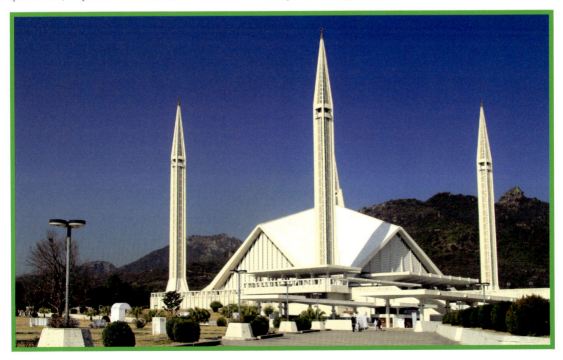

O ISLÃ É POLÍTICA OU NÃO É NADA

AIATOLÁ KHOMEINI

EM CONTEXTO

TEMA
Revolução iraniana

ONDE E QUANDO
1979, Irã

ANTES
1501 Com apenas 15 anos, Ismail se proclama xá e torna-se o primeiro da dinastia safávida. Substitui o sunismo pelo xiismo como religião do estado persa.

1789 O clã Qajar, que se destacara entre os safávidas, assume o controle do Irã

DEPOIS
1980 O Iraque invade o Irã, preocupado com a possibilidade de a Revolução Iraniana levar a maioria xiita iraquiana a se rebelar contra o regime sunita do país. A guerra termina em 1988, à custa de cerca de 500 mil vidas.

Em 1979, o Irã passou por uma revolução popular cujo impacto no país e no mundo foi comparado ao da Revolução Francesa, em 1789, e da Revolução Russa, em 1917. O governo monárquico constitucional foi substituído por um governo teocrático, uma vez que o povo iraniano alocou um líder religioso como autoridade máxima no país.

A revolução no Irã foi só o começo de uma revolução islâmica mais ampla, que se estenderia por toda a *umma*, ou comunidade muçulmana mundial. Mais de 40 anos depois essa revolução islâmica mais ampla ainda se materializaria, mas grupos xiitas

REFORMA E RENASCIMENTO 249

Ver também: O surgimento do islã xiita 108-115 ▪ O Império Safávida 192-193 ▪ A secularização da Turquia 228-231 ▪ Sunismo e xiismo no Oriente Médio moderno 270-271

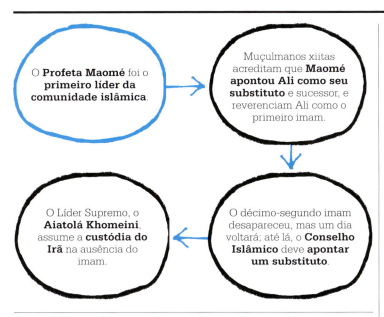

Apenas Deus, o Exaltado, é a luz; tudo o mais é escuridão.
Aiatolá Khomeini

continuaram influenciando acontecimentos no Oriente Médio de maneira significativa.

O Xá

A revolução deu fim ao governo impopular dos xás Pahlavi, que começara quando um comandante militar, Reza Khan, tomou o poder em 1921 e se tornou xá em 1925. A dinastia Qajar que ele depôs fora sustentada por empréstimos da Grã-Bretanha e da Rússia, em troca de concessões econômicas devastadoras, como a exploração dos campos de petróleo descobertos em 1908.

Admirador das reformas de Mustafa Kemal Atatürk na Turquia, Reza Shah queria que o Irã e os iranianos se modernizassem. Ele afastou o *ulema* (conselho religioso) e baniu o *hijab*. Quando, em 1935, o *ulema* protestou contra a secularização em andamento, dezenas foram metralhados nos arredores do Templo do Imam Reza, em Mashhad. Em 1941, Reza Shah foi forçado a renunciar, e foi sucedido por seu filho educado na Suíça, Muhammad Reza Pahlavi.

Muhammad Reza Pahlavi (centro) visita os Estados Unidos no auge da Guerra Fria (1962), e é recebido pelo presidente John F. Kennedy.

O novo xá deu continuidade às políticas do pai, e após a Segunda Guerra Mundial aproximou o Irã dos Estados Unidos, país que seu governo considerava um parceiro moderno adequado e anticolonialista. O Irã passou a importar produtos norte-americanos, de carros à Coca-Cola, e recebeu muitos expatriados estadunidenses, a maioria funcionários de petrolíferas e militares.

O Irã se tornou um importante aliado dos Estados Unidos quando a Guerra Fria começou, devido à sua extensa fronteira com a União Soviética. Após o popular primeiro-ministro Muhammad Mosaddegh nacionalizar a indústria do petróleo em 1951, um golpe liderado pelos Estados Unidos dois anos depois permitiu ao xá retomar o poder.

Em 1971, o xá deu uma festa de arromba no antigo sítio arqueológico de Persépolis para comemorar os 2500 anos de monarquia iraniana. Convidou chefes de estado do mundo todo para um evento que, dizem, »

REVOLUÇÃO IRANIANA

excedeu o custo de US$ 100 milhões. Enquanto isso, iranianos da classe média trabalhadora continuavam pobres e, embora a classe média desfrutasse de alguns benefícios da riqueza petrolífera do país, o regime autocrata e repressor do xá impedia a liberdade de expressão e ignorava os direitos humanos. Muitos grupos descontentes encontraram uma causa comum em um movimento de oposição que se uniu em torno do carismático líder religioso Aiatolá Khomeini, que vivia no exílio.

O Aiatolá

Ruhollah Khomeini nasceu em 1902 em Khomein, cidadezinha entre Teerã e Isfahã. Era de uma família de *sayyids*, ou descendentes do profeta; a família traçava sua linhagem até o sétimo imam xiita e, portanto, ao primeiro imam: Ali, sucessor de Maomé por direito, de acordo com o xiismo. Khomeini estudou direito religioso em Qom, e se tornou *mujtahid* bem cedo, aos 34 anos.

Em 1963, Khomeini fez um discurso contra um novo conjunto de reformas proposto pelo xá, as quais ele considerava um ataque ao islã. Ele condenou o xá por espalhar a corrupção moral no Irã e o acusou de submissão aos Estados Unidos e a Israel, a quem o regime iraniano abastecia de petróleo. Em 1964, Khomeini denunciou uma nova lei que ampliava a imunidade diplomática dos militares estadunidenses no Irã, dizendo: "Eles reduziram o povo iraniano a um nível mais baixo que o de um cão americano". Por conta disso, foi obrigado a se exilar: primeiro na Turquia, depois no Iraque, e finalmente em Paris.

Teoria do governo islâmico

Khomeini permaneceu uma figura importante durante o exílio, com muitos apoiadores no Irã exibindo sua foto e ouvindo seus discursos, que eram distribuídos pelo país em fitas cassete. Khomeini aproveitou esse período para desenvolver suas ideias sobre leis islâmicas. Em seu livro *Hukumat-e Islami: Velayat-e Faqih* (*Governo islâmico: regência do jurista*), publicado em 1970, Khomeini argumentou que as ações do profeta provavam a legitimidade de um governo islâmico, já que o próprio Maomé estabelecera um governo e se envolvera na implementação de leis e na administração da sociedade.

De acordo com o duodecimano xiita islâmico, Maomé fora sucedido pelas pessoas certas, Ali e os outros imames. Na ausência do "imã oculto" (o duodécimo), a responsabilidade de comando passava aos escolhidos pela *ulema*. Khomeini exigiu a remoção do xá e de sua administração, e, no lugar dela, o estabelecimento de um governo indicado pela *ulema*.

Khomeini representava apenas um campo na oposição ao xá. Outra figura que angariou um grande número de seguidores foi o intelectual Ali Shariati. Instruído no Ocidente, ele incorporou ideias

> O islã é a religião de indivíduos militantes comprometidos com a verdade e a justiça.
> **Aiatolá Khomeini**

Mujtahid e aiatolás

Depois do colapso do Império Safávida no século XVIII, muitas das *ulemas* (autoridades religiosas) xiitas emigraram do Irã. Destas, surgiram duas escolas distintas de ideias jurídicas. A primeira escola, dos akhbari, assumia a posição teológica de que tudo que um muçulmano precisa saber está no Alcorão e nos *ahadith*. A outra escola, dos usuli, argumentava que o *ijtihad* (interpretação independente) era necessário para reinterpretar as leis religiosas de cada geração. Os usuli prevaleceram no Irã, destacando-se no século XIX sob a dinastia Qajar. Enquanto muitos akhbari acreditavam que ninguém poderia lançar novas leis religiosas até a volta do Mahdi, no sistema usuli há uma classe especial de eruditos religiosos, os *mujtahid*, que são qualificados para interpretar e dar opiniões sobre questões legais. O título de aiatolá ("sinal de Deus") é concedido aos cargos máximos de *mujtahid*.

Em janeiro de 1979, multidões acirradas no Teerã proclamaram apoio ao aiatolá Khomeini. Em samanas, o xá deixou o Irã e Khomeini voltou.

A *sunna* e o caminho do profeta constituem uma prova da necessidade de estabelecer um governo.
Aiatolá Khomeini

marxistas e de acadêmicos ocidentais anticolonialistas aos conceitos do islã xiita. Ele foi preso e depois exilado por causa de sua atividade política, e morreu no Reino Unido em 1977.

No ano seguinte, um ataque a Khomeini em jornais apoiados pelo governo no Irã gerou protestos na cidade-santuário de Qom, pedindo a volta do Aiatolá. Vários estudantes foram mortos. As manifestações se espalharam para outras cidades, gerando mais violência. Os operários entraram em greve em apoio aos manifestantes e o governo decretou lei marcial, enviando tanques às ruas. No feriado de Ashura, que naquele ano caiu no dia 11 de dezembro, mais de um milhão de pessoas se manifestaram no Teerã. Soldados começaram a recuar. Em janeiro de 1979, o xá renunciou e saiu do país. No dia 1º de fevereiro, Khomeini voltou ao Irã.

Governo revolucionário

Quatro dias após o retorno, Khomeini discursou aos seguidores em Teerã e anunciou a formação de um novo governo: "Este não será um governo comum. Será um governo baseado na Sharia", disse. "Opor-se ao novo governo é opor-se à Sharia do islã [...] revoltar-se contra o governo de Deus é revoltar-se contra Deus. E revoltar-se contra Deus é blasfêmia". Khomeini nomeou um novo primeiro-ministro, embora o anterior ainda estivesse no cargo. Apoiadores do governo anterior ainda combateram nas ruas, mas a luta durou pouco; no dia 11 de fevereiro, o Supremo Conselho Militar ordenou a todos os militares que voltassem às bases, cedendo o controle a Khomeini. Dois meses depois, realizou-se um referendo para saber se o Irã deveria se tornar uma República Islâmica: 98% das pessoas votaram a favor.

A nova administração foi híbrida. O chefe de estado, conhecido como o Líder Supremo, era uma figura religiosa, colocando a fé islâmica no centro do estado, e o Aiatolá Khomeini ficou nesse cargo até morrer. A autoridade do Líder Supremo era suplementada por uma

Após 14 anos no exílio, o Aiatolá Khomeini voltou a Teerã em 1º de fevereiro de 1979. Este dia é comemorado ainda hoje como feriado nacional no Irã.

estrutura democrática, com um presidente iraniano eleito pelo povo iraniano por um mandato de no máximo oito anos servindo de chefe de governo. No entanto, a teocracia detém o poder final, já que os presidenciáveis têm de ser aprovados por um quadro de clérigos antes de se candidatar à eleição.

A Revolução Iraniana não foi em essência religiosa, mas o islã foi a força mais importante para unir o povo contra um xá caracterizado como déspota e sob o jugo de governos ocidentais. Apesar de exilado do Irã durante a fase que levou à derrubada do xá, Khomeini foi o principal arquiteto da República Islâmica, e foi ele quem idealizou seu modelo de governo. ∎

O ISLÃ ATUAL

INTRODUÇÃO

1977 — O general Muhammad Zia-ul-Haq lidera um **golpe militar no Paquistão**. Ele se torna presidente e adota a lei Sharia.

1979 — A **União Soviética invade o Afeganistão** em apoio ao governo no poder, comunista e impopular.

1981 — Extremistas islâmicos **assassinam o presidente egípcio Anwar Sadat** poucos anos depois da assinatura de um acordo de paz com Israel.

2001 — Em 11 de setembro, a al-Qaeda lança **ataques terroristas** coordenados **contra os Estados Unidos**, matando quase 3 mil pessoas.

1979 — Uma **revolução popular no Irã** substitui o regime do xá por um estado islâmico liderado por Aiatolá Khomeini.

1980 — Sob a liderança de Saddam Hussein, o Iraque invade o recém-declarado estado islâmico do Irã, iniciando a **Guerra Irã-Iraque**, que durou oito anos.

1990 — O **Iraque invade o Kuwait**. Após a ONU condenar a invasão, uma força de coalizão liderada pelos Estados Unidos liberta o Kuwait.

2003 — Os EUA lideram uma **invasão ao Iraque** com o objetivo de derrubar o regime de Saddam Hussein.

O islã atual foi moldado por eventos ocorridos no fim dos anos 1970 e início dos anos 1980. Em 1977, um golpe no Paquistão fez com que Muhammad Zia-ul-Haq assumisse o controle do país e introduzisse o *Nizam-e-Mustafa* ou a "Lei do Profeta" (Sharia). Dois anos depois, a União Soviética invadiu o Afeganistão, e o Paquistão se aliou à Arábia Saudita, ao Irã e aos Estados Unidos, entre outros, para financiar e armar a resistência afegã. Também em 1979, o regime secular do xá no Irã foi derrubado por uma revolução popular que levou o Aiatolá Khomeini ao poder e transformou o país em um estado islâmico. Em 1981, outro aliado do Ocidente, o presidente egípcio Anwar Sadat, foi assassinado por islamistas. Em pouco mais de quatro anos, grande parte do mundo muçulmano foi invadida por uma onda de conservadorismo islâmico e antiocidentalismo.

Sementes de conflito

A Revolução Iraniana levou clérigos xiitas linha dura ao poder, alarmando outros países com população xiita. Um desses países, o Iraque sunita, invadiu o Irã, iniciando uma guerra sangrenta de oito anos.

O Iraque mal havia feito as pazes com o Irã quando fez outra invasão, desta vez no Kuwait, em 1990. Com os suprimentos internacionais de petróleo em perigo, não só no Kuwait mas também na vizinha Arábia Saudita, os Estados Unidos lideraram uma coalizão de resgate. No início de 1991, a primeira Guerra do Golfo culminou na Operação Tempestade no Deserto, que durou cerca de seis semanas e resultou na libertação do Kuwait. Porém, a presença de forças estadunidenses no Oriente Médio, sobretudo na Arábia Saudita, lar das cidades sagradas de Meca e Medina, causou ressentimento entre muçulmanos, alguns recém-retornados do Afeganistão, onde haviam tido sucesso em expulsar os russos. Foi dentre as fileiras desses combatentes islâmicos que emergiram grupos islâmicos militantes, como o Talibã e a al-Qaeda.

Percepções do islã

O objetivo da al-Qaeda era atacar o Ocidente em retaliação à opressão que percebiam aos muçulmanos. No dia 11 de setembro de 2001, agentes da al-Qaeda fizeram ataques terroristas nos Estados Unidos, com perdas massivas de vidas. Os Estados Unidos reagiram atacando bases da

O ISLÃ ATUAL

2011
Iniciados na Tunísia, protestos e insurreições antigoverno, conhecidos como **Primavera Árabe**, se espalharam pelo norte da África e Oriente Médio.

2014
Malala Yousafzai, ativista de 17 anos que luta pela educação para meninas, torna-se a mais jovem vencedora do Prêmio Nobel da Paz.

2015
É apresentada, na Indonésia, a **Nusantara**, uma interpretação alternativa do islã de perspectiva não árabe.

2019
Nos Estados Unidos, **Rashida Tlaib e Ilhan Omar** tornam-se as primeiras mulheres muçulmanas a ocupar o Congresso.

2013
A **al-Shabab**, organização terrorista baseada na Somália, ataca o shopping Westgate em Nairóbi, Quênia, matando 67 pessoas.

2014
O grupo militante **Estado Islâmico** invade amplas regiões do Iraque e da Síria e proclama um novo califado.

2018
A **Arábia Saudita suspende a proibição de mulheres dirigirem** e emite as primeiras carteiras de motorista do sexo feminino.

2019
Brunei implementa leis Sharia em que o adultério e o sexo entre homens são puníveis com morte por apedrejamento.

---

al-Qaeda no Afeganistão e invadindo o Iraque, tirando seu comandante, Saddam Hussein, do poder.

O 11 de Setembro fez com que muita gente no Ocidente considerasse ameaçadora toda expressão do islã. Esse foi um motivo particular de angústia para os milhões de muçulmanos que moravam no Ocidente, se tornando alvo de desconfiança e de uma crescente onda de islamofobia.

A percepção do Ocidente do mundo muçulmano passou por outra mudança profunda em 2011, com as rebeliões da Primavera Árabe contra regimes pelo norte da África e Oriente Médio. O fato de muitos dos movimentos revolucionários serem liderados por jovens, de mulheres também estarem presentes nos protestos, e de as reivindicações dos que protestavam serem por eleições livres e democráticas levou o mundo a acreditar que uma nova era surgiria na região. Isso ainda não se concretizou, mas a imagem de jovens muçulmanos, de ambos os sexos, lutando por direitos civis e direitos humanos contribuiu muito para promover uma visão mais flexível do mundo muçulmano.

Formatos opostos

Embora menos de um quinto da população muçulmana mundial habite o Oriente Médio, a região mantém influência soberana sobre o restante do mundo islâmico. A Indonésia, que tem a maior população muçulmana do mundo, desenvolveu seu próprio ramo islâmico, mas, graças à imensa riqueza petrolífera, a Arábia Saudita e estados do golfo arábico são os que mais influenciam na forma como o islã é visto no mundo. Essas regiões adotam uma abordagem rígida conhecida como wahabismo (em sua forma saudita) ou salafismo.

No Oriente Médio, a hegemonia da Arábia Saudita dentro do islã é desafiada pelo Irã. Desde a morte de Saddam Hussein, a influência iraniana se expandiu para o Iraque, de maioria xiita, pela Síria e pelo Líbano. Conflitos recentes no Iraque e na Síria, entre eles a guerra contra o Estado Islâmico, fizeram de milhões de muçulmanos refugiados. Alguns deles foram recebidos por países vizinhos, mas muitos fugiram para a Europa. Essa migração forçada, aliada às altas taxas de natalidade muçulmanas, indica que a quantidade de muçulmanos na Europa e no mundo todo aumente nas próximas décadas, alterando, mais uma vez, a história do islã. ∎

SOMOS DE DEUS, E A ELE RETORNAREMOS
O ALCORÃO, 2: 156

EM CONTEXTO

TEMA
Ritos de passagem

ONDE E QUANDO
Hoje, no mundo todo

ANTES
595 O futuro Profeta Maomé se casa com Khadija, 15 anos mais velha. Permanece monogâmico, mas, após a morte dela, ele se casa mais dez vezes.

Século VIII O erudito jurídico al-Shafii decreta que é desejável um homem se limitar a uma única esposa, embora lhe seja permitido se casar com mais de uma.

2007 A universidade egípcia al-Azhar, uma instituição islâmica que legisla a conduta social, empreende um estudo sobre maneiras de inibir a difusão dos casamentos *urfi*, ou não oficiais, que, afirma a instituição, "chegou a proporções alarmantes".

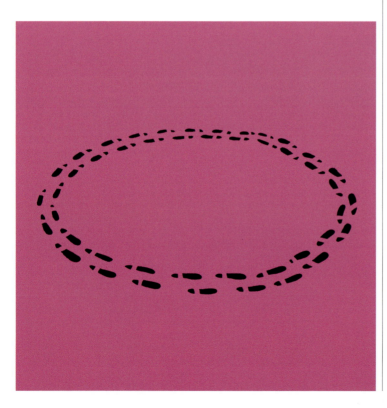

Todos os muçulmanos, praticantes ou não, abraçam os rituais de sua fé em momentos importantes da vida, sobretudo nascimento, casamento e morte.

Quando uma criança muçulmana nasce, em algumas culturas é tradição o Shahada ser sussurrado em sua orelha direita: "Não existe divindade exceto o Deus único e Maomé é o mensageiro de Deus". A mensagem central do islã é a primeira coisa que uma criança ouve. A tradição também sustenta que o primeiro sabor que um bebê deve provar é o doce, por isso os pais esfregam nas gengivas do bebê o sumo de um

O ISLÃ ATUAL

Ver também: Os cinco pilares do islã: *Shahada* 36-41 ▪ Conceito corânico do Paraíso 92 ▪ Palavras e ações do profeta 118-123 ▪ A orientação divina através da Sharia 128-133

Um avô indonésio corta o cabelo de um bebê como parte da cerimônia *aqiqa*. Muitos muçulmanos acreditam que a *aqiqa* mantém os filhos longe do perigo.

pedaço de tâmara amassada ou um pouco de mel.

Preparação para a vida

Em geral, os bebês recebem um nome no primeiro ou sétimo dia após o nascimento, com base numa tradição registrada em um *hadith*. Os nomes costumam derivar dos nomes dos profetas, de suas esposas ou dos Companheiros, e Muhammad é a escolha mais comum para meninos. Algumas fontes afirmam que Muhammad é o nome de menino mais popular do mundo, e não só em países de maioria muçulmana: o Instituto Nacional de Estatística Britânico revelou que Muhammad, e suas 14 grafias diferentes, foi o nome mais popular de bebês meninos nascidos na Grã-Bretanha em 2017.

Uma série de eventos acontecem no sétimo dia ou depois, inclusive raspar a cabeça do bebê. O cabelo removido é pesado, e o peso equivalente em prata (ou seu valor monetário) é dado para caridade. Também é tradicional observar o *aqiqa*, o sacrifício de um bode ou uma ovelha para expressar gratidão a Deus pela criança. Para um menino, dois animais são sacrificados, para uma menina, um só; a carne é dada a parentes e vizinhos, e também aos pobres. Hoje em dia, instituições de caridade realizam o sacrifício em nome da família e depois distribuem a carne aos pobres.

Meninos muçulmanos são circuncidados, e o ideal é que isso aconteça na primeira semana de vida, mas também pode acontecer em qualquer fase da puberdade. Na Malásia, por exemplo, o procedimento serve como um ritual de passagem da adolescência à idade adulta. A circuncisão é anterior ao islã, e acredita-se que date da época do profeta Abraão. Não há menção à circuncisão no Alcorão, mas o assunto é abordado no *hadith*. Por exemplo, o *Sahih al-Bukhari* e o *Sahih Muçulmano* citam que Maomé colocou a circuncisão em uma lista de hábitos *fitra* (estado de pureza no qual todos os seres humanos nascem), junto com aparar o bigode e cortar as unhas.

Em regiões rurais, a operação pode ser feita por um barbeiro, mas é mais comum que seja feita em clínicas ou hospitais. Mais um costume do que parte da doutrina islâmica, a circuncisão não é obrigatória para convertidos ao islã.

A circuncisão feminina, ou mutilação genital feminina (MGF), não faz parte da observação religiosa islâmica e é amplamente banida como violação dos direitos humanos. Nos lugares onde é praticada – Egito rural, Sudão, comunidades muçulmanas e não muçulmanas no leste da África, e algumas comunidades de imigrantes no Ocidente –, é mais uma tradição cultural do que uma prática autorizada pelo Alcorão.

Casamento

Na maioria dos países muçulmanos, o namoro não é comum, e o sexo antes do casamento é um tabu absoluto. As famílias desempenham um papel importante na aproximação de jovens casais. É comumente »

Senhor, faze com que as nossas esposas e a nossa prole sejam o nosso consolo.
Alcorão, 25:74

RITOS DE PASSAGEM

O **versículo 11** da *surata* 35, "O Criador", expõe sucintamente o ciclo da vida: nascemos, nos reproduzimos e morremos. Ela também revela que o tempo de vida ou a morte de uma pessoa são predestinados.

Nascimento
"E Deus vos criou do pó, então de esperma [...]"

Casamento
"[…] depois vos dividiu em pares. […]"

Gravidez
"E nenhuma fêmea concebe ou gera sem o Seu conhecimento […]"

Morte
"Não se prolonga nem se abrevia a vida de ninguém, sem que isso esteja registrado no Livro [ ]".

---

aceito que os pais têm melhores condições de escolher um bom parceiro ou parceira para os filhos. Os pais devem acertar os termos do dote (em árabe, *mahr*), pago pelo noivo à noiva antes do casamento.

No islã, o casamento é um contrato civil, não um ritual religioso. Em seu cerne está o *nikah*, o contrato legal entre um homem e uma mulher afirmando que estão se casando por livre vontade. O documento é assinado na presença de duas testemunhas muçulmanas. Ao contrário do casamento cristão, que tradicionalmente acontece numa igreja, o *nikah* mais ocorre em um gabinete administrativo do que numa mesquita. Não há necessidade da presença de um imam ou outro oficial religioso. Qualquer cerimônia matrimonial que aconteça após o *nikah* é mais moldada pelas tradições culturais do casal que do islã.

Variações conjugais

Na época do profeta, era comum homens terem mais de uma esposa, contanto que pudessem sustentá-las e honrá-las com igualdade, e o Alcorão aprova a situação. Enquanto a maioria das autoridades islâmicas afirma estar dentro da legalidade um homem ter até quatro esposas (mas uma mulher não pode ter vários maridos), a poligamia é ilegal em alguns países muçulmanos, inclusive na Turquia e na Tunísia, e está em declínio em muitos outros – no Egito, por exemplo, o número de casamentos poligâmicos é menos de 3%.

Alguns muçulmanos reconhecem uma forma de casamento não oficial de curto prazo, conhecido como casamento *urfi*. O alto custo do casamento força muitos casais jovens a esperar anos até se casarem oficialmente – um casamento *urfi*

Noiva muçulmana indiana assina um certificado de casamento na presença de líderes religiosos durante a cerimônia de *ijaazat* ("permissão").

lhes permite ficar juntos sem o registro oficial. Casamentos *urfis* são celebrados por um clérigo muçulmano na presença de duas testemunhas. O casal pode registrar o casamento mais tarde e fazer uma cerimônia completa quando as finanças permitirem. Na tradição xiita, são permitidos casamentos *mutah*, que é quando um homem e uma mulher se casam no privado, por um período curto a médio, e não são necessárias testemunhas.

Os casamentos temporários são alvo de imenso desprezo, e muitas vezes são mantidos em segredo. Também são perigosos para as mulheres, porque o acordo não lhes dá nenhuma proteção legal, como direito a pensão para si ou para os filhos.

Divórcios

No islã, um homem pode se divorciar da esposa pronunciando o *talaq*, pelo qual ele deixa público que a repudia. Mas no islã o casamento é uma instituição contratual e sacramental, e o divórcio é uma última opção, após o casal tentar de todas as maneiras possíveis reconstruir a relação. O Profeta Maomé teria dito: "De todas as coisas da lei, o divórcio é a mais odiada por Deus".

Se um casal concorda em se divorciar, o procedimento mais comum e adequado é contratar um *qadi* (pessoa versada na Sharia) para anular o casamento na presença de duas testemunhas. Se um dos parceiros quer se divorciar mas o outro não, ele ou ela ainda podem solicitar o *qadi* e, se houver motivos razoáveis, o divórcio será concedido. Também se pode anular o casamento se o casal vive separado há pelo menos dois anos e um dos parceiros não tem intenção de voltar para o outro.

Quando o divórcio é iniciativa do marido, a esposa tem plenos direitos

de ficar com o dote que lhe foi pago. Se a mulher toma a iniciativa, ela pode perder o direito ao dote, já que é ela quem deseja quebrar o contrato de casamento, a menos que consiga provar justa causa ao *qadi*.

O fim da vida

O islã considera a morte uma fase de transição entre a vida neste mundo e o pós-vida. A morte é vontade divina e, quando ela chega, deve ser prontamente aceita. O falecido deve ser enterrado o mais rápido possível,

Família xiita cuida do túmulo de um parente em um dos maiores cemitérios do mundo, em Najaf, no Iraque. Conforme a tradição, as visitas são feitas durante as celebrações *Eid al-Fitr*, no fim do Ramadan.

de preferência no mesmo dia (não se permite cremação). Parentes adultos do falecido lavam o corpo para remover impurezas – homens são lavados por homens, e mulheres, por mulheres. Em seguida, eles envolvem o corpo em um tecido branco simples. Na mesquita, os enlutados fazem uma oração fúnebre para o morto, após a qual o corpo é levado ao cemitério. Coloca-se o corpo voltado para Meca em um túmulo enquanto os enlutados recitam a *Shahada*, o mesmo atestado de fé sussurrado no ouvido do bebê ao nascimento. Muitos dos presentes jogam três punhados de terra no túmulo enquanto recitam a *surata* 20 do Alcorão: "Dela vos criamos, e a ela retornareis; e dela vos faremos surgir outra vez" (20:55).

Os rituais funerários diferem em cada país, mas em geral familiares e parentes dão dinheiro ou comida aos pobres em nome do falecido, para expiar os pecados que ele possa ter cometido. ■

LGBT+ e o islã

O Alcorão conta a história do povo de Lot – que também está na Bíblia –; destruído por Deus devido ao comportamento "obsceno", que incluía a homossexualidade: "Dentre as criaturas, achais de vos acercar dos machos, / Deixando de lado o que vosso Senhor criou para vós, para serem vossas esposas? Em verdade, sois um povo depravado!" (26:165–66). Sob esta luz, os primeiros estudiosos muçulmanos declararam a proibição da homossexualidade.

Hoje, alguns muçulmanos consideram a homossexualidade um estilo de vida, e acreditam que uma pessoa que sinta impulsos homossexuais deve tentar mudar ou se abster. Em alguns países muçulmanos, como a Jordânia, o Líbano, a Turquia e a maior parte da Indonésia, as relações entre pessoas do mesmo sexo são legalizadas, mas na maioria a homossexualidade é contra a lei. A punição varia por país, desde prisão e chibatadas até a pena de morte, em locais como Brunei, Arábia Saudita, Sudão e Iêmen.

AS SETE CASAS DO ISLÃ
ED HUSAIN (2018)

EM CONTEXTO

TEMA
Demografia atual do islã

ONDE E QUANDO
Hoje, no mundo todo

ANTES
Século VII Conquistas levam o islã à África, à Europa, e às fronteiras da Índia.

651 O terceiro califa, Uthman, envia um mensageiro à China.

922 A Bulgária do Volga se torna o primeiro estado muçulmano no que hoje é a Rússia europeia.

Século XII O sultanato muçulmano Kilwa, com sede da África oriental, chega até Moçambique.

1492 Os primeiros muçulmanos chegam nas Américas como parte da tripulação de Cristóvão Colombo.

DEPOIS
2050 Dados publicados em 2017 preveem que haverá 2,76 bilhões de muçulmanos em 2050 – 29,7% da população mundial.

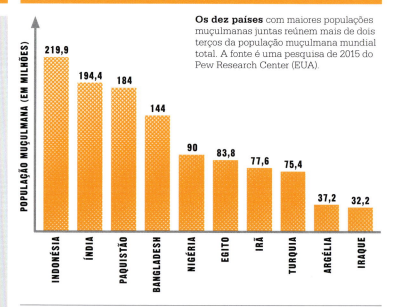

Os dez países com maiores populações muçulmanas juntas reúnem mais de dois terços da população muçulmana mundial total. A fonte é uma pesquisa de 2015 do Pew Research Center (EUA).

De acordo com uma pesquisa de 2015 do Pew Research Center, há cerca de 1,8 bilhão de muçulmanos no mundo. Em 2019, a população mundial era de 7,7 bilhões, ou seja, quase uma em cada quatro pessoas no mundo atual é muçulmana. Destas, apenas 317 milhões, ou menos de 18%, habitam o Oriente Médio e o norte da África (MENA, na sigla em inglês). Mais muçulmanos vivem na Índia e no Paquistão que em toda a região do MENA. Os cinco países com as populações muçulmanas mais elevadas são Indonésia (219,9 m), Índia (194,4 m), Paquistão (184 m), Bangladesh (144 m) e Nigéria (90 m). O sexto país da lista, o Egito, é o país do Oriente Médio com maior população muçulmana (cerca de 83,8 m).

As casas do islã

Estudantes do mundo islâmico o dividem em várias esferas culturais e geográficas. O autor Ed Husain lista sete delas. A primeira é o mundo falante de árabe do Oriente Médio, norte da África e o noroeste da África oriental (Djibouti e Eritreia). A região onde o islã nasceu é lar de menos de um quinto de seus seguidores, mas possui a maior concentração muçulmana do mundo.

Os países falantes de persa – Iraque, Afeganistão e Tajiquistão – formam a segunda região. O Irã tem a maior população xiita do mundo.

A África subsaariana constitui a terceira região: países muçulmanos não falantes de árabe, entre eles Gâmbia, Gana, Quênia, Mali, Níger, Nigéria, Senegal, Serra Leoa e Somália abrigam cerca de 250 milhões de muçulmanos. Em países como Níger e Somália, muçulmanos constituem 99% da população, embora quase um em cada três muçulmanos da África subsaariana vivam na Nigéria.

A quarta região é o subcontinente indiano, formado por Índia, Paquistão, Bangladesh, Burma, Nepal e Sri Lanka. A Índia tem a segunda maior população muçulmana do mundo, apesar de os muçulmanos constituírem menos de 15% do total de indianos. Em 2050, a Índia poderá ter a maior população muçulmana, ainda que permaneça uma nação de maioria hindu.

A quinta região é a turca, que são a Turquia e povos de herança turca: os nascidos no Azerbaijão, na

> A visão definitiva é instaurar no mundo muçulmano a noção de multiculturalismo.
> **Feisal Abdul Rauf**
> *imam sufi norte-americano*

Chechênia, Cazaquistão, Quirguistão, Turquia, Uzbequistão e na China uigure. A China tem cerca de 22 milhões de muçulmanos, a maioria concentrada em Xinjiang, a única província de maioria muçulmana, onde a população chegava a 53% de muçulmanos em 2019.

A sexta região é o sudeste da Ásia, que inclui Indonésia, Malásia, Brunei e alguns poucos na Tailândia e nas Filipinas. A Indonésia tem a maior população muçulmana do mundo: cerca de 13% de todos os muçulmanos do mundo moram lá.

Difundindo o islã

A sétima casa é o "Ocidente". Migrantes fugindo de conflitos na África e no Oriente Médio chegaram à Europa recentemente e os números são incertos, mas acredita-se que ela abrigue cerca de 44 milhões de muçulmanos. A Rússia tem a maior população, com mais de 16 milhões de muçulmanos. A França abriga 5,7 milhões de muçulmanos (8,8% da população do país), e a Alemanha 5 milhões (6,1%). Países europeus com a maior concentração de muçulmanos são Kosovo (90%), Albânia (80%), Bósnia e Herzegovina (40%) e República da Macedônia (33%).

Dos cerca de 4,6 milhões de muçulmanos na América do Norte, quase 3,45 milhões vivem nos Estados Unidos, e só 1 milhão no Canadá. Menos de 1% da população dos Estados Unidos é muçulmana, número que talvez dobre em 2050. ∎

Homens rezam no local de trabalho em Lagos, na Nigéria, onde cerca de 50% da população é muçulmana (concentrados no norte) e 50% é cristã (a maioria no sul).

ÁRABES NÃO SÃO SUPERIORES AOS NÃO ÁRABES
PROFETA MAOMÉ

EM CONTEXTO

TEMA
A arabização do islã global

ONDE E QUANDO
Hoje, no mundo todo

ANTES
Século VIII O movimento Shuubiyya presencia uma promoção controversa da cultura não árabe, em especial a persa, na corte dos abássidas em Bagdá.

1962 A Arábia Saudita funda a Liga Mundial Muçulmana, a fim de propagar uma versão saudita do islã no mundo todo.

2019 Um relatório do Sri Lanka afirma que as *madrassas* do Alcorão e faculdades árabes financiadas pela Arábia Saudita "multiplicaram-se aos milhares pelo Sri Lanka" na última década.

DEPOIS
***c.* 2040** Prevê-se que o petróleo do Golfo (e talvez sua influência) atinja o ápice em meados do século.

O islã nasceu na Arábia – o Profeta Maomé era árabe, e o Alcorão foi revelado a ele em árabe. Muçulmanos do mundo todo rezam voltados para Meca, na Arábia; e todo muçulmano tem esperança de fazer a peregrinação em algum momento da vida. Entre árabes não muçulmanos, é comum aprender árabe para conseguir ler o Alcorão e entender as palavras que eles estão dizendo ao rezar.

Apesar de menos de 20% da população muçulmana do mundo ser árabe, o idioma, a cultura e a ideologia árabes exercem uma influência fora de proporção e essa influência só cresce – um fenômeno moderno conhecido como arabização.

Nem sempre foi assim. Muçulmanos na Turquia, Índia e sudeste da Ásia já foram culturalmente distintos, mas desde a última parte do século XX a cultura "Golfo Arábico" da península arábica foi adotada como marco da identidade muçulmana. O exemplo mais visível é o *thobe* branco tradicional árabe para homens e a *abaya* preta para mulheres, que se tornaram trajes muçulmanos cotidianos em muitos países. O *niqab* (véu facial) raramente era visto fora do mundo árabe até pouco tempo atrás, mas hoje é comum da Somália até o leste da África e em Brunei, no sudeste da Ásia.

Ramzan ou Ramadan?
Frases em árabe cada vez mais encontram espaço em línguas nacionais no lugar de equivalentes locais. Por exemplo, um jornal malaio reporta o uso crescente do termo árabe *hijab* (lenço de cabeça) sobre o malaio *tudung*, e *shukran* (obrigado) sobre a expressão malaia tradicional *terima kasih*. O persa *Ramzan*, que sempre foi a palavra usada no subcontinente indiano no

Se desejam praticar a cultura árabe e não querem seguir seus costumes malaios, está nas suas mãos. Também os convido a morar na Arábia Saudita.
Sultão Iskandar de Johor

Ver também: A secularização da Turquia 228-231 ▪ O nascimento da Arábia Saudita 232-237 ▪ Demografia atual do islã 260-261 ▪ O islã na Indonésia 280-281

A Mesquita de Colônia, inaugurada em 2015, foi financiada por um ramo da autoridade de assuntos religiosos do governo turco para melhorar o status da Turquia no mundo islâmico.

mês de jejum, foi substituída pelo árabe *Ramadan*. Da mesma maneira, nomes árabes são os favoritos para crianças. Na Malásia, em 2016, o sultão de Johor incitou os malaios a não abandonar suas frases tradicionais e cultura para copiar maneirismos árabes.

Desde os anos 1970, quando se tornaram ricos em petróleo, os estados do Golfo (Qatar e Arábia Saudita, em particular) aumentaram sua influência sobre comunidades muçulmanas globais. Elas tocam na conexão religiosa profundamente enraizada que os 1,8 bilhão de muçulmanos do mundo têm com a península arábica como berço do islã e lar de seus locais sagrados. Isso envolveu recrutar e treinar imames para ensinar o islã de acordo com o costume e a lei sauditas e do Golfo, e financiar mesquitas em cidades e vilarejos pelo mundo. Há também um esforço para centralizar a tomada de decisões mundiais da comunidade muçulmana, como declarar quando o Ramadan começou e quando se deve comemorar o Eid.

A mídia árabe fortalece esses laços. Os estados do Golfo exportam, com sucesso, literatura, programas televisivos e conteúdo online que enfatizam uma visão árabe do mundo. O principal exemplo é a rede de notícias al-Jazeera, financiada pelo estado do Qatar.

Resistência

Movimentos contrários têm resistido à arabização, desejando retomar e promover suas próprias culturas muçulmanas como expressões igualmente válidas da fé islâmica. Em 2015, o movimento indonésio islâmico Nahdatul Ulama promoveu o "Islã Nusantara", uma forma do islã que leva em conta costumes locais indonésios. Nos Estados Unidos, muçulmanos norte-americanos negros fizeram campanhas nas mídias sociais para promover sua identidade usando a hashtag #BlackoutEid. A Turquia exporta programas de TV para fazer valer a versão turca do legado islâmico; versões dubladas das novelas turcas, muitas vezes sobre eventos da história muçulmana, como a vida de Suleiman, o Magnífico, são populares no mundo árabe. É uma forma de lembrar os muçulmanos que, até o século XX, sob o Império Otomano, a Turquia era a potência proeminente no mundo islâmico. ▪

Muçulmano não é raça

Ao contrário de ser judeu ou sique, ser muçulmano não é considerado raça ou etnia. A confusão entre o que é religião e o que é raça às vezes leva a crer que árabe e muçulmano são coisas intercambiáveis, o que não é o caso. O islã não considera raças, e abraça todas as tribos e culturas.

Em seu Sermão de Despedida, em 632, diz-se que o Profeta Maomé falou: "Toda humanidade provém de Adão e Eva, um árabe não é superior a um não árabe, e vice-versa; um branco não é superior a um negro, e vice-versa, senão em compaixão e boas ações". O Alcorão afirma que as melhores pessoas são as piedosas, independentemente de raça. Ele apresenta a existência de tribos e nações diferentes como positiva para a humanidade. Ensina-se o Islã abraçando-se todas as culturas, desde que suas tradições não sejam conflitantes com a prática religiosa islâmica.

DEMOCRACIA E ISLÃ NÃO SÃO INCOMPATÍVEIS
BENAZIR BHUTTO (2007)

EM CONTEXTO

TEMA
Islã e democracia

ONDE E QUANDO
Hoje, no mundo todo

ANTES
632 Um sucessor do Profeta Maomé é escolhido como líder dos muçulmanos por uma *shura*, ou conselho de homens sábios.

1945 Na Turquia, um sistema político multipartidário substitui o regime autocrático instaurado pelo fundador do Estado moderno, Mustafa Kemal Atatürk.

1947 Após a partição, as nações recém-independentes da Índia, com minoria muçulmana, e o Paquistão, com maioria muçulmana, tornam-se democracias.

2011 Levantes pró-democracia irrompem em países falantes de árabe, começando na Tunísia e se espalhando pelo Marrocos, Líbia, Egito, Síria e Bahrein.

Milhões dos 1,8 bilhão de muçulmanos do mundo vivem em democracias, ou países com eleições abertas. O país com o maior número de muçulmanos, a Indonésia, é também a terceira maior democracia do mundo por população. Segundo as projeções, o país que terá a maior população muçulmana no mundo até 2050 é a Índia, que é a maior democracia do mundo. Mali, Senegal, Tunísia, Turquia, Paquistão, Bangladesh e Malásia são países de maioria muçulmana com sistemas políticos democráticos, de níveis variados de sucesso. Todos esses fatos sugerem que não há contradição inerente entre islã e democracia.

O Alcorão contém várias ideias que podem ser consideradas apoiadoras de ideais democráticos: uma é a *shura*, ou tomada de decisões em comum; outra é a *ijma*, ou o princípio do consenso. A *surata* 42:38, por exemplo, recomenda que os fiéis "resolvam seus assuntos em consulta [...]".

Muçulmanos que seguem uma interpretação mais estrita do Alcorão podem argumentar que uma implementação estrita da lei Sharia, por exemplo, tira o governo de mãos humanas e considera Deus o único concessor das leis. Estudiosos religiosos mais extremos acreditam que a mera participação na política cotidiana – filiar-se a um partido político ou votar, por exemplo – é *haram*, ou religiosamente proibido. Clérigos wahabistas na Arábia Saudita, o talibã afegão e paquistanês, e alguns seguidores do movimento salafista adotam essa posição.

Islâmicos apoiam o voto
Nem todas as organizações islâmicas se opõem à democracia. Em algumas ocasiões na história recente, a

Vocês têm democracia cristã na Europa. Por que não podemos ter democratas muçulmanos no mundo muçulmano?
Anwar Ibrahim
líder reformista malasiano

> O desenvolvimento do islã político e da democracia parece andar de mãos dadas, mas não no mesmo ritmo.
>
> **Olivier Roy**
> *professor do European University Institute em Florença*

democracia surgiu como o caminho mais realista à legitimidade política para partidos islâmicos. Nas eleições democráticas de 1991 na Argélia, por exemplo, a popular Frente da Salvação Islâmica estava pronta para derrotar a Frente Nacional da Liberação, que estava no poder. Para evitar que isso acontecesse, as eleições foram canceladas, os militares tomaram o poder e mais de 100 mil pessoas foram mortas em uma década de guerra civil.

Mais recentemente, depois que os levantes da Primavera Árabe de 2011 derrotaram o governo impopular do presidente Hosni Mubarak no Egito, o candidato Muhammad Mursi, da Irmandade Muçulmana, venceu as eleições no ano seguinte. Uma vez no poder, a Irmandade provou não compartilhar da cultura democrática que a colocou ali; e em 2013 um golpe militar destituiu Mursi e restaurou a lei autoritária.

Um levante nacional na Tunísia, de maioria muçulmana, também resultou na expulsão de um presidente autoritário de longa data em 2011, abrindo caminho para eleições democráticas. A experiência foi mais bem-sucedida do que no Egito. O Ennahdha, partido islâmico outrora proibido e legalizado somente em 2011 tornou-se o partido com mais vagas na Assembleia Constituinte Tunisiana. Desde então, tunisianos vêm organizando eleições pacíficas e aprovaram uma nova constituição, uma das mais progressistas do mundo árabe.

Quem é contra o voto?

Até o momento, a Tunísia é o único país de língua árabe que teve êxito na democracia. O restante da região está ligada a líderes que não permitem aos cidadãos que opinem sobre quem deve governá-los, e que restringem liberdades pessoais para manter as coisas como estão. Motivos para isso são matéria de debate entre cientistas políticos. Alguns responsabilizam a disposição de longa data do Ocidente em apoiar os déspotas e ditadores da região, em especial durante a Guerra Fria, quando Estados Unidos e União Soviética deram apoio político a regimes repressores para garantir alianças regionais. Hoje o Ocidente continua a apoiar líderes com credenciais democráticas fracas a fim de salvaguardar suprimentos cruciais de petróleo e combustível do Oriente Médio.

A imprevisibilidade de eleições abertas, com o risco de colocar partidos islâmicos no poder, pode ser um indicador do por que a democracia no Oriente Médio muitas vezes não é vista com interesse pelas potências ocidentais. ∎

Tunisianos votam em um posto eleitoral durante eleições parlamentares em 2019. A Tunísia construiu um sistema político que inclui islamistas e ex-adversários.

SE DISPUTARDES SOBRE QUALQUER QUESTÃO, RECORREI A DEUS
ALCORÃO, 4:59

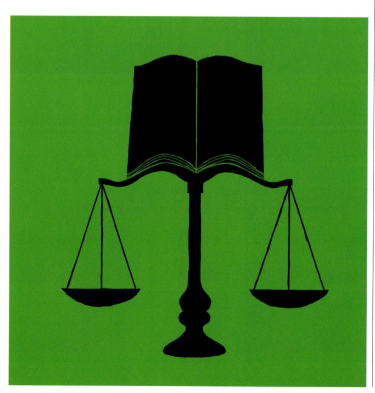

EM CONTEXTO

TEMA
O estado moderno Sharia

ONDE E QUANDO
Hoje, Arábia Saudita

ANTES
Século VIII A fim de padronizar a jurisprudência islâmica, eruditos de muitas comunidades muçulmanas codificam, de maneira independente, a Sharia, ou lei islâmica.

Século XIX Diante do colonialismo europeu, muçulmanos passam a associar a Sharia com a autodeterminação.

1928 A Irmandade Muçulmana decreta que somente restaurando a lei islâmica a seu lugar central na vida dos egípcios o Egito terá renovação nacional.

1932 O líder tribal Ibn Saud assume o controle da península arábica e permite que os eruditos religiosos imponham a lei islâmica.

Desde meados do século XX, alguns países muçulmanos tentam reviver o estado Sharia pré-moderno; em outras palavras, implementar um sistema de leis islâmico e o código de conduta correspondente, derivado do Alcorão e da *sunna*. Os que promovem esse caminho o veem como uma vida guiada pelas leis eternas e concretas de Deus. Adeptos da Sharia acreditam que estão seguindo a palavra de Deus quando ele revelou: "Se disputardes sobre qualquer questão, recorrei a Deus e ao Mensageiro" (4:59).

Como a Sharia deve ser aplicada no mundo atual é assunto de discussão entre muçulmanos

O ISLÃ ATUAL

Ver também: A orientação divina através da Sharia 128-133 ▪ Wahabismo, ou Reforma Islâmica 216-217 ▪ O nascimento da Arábia Saudita 232-237 ▪ A criação do Paquistão 242-247 ▪ Os novos extremistas 272-277 ▪ Salafismo 304

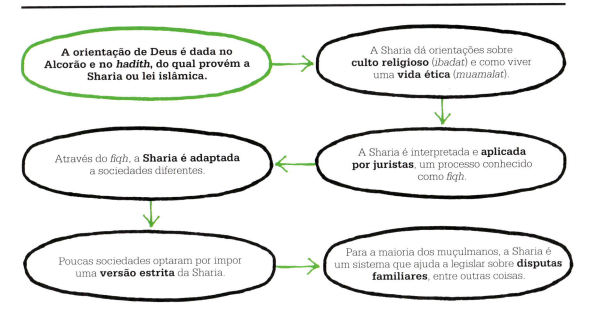

"conservadores" e "moderados". A implementação completa se estende a todas as áreas da vida pública. Alguns aspectos são amplamente aceitos, como comidas halal e o sistema bancário islâmico (sem juros). Outros são mais controversos: *hudud* ("limites"), por exemplo, que trata das punições especificadas no Alcorão e no *hadith* para crimes como adultério, homossexualidade, latrocínio e assassinato. Sob um regime Sharia estrito, muçulmanos são obrigados a modificar seu comportamento cotidiano, inclusive suas vestimentas e com quem passa o tempo.

Estados Sharia

A maioria dos quase 50 países majoritariamente muçulmanos do mundo substituíram a Sharia por sistemas de leis criminais e civis com base em modelos europeus, mantendo a Sharia apenas no âmbito da lei familiar. Afeganistão, Brunei, Qatar e Arábia Saudita empregam a lei Sharia na íntegra, assim como algumas regiões da Indonésia, da Nigéria e do Sudão. O código de leis do Irã se baseia na Sharia integrada à lei civil. O exemplo mais proeminente de estado regido pela Sharia é a Arábia Saudita. Lá, os clérigos detêm uma posição que é exclusiva entre países islâmicos: além de administrar assuntos islâmicos, também controlam os ministérios da justiça e da educação. Eles detêm uma »

Amanhã, 1º de maio de 2014, quinta-feira, veremos a aplicação da lei Sharia.
Sultão Hassanal Bolkiah de Brunei

Hassanal Bolkiah torna-se sultão da pequena ilha de Brunei, de maioria muçulmana e rica em petróleo, em 1967. Em 2019, ele decretou a lei Sharia em seu país.

força policial religiosa, conhecida como Comitê pela Promoção da Virtude e Prevenção ao Vício, popularmente chamada de *mutaween*. Os juízes sauditas seguem a rigorosa escola Hanbali de direito islâmico, suplementada por decretos oficiais que abrangem questões mais modernas, como direitos de propriedade intelectual.

Lei criminal

Embora a Sharia preveja um vasto leque de comportamentos humanos, é a área da lei criminal que desperta mais polêmicas. O Alcorão é bastante específico quanto a crimes e castigos: "Quanto ao ladrão e à ladra, decepai-lhes a mão como castigo [...]" (5:38). E "ao adúltero e à adúltera, castigai-os com cem chicotadas cada um" (24:2). Em outros trechos, ele é mais vago: "[...] aqueles que cometerem adultério [ ] puni-os; porém, caso se arrependam e se corrijam, deixai-os tranquilos [ ]" (4:16), e "Quem matar, intencionalmente, um crente, seu castigo será o Inferno, [...] para sempre" (4:93). Em casos nos quais o Alcorão não estipula um castigo, juízes buscam orientações no

Evite condenar muçulmanos ao *hudud* sempre que possível, e, quando puder encontrar um caminho fora (do *hudud*) para eles, faça-o.
Profeta Maomé

hadith. A Sharia prevê crimes como assassinato, estupro, roubo, traição e tráfico de drogas, mas também apostasia (renúncia a crenças religiosas), adultério, blasfêmia e bruxaria. A versão saudita da Sharia prevê a pena de morte para todos esses crimes. Em geral, a execução é feita em público, por decapitação feita com uma espada. Atos homossexuais ou que promovam a homossexualidade são puníveis com chibatadas, prisão ou até morte.

Apoiadores da Sharia argumentam que seus tribunais exigem prova incontestável antes de aplicar as punições. No caso de adultério, por exemplo, o Alcorão afirma que deve haver quatro testemunhas confiáveis. Quem acusa outra pessoa de adultério sem essas testemunhas pode receber 80 chibatadas por calúnia. Os críticos afirmam que essas restrições nem sempre são atendidas.

Mulheres na Sharia

A situação das mulheres na Sharia é outra área de intenso debate. A segregação dos sexos, que os clérigos justificam com a noção Sharia de *dar al-fasad* ("proteção da corrupção"), proíbe misturar homens e mulheres. Na prática, isso afasta as mulheres do mercado de trabalho. A alegada "falta de capacidade" (*adam al-kifaah*) das mulheres exige que elas tenham um guardião do sexo masculino (pai, irmão, marido ou outro familiar), cuja permissão deve ser concedida para que possam viajar, fazer consultas médicas ou abrir uma conta bancária. O vestuário feminino é ditado por uma interpretação rigorosa da lei islâmica, que exige modéstia extrema, geralmente

A Sharia em países não muçulmanos

Tribunais Sharia em países não muçulmanos servem às necessidades das comunidades muçulmanas. Em geral ligados a uma mesquita, não são tribunais de justiça, suas regras não têm força legal e não podem se sobrepor aos tribunais. Essas instituições são consultadas no caso de questões familiares: por exemplo, um casal que deseja se divorciar pode ir a um tribunal Sharia para definir acordos sobre filhos e finanças. Um tribunal Sharia pode realizar um casamento, embora isso não signifique que, aos olhos do estado, seja oficializado.

Alguns ocidentais tentaram fazer da Sharia uma questão política. Nos Estados Unidos, alguns estados proibiram tribunais Sharia, porém quase todo grupo religioso estadunidense, inclusive a comunidade judaica, usa seus próprios comitês de arbitragem em disputas familiares. Nesse sentido, tribunais Sharia não têm nada de diferente.

Até 2018, mulheres sauditas eram proibidas de dirigir carros – como não são autorizadas a viajar sem homens, o argumento era que não precisavam.

Em Achém, a única província da Indonésia que observa a lei Sharia, agentes da polícia Sharia param motociclistas para verificar se as roupas estão de acordo com a Sharia.

atendida por uma veste comprida, ou *abaya*, e um lenço de cabeça. O rosto não precisa ser coberto por um *niqab* (véu facial); porém alguns estudiosos afirmam que precisa, mas a maioria enxerga isso mais como prática cultural do que religiosa.

A situação está mudando, mas devagar. Em 2017, o rei Salman da Arábia Saudita decretou que as mulheres não precisavam mais de permissão de seu guardião para certas atividades, como frequentar universidades, trabalhar e passar por cirurgias. Também podem dirigir, tirar passaporte e viajar para fora sem consentimento do guardião. No entanto, ainda são legalmente classificadas como inferiores.

A Sharia pelo mundo

Outro estado moderno que se aproxima do modelo saudita da Sharia é o Afeganistão sob o Talibã. Um grupo de pachtuns muçulmanos sunitas fundou um estado islâmico no país entre 1996 e 2001, com juízes clérigos e uma polícia da moral que patrulhava as ruas para aplicar leis islâmicas comportamentais. O Talibã foi muito mais longe que a Arábia Saudita em proibir mulheres de estudar e trabalhar, e na aprovação do castigo *hudud* de apedrejamento por adultério – algo não praticado na Arábia Saudita. A Arábia Saudita foi um dos três países do mundo a reconhecer o Talibã, ao lado do Paquistão e dos Emirados Árabes Unidos. Existem diferenças importantes entre a ideologia do Talibã – ainda ativo em partes do Afeganistão – e a dos clérigos da Arábia Saudita, mas ambos sustentam que o estado regido pela Sharia não precisa de partidos políticos e eleições legislativas.

Em outros lugares, a Sharia muitas vezes foi introduzida como um recurso para legisladores modernos aprimorarem suas credenciais islâmicas por motivos políticos. A Sharia foi inserida nas constituições de 1968 e 1973 do Sudão, e permanece o princípio-guia do país. Críticos afirmam que ela tem sido usada como ferramenta para perseguir mulheres cristãs, que enfrentam açoitamento público por usar roupas "imorais", como calças.

Em 1979, como parte da islamização do Paquistão, o comandante militar Muhammad Zia-ul-Haq introduziu as Ordenanças Hudood. Essas regras acrescentaram novos delitos ao código penal, inclusive adultério e fornicação com novas punições, entre elas açoitamento, amputação e morte por apedrejamento. Em 2014, o sultão de Brunei introduziu um novo código legal que ampliou o escopo dos tribunais Sharia de leis civis para leis criminais. Em 2019, ele fez outra ampliação e incluiu as punições *hudud*. A decisão provocou protestos de países e grupos de direitos no mundo todo.

Uma noção mais ampla da Sharia

Enquanto não muçulmanos tendem a associar a Sharia só a punições *hudud* severas, para muitos muçulmanos isso representa apenas uma pequena parte de um sistema mais amplo de justiça, intimamente vinculado à identidade islâmica. Quase todos os países muçulmanos empregam a Sharia de certo modo, em geral em termos de leis familiares referentes a casamento, divórcio e sucessão. De longe, a maioria dos países muçulmanos modernos veem a Sharia como um sistema que pode coexistir com outros sistemas legais, e implementações extremas da Sharia são um anátema à maioria dos muçulmanos tanto quanto a não muçulmanos. ∎

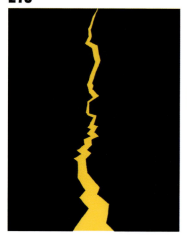

MAIS POLÍTICO DO QUE RELIGIOSO

JORNAL *THE GUARDIAN* (2015)

EM CONTEXTO

TEMA
Sunismo e xiismo no Oriente Médio moderno

ONDE E QUANDO
Hoje, no Oriente Médio

ANTES
1501-1722 O domínio da dinastia safávida no Irã encerra a tolerância mútua entre sunitas e xiitas, enquanto os safávidas xiitas declaram guerra contra os otomanos sunitas vizinhos.

1935-36 O xiismo iraquiano organiza investidas contra o governo minoritário sunita.

1979 A Revolução Iraniana substitui o xá (rei) por uma República Islâmica Xiita.

2005 Após a queda de Saddam Hussein, em 2003, o xiismo iraquiano comemora o fim do domínio sunita no país.

2019 Milícias respaldadas por iranianos intervêm no Iraque para conter os protestos contra a corrupção do estado e o desemprego.

Quase 15% de todos os muçulmanos do mundo são xiitas. No entanto, sua presença é mais marcante no Oriente Médio que em outros lugares. Estimativas recentes informam que, de todos os muçulmanos do Oriente Médio, 191 milhões são sunitas e 121 milhões, xiitas, ou seja, os xiitas constituem apenas 38%.

Hoje, a maior concentração de muçulmanos xiitas é no Irã, onde o xiismo se tornou a religião oficial do estado durante o reinado dos safávidas (1501-1772) e onde 87% da população se identifica como xiita. O Iraque também tem uma maioria xiita considerável, assim como o pequeno reino de Bahrein, uma ilha. Outras populações xiitas significativas ficam no Líbano, no Iêmen e na Arábia Saudita, e, além do Oriente Médio, na Índia e no Paquistão.

Embora os xiitas safávidas tenham passado dois séculos às turras com o Império Otomano

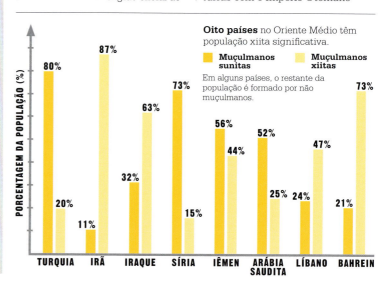

O ISLÃ ATUAL

Ver também: O surgimento do islã xiita 108-115 ▪ O Império Safávida 192-193 ▪ O nascimento da Arábia Saudita 232-237 ▪ Revolução iraniana 248-251

sunita ao longo de suas fronteiras, sunitas e xiitas coexistiram em paz na maior parte de sua história.

O espectro do sectarianismo

A revolução islâmica do Irã de 1979 mudou tudo – os xiitas derrotaram a monarquia, e o islã xiita foi considerado uma força mais militante. Saddam Hussein, o comandante sunita do Iraque predominantemente xiita, ficou tão alarmado pela ameaça de essa revolução influenciar seu povo que invadiu o Irã em 1980. No que foi retratado como uma guerra árabe contra os "persas", o Iraque foi financiado pelos estados do Golfo Sunita. A guerra Irã-Iraque foi travada de forma inconclusiva em 1988, mas, quando forças de coalizão comandadas por norte-americanos derrotaram Saddam em 2003, as subsequentes eleições parlamentares deram origem a um governo de maioria xiita.

Desde então, a influência iraniana estendeu seu apoio ao Hezbollah, movimento miliciano libanês xiita e hoje o partido mais forte do Líbano. O Irã também apoia os hutis, milicianos xiitas do Iêmen que

expulsaram o governo internacionalmente reconhecido do país em 2015, e o regime na Síria, onde a repressão da família Assad à população de maioria sunita em favor de seu próprio clã xiita alauita desencadeou protestos em 2011. A consequente guerra civil tornou-se um ponto de ignição para rivalidades regionais e superpotências mundiais.

Nacionalismo

Apesar das aparências, o sectarianismo islâmico não é a única nem a principal causa das cisões no

Um sheik xiita conduz a oração de sexta-feira no reino de Bahrein, onde a dinastia sunita al-Khalifa comanda uma população de maioria xiita.

Oriente Médio. Para a maioria dos muçulmanos, sua identidade nacional é mais importante do que a tradição islâmica que eles seguem.

Por exemplo, os xiitas iraquianos constituíram a maior parte do exército que combateu o Irã durante a Guerra Irã-Iraque. Quando Saddam Hussein invadiu o Kuwait, em 1990, um país sunita estava invadindo outro; e vários países árabes sunitas aderiram à coalizão para libertar o Kuwait. Os hutis no Iêmen são xiitas zaydis, mas depuseram, e depois assassinaram, o presidente Ali Abdullah Saleh, que também era um zaydi.

As guerras do Oriente Médio atual têm raízes no nacionalismo e na teologia. Muitos conflitos são guerras vizinhas entre o Irã e a Arábia Saudita, duas grandes potências na região que perseguem rivalidades estratégicas para controlar o mundo muçulmano, sobretudo em lugares onde os governos colapsaram. ▪

Que as pessoas parem de se gabar de seus antepassados. Ou são crédulos pios ou pecadores lastimáveis.
Profeta Maomé

Alauitas

Os alauitas são um grupo xiita supostamente fundado no século IX por Ibn Nusayr – no passado, eles eram conhecidos como nusairitas. Como todos os xiitas, eles reverenciam Ali, o primeiro imam, mas também acrescentaram elementos de outras fés à própria crença, inclusive do cristianismo, e sua Santíssima Trindade são o Profeta Maomé, Ali e Salman al-Farsi, um Companheiro do Profeta. São relativamente liberais; bebem álcool e as mulheres não cobrem os cabelos. Os alauitas vivem principalmente na Síria, onde constituem entre 10 e 15% da população. A família Assad, que assumiu o poder em 1971, é de herança alauita. O presidente Hafez al-Assad e seu filho Bashar al-Assad fortaleceram a lealdade a seu regime empossando alauitas nos cargos mais altos do governo e serviços de segurança. Historicamente, alguns clérigos sunitas denunciaram os alauitas como hereges, deixando-os com medo de ceder o poder aos sunitas.

NADA DE NEGOCIAÇÕES, CONFERÊNCIAS OU DIÁLOGOS

ABDULLAH AZZAM (ANOS 1980)

OS NOVOS EXTREMISTAS

EM CONTEXTO

TEMA
Os novos extremistas

ONDE E QUANDO
Hoje, no mundo todo

ANTES
Fim do século VIII Os primeiros juristas islâmicos discutem a *jihad* como uma luta defensiva coletiva contra a injustiça de infiéis e apóstatas.

1898 No Egito, o reformista islâmico Rashid Rida lança o *al-Manar*, uma publicação em que rechaça sociedades muçulmanas por facilitar o colonialismo, e convoca o retorno ao "verdadeiro islã", purificado de influências ocidentais.

1964 O reformista islâmico egípcio Sayyid Qutb publica sua obra emblemática *Marcos ao longo do caminho*, que incita os muçulmanos a criar uma sociedade islâmica baseada somente nos preceitos do Alcorão.

No fim do século XIX até meados do século XX, quando pensadores islâmicos como Jamal al-Din al-Afghani e Sayyid Qutb tentavam corrigir os erros que, segundo eles, os muçulmanos cometiam devido ao imperialismo ocidental, eles procuraram aplicar o islã na vida social e política a fim de criar uma sociedade islâmica utópica. No fim do século XX, a ideia de conciliar o islã e o modernismo estilo ocidental foi rejeitada, já que os novos extremistas islâmicos desprezavam o Ocidente e tudo o que ele defendia. Essa abordagem intransigente foi resumida em uma frase do erudito palestino islâmico Abdullah Azzam (1941-89): "Apenas a *jihad* e o fuzil: nada de negociações, conferências ou diálogos".

O século XXI presenciou uma alta incidência do que alguns comentaristas ocidentais chamam de "jihadismo" (guerra contra os que não creem), perpetrado por grupos islâmicos. O termo "islamista" é alvo de debates, mas geralmente significa apoiador de militância em nome de uma interpretação rigorosa do islã, incitando muçulmanos contra não muçulmanos – ou, às vezes, no caso

Não se deve abandonar a *jihad* até que somente Deus seja louvado. A *jihad* é o caminho da glória eterna.
Abdullah Azzam

dos extremistas conhecidos como *takfiri*, contra todos os outros muçulmanos não islamistas, a quem eles consideram apóstatas. Grupos extremistas islâmicos veem-se como soldados em uma batalha pela soberania de Deus na terra. Eles seguem os ensinamentos de Abdullah Azzam, que pregava que todo muçulmano, de qualquer nacionalidade, é obrigado a lutar contra um inimigo que invade uma terra muçulmana. Em 1980, a terra específica que Azzam tinha em mente era o Afeganistão.

Geração Afeganistão
Em dezembro de 1979, a União Soviética invadiu o Afeganistão para apoiar o governo comunista (ateu, portanto não islâmico). Voluntários de todo o mundo muçulmano atenderam ao chamado de Azzam e afluíram para o Afeganistão para lutar contra os soviéticos. Conhecidos como *mujahidin*, esses combatentes da resistência afegã e muçulmana receberam apoio de um grupo improvável formado por Irã, Paquistão, Arábia Saudita e Estados Unidos. Um dos *mujahidin* era Ayman

Por nove anos o exército soviético combateu forças muçulmanas *mujahidin* no Afeganistão antes de admitir derrota em fevereiro de 1989 e abandonar o país.

O ISLÃ ATUAL

Ver também: A busca para tornar suprema a palavra de Deus 134-135 ▪ As Cruzadas pela perspectiva muçulmana 180-181 ▪ A ascensão do Modernismo Islâmico 222-223 ▪ O nascimento da Arábia Saudita 232-237 ▪ A ascensão do islã político 238-241 ▪ O islã na África 278-279

al-Zawahiri, um médico do Cairo. Seguidor fervoroso do pensador islâmico radical Sayyid Qutb, al-Zawahiri era membro do grupo egípcio al-Jihad. Seu líder espiritual era o sheik cego Omar Abdel Rahman, que mais tarde receberia uma sentença de morte por conspirar no bombardeio do World Trade Center, em Nova York, em 1993.

Em 1981, al-Jihad matou o presidente egípcio Anwar Sadat, que enfurecera os islamistas ao assinar um acordo de paz com Israel. Após seu assassinato, muitos islamistas foram capturados e presos, inclusive al-Zawahiri. Ele foi solto em 1986, e mudou-se para o Paquistão para cuidar de *mujahidin* feridos. Ali, conheceu e fez amizade com um jovem rico árabe saudita chamado Osama bin Laden.

Quando estudou na universidade do rei Abdulaziz em Jedá, Bin Laden frequentou palestras de Muhammad Qutb, irmão mais novo de Sayyid. Os irmãos haviam passado um tempo presos no Egito, mas, enquanto Sayyid foi enforcado, Muhammad foi solto e se mudou para a Arábia Saudita, onde se tornou professor de estudos islâmicos e promoveu o trabalho do irmão. Inspirado pelo que aprendeu, bin Laden foi ao Paquistão em 1981, onde encontrou em Abdullah Azzam outro mentor.

Estrada para o 11 de Setembro

Al-Zawahiri via o Afeganistão como um campo de treinamento para a revolução em seu próprio país contra o que se chamou de "inimigo próximo" – nesse caso, o governo egípcio. O foco de Bin Laden era o "inimigo distante" – ou seja, o Ocidente.

Quando os soviéticos se retiraram do Afeganistão em 1989, al-Zawahiri continuou a liderar al-Jihad numa campanha de atentados a bomba e ataques a figuras políticas egípcias. Nesse meio-tempo, Bin Laden, Abdullah Azzam e outros formaram um novo grupo, a que chamaram al-Qaeda ("a Base"). Seu objetivo era purificar o islã da influência ocidental, destruir Israel e estabelecer um novo califado no mundo muçulmano. Em 1990, a invasão do Kuwait pelo líder iraquiano Saddam Hussein pôs em risco os campos petrolíferos da

Em agosto de 1990, tropas estadunidenses chegaram na Arábia Saudita a pedido de seu comandante, o rei Fahd, à frente da operação "Tempestade do Deserto", que expulsou forças iraquianas do Kuwait em fevereiro de 1991.

Arábia Saudita. Bin Laden ofereceu usar *mujahidin* para defender esses campos, mas os comandantes do reino optaram por se juntar a uma coalizão liderada por estadunidenses e permitir que ela enviasse tropas em território saudita. Bin Laden denunciou a coalizão e o que ele considerava uma profanação de solo sagrado. Banido da Arábia Saudita, primeiro ele fugiu para o Sudão em 1991, e depois, para o Afeganistão, em 1996.

Em 1996, Bin Laden emitiu uma "Declaração de Guerra contra os Americanos Ocupando a Terra dos Dois Lugares Sagrados". Ele convocava todos os muçulmanos a libertar a Arábia Saudita dos norte-americanos, que mantinha a presença ali após expulsar os iraquianos do Kuwait. Essa *fatwa* foi »

A al-Qaeda pode ser melhor compreendida como um mecanismo que funciona com o desespero do mundo muçulmano.
Lawrence Wright
autor de O vulto das torres: A Al-Qaeda e o caminho até o 11/9

acompanhada por outra declaração em 1998 – desta vez, proferida em nome da Frente Islâmica Mundial, uma nova organização genérica que reuniu a al-Qaeda de Bin Laden, a al-Jihad de al-Zawahiri, e três outros grupos. A regra era: "matar os norte-americanos e seus aliados – civis e militares – [é] um dever individual a cada muçulmano capaz de fazê-lo".

Em agosto daquele ano, atentados suicidas da al-Qaeda destruíram embaixadas dos Estados Unidos em Nairóbi, no Quênia, e em Dar es Salaam, na Tanzânia, matando 224 pessoas. Em 2000, militantes da al-Qaeda bombardearam o navio norte-americano USS Cole em um atentado suicida na costa do Iêmen, matando 17 oficiais estadunidenses. No dia 11 de setembro de 2001, membros da al-Qaeda lançaram dois aviões comerciais contra as torres gêmeas do World Trade Center na cidade de Nova York e um terceiro no Pentágono, em Washington, enquanto um quarto avião que tinha como alvo a Casa Branca ou o Capitólio caiu em um campo na Pensilvânia. No total, os ataques mataram 2996 pessoas, sendo 2507 civis, 343 bombeiros, 72 agentes da lei e 55 militares.

Combatendo a al-Qaeda

Quase todos os líderes muçulmanos – políticos e religiosos – condenaram os ataques, incluindo os líderes do Egito, Irã, Líbia, Síria e a Autoridade Palestina.

Em 2002, enquanto muçulmanos e não muçulmanos do mundo todo lutavam para entender o que teria inspirado um ataque tão chocante, Bin Laden enviou uma "Carta aos Estados Unidos" com as justificativas da campanha da al-Qaeda. Entre elas, o apoio norte-americano ao Estado de Israel desde sua criação em 1948, permitindo que Israel ocupasse a Palestina e invadisse o Líbano; as ações na Somália; a inação à opressão muçulmana na Chechênia e na Caxemira; a "pilhagem" do petróleo árabe, e as sanções no Iraque.

A reação dos Estados Unidos ao 11 de Setembro foi declarar uma "Guerra ao Terror" e sair à caça da al-Qaeda em seu território natal no Afeganistão. Embora quase 80% da al-Qaeda no Afeganistão já tivesse sido eliminada, a rede mais ampla do grupo de células afiliadas continuava planejando e executando ataques. No dia 7 de julho de 2005, quatro homens-bomba suicidas britânicos mataram 56 pessoas na rede de metrôs londrina e em um ônibus de Londres, e mais centenas de civis foram mortos em ataques posteriores em Bali, Istambul, Argélia, Madri e Paris.

Em 2011, o presidente dos Estados Unidos Barack Obama anunciou que Bin Laden morrera em uma operação secreta em Abbottabad, no Paquistão. Ainda que a influência da al-Qaeda tenha diminuído desde então, alguns de seus afiliados continuam ativos, com destaque para a al-Shabab ("A Juventude"). Com base na Somália, eles mataram quase 700 pessoas com seus caminhões-bomba em Mogadishu, Somália, em 2011 e 2017, e fez mais ataques em Nairóbi, Quênia, em 2013 e 2019.

O Talibã

Após a retirada dos soviéticos do Afeganistão em 1989, derrotados pela *mujahidin* – vitória celebrada por islamistas e o Ocidente –, os vencedores se voltaram uns contra os outros. A guerra civil estourou e as facções foram apoiadas por forças externas, inclusive o Irã e a Arábia Saudita. Em 1994 surgiu um grupo composto de pashtuns (grupo étnico dividido entre o Paquistão e o Afeganistão) e estudantes paquistaneses deobandis. Conhecidos como Talibã (do árabe *talib*, "estudante"), seu objetivo era fundar uma sociedade islâmica pura.

De 1996 até sua derrocada em 2001, o Talibã governou quase três quartos do país e reforçou uma interpretação brutal da Sharia – desde a rejeição à ajuda humanitária até massacres difusos e a destruição de estátuas de Budas datadas de

Combatentes do autointitulado Estado Islâmico exibem a bandeira preta do grupo, com o emblema da segunda frase do *Shahada*: "Maomé é o mensageiro de Deus".

Virá um povo do leste, jovens de cabeças raspadas e ideias tolas, que recitam o Alcorão da boca para fora. Onde quer que vocês os encontrem [...], lutem com eles.
Profeta Maomé

1500 anos em Bamiã, em 2001. Só o Paquistão, a Arábia Saudita e os Emirados Árabes Unidos reconheceram o governo Talibã. Em 2001, no rescaldo do 11 de Setembro, o Talibã rejeitou um ultimato dos Estados Unidos para entregar Bin Laden e expulsar as forças da al-Qaeda que abrigavam. Em resposta, os EUA e seus aliados invadiram o Afeganistão e derrubaram o governo Talibã.

No entanto, desde então o grupo reafirmou com força sua presença no Afeganistão; em 2019, o Talibã controlava 15% do país e estava ativo em 70%.

Estado Islâmico

O chamado Estado Islâmico – também conhecido como ISIS (Estado Islâmico no Iraque e na Síria), ISIL (Estado Islâmico do Iraque e do Levante), ou Daesh (um acrônimo árabe) surgiu de resquícios da al-Qaeda no Iraque. Ele tirou vantagem da instabilidade no Iraque e na Síria (onde a guerra civil irrompeu em 2011) para tomar territórios, capturando as cidades iraquianas de Mosul e Tikrit em 2014.

Naquele mesmo ano, o líder do ISIS, Abu Bakr al-Baghdadi anunciou a formação de um califado. Se a al-Jihad e o Talibã buscaram controlar só um país, o Estado Islâmico (EI), como era então chamado, reivindicou a liderança de todo o mundo muçulmano. "Logo", declarou al-Baghdadi, "com a permissão de Deus, virá o dia em que o muçulmano andará por toda parte como mestre".

Uma coalizão liderada pelos Estados Unidos deu início a ataques aéreos contra o Estado Islâmico no Iraque em 2014, enquanto forças iraquianas, curdas e sírias combinadas combatiam o Estado Islâmico em terra. Células em operação do Estado Islâmico bombardearam um avião russo no Egito em 2015 e fizeram uma série de ataques fatais em Paris, mas em 2018 a campanha contra o Estado Islâmico focou seus poucos fortes remanescentes no leste da Síria.

Em dezembro daquele ano, o presidente Donald Trump declarou que o ISIS estava derrotado. No fim de 2019, foi anunciada a morte de al-Baghdadi, morto em uma invasão de forças especiais norte-americanas.

Crenças equivocadas

De acordo com um relatório do Monitor Mundial de Extremismos, o extremismo islâmico foi responsável pela morte de 84 mil pessoas (entre elas, 22 mil civis) em 66 países apenas em 2017. A maioria das vítimas do extremismo são muçulmanos, e ativistas muçulmanos, como Malala Yousafzai, protestam contra essas injustiças.

A mensagem "Apenas a jihad e o fuzil", de Abdullah Azzam, ainda encontra simpatizantes. Em seu auge, o Estado Islâmico controlou uma ampla área territorial, do oeste do Iraque ao centro da Síria, e cerca de 8 a 12 milhões de pessoas. No entanto, embora se intitule um califado, ele nunca controlou as cidades sagradas de Meca e Medina, e só teve êxito em unificar países árabes e outros muçulmanos contra si. ∎

Resistindo ao Talibã

Em 9 de outubro de 2012, dois homens pararam um ônibus escolar no distrito de Swat, no norte do Paquistão, e perguntaram: "Quem é Malala?". Quando ela se identificou, eles balearam Malala Yousafzai, então com 15 anos, na cabeça.

Filha de professor, Malala foi criada com consciência política. Inspirada por figuras como o reformista Muhammad Ali Jinnah e a antiga primeira-ministra Benazir Bhutto, desde os 12 anos ela falava, em público e na internet, sobre direitos básicos à educação para meninas, e como esses direitos eram ameaçados pelo Talibã. O atentado contra sua vida foi uma retaliação por seu ativismo.

O estado de Malala era crítico, mas ela foi transferida para um hospital no Reino Unido e se recuperou. Tornou-se uma ativista ainda mais proeminente pelo direito à educação para meninas, e em 2014 recebeu o Prêmio Nobel da Paz, tornando-se a pessoa mais jovem laureada pelo Nobel. Em 2017 ela começou a estudar na Universidade de Oxford, e continua sua campanha pelas 130 milhões de meninas pelo mundo que não frequentam a escola.

AQUI, AS PESSOAS REALMENTE VIVEM O ISLÃ

YOUSSOU N'DOUR, CANTOR SENEGALÊS (2004)

EM CONTEXTO

TEMA
O islã na África

ONDE E QUANDO
Hoje, na África

ANTES
c. 614 O Profeta Maomé aconselha um grupo de seguidores enfrentando perseguições dos mecanos a buscar refúgio do outro lado do Mar Vermelho, em Axum.

Século XIV Musa I é o imperador do Império do Mali da África Ocidental. Acreditava-se que ele era o homem mais rico da história, graças às vastas e valiosas reservas de sal e ouro.

2013 Insurgentes da al-Qaeda fugindo de Timbuktu, no Mali, ateiam fogo numa biblioteca que continha milhares de inestimáveis manuscritos históricos islâmicos.

2018 A polícia italiana prende um somaliano que planejava plantar uma bomba na Basílica de São Pedro, em Roma, no Natal.

Estima-se que 48% da população da África é muçulmana, enquanto 50% são cristãos. Além dos países de língua árabe do norte da África, o islã tem presença marcante no Chifre da África, na região do Sahel ao sul do Saara, e na maior parte da África ocidental. Com cerca de 550 milhões de muçulmanos pelo continente, a África é lar de quase um terço dos muçulmanos do mundo.

Uma religião africana

O islã está presente em boa parte do continente africano há tanto tempo, que muitos africanos o consideram uma religião africana. A tradição islâmica afirma que os primeiros Companheiros de Maomé a fugir da perseguição em Meca se estabeleceram no reino cristão de Axum, hoje Etiópia e Eritreia. Dizem que eles voltaram à Arábia quando Maomé fundou uma comunidade muçulmana em Medina, mas escavações em um cemitério do século VII no norte etíope revelararam vestígios de uma comunidade muçulmana posterior à partida dos exilados.

Os muçulmanos constituem cerca de 34% da população etíope, de maioria cristã, mas na Nigéria,

Desde seus primórdios em Aksum, o islã se tornou a religião predominante no norte da África, enquanto o sul é de maioria cristã.

país mais populoso do continente, esse índice sobe para quase 50%, com mais de 100 milhões de muçulmanos. Em Serra Leoa, muçulmanos correspondem a 77% da população; na Guiné, são 85%, na Gâmbia, 90%, no Senegal, 94%, no Mali, 95% e na Nigéria, 98%.

Apesar do domínio do islã em países no norte da África, muitos africanos que se consideram muçulmanos (ou cristãos)

Ver também: Hégira, a fuga de Meca 28-31 ▪ O sufismo e a tradição mística 140-145 ▪ Divulgando o islã por meio do comércio 182-185 ▪ Demografia atual do islã 260-261 ▪ Os novos extremistas 272-277

Muçulmanos sufis senegaleses em frente à Grande Mesquita dos Mourides, em Dacar, antes de sua inauguração em 2019. Essa é a maior mesquita na África ocidental.

continuam a acreditar em bruxaria, curandeiros religiosos tradicionais e animismo – a ideia de que todos os objetos, lugares e seres vivos têm uma essência espiritual.

Um exemplo do islã africano se encontra no Senegal, onde quase todos os muçulmanos são sufis, pertencentes a ordens místicas vinculadas a homens santos ou *marabouts*. O mais famoso deles é o sheik Ahmadou Bamba (1853-1927), fundador da irmandade Mouride. Seus seguidores atribuem poderes milagrosos a ele, mas ele próprio pregava uma mensagem simples de devoção a Deus e trabalho: seu lema era "Ore a Deus, mas lavre seu campo". A imagem de Bamba pode ser vista em todo o Senegal, de murais a adesivos nos painéis dos táxis. Em Touba, sua cidade natal, seu túmulo, no interior de uma das maiores mesquitas da África ocidental, é um local importante de peregrinação.

Flagelo extremista

Mesmo que haja quase tantos muçulmanos na África quanto cristãos, em termos gerais o norte do continente é fortemente muçulmano, e o sul é de predomínio cristão. Os dois grupos coexistiram em paz por muito tempo, mas no século XXI a região de ambos – uma faixa de 6.400 km que atravessa o centro da África, do Senegal, no oeste, à Somália, no leste – se transformou em uma zona de conflitos, não por causa da violência segregacionista muçulmana-cristã, mas devido ao extremismo islamita e ao terrorismo.

Nas últimas décadas, um governo frágil e a corrupção abriram espaço para grupos radicais religiosos oferecerem uma solução alternativa à população insatisfeita. Esses grupos tomaram a dianteira onde o governo fracassou, levantando dinheiro para escolas e hospitais, enquanto difundem uma versão radical do islã.

Um grupo que se destaca é o islamista nigeriano Boko Haram. Fundado em 2002, ele rejeita o estado secular, por ser uma criação dos homens, não de Deus, e também

O islã demanda paz, e não esse egocentrismo com que se matam pessoas com rifles.
Sheik Tidiane Samb
mouride senegalês

todo o conhecimento ocidental não islâmico; o nome Boko Haram significa "A educação ocidental é um pecado", na língua hausa local. Em 2014, o grupo provocou indignação internacional (e a hashtag #Saveourgirls) ao sequestrar 276 meninas de uma escola do governo. Em regiões do país afetadas pelo Boko Haram, quase ninguém tem estudo, acesso a cuidados com a saúde ou outros serviços públicos.

No lado oposto da África, o grupo islamista somali al-Shabab ("A Juventude") atacou várias vezes a capital Mogadishu desde 2006. Sua meta é criar um estado islâmico na Somália, mas ele também opera em países vizinhos, em especial o Quênia, onde cometeu ao menos 150 ataques: em 2013, al-Shabab atacou um shopping em Nairóbi, matando 67; em 2015, o grupo matou 148 em um ataque a uma universidade em Garissa; e, em 2019, bombardeou um hotel em Nairóbi, matando ao menos 21 pessoas. Grupos como Boko Haram e al-Shabab, ambos vinculados à al-Qaeda, são contrários ao islã moderado presente em todo o continente africano. ▪

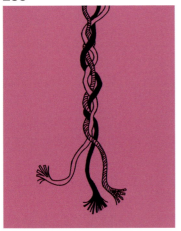

MUITOS MUÇULMANOS NÃO CONSEGUEM COMPREENDER O ISLÃ
ABDURRAHMAN WAHID (2005)

EM CONTEXTO

TEMA
O islã na Indonésia

ONDE E QUANDO
2015, Indonésia

ANTES
1405-33 O almirante muçulmano chinês Zheng He lidera uma série de viagens pelo oceano Índico conectando comunidades muçulmanas no sul da China às do sudeste da Ásia.

1613-46 O sultão Agung de Mataram, na Java central, lidera uma "guerra santa" contra Bali, o único estado hindu no meio das ilhas do Arquipélago Indiano (hoje Indonésia) de predomínio muçulmano.

DEPOIS
2019 O presidente da Indonésia, Joko Widodo, é reeleito e se compromete com um pluralismo religioso, enquanto muçulmanos radicais apoiam seu oponente.

A Indonésia tem a maior população muçulmana do mundo. Mesmo que 99% de seus 229 milhões de muçulmanos sejam sunitas, a maioria pratica uma forma local distinta do islã, chamada islã Nusantara (um termo local para o arquipélago indonésio, constituído de mais de 17 mil ilhas).

O islã chegou no sudeste da Ásia com negociantes muçulmanos no século XIII, e se espalhou nas ilhas e arquipélagos pela região. No fim do século, um sultão muçulmano governou Pasai na costa norte de Sumatra, uma das ilhas que compõem a Indonésia.

Nos dois séculos seguintes, centros de maioria muçulmana surgiram em Melaka (hoje Malaca, na Malásia) e Achém, em Sumatra.

Com Meca a 7 mil km de distância, o processo de islamização ocorreu sem nenhuma intervenção dos califados ou dinastias que estavam ampliando os interesses islâmicos pelo norte da África, Ásia e Europa. Em vez de ser imposto sobre a Indonésia, o islã foi absorvido por tradições locais, como peregrinações aos túmulos dos santos locais, festivais em comemoração de seus aniversários e cerimônias para enviar os espíritos dos mortos ao pós-vida. A retenção dessas tradições conferiu a esse islã regional um toque místico.

Ideias importadas

A sensação de isolamento começou a mudar nos anos 1870, quando a Holanda, cuja colônia Índias Orientais Holandesas incluía a Indonésia, passou a usar embarcações a vapor para viagens mais rápidas. Isso

O islã Nusantara é questionado em muitas partes do país por conta de leis locais que obrigam mulheres e meninas a usar o hijab em escolas, postos governamentais e espaços públicos.

O ISLÃ ATUAL

Ver também: A orientação divina através da Sharia 128-133 ▪ Divulgando o islã por meio do comércio 182-185 ▪ Wahabismo, ou Reforma Islâmica 216-217 ▪ Demografia atual do islã 260-261

| A observância do **islã**, seguindo o Alcorão, a *sunna* e os Cinco Pilares do islã... | **+** | ... mantendo **tradições locais** pré-islâmicas, inclusive peregrinações a túmulos de santos locais e comemoração do aniversário deles... | **=** | o islã Nusantara, um formato **liberal e inclusivo** do islã que pode ser adaptado a qualquer cultura no mundo todo. |

permitiu a muitos outros muçulmanos do sudeste asiático que fizessem sua primeira peregrinação a Meca, e logo os indonésios se tornaram o maior contingente de peregrinos no *Hajj* anual.

Ao cumprir o *Hajj*, esses peregrinos conheciam as ideias religiosas e intelectuais da Arábia, especificamente o wahabismo. Isso gerou formas mais restritas de observância islâmica, inclusive a introdução da Sharia.

Em 1926, muçulmanos indonésios moderados reagiram e fundaram o Nahdlatul Ulama (NU), ou o "Renascimento do Ulama". A organização se declarou oposta ao wahabismo, defendendo uma interpretação mais tolerante do islã. Durante a guerra indonésia de independência em 1945-49, o NU apoiou a luta contra forças colonialistas holandesas, chamando isso de Guerra Santa.

Na nova república, o NU se tornou um partido político, primeiro como parte de uma coalizão de grupos islâmicos, depois como um partido independente. Em 1984, o NU se afastou da política e voltou a seu propósito original, o de organização sociorreligiosa. No mesmo ano, Abdurrahman Wahid (conhecido como Gus Dor), neto de Hasyim Asyari, fundador do NU, tornou-se presidente do NU. Ele continuou promovendo ideias liberais e apoiando o diálogo entre crenças durante seu mandato como presidente da Indonésia, entre 1999 e 2001.

O islã Nusantara

Em 2015, o NU cunhou o termo *islã Nusantara*, ou islã indonésio, para se referir ao tipo de prática local do islã pela maioria dos muçulmanos do país. Foi uma consequência do exemplo dado por Abdurrahman Wahid, que declarou: "Muitos muçulmanos não conseguem compreender o islã, que nos ensina a tratar os outros com leniência e entender seus sistemas de valores, sabendo que eles são tolerados pelo islã como uma religião".

Desde então, o NU embarcou em um projeto para promover sua visão de um islã inclusivo para o restante do mundo. Ele busca oferecer uma contranarrativa ao que o NU considera a ideologia rígida propagada por elementos mais restritos do islã no Oriente Médio. Sua meta não é inserir a cultura indonésia no mundo árabe, mas promover uma abordagem que acomode a cultura local no islã.

O NU vê isso como um modelo para desenvolver, por exemplo, um islã exclusivamente norte-americano, europeu ou australiano – compreensões do islã que levam em conta o lugar onde os muçulmanos vivem. Opositores, inclusive muitos indonésios, afirmam que o islã Nusantara legitima práticas avessas aos ensinamentos do islã; apoiadores sustentam que ele é um islã inclusivo, tolerante da cultura local. ▪

A Sharia em Achém

Nem toda a Indonésia segue uma interpretação liberal do islã. Como resultado de concessões para ajudar a acabar com um conflito separatista armado que durou quase 30 anos, encerrado em 2005, a província semiautônoma de Achém, na fronteira noroeste de Sumatra, obteve direitos especiais para definir as próprias regras. Uma delas foi implementar a Sharia como um adjunto à lei civil e criminal, apresentada como uma forma de abordar males sociais.

Hoje, a polícia Sharia monitora o comportamento público e aplica suas leis, inclusive a proibição de álcool e apostas, o uso de roupas modestas para mulheres, e restrições a homens e mulheres no mesmo ambiente. A pena para as infrações é o açoitamento público. Alguns políticos de Achém chamaram o tsunami que atingiu a região em dezembro de 2004 de "castigo de Deus", e alertaram que um desastre maior virá se o povo de Achém não seguir a Sharia.

POR QUE TENHO QUE PROVAR QUE SOU UM CARA LEGAL?
ABE AJRAMI (2018)

EM CONTEXTO

TEMA
Muçulmanos no Ocidente

ONDE E QUANDO
Hoje, no Ocidente

ANTES
1889 A mesquita do Xá Jahan, em Woking, perto de Londres, torna-se a primeira construção para esse fim na Grã-Bretanha.

1957 Dwight D. Eisenhower torna-se o primeiro presidente dos Estados Unidos a visitar uma mesquita norte-americana, ao fazer um discurso no Centro Islâmico da cidade de Washington.

2019 O Pew Research Center avalia que 810 mil muçulmanos moram na Suécia, ou 8,1% da população. Na Europa ocidental, só a França (8,8%) tem uma porcentagem maior de muçulmanos.

Em 2018, a chanceler alemã Angela Merkel disse ao parlamento alemão: "É inquestionável que nosso país foi historicamente formado pelo cristianismo e pelo judaísmo. Mas também não se questiona que, com 4,5 milhões de muçulmanos vivendo conosco, sua religião, o islã, se tornou parte da Alemanha". Esse discurso também valeria para o restante da Europa, que, tirando a Rússia e a Turquia, é lar de aproximadamente 25,8 milhões de muçulmanos.

Um número significativo de muçulmanos vive na Europa ocidental, com grandes populações na França, na Alemanha e no Reino Unido, e quantidades menores na maioria dos

O ISLÃ ATUAL

Ver também: O califado do Império Otomano 186-189 ▪ O islã na Europa 210-215 ▪ Primeiros muçulmanos nos EUA 224-227 ▪ Demografia atual do islã 260-261

Uma pesquisa de 2016 publicada pelo Pew Research Center revela o número total de muçulmanos na Europa: 25,8 milhões, ou 4,9% da população. Países com mais de um milhão de muçulmanos estão indicados neste mapa.

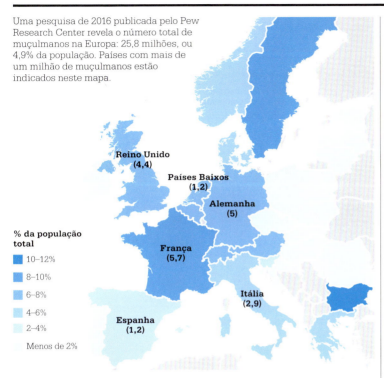

Médio e na África. A preferência tradicional por famílias grandes significa que muçulmanos tendem a ter mais filhos que não muçulmanos. Dados estatísticos afirmam que a mulher muçulmana europeia média tem 2,6 filhos, enquanto a mulher média não muçulmana tem 1,6 filho.

Visitantes que se tornaram cidadãos

Em cada país europeu, a composição e a relação da minoria muçulmana com o país anfitrião é diferente. Após a Segunda Guerra Mundial, a Alemanha precisava de mão de obra e lançou um programa de *gastarbeiters*, ou trabalhadores visitantes. Esses trabalhadores, a maioria da Anatólia rural turca, a princípio iriam embora ao final do contrato, mas eles chegaram com suas famílias. A Alemanha acabou concedendo cidadania a eles e aos filhos nascidos em território germânico, a partir de 1990. Hoje, estima-se que haja mais de 4 milhões de pessoas de origem turca vivendo na Alemanha, tornando-as o maior grupo imigrante do país. Entre 2014 e 2016, quando cerca de 1 milhão de migrantes chegaram na Europa, a maioria muçulmanos, a Alemanha recebeu metade deles. »

outros países, entre eles, Áustria, Bélgica, Países Baixos, Suécia e Suíça.

Presença histórica

Muçulmanos governaram partes da Europa por séculos, desde que Tarek ibn Ziyad conquistou o sul da Espanha em 711 e os otomanos estenderam seus domínios para os Bálcãs no século XIV. O islã está entranhado na história e na cultura do continente. Hoje, muçulmanos na Europa vão dos *bosniaks* (muçulmanos bósnios), que traçam seu legado desde as conquistas de Suleiman, o Magnífico (r. 1520-66) aos descendentes dos *lascars* (marinheiros) iemenitas que se estabeleceram no nordeste da Inglaterra no século XIX, e as comunidades de migrantes em Tromsø na região ártica da Noruega, que chegaram no século XXI.

A Europa presenciou um aumento significativo em sua população muçulmana desde a reconstrução e a decolonização após a Segunda Guerra Mundial. Nos anos 1950 e 1960, vários países europeus solicitaram que imigrantes muçulmanos preenchessem a falta de mão de obra. Em meados de 2010 a 2016, a migração voltou a ser significativa, já que 3,8 milhões de muçulmanos chegaram na Europa, alguns para estudar, outros em busca de emprego, mas muitos outros como refugiados de conflitos no Oriente

Há dois tipos de pessoas [...] ou irmãos muçulmanos ou irmãos de humanidade.
Ali ibn Abi Talib
genro do Profeta Maomé

MUÇULMANOS NO OCIDENTE

A França tem a maior população muçulmana da Europa, com 5,7 milhões de pessoas, sobretudo de suas antigas colônias do norte da África. O país buscou uma política de assimilação, considerando migrantes cidadãos permanentes, e empregaram-se estratégias para incentivar a integração ao estado. Muçulmanos tiveram sucesso em todos os setores, desde a glória como capitão da seleção francesa (Zinedine Zidane) até nomeação de ministra da justiça (Rachida Dati). Porém, apesar da presença de mesquitas grandiosas em cidades importantes como Paris e Lyons, a política de integração proíbe a exibição de símbolos religiosos islâmicos, e o uso do véu é proibido na maior parte das instituições (a política também se aplica aos símbolos de outras religiões).

Integração ou não

Os 3,3 milhões de muçulmanos da Grã-Bretanha são principalmente da Índia, do Paquistão e de Bangladesh, que no passado faziam parte do Império Britânico. A maior concentração é nas cidades industriais do norte e da região central, onde, em 1950 e 1960, migrantes foram convidados a se estabelecer e trabalhar em fábricas. Muitas delas já fecharam, mas as gerações de muçulmanos que se seguiram se integraram à vida britânica, com representatividade muçulmana em todos os setores da sociedade, da política (Londres teve um prefeito muçulmano, Sadiq Khan) ao esporte (um dos maiores atletas da Grã-Bretanha de todos os tempos é Sir Mohammed "Mo" Farah). A diversidade e a prática das fés são protegidas por lei, e as comunidades muçulmanas na Grã-Bretanha preservam um senso marcante de identidade.

As diferentes abordagens dos três países contêm os próprios problemas. O apoio a políticos de direita na Alemanha, que se opõem à imigração, aumentou. Na França, jovens muçulmanos consideram que sua religião faz muitos franceses considerá-los cidadãos de segunda classe. Na Grã-Bretanha, comunidades muçulmanas são acusadas por alguns políticos e comentaristas de não fazer o bastante para se integrar.

América do Norte

Com exceção de poucas cidades, como Dearborn, no Michigan (no coração de uma área industrial que atraiu muitos migrantes muçulmanos nos primeiros anos do século XX), a presença de muçulmanos nos Estados Unidos é escassa e difusa. Em 2017, eles totalizavam cerca de 3,45 milhões, ou pouco mais de 1% da população total da nação.

A experiência muçulmana na América do Norte tende a ser bem diferente da dos muçulmanos na Europa. Em geral, migrantes

O jogador de futebol Mohammed Salah é um dos cada vez mais numerosos ícones do esporte mundial que dão exemplos muçulmanos positivos ao Ocidente.

Se ele marcar mais um, eu também me tornarei muçulmano.
Torcedores do Liverpool FC
Hino do futebol em homenagem ao artilheiro egípcio do clube, Mohammed Salah

Islã na Austrália

Índices publicados pelo Australian Bureau of Statistics em 2017 revelaram que o árabe era o terceiro idioma mais falado na Austrália, depois do inglês e do mandarim. O mesmo censo indica que o número de australianos que se identificaram como muçulmanos é de 604.200, ou 2,6% da população total.

Na Austrália, o islã remonta ao século XVIII, quando os muçulmanos indonésios visitaram a costa norte australiana. Muçulmanos – ou maometanos – foram registrados no quadro de funcionários da colônia em 1802, 1811 e 1822, e no primeiro censo, em 1828. A população muçulmana aumentou na segunda metade do século XIX com a chegada dos asiáticos centrais, que chegaram para ser guias de camelo e liderar os comboios que transportavam produtos pelos desertos do país e construíram a primeira mesquita do país, em 1861. A linha de trem de Adelaide a Darwin chama-se "Ghan" (abreviação de *Afghan*, "afegão") em homenagem a eles.

Muçulmanos norte-americanos reunidos no Capitol Hill, em Washington, no dia 25 de setembro de 2009 para a oração da sexta-feira, "rezando pela compreensão entre o país e sua comunidade muçulmana".

muçulmanos na Europa são de segmentos menos favorecidos da sociedade. A proximidade entre a Europa, o norte da África e o Oriente Médio indica contato próximo com os países de origem e, quando chegam na Europa, muitas vezes chegam com suas famílias. Nos Estados Unidos, os muçulmanos em geral são da classe-média. Sendo poucos em comparação com a população total, são mais integrados.

Após o 11 de Setembro, no entanto, a relação dos estadunidenses com a comunidade muçulmana mudou. Esse grupo – até então uma minoria "invisível" – passou a ser percebida como "o inimigo de dentro", acusado de deslealdade à nação. O então presidente George W. Bush deu voz ao que muitos norte-americanos pensavam quando perguntou, após o ataque, "Por que eles nos odeiam?". Em uma pesquisa de 2017, 42% das crianças muçulmanas de 11 a 18 anos nos EUA disseram sofrer *bullying* na escola por causa de sua fé. Outra pesquisa revelou que um em cada cinco norte-americanos negaria a cidadãos muçulmanos o direito ao voto. Abe Ajrami, um médico americano muçulmano do Texas, falou em nome de muitos muçulmanos quando, em 2018, disse a um repórter da revista *National Geographic*: "Por que eu tenho que provar que sou um cara legal?".

O Canadá tem um percentual maior de muçulmanos do que os Estados Unidos. O censo de 2011 registrou 1.053.945 pessoas que se identificam como muçulmanas no Canadá, cerca de 3,2% da população. Em 2021 o censo apontou que essa porcentagem estava em quase 5%, mais do que o dobro de vinte anos antes.

Reduzindo as desigualdades

Apesar das dificuldades, os muçulmanos estão prosperando nos Estados Unidos. Toda sexta-feira, por exemplo, a igreja da epifania de Washington, próxima à Casa Branca, se transforma numa

Enfermeira muçulmana cuida de paciente em um hospital do Reino Unido. De acordo com um relatório de 2015, dos 4,4 milhões de muçulmanos do país, 47% nasceram ali, 68% tinham etnia asiática e 33% tinham menos de 15 anos.

mesquita. A congregação reúne agentes da Homeland Security, assim como burocratas e advogados do governo. A polícia de Nova York instituiu uma Sociedade de Oficiais Muçulmano, o primeiro nos Estados Unidos, que resultou em um aumento significativo no recrutamento de policiais entre muçulmanos. Há uma Barbie muçulmana, inspirada na medalhista olímpica de esgrima Ibtihaj Muhammad. Em 2017, o canal de TV Hulu lançou a série *Ramy*, sobre um muçulmano norte-americano achando seu lugar em Nova Jersey. A estreia, em 2019, foi um sucesso, atingindo uma audiência muito além da comunidade muçulmana.

Em muitos aspectos, a onda de muçulmanos que chegaram ao Ocidente no século XX se saiu muito bem. Muitos têm histórias de vida humildes e construíram vida nova nos países de adoção. No século XXI, duas ou três gerações posteriores, seus filhos e netos diminuíram as desigualdades educacionais, salariais e de estilo de vida, sendo o único diferencial a religião. ∎

NÃO ENTRE EM PÂNICO, SOU ISLÂMICO
LYNN GASPARD (2017)

EM CONTEXTO

TEMA
A crescente onda de islamofobia

ONDE E QUANDO
Hoje, no mundo todo

ANTES
1993 No primeiro ataque terrorista em solo norte-americano, extremistas detonam uma bomba no World Trade Center, em Nova York, matando seis pessoas.

1995 O Federal Building na cidade de Oklahoma (EUA) é bombardeado, matando 168 pessoas. Relatos da mídia culpam "extremistas islâmicos". Na verdade, quem explodiu a bomba foi Timothy McVeigh, homem branco e cristão.

2001 *Reel Bad Arabs*, livro de Jack Shaheen, analisa como Hollywood difama os árabes e muçulmanos.

2019 Um atirador supremacista branco mata 51 pessoas e fere 49 em ataques a tiro em mesquitas em Christchurch, na Nova Zelândia.

A palavra islamofobia entrou no *Dicionário Oxford* em 2006, definida como "repulsa intensa ou medo do islã, especialmente como força política; hostilidade ou preconceito contra muçulmanos".

Como observa o dicionário, a palavra existe pelo menos desde 1923, quando foi usada em um artigo no *The Journal of Theological Studies*. O Runnymede Trust da Grã-Bretanha, grupo de reflexão sobre relações raciais, chamou a atenção pública para o termo em 1997, com um relatório de amplas discussões intitulado *Islamofobia: Um desafio para todos nós*.

Gatilhos

O relatório de 1997 resultou do crescente preconceito a muçulmanos, não apenas na Grã-Bretanha como no mundo todo. Entre vários fatores, especialistas apontam dois gatilhos principais para tal: o primeiro foi a Revolução Iraniana de 1979, quando a mídia ocidental foi invadida pela imagem de iranianos queimando bandeiras norte-americanas e britânicas sem explicar as raízes do levante. O segundo foi em 1989, quando o líder supremo do Irã, o Aiatolá Khomeini, lançou a *fatwa* que conclamava a morte de Salman Rushdie, autor do romance *Versos Satânicos* (1988), que muitos muçulmanos consideravam ofensivo ao islã. A raiva que muçulmanos do mundo todo sentiam se equiparava à dos não muçulmanos no Ocidente em resposta ao *fatwa*.

Nos vinte anos entre o primeiro relatório do Runnymede e o de 2017, o preconceito contra muçulmanos se transformou numa força geopolítica significativa. A percepção dos muçulmanos foi prejudicada por eventos como os ataques de 11 de Setembro, o atentado no Reino Unido em julho de 2005, o ataque ao Charlie Hebdo em Paris, em

A Islamofobia cruzou o limiar [...] para inúmeras pessoas, ela é considerada legítima – até recomendável.
Baronesa Warsi
primeira membro muçulmana do gabinete governamental do Reino Unido, 2010-14

O ISLÃ ATUAL

Ver também: A orientação divina através da Sharia 128-133 ▪ Revolução iraniana 248-251 ▪ Os novos extremistas 272-277 ▪ Muçulmanos no Ocidente 282-285 ▪ Um islã feminista? 292-299

A ativista muçulmana Mona Haydar oferece café e donuts em Cambridge, Massachusetts, em 2016, ao lado do convite "Pergunte a um Muçulmano" como forma de conter a islamofobia.

novembro de 2015, e o surgimento dos chamados "jihaditas" – cerca de 40 mil, de acordo com a ONU em 2017 – dirigindo-se ao Iraque e à Síria para se juntar aos combatentes do ISIS (ou se casar com eles). Como consequência, o discurso geral sobre muçulmanos e o islã foi moldado nos termos do terrorismo.

Reações

Mesmo que a ameaça terrorista seja real, histórias equivocadas ou incorretas na mídia têm estigmatizado comunidades muçulmanas, que ficam tão horrorizadas com as ações terroristas quando seus vizinhos não muçulmanos. Cada ataque alimenta a proliferação de grupos da extrema-direita hostis com agenda anti-islâmica. No século XXI eles se espalharam pelos Estados Unidos e muitos países europeus, com campanhas contra a imigração, a construção de mesquitas e minaretes, a carne halal e o uso de burcas.

Comentários islamofóbicos feitos por políticos aumentaram os crimes de ódio contra muçulmanos. Na maioria das vezes, são as mulheres muçulmanas que mais sofrem com isso. Na Grã-Bretanha, os comentários de um político de destaque em 2018 igualando mulheres que usam *niqab* a "ladrões de banco" geraram um aumento de incidentes islamofóbicos. De acordo com a Tell MAMA, organização que registra crimes de ódio no Reino Unido, na semana seguinte ao comentário, os incidentes antimuçulmanos quadruplicaram (um aumento de 375%) em relação à semana anterior. Nos Estados Unidos, a organização New America reportou que as atividades antimuçulmanas aumentaram nos últimos tempos. Ela documenta 763 incidentes entre 2012 e o fim de 2018.

Nós e eles

Crimes de ódio antimuçulmanos tentam separar a sociedade entre "nós" e "eles", gerando desconfiança mútua, hostilidade e medo. Não se reconhece que o corpo social muçulmano consiste de muitas comunidades diversas e fluidas, nacionais, raciais e étnicas, cuja adesão ao islã varia de praticantes a não praticantes. O livro *Don't Panic, I'm Islamic* (editado por Lynn Gaspard) é uma resposta afiada ao decreto de 2017 que proibia a entrada de muçulmanos nos Estados Unidos, e celebra sua diversidade. ∎

Discriminação na Ásia

Cerca de um quarto dos muçulmanos asiáticos são minoria em seus países. Apesar do crescimento econômico da região, eles têm experimentado um declínio constante de status, muitas vezes acompanhado por violência. Na Índia, os muçulmanos foram marginalizados desde a eleição do partido nacionalista hindu BJP em 2014. Muitos nacionalistas expressam a ideia de que muçulmanos nunca poderão ser indianos de verdade porque, ao contrário dos hindus, seus locais sagrados não estão na Índia. No Sri Lanka, houve motins antimuçulmanos em 2018 e 2019.

Em 2016, as autoridades de Mianmar iniciaram uma repressão à população muçulmana rohingya. Com assassinatos, estupros e incêndio criminoso, a milícia birmã forçou mais de um milhão de rohingyas a fugir para países vizinhos. Na China, conta-se que mais de um milhão de muçulmanos uigures foram enviados a "campos de reeducação".

MINHA IDENTIDADE É O ISLÃ, E *UMMA* É MINHA FAMÍLIA
ROSE @CHOCOLATE9933 (X, ANTIGO TWITTER)

EM CONTEXTO

TEMA
O islã na era digital

ONDE E QUANDO
Hoje, no mundo todo

ANTES

2011 As publicações dos jovens ativistas em mídias sociais são fundamentais para organizar protestos da Primavera Árabe pelo norte da África e no Oriente Médio.

2012 Alguns amigos em Nova York se rotulam, em tom de brincadeira, como "hipsters muçulmanos", e o "Mipsterz" se transforma em uma comunidade online mundial.

2015 A Apple lança emojis da Caaba, mesquitas e terços de oração para usuários muçulmanos.

2019 Uma start-up da Malásia lança o SalamWeb, um novo navegador compatível com valores islâmicos, rotulando sites como apropriados, neutros ou inapropriados.

Como no mundo todo, os muçulmanos adotaram a internet, os smartphones e as tecnologias correlatas – e, em certos aspectos, os resultados foram ainda mais marcantes. O melhor exemplo é a maneira como as mídias sociais foram importantes na divulgação dos protestos pelo Oriente Médio em 2010 e 2011, conhecidos como Primavera Árabe. No Egito, uma denúncia no Facebook sobre a morte de Khaled Saeed, um jovem assassinado pela polícia, gerou a primeira leva de protestos que depois cresceu para atos em massa na praça Tahrir e a queda do presidente Hosni Mubarak.

Umma digital

A Primavera Árabe não era de natureza religiosa – os manifestantes eram contra regimes opressores –, ainda que, no caso do Egito e da Tunísia, as eleições livres subsequentes tenham levado partidos islâmicos ao poder. Porém, a internet ofereceu novas formas para muçulmanos explorarem sua identidade islâmica. A noção de *umma*, ou nação global muçulmana, está incorporada ao islã. O Profeta Maomé teria dito que qualquer pessoa que acorda de manhã e não pensa em seus irmãos e irmãs muçulmanos não é um muçulmano. Antigamente, a *umma* só era vivenciada em grandes reuniões, como orações às sextas-feiras ou o *Hajj*, mas, graças à internet, muçulmanos do mundo todo compartilham uma sensação sólida de pertencimento à *umma* global e digital.

Recursos online permitem aos muçulmanos explorar facilmente as escrituras e compreender a fundo sua fé. Fóruns permitem discussões de questões religiosas de natureza

Jovens muçulmanos estão adotando a tecnologia para se distanciar de práticas tradicionais mais antigas, ao mesmo tempo que desafiam modelos ocidentais.
Bart Barendregt
professor associado da Leiden University

É *haram* meninas postarem fotos sem o hijab?
Pergunta postada no fórum Stack Exchange/Islam

difícil ou, às vezes, pessoal, como saúde sexual, relacionamentos e bem-estar espiritual, sem ter de recorrer a pregadores locais.

#MosqueMeToo

O impacto da internet é ainda maior para mulheres muçulmanas, para as quais espaços tradicionais de aprendizagem, como mesquitas e *madrassas*, são proibidos por tradição. Esse é o tema do Tumblr da norte-americana muçulmana Hind Makki, chamado Side Entrance, que compara fotos de locais de oração para homens e mulheres: enquanto eles ocupam espaços atraentes, às mulheres são reservados, muitas vezes, porões isolados. A internet pelo menos oferece um fórum alternativo em forma de "mesquitas virtuais" que fornecem sermões e instruções online, ou programas *dawah* (compartilhamento de informações sobre islamismo) no YouTube.

Naturais dos Emirados Árabes Unidos,
Khalid Al Ameri e sua esposa, Salama Mohammed, são influenciadores digitais com 3,2 milhões de seguidores no Facebook.

Em 2011, em protesto contra a lei da Arábia Saudita que proíbe mulheres de dirigir, Manal al-Sharif publicou um vídeo no YouTube em que ela aparecia dirigindo. O vídeo viralizou e rendeu a ela um período na prisão, mas em 2018 a Arábia Saudita começou a conceder suas primeiras carteiras de motorista a mulheres. No mesmo ano, mulheres usaram a hashtag #MosqueMeToo para compartilhar histórias de assédio e abuso em lugares de culto.

Sheik Google

A internet também é fonte importante para pesquisar *fatwas*. No entanto, a confiança no jocosamente denominado "Sheik Google" deixa margem a abusos – por exemplo, o "shopping *fatwa*", termo que designa as pessoas que pedem conselhos a vários estudiosos religiosos online até obter a resposta desejada.

A tecnologia tem ajudado a boa prática do islã de várias maneiras.

Aplicativos avisam os horários para orações, indicam a direção de Meca e enviam versos do Alcorão para leitura diária. Há apps para localizar a mesquita ou restaurante halal mais próximos e para networking e namoro, com nomes como buzzArab e Muzmatch. Em uma inclusão unicamente islâmica de obsessão global, quando milhões de muçulmanos se reúnem em Meca todo ano para realizar o *Hajj*, o X fica inundado de *selfies* com a tag #HajjSelfie.

A tecnologia é uma faca de dois gumes. Grupos da milícia islâmica usam fóruns online para atrair recrutas para suas causas e postar vídeos com matanças horrendas. Ela também ampliou o alcance de clérigos controversos, como o árabe saudita Muhammad Al Arefe, que defende a violência contra não muçulmanos. No entanto, o potencial da internet para incentivar debates abertos e divulgar conhecimento e compreensão do islã é positivo. ∎

O QUE OS MUÇULMANOS CONSOMEM AFETA QUEM ELES SÃO

SHELINA JANMOHAMED, AUTORA DE *GENERATION M: YOUNG MUSLIMS CHANGING THE WORLD* (2016)

EM CONTEXTO

TEMA
O mercado global de halal

ONDE E QUANDO
Hoje, no mundo todo

ANTES
2004 A Malásia lança o Malaysian International Halal Showcase, com empresas de 19 países diferentes.

2008 A CrescentRating lança o primeiro site do mundo que classifica hotéis de acordo com instalações halal.

2018 Três ex-alunos da Nottingham University (um palestino, um jordaniano e um russo) lançam a Halalivery, um serviço de delivery de comida halal no Reino Unido.

2019 O Brasil, maior exportador de carne halal, anuncia que suas exportações de comida halal chegam a US$ 5 bilhões ao ano.

Tradicionalmente, o termo halal (permitido) era usado para indicar alimentos preparados conforme a lei Sharia e aceitáveis para consumo de um muçulmano. Porém, cada vez mais a palavra é aplicada a outros produtos, conforme a definição de halal passa a abarcar qualquer coisa que seja *tayyab* ("íntegro"). Para muitos, consumir produtos halal e fazer atividades halal é parte diária de ser um bom muçulmano. "Ser halal" também é uma forma distintiva para muçulmanos que querem afirmar sua fé em público.

Em relação a itens como creme dental, hidratantes e cosméticos, muçulmanos querem saber se foram usados álcool ou produtos animais *haram* (proibidos) em sua composição. Os esmaltes halal, ao contrário dos tipos comuns, deixam a água passar, a fim de que não precisem ser removidos antes das abluções ao rezar. Produtos que em outras situações seriam haram também mudaram para halal – por exemplo, há "cerveja halal" e "vinho halal" (sem álcool), e até "bacon" halal (feito de carne de vaca). A indústria de turismo halal atende à procura por hotéis que servem comida halal, piscinas separadas e nada de álcool. Agências de namoro halal reúnem muçulmanos que querem se casar; e começam trocando mensagens de chat "hala" (virtuosas). O negócio halal é grande: de acordo com uma pesquisa de 2019, a expectativa é que o mercado global halal atinja a marca de US$ 9,71 trilhões em 2025. ∎

O turismo halal é um setor em rápido crescimento na indústria turística. Entre os destinos populares estão países muçulmanos como Turquia e as Maldivas (foto).

Ver também: Leis dietéticas islâmicas 124-125 ▪ O islã e álcool, jogos de azar e drogas 126 ▪ A orientação divina através da Sharia 128-133

FINANÇAS ÉTICAS PODEM SER UMA FORÇA PARA O BEM
CORDOBA CAPITAL, CONSULTORIA FINANCEIRA ISLÂMICA

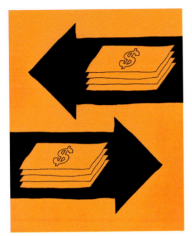

EM CONTEXTO

TEMA
O sistema bancário islâmico

ONDE E QUANDO
Hoje, no mundo todo

ANTES
1940-50 Estudiosos islâmicos condenam bancos comerciais e propõem um sistema bancário baseado em *mundaraba*, em que lucros compartilhados sobre o investimento substituíssem os juros.

1976 Após a Primeira Conferência Internacional sobre Economia Islâmica em Meca, o primeiro banco sem juros é fundado em Dubai em 1979.

2004 O Banco Islâmico da Grã-Bretanha torna-se o primeiro banco islâmico do Reino Unido. Em 2014, ele foi renomeado como Banco Al Rayan.

2016 A CNBC informa que está passando despercebida uma "silenciosa revolução financeira": a ascensão das instituições financeiras islâmicas nos Estados Unidos.

O Alcorão proíbe a usura (*riba*), ou taxa de juros, componente-chave do sistema bancário moderno internacional. O sistema bancário islâmicos conforme a Sharia não paga ou cobra juros. Em hipotecas islâmicas, por exemplo, um banco não empresta dinheiro para uma pessoa comprar uma propriedade; ele a compra. Ou o cliente a compra de volta por um preço mais alto, pago em prestações (*murabaha*), ou faz pagamentos que são tanto uma parcela da compra quanto um aluguel até a pessoa ter a propriedade, um acordo conhecido como *ijara*. Bancos islâmicos emprestam dinheiro a empresas em troca de uma parcela dos lucros. Se a empresa vai à falência ou não tem lucros, o banco também não se beneficia.

Bancos islâmicos também fazem os clientes prometerem que não investirão em coisas que o islã proíbe – álcool, armas, drogas, carne de porco, apostas, tabaco ou pornografia.

Muçulmanos e não muçulmanos podem se beneficiar do sistema bancário islâmico, que muitos consideram mais transparente e justo em termos financeiros. No Reino Unido, o Al Rayan Bank estima que mais de um terço de seus clientes sejam não muçulmanos. Muitos bancos convencionais oferecem serviços bancários islâmicos. O fato de que os investimentos só possam ser feitos em atividades correspondentes aos valores éticos do islã atrai não apenas muçulmanos, mas pessoas que compartilham ideais de comércio justo e preferem bancos que invistam em ativos reais em vez de especular mercados financeiros. ∎

É preciso entender a base da Sharia, o que é e o que não é permitido no islã.
Sheik Hussein Hassan
especialista em aplicação da Sharia às finanças

Ver também: O islã e álcool, jogos de azar e drogas 126 ▪ Emprestar dinheiro no islã 127 ▪ A orientação divina através da Sharia 128-133

O ISLÃ É UMA RELIGIÃO QUE EMPODERA MULHERES

MARIAM KHAN (2019)

UM ISLÃ FEMINISTA?

EM CONTEXTO

TEMA
Um islã feminista?

ONDE E QUANDO
Hoje, no mundo todo

ANTES
c. **595** A rica mercadora mecana Khadija bint Khuwaylid casa-se com Maomé, futuro profeta do islã.

1236 Razia Sultana torna-se imperadora do sultanato Delhi e primeira soberana do sexo feminino na história islâmica.

1250 Shagaret al-dur ("Árvore de Pérolas") torna-se sultana do Egito após a morte do marido.

1918 O Azerbaijão é o primeiro país de maioria muçulmana a permitir o voto feminino, no mesmo ano de Áustria, Alemanha, Polônia e Rússia, e um ano antes dos Estados Unidos.

Feminismo e islã são frequentemente vistos como incompatíveis, sobretudo por quem não pertence ao mundo muçulmano. Os analistas e as mídias ocidentais apresentam o islã como responsável por marginalizar o papel da mulher na sociedade e agir como um obstáculo às suas carreiras. Contudo, para muitas mulheres muçulmanas, feminismo e fé podem coexistir.

Em sua própria gênese, o islã oferece um modelo feminista na pessoa de Khadija bint Khuwaylid, a primeira esposa do Profeta Maomé. Uma bem-sucedida mulher de negócios em Meca, foi ela quem escolheu Maomé como marido – e não o contrário – e deu a ele a oportunidade de se tornar um mercador. Quando Maomé começou a receber as revelações que dariam forma ao Alcorão, Khadija se tornou a primeira muçulmana. Ela desafia a suposição errônea de que a suposta subjugação de mulheres muçulmanas provém do Alcorão.

Desafiando suposições

Não é difícil entender por que feminismo e islã muitas vezes são vistos como incompatíveis. Por

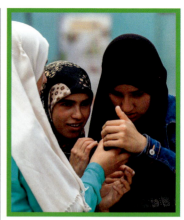

Muitas vezes, é mais fácil identificar as mulheres muçulmanas do que os homens, sobretudo pelos trajes que usam, como o *hijab* ou lenço de cabeça.

exemplo, em 2013, o Pew Research Center publicou os resultados de uma pesquisa feita em países de maioria muçulmana perguntando se esposas sempre deveriam obedecer aos maridos – a maioria respondeu que sim. Na Turquia, 65% eram a favor do direito do marido a ser obedecido, enquanto na Malásia esse índice era de 96%. Quanto à questão da roupa que uma mulher deve usar em público, uma pesquisa

Huda Shaarawi

Em 1919, a egípcia Huda Shaarawi liderou um movimento feminino popular que levou mulheres às ruas para protestar contra a ocupação britânica. Ela também criticava as regras do mundo patriarcal, o que a levou a ser casada, aos 13 anos, com um primo 40 anos mais velho.

O ativismo de Shaarawi começou em 1908, quando ela ajudou a criar o primeiro ambulatório médico para mulheres e meninas sem privilégios. Ela é bastante lembrada porque, em 1922, voltando de uma conferência em Roma, Shaarawi tirou o véu em público em uma estação de trem no Cairo. As pessoas que tinham ido cumprimentá-la ficaram chocadas. Entretanto, muitas mulheres logo seguiram sua liderança.

Shaawari e suas seguidoras alcançaram vitórias importantes, como a idade mínima de 16 anos para mulheres se casarem, a fundação da primeira escola secundária para jovens mulheres e a União Feminista Egípcia. Após a morte de Shaawari, em 1947, o presidente Nasser baniu os movimentos de mulheres no Egito, que só ressurgiriam nos anos 1980.

Ver também: Mulheres no Alcorão 82-85 ▪ Os novos extremistas 272-277 ▪ O islã na África 278-279 ▪ Muçulmanos no Ocidente 282-285 ▪ O *hijab* e o *niqab* 300-303

do Institute for Social Research da Universidade de Michigan, de 2014, feita em sete países de maioria muçulmana revelou que a maioria dos respondentes, homens e mulheres, preferiam que mulheres cobrissem totalmente os cabelos.

Visões patriarcais e conservadoras ainda são comuns, mas isso está longe de ser a história toda. Muitas muçulmanas de classe média levam vidas pouco diferentes de mulheres não muçulmanas. Frequentemente são instruídas, trabalham, comandam negócios e têm vida social atribulada.

Educação e oportunidade

Sociedades muçulmanas são alvos frequentes de crítica pela ausência de educação adequada às mulheres. O ataque do Talibã à ativista paquistanesa pela educação feminina Malala Yousafzai, e o sequestro de meninas estudantes pelo grupo nigeriano Boko Haram contribuíram para essa percepção. Contudo, dados publicados pelo Pew Research Center em 2018 sugerem que não é o islã que limita a educação de mulheres muçulmanas, mas a economia. A análise do Centro revela que a riqueza de um país é o fator mais importante na educação feminina. Mulheres de países ricos em petróleo, como Bahrein, Kuwait e Qatar, têm os mesmos anos de estudos que mulheres na Alemanha e no Reino Unido (por volta de 12 anos), ficando apenas um pouco atrás dos Estados Unidos, com uma média de 13 anos.

Mulheres no mundo islâmico estão estudando cada vez mais. Na Arábia Saudita, por exemplo, menos de 2% das mulheres iam para a universidade em 1970; hoje, o índice é de 57%.

Em constraste, mulheres de países mais pobres de maioria muçulmana, como Afeganistão, Mali, Nigéria, Serra Leoa e Iêmen, recebem, em média, menos de dois anos de educação (três, no caso da Nigéria).

O que a pesquisa do Pew Research Center não diz é que, mesmo nos países em que as mulheres têm o benefício da educação, pouquíssimas fazem parte da força de trabalho. Na Arábia Saudita, onde há mais mulheres que homens nas universidades (52% de »

> Sou feminista e muçulmana.
> **Malala Yousafzai**
> *ativista paquistanesa pela educação feminina*

296 UM ISLÃ FEMINISTA?

Mulheres egípcias reunidas na praça Tahrir, no Cairo, durante manifestações da primavera de 2011. Foi uma revolução por equidade de gêneros, com ambos os sexos nas linhas de frente.

mulheres contra 48% de homens), só 27% das mulheres conseguem emprego. Em uma universidade no Cairo, enquanto 80% dos estudantes de arquitetura são do sexo feminino, evidências empíricas provam que mulheres constituem menos da metade dos arquitetos praticantes. Apesar da igualdade educacional, a ideia de que escritórios são ambientes masculinos e que mulheres pertencem ao lar ainda prevalece em muitas partes do mundo islâmico.

Isso está mudando. Em 2018, um relatório do Fórum Econômico Mundial revelou que uma em cada três startups no mundo árabe é fundada ou liderada por mulheres, porcentagem mais alta que no Vale do Silício, na Califórnia. Por ser mais jovem, a indústria da tecnologia não está entranhada pelos preconceitos de áreas mais antigas e dominadas por homens.

Mulheres na liderança

Os levantes da Primavera Árabe de 2010 dissiparam estereótipos quando mulheres, jovens e velhas, da Tunísia e Egito até Bahrein, ocuparam as linhas de frente para protestar e fazer sua parte moldando

Muita gente se opôs a mim só porque eu era mulher.
Benazir Bhutto
antiga primeira-ministra do Paquistão, assassinada em 2007

as revoluções de seus países. Este é um alerta de que, sem direitos para mulheres, nenhum país pode ser uma verdadeira democracia. Desde então, oito países no Oriente Médio e no norte da África criminalizaram a violência doméstica. Seis governos rejeitaram leis que permitiam a um estuprador não enfrentar a lei se ele se casasse com a vítima.

Avanços nos direitos das mulheres são mais patentes na Tunísia, onde os levantes pró-democracia da Primavera Árabe começaram. A constituição de 2014 do país instituiu direitos iguais para cidadãos e cidadãs, e promete que o estado lutará para obter paridade em todas as assembleias constituintes. Após as eleições de 2018, reportou-se que mulheres compõem 47% dos cargos das prefeituras. A Tunísia também é notável por derrubar a lei que impedia mulheres muçulmanas de se casarem com homens não muçulmanos, um tabu na maioria dos países muçulmano, embora homens

> Minha vida profissional é guiada pela crença de que religião e cultura jamais devem ser usadas para justificar a subjugação de mulheres.
> **Mona Eltawahy**
> *autora e jornalista*

> Me parece que mulheres e outras minorias muitas vezes ficam esperando permissão para ser convidadas para alguma coisa; precisamos parar de agir assim.
> **Ilhan Omar**
> *congressista dos EUA*

possam se casar com mulheres não muçulmanas pois presume-se que os filhos adotarão a religião do pai.

Pelo Oriente Médio e norte da África, a representação feminina nos parlamentos nacionais aumentou para uma média de 17,5% em 2017, em comparação com menos de 5% nos vinte anos anteriores – a média global hoje é 23,4%. Na verdade, em 2019 mulheres ocupavam 25% de todos os altos cargos ministeriais no Egito, um dos países muçulmanos mais populosos do mundo, inclusive pastas de alto escalão, como saúde, investimento e turismo. No mesmo ano, o gabinete dos Estados Árabes Unidos exibia nove ministras mulheres de 32, o que é quase 30%.

Além do mundo árabe, o Paquistão de maioria muçulmana elegeu uma mulher como chefe de estado, Benazir Bhutto, que atuou como primeira-ministra de 1988 a 1990 e de 1993 a 1996. Em Bangladesh, Khaleda Zia serviu como primeira-ministra de 1991 a 1996, e de 2001 a 2006. Ela foi a primeira mulher na história do país e a segunda em um país de maioria muçulmana a liderar um governo democrático. Outra mulher, Sheikh Hasina, atuou como primeira-ministra de Bangladesh de 1996 a 2001, e voltou a ocupar o cargo em 2009.

Em contraste, os primeiros 45 presidentes dos Estados Unidos foram homens. Mulheres constituíam 23,2% do Congresso em 2019, mas as primeiras duas muçulmanas a atuar no Congresso enfrentaram hostilidade. Rashida Tlaib (nascida de pais da classe trabalhadora palestina em Detroit) atua como representante do 13º distrito congressista de Michigan, e a somali Ilhan Omar representa o 5º distrito congressista de Minnesota. Ambas assumiram em 2019. Omar, que cobre os cabelos, tem sido alvo da retórica inflamada de antimuçulmanos. Quando esteve na Carolina do Sul em 2019, a multidão a recebeu gritando "Mande-a embora".

Não somos oprimidas

Mulheres como Ilhan Omar e Rashida Tlaib são consideradas raros exemplos de mulheres muçulmanas que romperam barreiras. A mídia ocidental muitas vezes mostra essas mulheres como exceções à regra segundo a qual mulheres muçulmanas são oprimidas pelos maridos, por sua religião – ou ambos – e não têm aspirações ou capacidade de pensamento independente. Em 2016, um jornal britânico publicou que o antigo primeiro-ministro britânico David

Nascida na Somália, Ilhan Omar (na imagem) e a colega Rashida Tlaib tornaram-se as duas primeiras mulheres muçulmanas a assumir cargos nos Congresso dos Estados Unidos, em 2019.

Cameron insinuou, durante uma reunião privada, que a natureza submissa de mulheres britânicas muçulmanas deixava seus filhos vulneráveis ao radicalismo. Em resposta, milhares de mulheres postaram no X usando a hashtag #TradicionalmenteSubmissa para listar suas conquistas.

Um incidente similar ocorreu após uma convenção do partido democrata estadunidense em 2016, quando Ghazala Khan, mãe de um soldado norte-americano muçulmano morto no Iraque, permaneceu em silêncio enquanto o marido falava. O candidato republicano à presidência Donald Trump disse, na época: "Se você olhar para a esposa dele, ela estava ali. Ela não disse nada [...] talvez não tivesse autorização para ter o que falar. O que você acha?".

Ainda que essa visão de mulheres muçulmanas como vítimas passivas e sem voz predomine no Ocidente, mulheres do mundo muçulmano são médicas, jornalistas, empreendedoras tecnológicas, pilotos de aeronaves, estrelas do esporte e ministras do governo.

Sou as duas coisas [...] fiel e feminista, moderna e às vezes muito tradicional, Oriente e Ocidente".
Seyran Ates
feminista muçulmana

Igualdade na mesquita

Mulheres também estão conquistando novos papéis dentro da prática do islã – embora até isso só esteja acontecendo fora do mundo de maioria muçulmana. Na Europa ocidental, muitas mulheres muçulmanas tentaram mudar os cultos religiosos e a educação dominada por homens, e refletir as necessidades de uma nova geração de fiéis. No Reino Unido, a Iniciativa Mesquita Inclusiva, fundada em 2012 por duas mulheres britânicas muçulmanas, considera-se uma mesquita "feminista". Toda a equipe – inclusive as imames – é constituída de mulheres.

Várias mulheres estão tentando não apenas reformar mesquitas dominadas por homens pela Europa Ocidental, mas refletir as necessidades da nova geração de muçulmanos pelo continente. Berlim é lar da mesquita Ibn Rushd-Goethe, a primeira mesquita desse tipo na Alemanha. Cofundada em 2017 pela imam, advogada e militante por direitos humanos turca Seyran Ates, nela mulheres e homens rezam juntos, e mulheres podem conduzir a oração e pregar. Desde sua fundação, Ates recebeu ameaças de morte e mensagens de ódio de muçulmanos conservadores, e a principal autoridade religiosa da Turquia atacou a mesquita por "depravar e arruinar a religião".

A primeira mesquita escandinava liderada por mulheres foi aberta em Copenhague, na Dinamarca, em 2016. Chamada Mesquita Mariam (em homenagem à mãe de Jesus), ela foi fundada por duas imames, Sherin Khankan e Saliha Marie Fetteh. Como disse Khankah, ela mesma uma mãe: "ter imames mulheres afeta não só a estrutura na mesquita em níveis sociais, mas desafia a estrutura familiar" – as crianças crescem na fé vendo mulheres como líderes. As orações das sextas-feiras são frequentadas exclusivamente por mulheres.

A escritora e professora dra. Amina Wadud talvez seja a imam mulher mais famosa dos Estados Unidos. Embora o país ainda esteja para ver sua primeira mesquita liderada por mulheres, a dra. Wadud tem liderado orações mistas às

Sherin Khankan, da Mesquita Mariam, em Copenhague, convocou a reforma do islã com uma agenda feminista, uma visão descrita em seu livro *Women Are the Future of Islam* (*Mulheres são o futuro do islã*).

Ibtihaj Muhammad foi a primeira muçulmana norte-americana a usar o *hijab* competindo pelos Estados Unidos nas Olimpíadas. Ela ganhou medalha de bronze de esgrima em equipe no Rio de Janeiro, em 2016.

sextas-feiras. Enquanto isso, outras mulheres ocupam espaços-tabu da identidade de norte-americanos muçulmanos. Por exemplo, Mahdia Lynn, radicada em Chicago, comanda a Masjid al-Rabia, uma mesquita LGBTQ e transinclusiva centrada em mulheres.

Reivindicando a narrativa

Mulheres muçulmanas são muitas vezes as representantes mais visíveis de sua religião por um fato muito simples: o uso do *hijab*. Assim, com frequência se tornam tema de qualquer discussão sobre o islã, ainda que suas vozes raramente sejam ouvidas.

Em 2019, a escritora e feminista Mariam Khan publicou *It's Not About the Burqa (Nada a ver com a burca)*, uma coletânea de ensaios de mulheres muçulmanas falando de fé e de suas vidas. "Quando foi a última vez que você ouviu uma mulher muçulmana falar por si mesma sem censura?", pergunta ela na introdução. Dois anos antes, nos EUA, Amani al-Khatahtbeh, que fundou o MuslimGirl.com em 2009, lançou o Dia da Mulher Muçulmana. Como em seu site, o objetivo era celebrar as vozes de mulheres muçulmanas pelo mundo e equilibrar a falta de representatividade na mídia. Al-Khatahtbeh critica sobretudo o tratamento dispensado a mulheres muçulmanas, como se elas fossem uma entidade única. "Mulheres muçulmanas provêm de todos os estratos sociais do planeta", disse ela ao allure.com. "Não se pode falar delas de forma diferente de como se fala de mulheres cristãs, por exemplo".

Em 2016, durante uma mesa-redonda na primeira reunião de cúpula de mulheres dos Estados Unidos na Casa Branca, perguntaram a al-Khatahtbeh: "Como empoderar pessoas a quem chamamos de sem-voz?" Sua resposta, simples, foi: "Entregue o microfone". ∎

O equívoco mais perigoso em relação às mulheres muçulmanas é o de que somos um grupo homogêneo.
Amani al-Khatahtbeh
editora-chefe do MuslimGirl.com

Acadêmicas contra o patriarcado

Há uma tradição moderna de "feministas islâmicas" que trabalham na interpretação dos principais textos do islã por meio de uma perspectiva notavelmente feminista. A pioneira no ramo foi a socióloga marroquina Fatema Mernissi (1940-2015). Ela produziu um dos primeiros livros da área, *Beyond the Veil*, publicado em 1975. Esta obra, e muitas outras de sua autoria, reexaminam a jurisprudência tradicional islâmica para oferecer interpretações alternativas menos orientadas para homens. A professora norte-americana de estudos islâmicos dra. Amina Wadud gerou controvérsia em seu *Inside the Gender Jihad: Women's Reform in Islam* (2006). Citando o exemplo da escravidão, que, acredita ela, é condenada no Alcorão, a autora argumenta que, se algo parece contra os padrões da sociedade moderna, deve ser descartado. Logo, quando o Alcorão afirma que um marido pode bater numa esposa desobediente, isso não é aceitável no mundo moderno.

BONITA PARA DEUS, NÃO PARA AS PESSOAS
YASMIN MOGAHED (2019)

EM CONTEXTO

TEMA
O *hijab* e o *niqab*

ONDE E QUANDO
Hoje, no mundo todo

ANTES
***c*. 2500 a.C**. Estátuas da antiga Mesopotâmia mostram que o uso de véu é muito anterior às principais religiões.

***c*. 627** O chamado "verso do hijab" (33:53) alerta os que visitam a casa do profeta a só falarem com as esposas dele por detrás de um *hijab* (cortina).

Século XVI Os véus se tornam populares durante o reinado otomano como sinal de status e exclusividade; mulheres de classes mais baixas não usam véus, pois atrapalham seus trabalhos.

1923 Atatürk proíbe o véu nas instituições governamentais da nova República da Turquia.

O Alcorão prescreve um código de conduta e vestimenta para homens e mulheres. Na *surata* 24, a prescrição é primeiro para os homens: "Dize aos crentes que recatem os seus olhos e conservem seus pudores, porque isso é mais benéfico para eles" (24:30). Em seguida, a prescrição é para as mulheres: "Dize às crentes que recatem os seus olhares, conservem os seus pudores e não mostrem os seus atrativos […] que cubram o colo com seus véus…" (24:31).

A instrução é para homens e mulheres serem respeitosos no modo como se entreolham – muitas vezes descrita como o "*hijab* dos

O ISLÃ ATUAL

Ver também: Mulheres no Alcorão 82-85 ▪ A secularização da Turquia 228-231 ▪ Muçulmanos no Ocidente 282-285 ▪ O islã na era digital 288-289 ▪ Um islã feminista? 292-299

Estilos de cobertura de cabeça

Hijab Termo genérico para muitos estilos de lenços de cabeça. É o estilo mais comum de cobertura de cabeça.

Niqab Cobre rosto e cabeça, com uma abertura para os olhos. É mais comum nos estados árabes do Golfo.

Burca Cobre todo o rosto e o corpo, com uma tela de abertura para os olhos. Usado sobretudo no Afeganistão.

olhos" – mas com a estipulação adicional para mulheres a respeito de suas roupas. Foi a diretiva "não exibir ornamentos" que levou aos trajes discretos que muitas muçulmanas usam.

O hijab

Mulheres que usam o hijab são denominadas *hijabis* ou *muhajaba*. O termo *hijab* é usado para se referir ao lenço de cabeça conforme estipulado pelo *hadith*, mas também atua como um genérico para trajes discretos. No Alcorão, *hijab* só significa cortina ou divisão (entre homens e mulheres ou entre deuses e mortais); alguns versículos também mencionam o *khimar* ("coberta", em 24:31) e *jilbab* ("manto", em 33:59), mas não especificam cabeça ou cabelos.

Padrões referentes a "trajes discretos" variam por região. Em países mais moderados, como Egito, Turquia e Tunísia, não há código de vestimenta oficial para mulheres, mas é esperado roupas discretas, cobrindo joelhos e ombros, sobretudo em áreas rurais. Códigos de vestimenta também estão sujeitos às mudanças sociais e à moda. Na Turquia, por exemplo, após Kemal Atatürk declarar o país um estado secular em 1923, o uso de véus diminuiu até desaparecer. Após um golpe militar em 1980, houve proibição total. Porém, desde a ascensão ao poder de partidos islâmicos, em especial o AKP (Partido da Justiça e Desenvolvimento) no século XXI, o véu voltou com força total.

Mesmo que mulheres muçulmanas de fato usem o *hijab*, não se trata de um uniforme. Mulheres do oeste africano preferem lenços de cores fortes como um turbante, enquanto as do sul da Ásia usam um tecido solto que cai pelos ombros. Mulheres nos estados do Golfo às vezes usam o *khaleeji hijab* (*khaleej* é Golfo, em árabe). Apelidado de "coque grande", "colmeia" ou "corcova de camelo", ele tem uma protuberância arredondada na parte de trás da cabeça para dar a impressão de cabelos cuidadosamente enrolados em um coque.

Outros países – em especial o Irã, mas também a Arábia Saudita e outros estados regidos pela Sharia – fazem marcação cerrada aos trajes femininos em público. No Irã, elas precisam colocar um *xador*, que é um manto comprido, preto e sem formato que cobre o corpo todo, ou (em círculos menos conservadores) um lenço, calças e um casaco de mangas compridas chamado *manteau*. Em Meca e Medina, mulheres são obrigadas a usar *abaya* (vestido semelhante a um roupão) ao sair, e um tecido envolvendo a cabeça chamado *shayla*; vestimenta que tem sido promovida como a mais autêntica expressão islâmica de trajes discretos, sem o *niqab* completo.

O niqab

A influência da Arábia Saudita e dos estados regidos pela Sharia mais conservadores no Golfo, como o Qatar, também foi responsável pela difusão do *niqab*, a cobertura total do rosto. Contudo, o número de »

> Mesmo que você odeie, ainda uso meu *hijab*. Uso meu *hijab*, uso meu *hijab*, uso, uso meu *hijab*.
> **Mona Haydar**
> letra da canção de 2017 "Hijabi (Wrap my hijab)"

O HIJAB E O NIQAB

Para algumas muçulmanas no Ocidente, o *hijab* se tornou um símbolo desafiador, uma forma de reafirmar a identidade islâmica diante da islamofobia difundida.

Escolhas pessoais

Mulheres têm vários motivos para usar o *hijab*. Para algumas, é um ato pessoal de obediência a Deus, e fortalece seu culto e relação com a divindade. Para outras, é uma forma de traje discreto que resgata seus corpos da objetificação e comercialização. Também pode ser um modo de recuperar uma identidade que foi demonizada, ou uma expressão desafiadora de orgulho da própria fé. Ou pode ser, simplesmente, para se encaixar ou seguir a moda.

Por outro lado, em alguns países muçulmanos em que trajes discretos são obrigatórios por lei, mulheres têm protestado removendo os lenços de cabeça, ecoando o ato da feminista egípcia Huda Shaarawi, em 1922. O gesto de tirar o véu não se trata de religião, mas de política e direitos humanos.

mulheres que usam o *niqab* é uma fração das que usam o *hijab*. Para muitas mulheres, o *hijab* é simplesmente um item diário que pode ou não ter significado religioso para quem o usa, enquanto o *niqab* é associado, mesmo entre mulheres muçulmanas, ao conservadorismo extremo.

Pelo fato de o *niqab* cobrir tudo, exceto os olhos de quem o usa, ele se tornou altamente politizado e foi proibido em escolas, ambientes de trabalho e espaços públicos em vários países, muçulmanos e não muçulmanos.

A França e a Bélgica foram os primeiros países a proibir o *niqab* em áreas públicas, em 2011. Em 2019, a Holanda se tornou o 15º país europeu a proibir coberturas faciais. A província canadense do Québec impôs um veto em 2017. A Tunísia, e parte da África ocidental e da China também restringiram lugares onde mulheres podem usar o *niqab*.

Moda discreta

Um avanço recente foi o surgimento da "moda discreta" – roupas feitas para atrair mulheres muçulmanas e que, ao mesmo tempo, gostam de se vestir com estilo. Especialmente para gerações mais jovens de muçulmanos, fé e modernidade andam de mãos dadas.

Isso levou a um movimento fashionista popular encabeçado por mulheres muçulmanas que sentem que os fabricantes de roupas não correspondem às suas necessidades *fashion*, abrindo suas próprias marcas, muitas vezes online. O que começou como um nicho de mercado hoje é um fenômeno global. O movimento foi incentivado por dedicadas blogueiras de moda

---

Embora usar o *hijab* seja considerado escolha pessoal, acredito que existe muita pressão social.
Shalini Gopalan
diretora de marketing, Indonésia

Uso o *niqab* como ato pessoal de culto, e acredito profundamente que isso me aproxima mais de Deus.
Sahar al-Faifi
geneticista, ativista e skydiver britânica

Modelo exibe *look* durante um evento de 2018 em Milão, organizado pelo Islamic Fashion & Design Council e voltado à moda discreta, que hoje é um mercado multibilionário.

>
> O hijab se tornou profundamente politizado.
> **Azzah Sultan**
> *artista malaia*
>

hijabi, que postam como criar *looks* fashionistas discretos. Grandes marcas internacionais de roupas, cosméticos e moda captaram a mensagem. Em 2016, Nura Afia, *vlogger* norte-americana de beleza, tornou-se a primeira embaixadora a usar um *hijab*; a Dolce & Gabbana lançou uma linha de *hijabs* e *abayas* (vestidos); e a estilista indonésia Anniesa Hasibuan apresentou uma coleção inteira de *hijabs* na Semana de Moda de Nova York. Em 2018, a modelo somali-americana Halima Aden se tornou a primeira mulher de minorias raciais a aparecer na capa da revista Vogue usando um *hijab*.

Trajes discretos também estão dando as caras nos esportes. Em 2016, atletas olímpicas usando "burkini" (abaixo) viraram notícia, e a esgrimista Ibtihaj Muhammad, a primeira atleta olímpica a usar *hijab* nos Estados Unidos, ganhou o bronze. Percebendo uma tendência, a Nike lançou o primeiro *hijab* feito para atletas em 2017 e roupas de banho discretas em 2020.

O significado do hijab

Os críticos apontam que reduzir o *hijab* a uma peça de roupa da moda dilui seu significado como ato de obediência. Yasmin Mogahed, acadêmica norte-americana e muçulmana, reforça essa opinião ao afirmar que o *hijab* é "uma escolha pessoal de se submeter a Deus, e não uma moda. É ficar bonita para Deus, não para as pessoas". O que fica claro é que o *hijab* tem significados diferentes para cada pessoa. ∎

O *burkini*

Parte da tendência fashionista discreta, o "burkini" é um traje de banho que cobre o corpo todo, inclusive a cabeça. Alguns modelos apresentam uma camada de tecido extra, como um vestido curto ou saia. O *burkini* original foi criado em 2004 pela estilista australiana nascida no Líbano Aheda Zanetti, que cunhou o nome como uma mistura de "burca" e "biquíni". Zanetti notou as dificuldades enfrentadas por mulheres muçulmanas para nadar ou praticar esportes na água. "Criei o burkini para dar liberdade às mulheres, não para tirá-la", afirma ela. "Ele não simboliza nada". Em 2016, no entanto, o *burkini* foi vetado em várias cidades e praias francesas. A foto que mostrava uma mulher de *burkini* cercada de policiais armados forçando-a a tirar o traje foi reproduzida no mundo todo. A foto provocou indignação, e o veto foi derrubado por tribunais superiores.

O *burkini* também virou notícia nas olimpíadas do Rio de Janeiro em 2016, quando a jogadora de vôlei de praia Doaa Elghobashy, do Egito, e a velocista Kariman Abuljadyel, da Arábia Saudita, o usaram.

AS MELHORES PESSOAS SÃO AS DA MINHA GERAÇÃO
PROFETA MAOMÉ

EM CONTEXTO

TEMA
Salafismo

ONDE E QUANDO
Hoje, no mundo todo

ANTES
1303 O acadêmico árabe Ibn Taymiyya lança um *fatwa* contra os mongóis por seguir leis feitas por homens em vez da lei islâmica. Mais tarde, esse decreto é usado como precedente para muçulmanos declararem *jihad* contra outros muçulmanos.

Século XVIII O teólogo árabe Ibn Abd al-Wahab defende aderência estrita ao entendimento literal do Alcorão.

2010 O Grande Sheik de al-Azhar, no Egito, considerado por muitos a autoridade máxima do islã sunita, lança um ataque na mídia contra o salafismo por promover ideias alheias ao islã.

Salafismo é um movimento de volta às origens do islã que tem raízes no Egito do século XIX, inspirado pelo exemplo do wahabismo saudita que vivenciou um aumento de popularidade no fim do século XX. Seu objetivo é reconectar muçulmanos às fontes originais do islã, especificamente às três primeiras gerações islâmicas, conhecidas como *salaf al-salihin*, ou "antecessores piedosos". Seguidores do salafismo rejeitam a autoridade das escolas medievais de direito, uma vez que elas surgiram depois dos *salaf al-salihin*, e consideram apenas os textos do Alcorão e do *hadith*, lidos por eles ao pé da letra.

Para muitos muçulmanos, a abordagem salafista é intransigente. Seus adeptos usam roupas tradicionais (vestidos para homens, por exemplo, e não calças) e enviam os filhos a escolas muçulmanas segregadas. Feriados não islâmicos, como os nacionais, não são observados pelos salafis, e cumprimentos não religiosos, como "bom dia", são evitados.

O salafismo é uma ideologia, não uma organização única, e comporta muitas linhas de raciocínio. Há salafis apolíticos e focados na educação e no trabalho missionário. Porém, também há salafis militantes, que visam derrubar os comandantes "apóstatas" do mundo muçulmano e substituí-los por "verdadeiros" muçulmanos. A al-Qaeda e o Estado Islâmico são salafistas militantes. A ascensão dessas organizações reflete uma dificuldade dentro do próprio salafismo, assim como lutas entre o islã e o Ocidente. ■

Seu apelo é como o da Reforma Protestante no Cristianismo.
Yasir Qadhi
acadêmico norte-americano muçulmano

Ver também: A orientação divina através da Sharia 128-133 ■ Wahabismo, ou Reforma Islâmica 216-217 ■ Os novos extremistas 272-277 ■ O islã na África 278-279

O ISLÃ ATUAL

O ISLÃ É UMA FÉ PROGRESSISTA DESDE O INÍCIO
INSTITUTO MECA (2019)

EM CONTEXTO

TEMA
Islã progressista

ONDE E QUANDO
Hoje, no mundo todo

ANTES
Anos 1980 O pensador e reformista Hasan Hanafi promove a ideia da "esquerda islâmica", unindo política de esquerda ao islã.

1995 Um tribunal egípcio Sharia declara o acadêmico Nasr Hamid Abu Zeid um apóstata por afirmar que o Alcorão deve ser considerado no contexto da Arábia do século VII.

1999 Amina Wadud publica *Qu'ran and Woman (O Alcorão e a mulher)*, analisando o texto sagrado de uma perspectiva feminina.

2005 A revista TIME nomeia o pensador progressista iraniano islâmico Abdolkarim Soroush uma das cem pessoas mais influentes do mundo.

Islã progressista é um termo genérico para uma gama diversa de pessoas e grupos, sem autoridade central mas com objetivo compartilhado de reformular interpretações do Alcorão de modo a corresponder melhor aos valores do mundo moderno mais amplo, sobretudo em relação a assuntos como direitos humanos e igualdade feminina.

Os progressistas acreditam que os primeiros estudiosos muçulmanos fizeram o melhor para interpretar o Alcorão e a *sunna* por consenso, analogia e *ijtihad* (raciocínio independente) e formular a lei Sharia. Porém, argumentam eles, esses primeiros intérpretes eram homens falíveis e mortais, além de produto de sua época e cultura.

Progressistas afirmam que o espírito do islã – uma religião de justiça e compaixão – não pode ser mantido sob leis elaboradas numa época e lugar que coadunava com a escravidão e com o casamento de meninas pré-púberes. Eles respaldam seus argumentos salientando que o Alcorão incita os muçulmanos a ter pensamento independente.

Entristece nosso coração ver que os muçulmanos tradicionalmente conservadores estão parados no tempo e no espaço.
Akmal Ahmed Safwat
Democratas Muçulmanos da Dinamarca

Além de muitos acadêmicos engajados nesse debate, instituições como o Instituto Meca, com sede nos Estados Unidos, e a revista *Critical Muslim*, do Reino Unido, visam promover diálogo com o pensamento liberal sobre o islã. Embora muçulmanos conservadores rejeitem essa visão progressista, o liberalismo está se difundindo pelo islã – uma pesquisa estadunidense de 2017 mostrou que a aceitação do casamento gay é mais forte hoje entre muçulmanos norte-americanos do que entre evangélicos. ■

Ver também: Mulheres no Alcorão 82-85 ▪ A orientação divina através da Sharia 128-133 ▪ Um islã feminista? 292-299

OUTRAS FIGURAS IMPORT

ANTES

OUTRAS FIGURAS IMPORTANTES

Além das pessoas citadas ao longo deste livro, sobretudo nos boxes biográficos nos artigos, há muitas outras que desempenharam um papel-chave na história do islã. Entre elas, os primeiros líderes da fé, califas, comandantes, acadêmicos, místicos, poetas e líderes políticos recentes. A seguir, há uma lista em ordem cronológica com breves biografias dessas figuras que formaram e desenvolveram a fé muçulmana e a civilização islâmica pelo mundo.

KHADIJA BINT KHUWAYLID
555 – 619

Primeira esposa de Maomé, Khadija bint Khuwaylid nasceu em uma família de mercadores da poderosa tribo coraixita, que governava Meca. Ela própria era uma rica mercadora, por esforço próprio. Casou-se com Maomé aos 40 anos, após contratá-lo para levar uma caravana até a Síria. Fontes sunitas sugerem que ela enviuvara duas vezes antes de se casar com Maomé, embora, de acordo com a tradição xiita, ele tenha sido seu primeiro marido. De seus filhos, quatro, todas meninas, chegaram à idade adulta. Após a primeira revelação de Maomé, em 610, Khadija se tornou a primeira convertida ao islã. Apoiou a pregação do marido por toda vida.

MAOMÉ
570 – 632

O Profeta Maomé nasceu em Meca, no clã Banu Hashim da tribo coraixita. Aos 40 anos, recebeu uma visita do anjo Gibreel (árabe para Gibreel), a qual definiu as bases do Alcorão. Após dois anos de mais revelações, ele começou a pregar em público e angariar convertidos à sua religião, que passou a ser conhecida como islã. O monoteísmo de Maomé afrontou o paganismo dos governadores de Meca, e ele e seus seguidores enfrentaram perseguições, o que os levou a migrar em 622 para a cidade de Medina. Em 624 teve início uma guerra entre Meca e os muçulmanos, e Maomé foi vitorioso em 630. Em 632, Maomé controlava a maior parte da Arábia. Naquele ano, ele liderou a Peregrinação da Despedida até Meca, e morreu pouco tempo depois em Medina.

ABU BAKAR AL-SIDDIQ
573–634

Ver box na p. 103.

UMAR IBN AL-KHATTAB
584–644

Umar ibn al-Khattab, segundo califa islâmico, convertido ao islã em 615. Nascido em Meca, juntou-se a Maomé em Medina em 622 e se tornou um dos mais importantes conselheiros do profeta. Sua filha Hafsa casou-se com Maomé em 625. Após Abu Bakar se tornar califa, a influência de Umar cresceu, e ele o sucedeu como líder da comunidade muçulmana em 634. Sob a liderança de Umar, o califado se tornou um poder global, conquistando territórios dos impérios Bizantino e Sassânida, e estendendo assim seu território do norte da África até o Cáucaso. A vida de Umar chegou a um fim repentino aos 60 anos, quando foi esfaqueado por um escravizado persa.

UTHMAN IBN AFFAN
c. 576–656

Rico mercador de Meca do poderoso clã omíada, Uthman ibn Affan se converteu ao islã em 611. Mais tarde, ele se casaria com duas das filhas de Maomé. Após a morte de Umar em 644, Uthman fez parte do comitê de seis indicados para escolher seu sucessor. Apesar da pouca experiência política e militar, o próprio Uthman foi selecionado como o terceiro dos califas Rashidun ("bem guiados"). Supervisionou a compilação de uma versão oficial do Alcorão e continuou as campanhas de conquista. Entretanto, houve crescente dissidência contra seu regime, que acabou irrompendo em revolta, e Uthman foi assassinado em sua casa em Medina por seus oponentes.

OUTRAS FIGURAS IMPORTANTES

KHALID IBN AL-WALID
c. 585–642

Nascido num clã da tribo coraixita que inicialmente era hostil a Maomé, Khalid ibn al-Walid lutou em algumas das primeiras batalhas contra o profeta. No entanto, em 629 Khalid migrou para Medina e se converteu ao islã, tornando-se um comandante militar importante. Após a morte de Maomé, Khalid teve papel crucial em derrotar tribos árabes rebeldes. Também liderou campanhas contra os sassânidas e bizantinos durante a conquista do Iraque e da Síria, tornando-se conhecido como a "Espada de Deus". Apesar de invencível em batalha, foi dispensado do exército por Umar em 638, e morreu em Homs, na Síria, quatro anos mais tarde.

ALI IBN ABI TALIB
601–61

Primo de Maomé, foi criado por ele desde a primeira infância, sendo a primeira pessoa do sexo masculino a se converter ao islã, com 9 anos. Juntou-se a Maomé em Medina, tornou-se seu defensor e casou-se com sua filha Fatima. Ali se distinguiu durante as guerras com Meca, adquirindo fama de guerreiro corajoso. Após a morte de Maomé, em 632, Ali foi preterido por três vezes para liderar os muçulmanos até ser escolhido como quarto califa em 656. O califado entrou em guerra civil quando rebeldes, conhecidos como carijitas, tentaram depor Ali. Foi assassinado enquanto rezava em Cufa, no Iraque. Muçulmanos xiitas reverenciam Ali; seus descendentes são vistos como os sucessores legítimos de Maomé.

MUAWIYA IBN ABI SUFYAN
602–80

Muawiya ibn Abi Sufyan converteu-se ao islã depois de Maomé conquistar Meca. Liderou campanhas contra os bizantinos e, em 640, tornou-se governador da Síria. Após o assassinato de Uthman, parente de Muawiya, em 656, se rebelou contra Ali, acreditando que ele não tinha feito o suficiente para prender os culpados. Depois do assassinato de Ali, Muawiya o sucedeu, fundando o califado omíada e mudando a capital para Damasco. Como Muawiya I, ele continuou a difundir o califado até o norte da África e da Ásia menor. Antes de morrer, Muawiya nomeou o filho, Yazid, como seu sucessor, definindo os precedentes da lei hereditária.

FATIMA BINT MUHAMMAD
605–32

Fatima era a filha mais jovem de Maomé e da primeira esposa dele, Khadija. Em 622, logo após a migração para Meca, ela se casou com o primo de Maomé, Ali. Sua união era devota, e quatro filhos sobreviveram à idade adulta: dois meninos, Hassan e Hussein, e duas meninas. Após a morte de Maomé, em 632, Fatima entrou em conflito com o califa Abu Bakr; como Ali, ela relutava em reconhecer a autoridade dele. Os apoiadores de Abu Bakr se reuniram na casa de Fatima, em Medina, para obter o apoio dela. Algumas fontes, sobretudo xiitas, sugerem que houve uma briga violenta, e Fatima sofreu ferimentos e um aborto, o que, afirmam, contribuiu para sua morte mais tarde naquele ano.

AISHA BINT ABU BAKAR
614–78

Filha de Abu Bakar, Aisha se casou com Maomé quando era bem jovem, tornando-se, depois de Khadija, sua segunda esposa favorita. Após a morte de Maomé, ela se concentrou nos estudos religiosos, memorizando o Alcorão e narrando *hadiths* (2.210 são atribuídos a ela). Juntou-se à oposição ao terceiro califa, Uthman, mas depois que ele foi morto criticou Ali, que se tornara o quarto califa, por não ter prendido os assassinos de Uthman. Aisha angariou tropas contra Ali e foi derrotada por ele em 656 na Batalha do Camelo, em Basra, no Iraque. Aisha foi autorizada a voltar para Medina, onde viveu em paz, concentrando-se em tarefas religiosas e caritativas até morrer.

HASSAN IBN ALI
624–69

Filho mais velho de Ali e Fatima, e neto do Profeta Maomé. Após o assassinato do pai em 661, Hassan o sucedeu como califa, mas foi desafiado por Muwaiya I, governador da Síria, que declarou que sua decisão não o reconhecia. Os dois homens se prepararam para o conflito, mas, quando ficou claro a Hassan que suas forças seriam mais numerosas, negociou com Muwaiya para evitar uma guerra civil. Sob os termos do consequente acordo, Hassan renunciou e fugiu para Medina, onde viveu até morrer, em 669. De acordo com certos relatos, ele foi envenenado por uma de suas esposas, em conluio com Muawiya.

OUTRAS FIGURAS IMPORTANTES

HUSSEIN IBN ALI
626–80

Segundo filho de Ali e Fatima, Hussein (também grafado Husayn), como o irmão mais velho, Hassan, aceitou Muawiya I como califa em 661. Muawiya concordara que não nomearia o próximo califa, mas antes de morrer, em 680, nomeou seu filho Yazid como sucessor. Hussein recusou-se a reconhecer a sucessão. Fugiu de Medina para Meca e foi convidado pelo povo de Cufa, cidade no Iraque onde muitos se opunham aos omíadas, para liderar uma rebelião contra Yazid. Hussein partiu para Cufa, mas foi interceptado por forças omíadas em Carbala; apesar de dominado, ele se recusou a se render e foi decapitado. É pranteado por todos os muçulmanos como mártir.

ZEINAB BINT ALI
c. 627–c. 682

Zeinab (também grafado Zaynab) era filha de Ali ibn Abi Talib e Fatima, e neta do Profeta Maomé. Era irmã de Hassan e Hussein ibn Ali. Casou-se com Abdullah ibn Jafar e teve três filhos e duas filhas com ele. Quando seu irmão Hussein lutou contra Yazid ibn Muawiya em Carbala, Zeinab o acompanhou. Conta-se que ela salvou a vida do sobrinho, Ali ibn al-Hussein, atirando-se sobre o corpo dele, e mais tarde conseguiu que Yazid a soltasse, e também a outros prisioneiros. Por esse feito, ela ficou conhecida como a "Heroína de Carbala". Seu templo em Damasco é um local importante de peregrinação, sobretudo para xiitas.

ABD AL-MALIK IBN MARWAN
646–705

Abd al-Malik era filho e sucessor de Marwan I – o quarto califa omíada, que teve um reinado breve de 684 a 685. Como califa, Abd al-Malik enfrentou guerra civil constante, tendo de batalhar pelo califado com Abdullah ibn Zubeir, radicado em Meca. Abd al-Malik matou seu rival em 692, recuperando o controle omíada por todo o califado. Então retomou a guerra com o Império Bizantino, invadindo Anatólia, Armênia e o norte da África. Na época de sua morte, Abd al-Malik consolidara o governo do califado. Ele também é conhecido pela fundação da Cúpula da Rocha, em Jerusalém, o mais antigo monumento religioso islâmico sobrevivente.

YAZID IBN MUAWIYA
647–83

Filho de Muawiya I, o primeiro califa omíada, Yazid I enfrentou oposição ao suceder a seu pai em 680 de apoiadores de Hussein ibn Ali, executado por forças omíadas em Carbala. O assassinato de Hussein, além de rumores sobre o estilo de vida dissoluto de Yazid, levou a uma rebelião contra ele na Arábia. No outono de 683, o exército de Yazid derrotou os rebeldes fora de Medina, pilhando a cidade, antes do cerco em Meca, durante o qual um incêndio destruiu a Caaba. A campanha terminou prematuramente quando Yazid morreu na Síria em novembro, embora conflitos no califado tenham perdurado até 692.

ABU HANIFA
699–767

Abu Hanifa foi um renomado jurista e estudioso cujo trabalho constituiu a base para a escola Hanafi da lei islâmica, ainda hoje amplamente seguida. Nascido em Cufa, no Iraque, e filho de mercador, estudou teologia antes de se dedicar à jurisprudência. Abu Hanifa aplicou racionalmente a doutrina islâmica a questões legais, e por volta de 738 era um dos estudiosos mais proeminentes no Iraque. Embora lhe oferecessem cargos oficiais, ele os recusava a fim de manter a independência. Mais tarde, ele se mudou para Meca, onde morreu na prisão – foi encarcerado pelo califa al-Mansur, possivelmente por ter se recusado a servi-lo como juiz.

MALIK IBN ANAS
711–95

Nascido em Medina, Malik ibn Anas construiu fama como jurista, teólogo e filósofo, e atraiu um amplo séquito de discípulos. Fundou uma das quatro escolas de direito islâmico, o maliquismo, que influenciou boa parte do norte da África e algumas ordens sufis. Era um homem franco; em 762, ofereceu apoio a uma rebelião contra o califa al-Mansur declarando que juramentos forçados de lealdade não eram vinculativos. Por conta disso, foi açoitado. Mais tarde ele se reconciliou com o califado, a fim de poder continuar seu trabalho. Malik compilou o *muwatta* ("caminho bem trilhado"), uma das obras jurídicas mais antigas e mais importantes do islã.

AL-MANSUR
714–75

Al-Mansur era membro da família abássida, que descendia do tio de Maomé e que, em 750, derrubou o califado omíada. O irmão de al-Mansur, al-Saffah, tornou-se o primeiro califa abássida. Foi sucedido por al-Mansur em 754. Al-Mansur consolidou o poder abássida eliminando rivais e aplacando as revoltas esparsas que irromperam contra ele. Em 762, ele instituiu Bagdá como capital, que abrigaria a burocracia cada vez maior que dominava o califado. Al-Mansur morreu enquanto peregrinava a Meca e foi sucedido por seu filho al-Mahdi.

RABIA AL-ADAWIYYA
714–801

As origens da santa sufista mais aclamada são contestadas. Histórias populares contam que ela nasceu numa família pobre, ficou órfã e foi vendida como escravizada. Mas estudiosos acreditam ser mais provável que fosse descendente de um ramo abastado da tribo coaixita. Ela cresceu na próspera cidade portuária de Basra, no Iraque, onde praticou a abnegação – afastar-se do mundo para contemplar o próximo e viver em reclusão. As crônicas enfatizam sua compaixão e ascetismo. Por exemplo, conta-se que certa vez, após muitos dias de jejum, um pássaro chegou voando e deixou alimentos em sua tigela. Muitos poemas e trechos de prosa são atribuídos a al-Adawiyya, que expressam seu amor e devoção por Deus.

HARUN AL-RASHID
c. 766–809

Filho do califa abássida al-Mahdi, Harun Al-Rashid sucedeu o irmão mais velho, Al-Hadi. Como califa, al-Rashid se aconselhava com a mãe, al-Khayzuran, uma ex-escravizada beduína, até a morte dela em 789; depois, ele passou a ser aconselhado pelo ex-tutor e vizir Yahya, o Barmakid, cuja família se tornou muito influente até cair em desgraça em 803. Embora tenha enfrentado insurreições locais, o reino de al-Rashid é muitas vezes considerado o zênite do califado abássida, e sua Bagdá é imortalizada nas *Mil e uma noites*. Ele morreu em 809, na Ásia Central, após adoecer enquanto tentava aplacar uma revolta.

AL-SHAFII
767–820

Muhammad ibn Idris al-Shafii nasceu em Gaza, mas se mudou para Meca ainda criança, crescendo em um lar pobre. Estudou em Medina com Malik ibn Anas, tornando-se um jurista habilidoso. Aos 30 anos foi indicado pelos abássidas como governador no Iêmen, mas em 803 envolveu-se numa revolta contra o califa e passou um tempo na prisão. Após liberto, ele se dedicou ao estudo jurídico até morrer, no Cairo. Graças a seus vários seguidores, o xafeísmo (escola Shafii de direito islâmico) se tornou extremamente influente.

AL-KHWARIZMI (ALCUARISMI)
c. 780–c. 850

Ver box na p. 159.

AHMAD IBN HANBAL
780–855

Nascido em Bagdá, começou os estudos religiosos e jurídicos bem jovem, viajando pelo Iraque, pela Síria e pela Arábia para aprender com estudiosos renomados, e também fez cinco peregrinações a Meca. Acabou se estabelecendo em Bagdá, onde fundou o hambalismo, que enfatiza a importância de se seguir estritamente o Alcorão e os *ahadith*. Ibn Hanbal se recusava a mudar de crença para seguir doutrinas aprovadas pelo califa. Resultado: foi preso, açoitado e, por um tempo, banido da cidade. Apesar disso, era uma figura popular e altamente respeitada, e seu funeral foi assistido por 800 mil pessoas.

AL-KINDI (AL-KINDI)
c. 800–73

Ver box na p. 157.

AL-BUKHARI
810–70

Muhammad al-Bukhari nasceu em Bukhara, hoje Uzbequistão. Aos 16 anos peregrinou até Meca, e então começou a pesquisar informações apuradas sobre a vida e os ditados do profeta, passando muitos anos viajando pela Arábia, Iraque, Síria, Egito e Ásia Central. Ao voltar para casa, compilou seu *Sahih al-Bukhari*, volume de 7.275 *ahadith* que, afirmava ele, eram totalmente confiáveis. Muçulmanos sunitas consideram essa compilação uma das mais importantes obras religiosas.

OUTRAS FIGURAS IMPORTANTES

AL-TABARI
839–923

Quando criança, Muhammad al-Tabari deixou seu local de nascimento, Amol, no Irã, para estudar com especialistas no Iraque, na Síria e no Egito. Mais tarde, estabeleceu-se em Bagdá. Graças ao dinheiro da família, ele não teve de assumir nenhum cargo público e pôde pesquisar seus vários interesses acadêmicos pelo resto da vida. Seus escritos são prolíficos, incluindo um comentário extremamente influente sobre o Alcorão, o *Tafsir al-Tabari* (*Comentário sobre al-Tabari*), que, em algumas edições, chega a 30 volumes. Seu trabalho mais famoso e influente foi o *Tarikh al-Rusul* (*História dos profetas e reis*), que relatava eventos (com foco no Oriente Próximo) desde a Criação até o ano 915. Foi traduzido para vários idiomas, inclusive uma edição inglesa de 38 volumes.

ABDUL RAHMAN III
891–961

Neto do único sobrevivente da dinastia omíada, em 912 Abdul Rahman III herdou o manto do emir de Córdoba. Ele consolidou sua autoridade sobre toda al-Andaluz (Espanha muçulmana) e o norte da África. Em 929, Abdul Rahman III declarou-se califa de Córdoba, desafiando a lei do califado abássida. Impiedoso com os oponentes, governou a era mais próspera da Espanha muçulmana, quando a economia, a cultura e a arquitetura da cidade de Córdoba adquiriram imensa riqueza. Após sua morte, Abdul Rahman III foi sucedido por seu filho al-Hakam II.

IBN AL-HAYTHAM
965–1040

Conhecido no Ocidente como Al-Hazém, Ibn al-Haytham foi matemático e astrônomo. Nascido em Basra, tornou-se funcionário do governo e depois mudou-se para o Egito, a fim de trabalhar para o califa fatímida al-Hakim, afirmando que poderia controlar as enchentes do Nilo. Embora não tenha completado essa missão, Ibn al-Haytham continuou no Egito, e prosseguiu com seus estudos de ciência e natureza no Cairo até sua morte, em 1040. Escritor prolífico e versátil, Ibn al-Haytham acreditava que suas teorias tinham de ser provadas por experimentos. Seu tratado mais famoso foi o *Kitab al-Manazir* (*Livro de óptica*), a primeira obra a descrever corretamente a visão humana.

AL-BIRUNI (AL-BIRUNI)
973–c. 1050

O polímata persa Muhammad al-Biruni foi um dos grandes acadêmicos de sua época, pesquisando e escrevendo sobre um leque fenomenal de temas e disponibilizando o pano de fundo do método científico moderno. Nascido na região corásmia da Ásia Central, ele estudou uma vasta gama de ciências, como teologia, direito e medicina, e trocou ideias com o pensador contemporâneo Ibn Sina (Avicena). Serviu sob vários patronos reais, e em 1017 tornou-se astrólogo da corte de Mahmoud de Ghazni, acompanhando-o em suas incursões na Índia. O extenso estudo de al-Biruni desse país é um de seus trabalhos mais significativos. Muitos de seus tratados eram sobre astronomia e física, e ele explorou métodos experimentais relevantes ainda hoje.

IBN SINA (AVICENA)
980–1037

Ver box na p. 173.

OMAR KHAYYAM
1048–1131

Nascido e criado em Nishapur, no noroeste do Irã, Omar Khayyam destacou-se em estudos de astronomia, matemática e filosofia, e foi recebido na corte de Samarkand, no atual Uzbequistão, onde escreveu seu famoso *Tratado de demonstrações de problemas de álgebra* (1070). Passou boa parte da vida sob patrocínio de várias cortes. Embora polímata talentoso, ele é mais famoso como poeta, com versos invocando o estado místico da espiritualidade sufi. Seu nome atingiu tamanha fama que muitas obras são erroneamente atribuídas a ele. Apesar disso, pode-se creditar seu apelo popular ao fato de ter trazido uma cepa de misticismo ancestral a um público amplo, mesmo mil anos depois.

AL-GHAZALI (ALGAZALI)
c. 1058–1111

Abu Hamid al-Ghazali nasceu por volta de 1058, perto de Tuz, no Irã. Na adolescência, estudou na cidade persa de Nishapur, que na época era um polo importante de estudos. Em 1091, aceitou o cargo de tutor em uma *madrassa* (faculdade de teologia) em Bagdá. Quatro anos depois, abandonou o prestigioso cargo e embarcou em uma viagem

OUTRAS FIGURAS IMPORTANTES

de muitos anos, inclusive para Damasco e Jerusalém, em busca de iluminação espiritual. Acabou voltando para Tuz, onde passou vários anos recluso, dedicando-se à escrita. Na época de sua morte, ele havia escrito cerca de 70 obras. Uma das mais proeminentes é *Ihya ulum al-din* (*O renascimento das ciências religiosas*), obra influente que une teologia sunita ortodoxa e misticismo sufi, e *Tahafut al-Falasifa* (*A incoerência dos filósofos*), que defende a fé acima da filosofia e é considerada uma obra-chave na história da filosofia.

AL-IDRISI
1100–65

Muhammad al-Idrisi foi um dos geógrafos e cartógrafos mais proeminentes da era medieval. Nascido em Ceuta, no norte da África, estudou em Córdoba e viajou pelo norte da África, Ásia menor e Europa. Em 1136, passou a servir Rogério II da Sicília, um rei normando cristão. Trabalhando em sua corte em Palermo, al-Idrisi produziu várias obras importantes, inclusive a *Tabula Rogeriana*, uma descrição extensa do mundo acompanhada por mapas-múndi. Finalizada em 1154, al-Idrisi levou 15 anos para produzi-la, e aliou suas próprias experiências a conhecimentos antigos e contemporâneos. Apesar de faltar partes de alguns continentes, o mapa seria o mais preciso durante muitos séculos.

IBN RUSHD (AVERRÓIS)
1126–98

Ibn Rushd, conhecido no Ocidente como Averróis, nasceu na cidade andaluza de Córdoba. Chegou a se tornar o principal juiz de sua cidade natal, e também serviu o médico da corte do califa almóada em Marrakech. Além da carreira pública, Ibn Rushd foi polímata e escritor prolífico; sua maior influência foi como filósofo, e era alvo de muita consideração por seus comentários sobre Aristóteles. Muitas vezes teve de defender sua filosofia contra o criticismo de figuras religiosas ortodoxas, e em 1195 tais ataques o fizeram ser demitido. Voltou a ser recebido na corte almóada três anos antes de morrer.

SALAH AL-DIN YUSUF (SALADINO)
1137–93

O sultão-guerreiro conhecido no Ocidente como Saladino (cujo nome árabe, "Salah al-Din", significa "certidão de fé") era curdo, nascido em Tikrit, no Iraque. Combateu pelas guerras da dinastia turca Zengid a fim de ganhar influência no Egito. Em 1169, foi vizir do califa fatímida no Egito e dois anos depois subjugou o califado para estabelecer sua própria dinastia aiúbida. De 1174 a 1186, Saladino lutou contra outros governantes muçulmanos para adquirir controle sobre a maior parte do Oriente Médio, antes de derrotar os estados Cruzados e conquistar Jerusalém e a maior parte da Palestina. A partir de 1189, ele passou três anos combatendo a Terceira Cruzada, tentativa cristã de retomar o território; morreu em Damasco um ano depois.

IBN JUBAYR
1145–1217

Ver box na p. 178.

IBN ARABI
1165–1240

Poeta, místico e filósofo, nasceu em Múrcia, na Espanha, e foi criado e educado em Sevilha, onde trabalhou para o governador almóada. Após adotar o sufismo, teve uma visão de que deveria viajar para o Oriente, e em 1200 deixou a Espanha para viajar pelo mundo muçulmano. Visitou a Arábia, o Egito, a Anatólia e o Iraque antes de se estabelecer em Damasco em 1223, onde morou até morrer. Tornou-se um acadêmico famoso, e era um escritor prolífico: sua obra considerada mais importante é *Fusus al-Hikam* (*As molduras da sabedoria*), que resume seus ensinamentos e crenças.

AL-TUSI
1201–74

Intelectual persa de muitos talentos, Nasr al-Din al-Tusi destacou-se mais como astrônomo. Nascido em Tuz, no noroeste do Irã, viajou muito quando jovem, motivado em parte pelas incursões das tropas mongóis de Gêngis Khan. Em 1256, tornou-se conselheiro científico do comandante mongol Hulagu Khan, que acabara de destruir a fortaleza de Alamut, onde al-Tusi morava, e que concordara em financiar uma construção de um grande observatório perto de Maragha, uma cidade no Azerbaijão. Finalizado em 1262, o local abrigava uma comunidade científica com astrônomos chineses. Ali, al-Tusi e colegas fizeram cálculos até então impossíveis, transformando seu campo de estudos com novos modelos e teorias: um período que se tornou conhecido como Revolução Maragha.

OUTRAS FIGURAS IMPORTANTES

RUMI
1207–73

Jalal al-Din Muhammad Rumi foi um místico e poeta persa sufi. Nasceu em Balkh, no atual Afeganistão. Aos 11 anos, ele e sua família migraram para a Anatólia e acabaram se estabelecendo na cidade de Cônia. Em 1244, Rumi começou a praticar o sufismo. Nesse ano, conheceu Shams al-Din Tabrizi, um dervixe andarilho, e os dois desenvolveram uma amizade próxima e vínculo espiritual. Shams desapareceu três anos depois, provavelmente assassinado. Tomado pela dor, Rumi começou a escrever poemas, chegando a fazer cerca de 30 mil. Após sua morte em Cônia, em 1273, seus seguidores fundaram a ordem mevlevi (ou mawlawi), conhecida pela dança circular como um ato de devoção religiosa.

MUSA I
c. 1280–c. 1337

Musa I foi o décimo mansa (rei) do Império Islâmico do Mali na África Ocidental. Esse império cobria uma ampla faixa territorial, sobretudo ao norte do rio Níger, que floresceu de 1235 a 1670. Em seu auge, o império enriqueceu com os impostos sobre o comércio e a renda de três grandes minas de ouro que tornaram o Mali o maior produtor do mundo. Musa I governou por cerca de 25 anos, e acredita-se que ele foi uma das pessoas mais ricas da história. Ele é famoso por sua peregrinação a Meca, entre 1324 e 1325, na qual foi acompanhado por um luxuoso séquito de cerca de 60 mil homens e mulheres, além de muito ouro.

IBN BATTUTA
1304–c. 1368/69

Ver box na p. 183.

IBN KHALDUN
1332–1406

Ibn Khaldun começou sua carreira como calígrafo para o governador de Túnis, onde nasceu. Esse foi o primeiro de muitos líderes para quem Ibn Khaldun trabalhou, ao longo do norte da África e da Espanha muçulmana – mudando-se com frequência porque intrigas nas cortes o levavam a cair em desgraça vez ou outra. Em 1375, ele deu início à *Muqaddimah* (*Introdução*), uma filosofia geral da história que falava sobre sociologia e economia. Esse foi o primeiro livro do *Kitab al-Ibar* (*Livro de lições*), uma história mundial focada no norte da África muçulmana. Em seus últimos anos, Ibn Khaldun ainda ocupava cargos públicos, mas concentrava-se no ensino e na escrita; morreu no Cairo, enquanto servia aos sultões mamelucos.

MEHMED II
1432 – 81

Conhecido como "Mehmed, o Conquistador", Mehmed II se tornou sultão otomano aos 12 anos, quando seu pai, Murad, abdicou em 1444. Mas conflitos civis levaram Murad II a se afastar do retiro para reivindicar o trono em 1446, governando até sua morte em 1451. Então, Mehmed II começou seu segundo reinado. Sua primeira grande façanha foi conquistar Constantinopla em 1453, que se tornou sua capital. Em seguida ao triunfo, ele fez uma série de campanhas pela Anatólia e também pelo leste e sul da Europa, acrescentando imensas porções territoriais ao Império Otomano.

XÁ ISMAIL
1487–1524

Xá Ismail, também conhecido como Ismail I, fundou a dinastia safávida, que governou o Irã de 1501 a 1736. Seu pai, Haydar, era o líder dos safawiyya, um grupo sufi que mais tarde se associou a crenças xiitas e que foi morto combatendo os sunitas em 1488. Ismail ficou escondido até 1501, quando publicamente sucedeu o pai, tomou a cidade de Tabriz, no noroeste do Irã, e se proclamou xá. Em seguida conquistou o restante do Irã e também regiões dos atuais Afeganistão, Azerbaijão, Iraque e Turquia. Ismail declarou o xiismo duodecimano a religião oficial de seu império, levando a conflitos com seus vizinhos otomanos sunitas.

MIMAR SINAN
c. 1488–1588

O mais estimado arquiteto do Império Otomano, Sinan nasceu numa família cristã, possivelmente de origem grega e armênia, na Anatólia central. Filho de um pedreiro, converteu-se ao islã quando se inscreveu nas unidades de infantaria janissárias, e acabou se tornando oficial sênior. Suas habilidades de engenheiro militar geraram obras arquitetônicas, e a partir de 1539 ele trabalhou como arquiteto real líder, supervisionando construções públicas como mesquitas, palácios e pontes. Seu projeto mais famoso é a magnífica Mesquita de Suleiman, em Istambul; ele está enterrado em um túmulo vizinho.

OUTRAS FIGURAS IMPORTANTES 315

SULEIMAN I
1494–1566

Suleiman I tornou-se sultão do Império Otomano quando Selim I, seu pai, morreu em 1520. Desfrutou de sucesso militar, liderando suas tropas nas conquistas de Belgrado em 1521 e Rodes em 1522. Sua expansão ocidental do poder otomano foi detida em 1529, com o fracasso do cerco de Viena. Mais tarde, Suleiman I derrotou os safávidas, ganhando território no Oriente Médio e no Cáucaso, enquanto vitórias no Mediterrâneo lhe deram o controle da maior parte do norte da África. Em seu país, ele supervisionou grandes reformas jurídicas e patrocinou obras públicas pelo império, sobretudo em Istambul. Morreu em 1566, em campanha na Hungria. Foi sucedido pelo filho, Selim II.

AKBAR
1542–1605

O maior dos imperadores mogóis, "Akbar, o Grande" sucedeu seu pai Humayun em 1556, com apenas 13 anos. Nos primeiros quatro anos de governo houve uma regência, mas em 1560 Akbar começou a governar por conta própria. Modernizou seu exército, obtendo uma série de vitórias que deram aos mogóis domínio sobre o norte do subcontinente indiano. Para consolidar seu imenso império, ele instituiu um sistema centralizado de taxação e administração, ao mesmo tempo adotando políticas tolerantes e conciliatórias para seus súditos não muçulmanos, sobretudo governadores hindus locais. Akbar morreu após quase 50 anos de reinado, e seu filho Jahangir subiu ao trono no seu lugar.

ABBAS I
1571–1629

O Xá Abbas I subiu ao trono em 1588, aos 17 anos. Na época, o Império Safávida estava desorganizado sob seu enfraquecido pai, com territórios significativos reconquistados pelos otomanos e os uzbeques. Abbas I fez um acordo de paz com os otomanos, cedendo amplas áreas de terras a eles; depois, reuniu um novo exército, com o qual arrasou os uzbeques em 1598. Expandiu seu território e fez de Isfahan sua nova capital, que se tornou uma das mais belas cidades do mundo. Com os créditos por ter restaurado seu império à glória, Abbas I foi um líder habilidoso, mas sem escrúpulos, cuja suspeita de traição o levou a tratamentos impiedosos por familiares. Morreu sem deixar herdeiros para sucessão.

AURANGZEB
1618–1707

O último dos grandes imperadores mongóis, Aurangzeb ("ornamento do trono") governou por quase 50 anos e expandiu seu império sobre quase todo o subcontinente indiano. Ascendeu ao trono em 1658, tendo conspirado contra o irmão a quem o pai, Xá Jahan, nomeara como sucessor. Aurangzeb era um homem devoto e ortodoxo, que reprovava luxos e pôs fim à tolerância em uma terra de múltiplas fés. Ele impôs a Sharia e mandou destruir muitos templos hindus destruídos. Por fim, os constantes gastos de Aurangzeb com campanhas militares prejudicou a economia, e após seu mandato o império entrou em declínio.

MUHAMMAD IBN ABD AL-WAHAB
1703–92

O teólogo Muhammad ibn Abd al-Wahab nasceu no vilarejo de Uyaynah, na Arábia, e terminou seus estudos em Medina. Ele acreditava que muitas práticas islâmicas da época, como venerar túmulos de santos, eram inovações hereges. Pregava uma mensagem tradicionalista, e foi expulso de várias cidades até se estabelecer em al-Diriyah, a convite de Muhammad bin Saud, seu governante. Os dois homens trabalharam juntos para tornar a Casa de Saud a lei da Arábia, sendo o "wahabismo" sua ideologia. O wahabismo ainda é a doutrina dominante na Arábia Saudita, que continua a apoiar sua difusão mundial.

MUHAMMAD BIN SAUD
1710–65

Muhammad bin Saud era emir de al-Diriyah, uma cidade na Arábia central. Em 1744, fez um pacto com o líder religioso Muhammad ibn Abd al-Wahab para unir as tribos locais e criar um estado livre da influência do Império Otomano, governado por Bin Saud e guiado espiritualmente por Wahab do islã. A aliança foi selada com o casamento da filha de Wahab com o filho de Bin Saud. Assim, Diriyah formou o núcleo do Primeiro Estado Saudita, que Bin Saud governou até morrer. Seus descendentes estenderam as fronteiras do estado, que foi a prévia do Reino da Arábia Saudita oficialmente fundado em 1932.

316 OUTRAS FIGURAS IMPORTANTES

AHMAD IBN IDRIS
1760–1837

Ahmad ibn Idris nasceu em Fez, Marrocos, onde estudou até se mudar para Meca, em 1799, onde começou a ensinar sua versão do sufismo. Alertava os seguidores contra a adesão rígida a qualquer escola religiosa específica, e destacava que as pessoas deveriam buscar um relacionamento pessoal com Deus por meio de uma compreensão própria e independente do Alcorão e de outros textos religiosos. Em 1828 ele se mudou para o Iêmen, onde ficou até morrer. Seus ensinamentos, conhecidos como idrissiya, angariaram muitos alunos e seguidores, que os disseminaram pelo mundo.

MUHAMMAD IBN ALI AL-SANUSI
1787–1859

Fundador da ordem mística sanussi (ou senussi), Muhammad ibn Ali a-Sanusi nasceu no noroeste da Argélia e passou a infância estudando e viajando pelo norte da África, período em que se convenceu de que o islã precisava de reforma e revitalização. Estabeleceu-se na Arábia, onde montou sua própria escola de pensamentos sufis em 1837, permanecendo ali até ser expulso pelos otomanos em 1841. Al-Sanusi relocou sua ordem em Cirenaica, no nordeste da Líbia, onde difundiu sua mensagem entre tribos locais. Após morrer, seu filho assumiu a liderança da ordem. Mais tarde, seu neto, Idris I, governou como rei de uma Líbia independente de 1951 a 1969.

SAYYID AHMAD KHAN
1817–98

O reformista islâmico Sayyid Ahmad Khan nasceu em Déli, quando o imperador mogol Akbar II era o governante sob as leis britânicas. Khan trabalhou para a Companhia das Índias Orientais, tornando-se juiz mais tarde. Após a insurreição indiana de 1857, ele publicou uma crítica contundente à política da Grã-Bretanha, embora permanecesse leal ao Império Britânico. Ele acreditava na educação moderna e fundou muitas escolas, além da primeira universidade muçulmana no sul da Ásia. Seus escritos incluíam comentários sobre o Alcorão e a Bíblia.

MIRZA GHULAM AHMAD
1835–1908

Ver box na p. 221.

JAMAL AL-DIN AL-AFGHANI
1838–97

Nascido no Irã, Jamal al-Din al-Afghani foi um reformador político que se tornou proeminente em 1866, quando se destacou como conselheiro do emir do Afeganistão. Após uma mudança de regime, al-Afghani deixou o país em 1868, e a partir daí levou uma vida errante, passando por Istambul, Cairo, Índia, Paris, Londres, Rússia e Irã até sua morte, em 1897. Seu discurso era contrário ao imperialismo ocidental, acreditando ser possível combatê-lo pelo pan-islamismo e por reformas políticas. Aprimorou a educação técnica e científica no mundo muçulmano.

MUHAMMAD AHMED
1844–85

Muhammad Ahmed bin Abdallah foi um líder sudanês que se tornou conhecido como "o Mahdi" e liderou uma guerra contra os britânicos. Quando jovem, juntou-se à seita sufi samaniyya e tornou-se professor do Alcorão. Angariou vários seguidores e, em 1881, foi proclamado Mahdi, o redentor muçulmano da fé islâmica, por seus discípulos. O governo colonial em Cartum enviou uma expedição militar contra ele, mas foi derrotada. Forças lideradas por Mahdi também derrotaram uma tropa britânica enviada pelo Egito. Ele criou um amplo estado islâmico, que se estendia do mar Vermelho à África central, e fundou um movimento que continuou influente no Sudão um século depois.

MUHAMMAD ABDU
1849–1905

Nascido em uma família da elite egípcia, quando estudante no Cairo Muhammad Abdu se tornou um dedicado seguidor de Jamal al-Din al-Afghani. Inspirado por al-Afghani, Abdu agitava reformas políticas no Egito para garantir que o país não caísse nas mãos do imperialismo ocidental – opinião que o levou ao exílio em 1882, após o início da ocupação militar britânica do Egito. Ele foi autorizado a voltar ao Egito em 1888, e ocupou o cargo de juiz antes de ser indicado como Grande Mufti (líder jurista islâmico) do Egito em 1899, permanecendo no cargo pelo resto da vida. Como uma das principais figuras do país, ele apoiou reformas liberais e racionalistas no governo e na religião. Escreveu vários tratados religiosos.

OUTRAS FIGURAS IMPORTANTES

RASHID RIDA
1865–1935

Nascido no atual Líbano, perto de Tripoli (então parte do Império Otomano), Muhammad Rashid Rida foi um dos fundadores do movimento salafi, que buscava, diante do imperialismo ocidental, reformar o mundo muçulmano pelo retorno ao espírito do islã primitivo. Afirmava que aderir à Sharia era essencial para todos os muçulmanos. No entanto, ele também era aberto a mudanças e à modernização, disposto a abraçar inovações na ciência e tecnologia. Rida se mudou para o Egito em 1897, onde fundou o influente jornal reformista intitulado *Al-Manar* (*O Farol*), o qual publicou e editou de 1898 até sua morte em 1935.

IBN SAUD
1875–1953

Abdulaziz ibn Abdul Rahman ibn Faisal ibn Turki ibn Adbullah ibn Muhammad Al Saud nasceu em Riad, na Arábia, uma cidadezinha cercada por paredes de barro no meio do deserto. Sua família foi forçada a se exilar no Kuwait quando ele tinha 10 anos, mas em 1902 ele voltou para Riad à frente de um grupo de guerreiros beduínos montados em camelos e tomou a cidade. Depois subjugou o restante da Arábia central, além de Meca, Medina e Jedá. Em 1932, unificou seus territórios como o Reino da Arábia Saudita, sendo ele próprio o rei. No início, o reino subsistiu dos lucros do comércio da peregrinação a Meca, depois, do petróleo, descoberto no fim dos anos 1930. A exportação de petróleo o enriqueceu e, na época de sua morte, em 1953, Ibn Saud era um dos homens mais ricos do mundo.

MUHAMMAD ALI JINNAH
1876–1948

Nascido em Karachi, filho de uma abastada família de mercadores, Muhammad Ali Jinnah se mudou para Londres em 1892, onde se formou como advogado antes de voltar para casa em 1896. Após dez anos exercendo a profissão em Bombaim (hoje Mumbai), Jinnah se envolveu no movimento indiano pela independência, e, em 1913, juntou-se à Liga Muçulmana Todos pela Índia. Essa organização objetivava garantir os direitos dos muçulmanos, e Jinnah era a favor da criação de um estado separado para eles. Sua liderança foi crucial para alcançar esse objetivo, em 1947. Quando a Índia conquistou a independência do Império Britânico, o Paquistão foi criado a partir de regiões de maioria muçulmana. Jinnah foi o primeiro governador-geral do país, mas morreu um ano depois.

MUHAMMAD IQBAL
1877–1938

Após deixar sua terra natal no Punjab, no norte da Índia, em 1905, Muhammad Iqbal se qualificou como advogado em Londres e obteve o doutorado em filosofia em Munique. Voltou a Lahoe em 1908 e praticou o direito, também adquirindo fama como poeta. Iqbal, nomeado cavalheiro em 1922, se destacou no movimento indiano pela independência, defendendo a criação de um estado-nação separado para províncias de população muçulmana. Ele via isso como uma forma de garantir seus direitos religiosos e políticos. Sua visão ajudou a inspirar a criação da nação do Paquistão em 1947, nove anos após sua morte.

HUDA SHAARAWI
1879–1947

Huda Shaarawi foi uma feminista e nacionalista egípcia. Forçada a se casar com o primo aos 13 anos, foi posteriormente afastada dele, o que lhe possibilitou estudar. Ela liderou uma onda de reformas para mulheres no Egito e foi uma figura-chave na Revolução de 1919 contra o domínio britânico. Em 1922, chocou a sociedade por remover em público o véu facial, inspirando outras mulheres a fazer o mesmo. No ano seguinte, Shaarawi fundou a União Feminista Egípcia, sendo eleita sua primeira presidente. A União conquistou leis como a idade mínima para se casar e acesso à educação universitária para mulheres.

MUSTAFA KEMAL ATATÜRK
1881–1938

O fundador da Turquia moderna nasceu em Thessaloniki, na atual Grécia. Entrou no exército otomano após se formar no colégio militar em 1905, e envolveu-se no movimento reformista Jovens Turcos, antes de combater nas guerras dos Bálcãs e na Primeira Guerra Mundial. De 1919 a 1923, Kemal comandou a vitória nacionalista na Guerra Turca da Independência, que levou à derrubada do sultanato otomano e à declaração da República da Turquia. Kemal foi seu primeiro presidente, e iniciou reformas radicais que criaram um estado-nação secular e modernizado. Em 1934, o parlamento turco o homenageou com o sobrenome Atatürk, que significa "Pai dos Turcos".

OUTRAS FIGURAS IMPORTANTES

ELIJAH MUHAMMAD
1897–1975

Elijah Muhammad, nascido Elijah Robert Poole, deixou seu estado natal na Georgia (EUA), em 1923 para se estabelecer em Detroit. Lá, envolveu-se no Nação do Islã, um grupo nacionalista negro que visava promover unidade e autoajuda na comunidade afro-americana. Adotando o codinome Muhammad, em 1934 ele se tornou líder da organização e a transformou em um movimento de âmbito nacional, com mesquitas, negócios e escolas próprias. Embora Muhammad muitas vezes entrasse em conflito com membros do Nação, inclusive Malcolm X, ele manteve a liderança até sua morte, em 1975.

AIATOLÁ RUHOLLAH KHOMEINI
1902–89

Ruhollah Khomeini, conhecido no Ocidente como Aiatolá Khomeini, foi um político e religioso iraniano que, quando jovem, destacou-se como erudito na cidade sagrada xiita de Qom. Tornou-se crítico declarado do governador do Irã, o Xá Muhammad Reza Pahlavi, sobretudo após o xá lançar uma série de reformas modernizantes, conhecidas como a Revolução Branca, em 1963. Khomeini foi preso e banido. Enquanto exilado no Iraque e, depois, na França, continuou se opondo ao xá e ajudou a inspirar o movimento que culminou em sua derrota em 1979. Nesse ano, Khomeini voltou à sua terra natal e foi nomeado Líder Supremo da República Islâmica do Irã, permanecendo no cargo até sua morte em 1989.

ABUL ALA MAWDUDI
1903–79

Abul Ala Mawdudi nasceu em uma família sunita de classe média em Aurangabad, no noroeste da Índia. Acadêmico prodígio e escritor, ele argumentava que influências ocidentais deveriam ser removidas do islã. Em 1941 fundou a Jamaat-e-Islami, uma organização que objetivava criar um estado islâmico independente na Índia britânica. Após a fundação do Paquistão em 1947, Mawdudi reestabeleceu seu grupo e se tornou politicamente ativo. Foi preso várias vezes, mas em 1979, época de sua morte, o regime de Zia-ul-Haq havia abraçado muitas de suas ideias.

HASSAN AL-BANNA
1906–49

Em 1928, o professor egípcio Hassan al-Banna fundou a Irmandade Muçulmana. Era uma organização que visava reviver o islã através de reformas sociais, obras de caridade e iniciativas educacionais. À medida que angariava membros pelo Egito, a irmandade adotou um panorama mais politizado. Passou a defender o pan-islamismo e a se opor ao imperialismo ocidental, além de se envolver no conflito da Terra Santa enviando voluntários para lutar pelos árabes palestinos. A popularidade e a influência de al-Banna como político e religioso o transformaram em uma ameaça à autoridade governamental egípcia, e em 1948 a Irmandade foi proibida. Al-Banna foi assassinado no Cairo no ano seguinte.

SAYYID QUTB
1906–66

Sayyid Qutb começou sua carreira trabalhando para o ministério da educação no Egito. Inicialmente secularista, passou a ter opiniões islamistas, juntando-se à Irmandade Muçulmana em 1953. O grupo criticava o regime do presidente Nasser por seu secularismo, e, quando um membro da Irmandade tentou assassinar Nasser em 1954, Qutb e muitos de seus colegas foram presos. No cárcere, Qutb ficou cada vez mais radical. Em 1964, publicou *Maalim fi'l-Tariq* (*Marcos ao longo do caminho*), uma obra influente que convocava os muçulmanos a estabelecer uma sociedade baseada no Alcorão. Meses depois, foi declarado culpado pela tentativa de derrubar o governo, e em 1966 foi executado.

MUHAMMAD ZIA-UL-HAQ
1924–88

Muhammad Zia-ul-Haq depôs o primeiro-ministro do Paquistão, Zulfikar Ali Bhutto, em um golpe militar em 1977. Declarou a lei marcial e se tornou o sexto presidente do país em 1978. Quando os soviéticos invadiram o Afeganistão em 1979, Zia trabalhou com o *mujahidin* afegão contra os soviéticos. Empreendeu um processo de islamização do Paquistão, substituindo a lei secular herdada dos britânicos por liberdades civis limitadas e a introdução de novos delitos, entre eles adultério e fornicação, com punições como apedrejamento, açoitamento e amputação. Ele foi morto em um misterioso acidente de avião em 1988.

OUTRAS FIGURAS IMPORTANTES

MALCOLM X
1925–65

Nascido em Omaha, no Nebraska (EUA), Malcolm Little cometeu crimes durante a juventude que o levaram à prisão. Ali, juntou-se à Nação do Islã e mudou seu nome para Malcolm X. Após ser solto, tornou-se uma figura nacional, criticando visões integracionistas e não violentas de outros líderes por direitos civis. Acabou se desiludindo com a Nação do Islã, e deixou o grupo em 1964. Depois de fazer o *Hajj*, Malcolm X se converteu à tradição sunita do islã e mudou seu nome para al-Hajj Malik al-Shabazz. Sua vida teve um fim trágico em 1965, quando foi assassinado em Nova York por três membros da Nação do Islã.

EDWARD SAID
1935–2003

Nascido na Palestina de pais cristãos, Edward Said foi criado entre Jerusalém e Cairo antes de ser enviado para as universidades de Princeton e Harvard (EUA) para terminar os estudos. Tornou-se professor de literatura na Universidade de Columbia, Nova York, intelectual famoso e fundador do ramo acadêmico de estudos pós-coloniais. Tornou-se um porta-voz de alto nível pelo estabelecimento de um estado palestino. Seu livro *Orientalismo* (1978) trouxe fama ao estudioso. Trata-se de uma crítica à forma como o mundo ocidental historicamente retratou os mundos árabe e islâmico, apresentando uma imagem distorcida com intenção de servir a interesses colonialistas.

AGA KHAN IV
nasc. 1936

Aga Khan é o título do imam, ou líder espiritual, do ismaelita xiita. O primeiro a ter o título foi Hassan Ali Shah, que foi o 46º imam dos ismaelitas. O atual e quarto Aga Khan é o príncipe Karim, que assumiu o cargo em 1957 aos 20 anos. Ele nasceu em Genebra, foi criado em Nairóbi e estudou em Harvard, entre outros lugares. Tem passaporte britânico, mas mora em um estado perto de Chantilly, no norte da França. Além de considerar as necessidades materiais e espirituais de seus seguidores, Aga Khan IV lidera a Rede de Desenvolvimento Aga Khan, que emprega 80 mil pessoas em 30 países e é conhecida pelo trabalho sem fins lucrativos que faz em regiões pobres do mundo e assoladas pela guerra, beneficiando pessoas de todas as fés.

SHEIK AHMED MUHAMMAD AL-TAYYEB
nasc. 1946

Nascido em Luxor, no Egito, Ahmed Muhammad al-Tayyeb estudou na prestigiada universidade egípcia al-Azhar, nos anos 1960 e 1970. Mais tarde, estudou na Universidade de Paris antes de voltar à sua *alma-máter*. Atuou como presidente de al-Azhar por sete anos, e desde 2010 é o Grande Imam, ou sheik, de al-Azhar – a 50ª pessoa a deter o cargo desde que ele foi estabelecido no fim do século XVII. Segunda universidade mais antiga do mundo, al-Azhar representa o centro da jurisprudência islâmica sunita e suas leis religiosas são autoritárias. O Grande Imam é uma das pessoas mais proeminentes na tradição sunita do islã, considerado por certos muçulmanos a autoridade máxima da jurisprudência islâmica no mundo todo. Enquanto atuava como o grande sheik, al-Tayyeb se manifestou contra a Irmandade Muçulmana e o Estado Islâmico (ISIS) por suas análises do islã como ideologia política, ao mesmo tempo resistindo a convocações do presidente egípcio Abdel Fatah al-Sisi para revogar a lei do divórcio verbal no Egito.

BENAZIR BHUTTO
1953–2007

Benazir Bhutto atuou como primeira-ministra do Paquistão de 1988 a 1990, e de 1993 a 1996. Ela foi a primeira mulher na linha de frente de um governo democrático em uma nação de maioria muçulmana. Nasceu em Karachi, numa família de políticos: seu pai foi primeiro-ministro até ser deposto por um golpe militar e executado. Após a morte dele, Bhutto, que estudou na Universidade de Oxford, liderou um movimento pela restauração da democracia, pelo qual foi presa e, depois, banida para a Grã-Bretanha. Voltou ao Paquistão em 1986 e foi eleita primeira-ministra dois anos depois. Perdeu o cargo, mas o readquiriu nas eleições de 1993. Durante seu mandato, trabalhou para o avanço dos direitos das mulheres. Em 2007, quando em campanha, foi assassinada; a al-Qaeda assumiu a responsabilidade. Desde então, Bhutto se tornou um ícone dos direitos das mulheres.

MALALA YOUSAFZAI
nasc. 1997

Ver box na p. 277.

GLOSSÁRIO

Neste glossário, termos definidos dentro de outro verbete estão identificados em **negrito**.

Abaya Vestido longo e solto usado por mulheres, originário da península arábica.

Abássidas Dinastia descendente do tio do Profeta Maomé, Abbas ibn Abd al-Muttalib, que constituiu o terceiro **califado** islâmico (750-1258).

Adhan O chamado para a oração.

Afranj Termo árabe para cristãos europeus, ou "francos", durante as Cruzadas.

Aga Khan Título do líder espiritual hereditário do ramo **ismaelita** do islã **xiita**.

Ahl Al-Beit "Família da Casa". Especificamente, o próprio Profeta, sua filha Fatima, o primo e genro Ali ibn Abi Talib, e os filhos de Ali e Fatima, Hassan e Hussein.

Ahl al-dhimma "Povos protegidos" não muçulmanos. Cristãos, judeus e outros que eram livres para praticar a própria religião sob a lei muçulmana, sujeitos ao imposto **jizya**.

Ahl al-kitab "Pessoas do livro": seguidores de outras religiões baseadas em revelações divinas inscritas em livros sagrados – principalmente judeus e cristãos, mas também zoroastristas e sabeus.

Ahmadia Seguidores de Mirza Ghulam Ahmad, que afirmava ser o "reformador" de Deus do islã. Muçulmanos mais tradicionais não os consideram muçulmanos verdadeiros.

Aiatolá Líder religioso na tradição xiita do islã.

Alá Nome árabe do Deus único.

Alfaqui Especialista em **fiqh**, ou jurisprudência islâmica.

Allahu akbar "Deus é grande": frase que invoca a supremacia de Deus.

Almóadas Aldeões berberes do sul do Marrocos que constituíram o Império Islâmico no norte da África e na Espanha no século XII.

Almorávidas Aldeões berberes do sul do Marrocos que constituíram o Império Islâmico no norte da África e na Espanha no século XI.

Amir al-Muminin "Comandante dos Fiéis": título dado a Ali por muçulmanos **xiitas**, mas para Umar, o segundo **califa**, por muçulmanos **sunitas**, e adotado por muitos líderes posteriores.

al-Andaluz Região da península ibérica ocupada por muçulmanos de 711 d.C. até o fim do século XV.

Ansar "Os auxiliadores": o povo de **Medina** que ajudou o Profeta e seus seguidores após a fuga (**Hégira**) de **Meca**.

Apostasia Renúncia a uma religião por ex-fiéis (rotulados de apóstatas). No islã, a apostasia é um crime grave punível com morte sob a **Sharia**.

Aqiqa Cerimônia, na tradição com sacrifício animal, pelo nascimento de uma criança, sete dias após seu nascimento.

Arabesco Estilo de decoração que usa linhas curvas e evita representar humanos ou animais.

Arkan al-Iman Ver **Seis Pilares da Fé**.

Arkan al-Islam Ver **Cinco Pilares do Islã**.

Ashura O décimo dia do mês de Muharram que, para os muçulmanos **xiitas**, marca o martírio do terceiro **Imam**, Hussein, em **Carbala**.

Aya Verso do Alcorão.

Beduíno Nômade do deserto falante de árabe.

Beit al-Hikma "Casa da Sabedoria": a Grande Biblioteca de Bagdá, fundada no século IX pelo **califado Abássida** como repositório do conhecimento do mundo todo.

Bismiallah Frase de abertura do Alcorão: "Em nome de Deus, o Clemente, o Misericordioso". Recitada antes de toda **surata** e usada como invocação antes de qualquer empreitada significativa.

Boko Haram Grupo ativista islâmico fundado na Nigéria em 2002, cujo objetivo original é "purificar o islã".

Buraque Montaria alada que os muçulmanos acreditavam ter transportado Maomé a Jerusalém e ao Paraíso em sua **Jornada Noturna**.

Burca Roupa simples para mulheres composta de manto e

capuz, com uma parte telada na região dos olhos. É associada ao Talibã e usada sobretudo no Afeganistão e em partes do Paquistão.

Burquíni Roupa de banho discreta constituída de um maiô de corpo inteiro e touca de natação.

Caaba O local mais sagrado do islã, uma grande estrutura de pedra em formato de cubo dentro da Grande Mesquita em **Meca**. Ela existia como um templo pagão pré-islâmico antes de se tornar ponto focal de oração e peregrinação muçulmana depois que Maomé tomou Meca em 630 d.C.

Calendário hegírico Calendário lunar usado por muçulmanos. Seu ano zero é datado da Hégira em 622 d.C.

Califa Líder espiritual e político da comunidade islâmica. Origina-se da palavra árabe khalifa, que significa "sucessor" (do profeta).

Califado Estado islâmico sob liderança de um **califa**, constituído pela comunidade muçulmana e todos sob seu domínio.

Carbala Local de uma batalha em 680 d.C. no qual Hussein, neto do Profeta Maomé, foi morto, acentuando a separação entre as tradições **sunita** e **xiita** do islã.

Carijitas Originalmente apoiadores de Ali ibn Abi Talib, os "separadores" eram dissidentes que incitavam aderência estrita à lei islâmica.

Casa da Sabedoria Ver **Beit al-Hikma**

Charbagh Jardim persa retangular dividido em quatro por canais aquáticos e projetados para refletir o paraíso na Terra.

Cinco Pilares do Islã Práticas centrais do islã sunita, que devem ser observadas por todos os muçulmanos. São elas: **shahada** (profissão de fé); **salat** (oferecer orações a Deus); **zakat** (dar esmolas); **sawm** (jejuar); e **Hajj** (a peregrinação a **Meca**).

Constituição de Medina Constituição escrita para os residentes de **Medina** após a chegada do Profeta Maomé com seus seguidores em 622 d.C.

Companheiros do Profeta Os seguidores de Maomé que o conheceram ou passaram momentos com ele durante sua vida. Em árabe, eles são chamados de **Sahaba**.

Coraixitas Tribo líder de **Meca**. Maomé nasceu no ramo Banu Hashim da tribo, em 570 d.C.

Cúfica Escrita árabe retilínea altamente estilizada e usada em inscrições monumentais.

Dia do Juízo Evento em que toda a Terra é destruída, inclusive todos os seres vivos, seguido pela ressurreição e a avaliação das ações de cada pessoa, a fim de determinar se ela vai para o Céu ou para o Inferno.

Deobandi Movimento revivalista islâmico fundado na Índia em 1867.

Dervixe Seguidor do **sufismo** que visa atingir um estado de transe dançando e girando.

Dervixes rodopiantes Ver **Mevlevi**.

Dhikr Atos ritualísticos, geralmente orações ou repetições de frases devocionais, centrais nos cultos **sufis**.

Dhimmi "Protegido": termo referente a não muçulmanos vivendo em um estado muçulmano e que recebem proteção da lei.

Dikka Plataforma em mesquitas maiores na qual um sacerdote fica em pé para repetir o sermão e faz as orações chegarem aos que estão longe demais da parte frontal para ouvir.

Din-i Ilahi "Fé Divina": uma nova interpretação do islã introduzida na Índia pelo imperador **mogol** Akbar no fim do século XVI, com elementos do **sufismo**, cristianismo, zoroastrismo e jainismo.

Djinn Criaturas sobrenaturais constituídas de fogo.

Domo da Rocha Lugar de veneração islâmica construído no século VII no Monte do Templo em Jerusalém. Ele contém uma rocha da qual, dizem, o Profeta Maomé ascendeu ao céu no **Miraj**.

Duodecimano Ramo do islã **xiita** que acredita em uma linhagem de doze **imames** e que o 12º imam não morreu, mas passou a existir de forma secreta e retornará como Imam al-Mahdi.

Eid al-Adha A "Festa do Sacrifício", em comemoração à devoção de Abraão a Deus, quando se dispôs a sacrificar seu filho e Ele ofereceu um cordeiro no lugar do menino. Ela segue os rituais **Hajj** para peregrinos em Meca, mas é comemorada por todos os muçulmanos.

Eid al-Fitr A "Celebração do Fim do Jejum", marcando o fim do mês de jejum do **Ramadan**.

El Nahda O "Partido do Renascimento", partido político islâmico moderado fundado na Tunísia em 1981.

GLOSSÁRIO

Emir Príncipe, legislador ou comandante.

Estado Islâmico Grupo fundado em 1999, anteriormente conhecido como ISIS (Estado Islâmico do Iraque e al-Sham) ou ISIL (Estado Islâmico do Iraque e do Levante), ou por seu acrônimo árabe Daesh.

Fanoos Lanternas coloridas usadas na celebração do **Ramadan**.

Fatiha "Abertura": a primeira **surata** do **Alcorão**. Frequentemente é recitada em silêncio sempre que os fiéis sentem necessário louvar ou agradecer a Deus.

Fatímidas Dinastia (909-1171) fundada no norte da África cujos legisladores clamam descender de Fatima, filha do profeta. Foi a primeira dinastia **xiita**. Estabeleceram sua capital al-Qahira (Cairo) em 969 d.C.

Fatwa Decisão ou comando sobre uma questão da lei islâmica dado por um especialista jurídico islâmico.

Fiqh Estudo da **Sharia**, ou lei islâmica.

Fitna "Agitação" ou "conflito civil". A Primeira Fitna (656-61 d.C.) foi a luta entre Ali e Muawiya pelo controle do **califado** islâmico, que levou à separação entre os ramos **sunita** e **xiita** do islã.

Furu al-Din As dez práticas do islã **xiita**: *salat* (oferecer orações a Deus); *zakat* (dar esmolas); *sawm* (jejuar); *Hajj* (a peregrinação a Meca); *khums* (acréscimo às esmolas); *jihad* (lutar pelo bem); *amr bil-maaruf* (incentivar outros a fazer o bem); *nahi anil-munkar* (proibir o mal); *tawalla* (expressar amor pelo profeta); e *tabbara* (não se associar aos que insultam Deus).

Guerras Ridda As "Guerras da Apostasia", combatidas após a morte do Profeta, quando várias tribos na Arábia se recusaram a reconhecer seu sucessor, o **califa** Abu Bakar.

Hadith Registro(s) das palavras e ações do Profeta Maomé conforme as pessoas próximas a ele. O *hadith* é o segundo principal recurso para a prática do islã, depois do **Alcorão**.

Hafiz "Guardião" do **Alcorão**; em outras palavras, quem O aprendeu de cor.

Hajj Peregrinação à cidade sagrada de **Meca**, que todo muçulmano que tiver condições deve fazer pelo menos uma vez. Ela é feita durante o último mês do calendário **hegírico**, Dhu al-Hijja. É um dos **Cinco Pilares do islã**.

Hakawati Contador de histórias profissional.

Halal Alimentos, produtos ou comportamentos permitidos ou legalizados sob a lei islâmica. Mais usado como referência à carne de animais abatidos para métodos islâmicos prescritos.

Hanafismo Uma das quatro escolas de direito islâmico sunita. Fundada por Abu Hanifa (699-767), ela enfatiza um processo de raciocínio sistemático.

Hanbalismo Uma das quatro escolas de direito islâmico sunita. Baseada nos ensinamentos de Ahmad ibn Hanbal (780-855), é considerada a mais conservadora em questões de doutrina.

Haram Comida ou comportamento proibido ou ilegal.

Hejaz Terra santa do islã: a Arábia Saudita ocidental, incluindo as cidades de **Meca** e **Medina**.

Hijab Traje para cobrir a cabeça, usado por algumas muçulmanas para esconder os cabelos.

Hégira A "fuga" do Profeta Maomé e seus seguidores em 622 d.C. da perseguição em **Meca** para a segurança de **Medina**.

Húri Bela donzela que, de acordo com o Alcorão, aguarda homens devotos no Paraíso.

Hudud Punições fixas da **Sharia** para crimes, conforme prescritas no **Alcorão** e no **hadith**.

Ibadat Termo coletivo para as formas diferentes de culto no islã.

Ibadat Khana "Casa de Culto": academia fundada na Índia pelo imperador **mogol** Akbar em 1575, onde representantes de fés maiores se encontravam para discutir teologia.

Ibadismo Ramo primitivo do islã constituído por muçulmanos que se opunham à lei do terceiro **califa** otomano. Ibadistas divergem do islã padrão em aspectos menores de teologia. O ibadismo predomina em Omã e se encontra em regiões do norte e do leste da África.

Iftar Refeição ao pôr do sol que quebra o jejum durante o **Ramadan**.

Ihsan Dever muçulmano em obter perfeição de culto – cultuar Deus como se o fiel O visse.

Ijma Conceito legal que significa "consenso", ou acordo da comunidade muçulmana, ou de um grupo de estudiosos muçulmanos, sobre uma questão legal específica.

GLOSSÁRIO

Ijtihad Conceito de raciocínio intelectual na compreensão e divulgação do islã.

Ilcânida Dinastia mongol (1256--1335) que surgiu da fragmentação do **Império Mongol** para governar a maior parte do Irã, Iraque e Ásia Central. Seus governadores se converteram ao islã em 1295.

Ilm al-Rijal "Ciência dos homens instruídos": estudo dos indivíduos que transmitiam o **hadith**.

Imam 1) No islã **xiita**, líder da comunidade e sucessor adequado do profeta, começando por Ali ibn Abi Talib, o primeiro imam. 2) No islã **sunita**, um **imam** é um oficial religioso que conduz uma congregação em oração.

Império Mogol Criado na Índia após a invasão de Babur da Ásia Central em 1526. Seus imperadores muçulmanos comandavam sobretudo súditos hindus.

Império Omíada O primeiro **califado** islâmico após a era do **Rashidun**. Os omíadas (661-750) tornaram o cargo do califa hereditário e governaram de Damasco. Ver também **al-Andaluz**.

Império Otomano Fundado na Turquia no século XIII por Osman I, em seu auge abrangia toda a Turquia moderna, a maior parte do Oriente Médio e do norte da África e boa parte do sudeste da Europa. Foi abolido em 1923 com a formação da República da Turquia.

Império Persa Império governado por uma série de dinastias, dos aquemênidas, estabelecidos por Ciro, o Grande em 550 d.C., aos cajares, cujo reinado chegou ao fim em 1925. Com a conquista árabe da Pérsia em 651 d.C., o islã se torna sua religião dominante. O nome moderno da Pérsia é Irã.

Império Safávida Regime de governo na **Pérsia** (Irã) entre 1501 e 1722. O fundador ismaelita safávida fez do **xiismo duodecimano** a forma oficial do islã na Pérsia.

Império Seljúcida Império turco que durou de 1037 a 1194. Em seu auge controlou uma vasta região, da Anatólia ocidental (hoje Turquia) e da Síria ao Kush hindu no leste, e da Ásia Central ao Chifre da África, no sul.

Império Timúrida A dinastia (1370-1507) fundada por Timur (ou Tamerlão), descendente de Gêngis Khan, fundador do **Império Mongol**. Em seu auge, os timúridas controlaram a maior parte da Ásia Central e do Irã, e também partes da Índia, Paquistão, Síria e Turquia. O **Império Mogol** indiano foi uma ramificação do timúrida.

Infiel Aquele que não crê. Dito por muçulmanos sobre os cristãos, e vice-versa.

Inshalá Expressão popular árabe que significa "Se Deus quiser".

ISIS Ver **Estado Islâmico**.

Islã Religião estabelecida pelo Profeta Maomé e praticada por muçulmanos. A palavra significa "submissão" em árabe e se refere ao ato de submissão que se espera dos muçulmanos perante Deus.

Islamismo Movimento para reformar o governo e a sociedade, a fim de que sigam uma interpretação estrita da lei islâmica. Adeptos do islamismo se chamam islamitas.

Ismaelismo Ramo do islã **xiita** que considera Ismail, filho de Jafar al-Sadiq, o **imam** legítimo após seu pai. O ramo principal do ismaelismo hoje segue a liderança do **Aga Khan**.

Isnad Corrente atributiva que vincula o hadith ao profeta.

Isra A primeira parte da Jornada Noturna do profeta, na qual ele viajou no corcel alado **Buraque** à "mesquita mais distante", identificada como a Mesquita al-Aqsa em Jerusalém.

Jahannam Inferno.

al-Jahiliyya A "Idade da Ignorância", antes do islã e da revelação do **Alcorão** ao profeta. A palavra jahiliyya também pode se referir à vida em tempos modernos que é incompatível com o islã.

Jamaat al-Ikhwan Ver **Irmandade Muçulmana**.

Jamaat-e Islami Partido religioso islâmico fundado em 1941 na Índia por Mawlana Abul Ala Mawdudi e ainda ativo no Paquistão.

Jannah Paraíso.

Jebel al-Nur Localização da caverna Hira, refúgio espiritual de Maomé onde **Gibreel** fez as primeiras revelações que se tornaram o **Alcorão.**

Jerusalém Uma das três cidades mais sagradas do islã, ao lado de **Meca** e **Medina**. Originalmente, muçulmanos ficavam de frente para Jerusalém em oração, antes de a orientação da **qibia** ser transferida para Meca por volta de 624 d.C.

Gibreel (Jibreel ou Gabriel) O anjo que entregou a mensagem do Alcorão ao profeta e trouxe um cordeiro para Ibraim sacrificar no lugar de seu filho. Gibreel é mais conhecido como Gabriel no judaísmo e no cristianismo.

324 GLOSSÁRIO

Jihad Luta por uma causa em nome de Deus. A "jihad maior" (al-jihad al-akbar) é a luta interna, espiritual contra as demandas do eu menor. A "jihad menor" (al-jihad al-asghar) se refere às lutas do mundo material.

Jizya Imposto pago por **ahl al-dhimma** vivendo sob leis muçulmanas, em troca da liberdade para praticar a própria religião.

Jornada Noturna Ver **Isra** e **Miraj**.

Juma Oração da sexta-feira. Ver **Salat**.

Kafir Infiel.

Kalam A "ciência do debate", ou sistema de argumentação filosófica e teológica.

Kiswah Pano de seda que cobre a **Caaba** em **Meca**.

Leilat al-qadr "Noite do Poder", a mais sagrada do ano, em comemoração à primeira revelação do **Alcorão** ao profeta. Ela acontece nos últimos dez dias do **Ramadan**.

Madrassa Escola de ensino religioso islâmico.

Mahdi Salvador e restaurador do verdadeiro islã que, de acordo com certas tradições, surgirá no **Dia do Juízo** e livrará o mundo do mal.

Makruh Comida ou comportamento considerados "detestáveis" mas (ao contrário do **haram**) não terminantemente proibidos.

Maliquismo Uma das quatro escolas sunitas de direito. Baseada nos ensinamentos de Malik ibn Anas, ela conta com o **Alcorão** e o **hadith** como fontes primárias.

Mamelucos Soldados escravizados libertos, fundadores de uma dinastia que comandou o Egito, a Síria e a **Hejaz** de 1250 a 1517.

Marwa Uma das duas pequenas colinas de **Meca**, hoje dentro da Grande Mesquita, visitada pelos peregrinos como parte dos rituais do **Hajj**. A segunda colina é **Safa**.

Mashallá Frase que significa "Deus queira", usada para expressar agradecimento, resignação ou alegria.

Meshed Cidade iraniana que abriga o reverenciado templo **xiita** do Imam Reza. Meshed significa "Local de Martírio".

Masjid Palavra árabe para **Mesquita**.

al-Masjid al-Haram A Grande Mesquita de Meca, que abriga a **Caaba**. É a maior **mesquita** do mundo, e o segundo maior edifício do mundo.

al-Masjid al-Nabawi A Mesquita do Profeta, em **Medina**, que abriga a tumba de Maomé.

Metn "Espinha dorsal": texto principal de um **hadith**, registro do que o profeta disse ou fez. Ver também **Isnad**.

Mawlid al-Nabi O aniversário do profeta, amplamente celebrado no 12º dia do mês de Rabi al-Awwal. Também escrito como Mawlid al-Nabi.

Meca Cidade desértica na Arábia onde Maomé nasceu e divulgou a mensagem do islã. Local da **Caaba** sagrada, e um dos três locais mais sagrados do islã, ao lado de **Medina** e **Jerusalém**.

Medina Denominada Yathrib em idades pré-islâmicas, a cidade para onde Maomé e seus primeiros seguidores fugiram ao enfrentar perseguições em **Meca** em 622 d.C. É a segunda cidade mais sagrada do islã, depois de Meca.

Mevlevi Ordem de **sufis** fundada em Konya (hoje Turquia) por seguidores de Jalal al-Din Muhammad Rumi. Seu **dhikr**, uma dança lenta giratória, levou ao outro nome dessa ordem, "dervixes rodopiantes".

Mirabe Um nicho em **mesquitas** que indica a **qibla**, a direção da Caaba em **Meca** para orações.

Millet Comunidade religiosa autodidata de não muçulmanos, durante o **Império Otomano**.

Mina Lugar próximo a **Meca** associado a rituais da *Hajj*, em particular o "Apedrejamento do Diabo".

Minarete Torre tipicamente anexa a uma **mesquita** da qual o **muezim** faz o chamado para as orações.

Minbar Púlpito elevado de mesquitas usado pelo imam para fazer o sermão.

Miraj A segunda parte da Jornada Noturna do Profeta Maomé, quando ele ascendeu de Jerusalém para os céus. Ver também **Isra**.

Império Mongol Estabelecido por Gêngis Khan em 1206, o império se estendeu pela Ásia Central até o golfo Pérsico e o rio Danúbio. Os mongóis arrasaram cidades muçulmanas, mas se converteram mais tarde ao islã.

Mesquita Do árabe *masjid*, significa "local de prostração". É um local para oração, mas também onde os muçulmanos podem se reunir como comunidade.

GLOSSÁRIO

Monte Arafat Local próximo a **Meca** associado a rituais da peregrinação à Meca.

Muezim Pessoa que convoca os muçulmanos à oração.

Império Mogol Criado na Índia após a invasão de Babur da Ásia Central em 1526. Seus imperadores muçulmanos comandavam sobretudo súditos hindus.

Muhadithun Especialistas no estudo dos *ahadith*.

Muhajirun Os seguidores do profeta durante a fuga de **Meca** para Medina (a **Hégira**).

Mujahidin Do árabe "os que combatem pela *jihad*". Mais intimamente vinculados com os afegãos e forças estrangeiras que lutaram pela União Soviética no Afeganistão (1979-89).

Mujtahid Quem é habilitado a interpretar e tomar decisões independentes sobre a lei Islâmica.

Murid Discípulo de uma ordem **sufi**.

Muçulmano Seguidor do islã; "quem se submete" (a Deus).

Irmandade Muçulmana Grupo político **islamita**, fundado no Egito pelo professor Hassan al-Banna.

Mutawin Polícia religiosa islâmica.

Mutazilitas "Os que se separam": grupo muçulmano fundado no século VIII cujos seguidores acreditavam em questionamento aberto e investigações racionais.

Najaf Cidade iraquiana onde o primeiro **Imam**, Ali ibn Abi Talib, está enterrado, local sagrado para o islã **xiita**.

Nastalique Escrita árabe arredondada e fácil de ler, usada nas primeiras cópias do Alcorão e outros documentos.

Négede Platô rochoso na Arábia Saudita central, cenário das primeiras vitórias muçulmanas sobre tribos rivais, e mais tarde local de nascimento do **wahabismo.**

Niqab Véu facial usado por algumas muçulmanas que deixa apenas os olhos descobertos.

Niyya O conceito de ato intencional em nome de Deus.

Numerais arábicos Sistema decimal indo-arábico. Inventado na Índia, ele foi desenvolvido por matemáticos medievais em Bagdá e chegou à Europa no século XV.

Orientalismo Visão ocidental das culturas árabe e muçulmana como exóticas, retrógradas e não civilizadas que floresceu nos séculos XIX e XX.

Panarabismo Ideia de uma aliança política e cultural pelos estados árabes que foi popular dos anos 1950 a 1970.

Pedra Negra A pedra especial, possivelmente um meteorito, situada no lado leste da **Caaba**.

Pessoas do Livro Ver **ahl al-Kitab**.

Qadar Conceito do destino divino no islã – o reconhecimento de que Deus sabe tudo o que aconteceu e o que acontecerá.

al-Qaeda Organização formada no fim dos anos 1980 por participantes da guerra contra os soviéticos no Afeganistão. Seu objetivo era atacar especificamente o Ocidente. Sob a liderança de Osama bin Laden, atacou os Estados Unidos – inclusive no 11 de Setembro – e seus aliados.

Qajar Dinastia que governou a Pérsia (Irã) de 1796 a 1925.

Qawwali Tradição musical **sufi** que objetiva levar seus ouvintes ao êxtase.

Qibla Direção para a qual os muçulmanos devem orar, originalmente **Jerusalém**, mas depois modificada para **Meca** pelo Profeta Maomé após uma revelação divina em 624.

Quintimanos Ver **Zaydis**.

Qital "Combate". Forma temporária de *jihad* conhecida vez ou outra como "*jihad* menor", que pode tomar forma de luta armada.

Qiyas Forma de estabelecer leis na jurisprudência islâmica através da razão. É aplicada na ausência de orientações do **Alcorão** ou do *hadith*.

Alcorão Livro sagrado e escritura de fundação do islã. É a mensagem de Deus para a humanidade conforme revelada ao Profeta Maomé.

Quranistas Minoria muçulmana que acredita que só o **Alcorão** é suficiente como guia, dispensando o *hadith* como não confiável.

Qurra "Recitadores": os que memorizaram o Alcorão durante a vida do profeta, permitindo compilá-lo na forma escrita.

Rakat Sequência de movimentos físicos enquanto se reza. Cada oração diária compreende um número específico de *rakats*. Ver também **salat**.

Ramadan Nono mês do calendário **hegírico**, quando os muçulmanos jejuam durante o dia.

Rashidun Os quatro **califas** "corretamente guiados" na tradição islâmica **sunita**, e primeiros sucessores do profeta: Abu Bakar, Umar ibn al-Khattab, Uthman ibn Affan e Ali ibn Abi Talib.

Rehal Descanso dobrável para livros para apoiar o **Alcorão** durante a leitura.

Riad Casa marroquina tradicional com um jardim no centro do pátio.

Safa Ver **Marwa**.

Sahaba Ver **Companheiros do Profeta**.

Sahih al-Bukhari "A Coleção Autêntica": coleção de cerca de 7275 **hadiths** compilados no século IX por Muhammad al-Bukhari e considerada pelos sunitas a fonte mais confiável de palavras e ações do Profeta Maomé.

Santo Ver **Wali**.

Salafismo Movimento revificador enraizado no **wahabismo** do século XVIII que adquiriu popularidade no século XX. Seus seguidores (salafis) defendiam um retorno às tradições do *salaf*, as primeiras três gerações de muçulmanos: o Profeta Maomé e seus Companheiros (**Sahaba**); seus sucessores (**Tabiun**) e os sucessores dos sucessores (**Tabi al-Tabeen**).

Salat Oração: um dos **Cinco Pilares do Islã**. O culto formal a Deus ocorre cinco vezes por dia, ao amanhecer (*fajr*), no início da tarde (*dhuhr*), no fim da tarde (*asr*), ao anoitecer (*maghreb*) e à noite (*isha*). A oração semanal em grupo, nas tardes de sexta-feira, é conhecida como *al-juma* (palavra árabe para sexta-feira), que significa reunir-se em grupo.

Sawm Jejuar: um dos **Cinco Pilares do Islã**.

Seis Pilares da Fé Em árabe, arkan al-iman: crença sunita na unicidade de Deus (**tawhid**) e em Seus anjos, Suas escrituras (o Alcorão, os Evangelhos, a Torá e os salmos), Seus Profetas (que receberam Suas escrituras e divulgaram Sua mensagem), o **Dia do Juízo** e o destino divino (**Qadar**).

Setimano Ramo do islã xiita que acreditava que Ismail ibn Jafar era o sétimo e último **Imam**, e que seu filho Muhammad ibn Ismail voltaria como o Imam al-Mahdi.

Shahada Um dos **Cinco Pilares do Islã**. Profissão de fé, ele afirma que "Não existe divindade exceto o Deus único e Maomé é o mensageiro de Deus.".

Sharia A sharia é um código de condutas e leis do islã que evoluiu amplamente no século IX, baseado no **Alcorão** e no **hadith**.

Sheik Figura mais velha e respeitada. Muitas vezes o título é dado ao líder de uma tribo ou clã, o líder uma ordem **sufi** ou um homem erudito religioso.

Shirk Idolatria: culto de qualquer um ou qualquer coisa além de Deus. *Shirk* é um crime na **Sharia**.

Shura Processo ou corpo consultante. No início da história islâmica, o segundo califa Umar constituiu um corpo de pessoas (ou *shura*) para eleger seu sucessor. Hoje, o termo se refere a um tribunal ou parlamento.

Silsila Literalmente, "corrente": linhagem de professores espirituais em uma ordem **sufi**.

Sira Obras literárias dedicadas à vida do Profeta Maomé.

Sufismo Do árabe *tasawwuf*, que significa "vestido com algodão", ramo do islã místico que emergiu no período **omíada** e enfatiza atingir proximidade espiritual com Deus por meio de rituais conhecidos como **dhikr**.

Suhur Refeição pré-amanhecer que é feita durante o mês de jejum do **Ramadan**.

Sunna Estilo de vida muçulmano, em forma de práticas sociais e legais derivadas da vida do Profeta Maomé. Junto com o **Alcorão** e o **hadith**, a *sunna* constituiu a base da **Sharia** ou lei islâmica.

Sunita Tradição do islã que proveio dos apoiadores da sucessão ao califado por eleição, e não por sangue; hoje, a forma dominante da religião na maioria das regiões do mundo islâmico. A segunda mais dominante é a **xiita**.

Surata Capítulo do **Alcorão**.

Tabi al-Tabeen Geração que sucede o **tabiun**.

Tabiun Os "sucessores": geração de muçulmanos que sucederam os **Companheiros do Profeta (Sahaba)**. Um tabi é alguém que recebeu os ensinamentos de Maomé por terceiros.

Tafsir Ramo acadêmico que interpreta e comenta os significados do **Alcorão**.

Takfir O ato de um muçulmano declarar que outro muçulmano não é fiel (*kafir*), culpado de **apostasia**. Geralmente associado a extremistas, que usam o *takfir* para justificar o assassinato de outros muçulmanos de opiniões diferentes.

Talibã Movimento sobretudo estudantil de origem paquistanesa

GLOSSÁRIO 327

que sucedeu ao controle do Afeganistão nos anos 1990, após a retirada das forças soviéticas.

Tanzimat Séries de reformas instituídas durante o século XIX com objetivo de modernizar o **Império Otomano**.

Tariqa Escola, ou ordem, de ideia **sufi**.

Tawaf Circunvolução da **Caaba**, feita por peregrinos durante o **Hajj**.

Tawassul Na tradição **xiita**, apelo aos **imames** que vão aos templos interceder com Deus.

Tawhid Conceito de Unicidade de Deus, que é a única deidade.

Thobe Veste longa de mangas compridas (branca, na maioria das vezes) usada por homens na península arábica e partes do norte da África.

Ulema "Os que têm conhecimento": os *ulema* são estudiosos islâmicos, tradicionalmente educados em **madrassas**. Os ulema também produzem oficiais religiosos, juízes e professores.

Umma A comunidade islâmica.

Umra A "última peregrinação" a **Meca**, que pode ser feita em qualquer época do ano. Ver também **Hajj**.

Usul al-Din Os cinco "Princípios da Religião" do **xiismo**: crença na Unicidade de Deus (**Tawhid**), Sua justiça (*Adl*), Seus mensageiros e profetas, a sucessão do **Imam** e o **Dia do Juízo**.

Usura A prática de cobrar taxas (*riba*) sobre empréstimos, especificamente proibida no **Alcorão** e, consequentemente, na **Sharia**.

Wahabismo Movimento islâmico sunita iniciado por Muhammad ibn Abd al-Wahab na Arábia do século XVIII. Foi assumido pela família saudita e é praticado na Arábia Saudita e no Qatar.

Wali No islã, um "amigo de Deus" (*wali*, plural *awliya*), escolhido por Deus e dotado de poderes especiais, até milagrosos. Túmulos de santos são centros de peregrinação.

Wudu Abluções rituais feitas antes das orações.

Wufud Delegações enviadas por tribos ao profeta em **Medina**, a fim de expressar lealdade.

Xá Palavra persa para "rei". O último xá do Irã foi exilado em 1979.

Xafeísmo Uma das quatro escolas da lei islâmica **sunita**. Fundada por Muhammad ibn Idris al-Shafii (767- -820), é a escola dominante na África do leste, Indonésia e partes da Arábia, e também dos curdos.

Xador Vestuário externo ou manto inteiriço colocado sobre a cabeça e fechado sob o queixo. Usado por mulheres no Irã, no Iraque e outras comunidades predominantemente **xiitas**.

Xiita Tradição do islã que considerava o primo e genro do profeta Ali ibn Abi Talib, e os descendentes de Ali, os líderes da comunidade islâmica. Hoje, a forma dominante do islã no Irã e em partes do Iraque, e em outros países.

Yathrib Antigo nome da cidade de **Medina**.

Yazidi Minoria curda encontrada sobretudo no norte do Iraque, nordeste da Síria e sudeste da Turquia. Sua fé abrange elementos de religiões iranianas, do judaísmo e do cristianismo nestoriano, e cultua o califa **omíada** Yazid I. Perseguidos por muito tempo como apóstatas, mais recentemente pelo **Estado Islâmico**.

Yom al-Din Ver **Dia do Juízo**.

Zakat Um dos **Cinco Pilares do islã**: a doação caritativa de parte da riqueza aos necessitados.

Zakat al-Fitr Obrigação caritativa tradicionalmente paga no fim do jejum do **Ramadan** a muçulmanos pobres, para que eles possam celebrar o banquete de **Eid al-Fitr**.

Zaydis Também conhecidos como "quintimanos", ramo do islã **xiita** que acredita que Zayd ibn Ali, o bisneto de Ali ibn Abi Talib, foi um **imam** legítimo.

Zikr Ver **Dhikr**.

ÍNDICE

Números de páginas em **negrito** referem-se a verbetes principais

ataques de 11 de setembro 133, 238, 254, 255, 275, 276, 277, 285, 286
Aarão 73
Abasa (*surata* 80) 63
abaya 262, 269, 303
Abbas I, xá 193, 200–1, 214, **315**
Abbas ibn Abd al-Muttalib 138
Abbas ibn Firnas 169
Abássida, califado 97, 104, 106, 115, 135, **136–9**, 148–9, 150, 186, 198, 234
Abd al-Malik ibn Marwan, califa 100, 137–8, **310**
Abd al-Muttalib 24
Abdel Rahman, sheik Omar 275
Abdelkader, Emir 142
al-Abdi, Muhammad ibn Ali 139
Abdu, Muhammad 222, 223, 238, **316**
Abdul Hamid II, sultão 189, 229–30
Abdul Rahman I, califa 97, 148, 168, 169
Abdul Rahman III, califa 169, **312**
Abdullah bin Saud 217
Abdullah ibn Zubeir 137
Abdullah da Jordânia 234
Abdullah da Arábia Saudita 237
abluções, rituais (*wudu*) 42, 43, 88, 99, 100
Abraão (Ibrahim) 24, 34–5, 52, 53, 55
Abu Bakr al-Siddiq, califa 19, 26, 31, 44, **103**
  como primeiro califa 32, 56–7, 96, 102
  e o Alcorão 67, 68, 69, 90
Abu Dawud 122
Abu Dhabi 101
Abu Hamza 139
Abu Hanifa 133, **310**
Abu Kamil 160
Abu Sufyan 33
Abu Talib 18, 24, 26
Abu Zayd, Nasr Hamid 305
Abu Zeid 164
Abuljadayel, Kariman 303
Achém 185, 269, 280, **281**
açoites 281
Acre 181
adaan (chamado à oração) 41, 42
Adão 18, 19, 34, 43, 54, 81, 121, 263
Adams, John 226
adl (justiça divina) 114
adultério 121, 133, 267, 268, 269
al-Afghani, Jamal al-Din 115, 208, 209, **222–3**, 238, 274, **316**
Afeganistão 221, 244, 261, 264, 275, 295

al-Qaeda 276
  Estados Unidos e 255
  Invasão soviética 216, 237, 254, 274
  Sharia 267, 26
  Talibã 276–7
Afia, Nura 303
afrescos 58
África
  Islã na moderna **278–9**
  Islã se espalha na **182–4**
Afro-americanos 226–7, 263
Aga Khan 113
Aga Khan IV (Karim Al Husseini) 113, 115, 202, **319**
água 202, 203
Agung, sultão de Mataram 280
Ahl Al-Beit 122
ahl ash-asheikh 217
Ahmad, Mirza Ghulam 24, 209, 219, **220–1**
Ahmadinejad, Mahmoud 113
Ahmadis 227
Ahmadiyya 209, 219, **220–1**
Ahmed, Qadi 191
Aiatolá Khomeini 115, 192, 209, 249, **248–51**, 254, 286, **318**
Aisha bint Abu Bakr 19, 27, 56, 57, 59, 103, 106, 107, **309**
Ajrami, Abe 285
Akbar I, imperador 142, 204, 244, **315**
Akhbaris 250
AKP (Partido da Justiça e do Desenvolvimento), 228, 229, 231, 301
Aksum 29, 30, 278
al-Alaq (*surata* 96) 63
alauitas **271**
Albânia 215, 261
álcool 97, 125, **126**, 132, 271, 281, 290, 291
Alcorão
  arte de interpretação (*tafsir*) 90–1
  caligrafia 190–1
  Cinco Pilares do Islã 39
  como palavra de Deus 120
  compilação de 62, **64–7**
  composição do **70–5**
  compreensões literais de 79, 91, 107, 156, 217, 304
  criado ou não criado? **89**
  datação 69
  disposição 89
  e a Bíblia **81**
  e conhecimento 152–3, 154, 155
  e lei 130–1, 267, 268
  e o *hadith* 120
  extensão de 72
  formato físico de **88–9**
  leitura do Ramadan 47
  mensagem central 62–3
  primeira surata **76–7**
  recensão otomana 68–9
  recitação **72**
  revelação do 18, 24–5, 27, 28, 62

Seis Pilares da Fé **86–7**
  significado da palavra **67**
  sobre a *jihad* 135
  sobre álcool e jogatina **126**
  sobre comida e bebida 124–5
  sobre mulheres **82–5**
  sobre o Inferno **93**
  sobre o Paraíso **92**
  sobre tolerar outras crenças **80–1**
  sobre vestuário 300
  tópicos abordados por 72
  toque 88
  tradução feminista do 85
  wahabismo e 216
Alemanha 221, 261, 282–4, 294, 295, 298
Alepo 215
Alexandria 105
Alfonso X de Castela 171
álgebra 148, 159–60, 161
Algéria 142, 168, 181, 208, 241, 265
Alhambra (Granada) 200, 203
Ali al-Hadi, Imam 114
Ali al-Rida (Ali ibn Musa al-Reza), Imam 114, 115, 193
Ali ibn Abi Talib, califa 26, 31, 56, 108, 114, 115, 136, 143, 174, 250, 283, **309**
  apoiadores de 103, 105, 106
  assassinato de 96, 107, 111
  como quarto califa 96, 102, **106–7**, 111
  e xiitas/cisma sunita 103, 110–11, 192
Ali Zayn al-Abidin, Imam 112, 114
Alkhateeb, Firas 169
All-India Muslim League 244, 245–7
Alá 15, **79**; *ver também* Deus
Allenby, general 180
almóada, dinastia 170, 189, 199
almorávida, dinastia 170, 199
dar esmolas *ver* zakat
Álvaro de Córdoba 171
América, muçulmanos na **224–7**
amputação 133, 269
amr bil-maaruf 39
al-Andaluz 48, 97, **168–71**, 199–200
anjos (*malak*) 87
Angola 236
animismo 279
Ankara 230
al-Annuri, Muhammad 213
Ano da Tristeza 18
Ano Novo (*Ras al-Sana al-Hijriya*) 117
ano zero 31, 117
ansar (auxiliadores) 30, 69
al-Ansari, Kaab ibn Malik 30
Antigo Testamento 62, 80, 81, 124
Antioquia 181
apedrejamento 121, 133, 255, 269
apostasia 121, 268, 274
aplicativos 289
Aqaba, Pacto de 30
aqida (crença) 86

aqiqa, cerimônia 40, 41, 257
arabescos 185, 189, 196, 197–8
Arábia
  após a morte de Maomé 96
  conquista muçulmana de 19, 32, 234
  conquista otomana de 186, 187
  difusão do Islã a partir da 184
  mulheres no século VII 83, 84
  politeísmo 18, 20–1, 27, 29
  potências e religiões pré-islâmicas 21
  readquire o controle do destino islâmico 234
  tribos seminômades 18
  wahabismo **216–17**
árabe, língua 148, 149, 215, 262–3
árabe, escrita 190, **191**, 231
Arábia Saudita 133, 264
  como estado Sharia moderno **266–9**
  e a arabização do Islã 262, 263
  mulheres nas 255, 268, 269, 289, 295–6, 301
  mídia **237**
  nascimento da **232–7**
  petróleo 235
  população xiita 270
  primeiro estado saudita 208, 216–17, 234
  reino de 209, 235–7
Arabismo 138
Al Arabiya 237
Arabização **262–3**
Arafat, monte 53, 54, 55, 56, 139
Arafat, Yasser 236
Aramaico, escrita 190
arquitetura **194–201**
  caligrafia, em 191
  mosques 100, 101
  Venetian 185
Ártico, comunidades mulçumanas no 49
Al Arefe, Muhammad 289
Aristóteles 150, 156, 170
Armênia 189
arte **194–201**
  Orientalismo 218
Aryabhata 162
Ashura 114, 117
Ásia
  difusão do Islã na **184–5**
  discriminação na **287**
As mil e uma noites (*Alf leila wa leila*) 164–5, 198
al-Assad, Bashar 271
al-Assad, Hafez 271
assassinato 93, 131, 268
Associação Universal para o Progresso Negro (UNIA) 226–7
astronomia 148, 151, 153, 154, 155, 159, **162–3**
Atatürk, Mustafa Kemal 189, 209, 222, **228–31**, 249, 264, 300, 301, **317**
Ates, Seyran 298
Attar, Farid al-Din 145

ÍNDICE

Aurangzeb, imperador 205, **315**
Austrália **284**
Áustria 283, 294
autodeterminação 266
ayat 72, 73–4
aiatolás **250**
abássida, dinastia 148
Azerbaijão 192, 261, 294
    al-Azhar, grande sheik do 151, 304, 319
    universidade do 151, 223, 256, 319
azulejos 199, 200
Azzam, Abdullah 272, 274, 275, 277

B

bebês 257
babismo 219
Babur, imperador 149, 205, 244
Babilônia 105, 202
Babilônia, exílio 42
Badr, Batalha de 33, 49
Bagdá
    califado abássida **136–9**, 148, 150–1, 152, 165, 169, 198, 234
    Casa da Sabedoria 148, **150–1**
    escolas de *tafsir* 91
    era de ouro 148, 150–1
    saqueada por mongóis 104, 136, 139, 149, 150, 154, 186
al-Baghdadi, Abu Bakr 277
al-Baghdadi, al-Khatib 134, 135
Bahadur Shah II 204, 208
Bahai, fé 219
Bahira 18, 24
Bahrain 68, 264, 270, 295, 296
Bakar, Osman 152
Bakhtiar, Laleh 85
Balakot, Batalha de 245
Bali 280
Bálcãs 213, 215, 229, 283
Bamba, Cheikh Ahmadou 279
bandeiras 41
Bangladesh 244, 247, 260, 261, 264, 284, 297
banco islâmico 267, **291**
Banco Al Rayan 291
Bani Hanifa, tribo 67
Bani Shaiba, tribo 35
al-Banna, Hassan 209, 222, 238, 239, 240, 241, **318**
Banu Hashim, tribo 24, 308
al-Baqara (A Vaca) (*surata* 2) 62, 66, 73, 74–5, 83, 88
Barelvi, Sayyid Ahmad 245
Barendregt, Bart 288
Barks, Coleman 174, 175
Basra 68, 107, 216
al-Basri, Hassan 142, 143
al-Battani 163
batalha espiritual (*jihad* maior) 135
beduínas, tribos 103
Beibars, al-Zahir 164
Beit Allah (Meca) 34
Bélgica 283, 302
Bellini, Gentile 213, 218
Belly, Léon 177
Bérberes 168, 169, 170, 199–200, 212

Berlim, Tratado de 215
Berosso 202
beys 188
Bhutto, Benazir 244, 264, 296, 297, **319**
Bíblia 14–15, 24, 27, 58, 62, 72, 79, 80, 124, 177, 179
    Alcorão e a **81**
Bin Laden, Osama 217, 238, **275–6**, 277
Birmingham, Alcorão de 68
al-Biruni, Abu Rayhan Muhammad 148, 154–5, 162, 163, **312**
Bismillah 74, 77
Black Power 227
Blair, Tony 168
blasfêmia 93, 268
Boccaccio, Giovanni 165
Boko Haram 279, 295
Bósnia e Herzegovina 215, 261, 283
Brahe, Tycho 162
Brahmagupta 158
Brasil 290
Brunei 255, 259, 261, 262, 267, 269
bruxaria 268, 279
Budas de Bamiyan 58, 276
Bukhara 144, 173
    al-Bukhari, Muhammad 31, 38–9, 58, 121–2, **311**
Buraque 29, 180
burca 301
burkini **303**
Bursa 149
Busbecq, Ogier Ghiselin de 88
Bush, George W. 285
Buídas 137

C

Caaba (Meca) 19, 20, 21, 26, 29, 33, **34–5**, 52, 53, 55, 98, 99
cabeça, raspar a 55, 257
café 215
Caiam, Omar 145, 160, 161, **312**
Cairo 105, 186, 234, 239
    dinastia fatímida 110, 115, 151, 153, 198–9
    dinastia mameluco 199
    Mesquita Qaitbay 198, 199
calendário, islâmico 97, **116–17**, 231
Califórnia 226
califas
    função dos 105
    governo hereditário 137
    Rashidun 104–7
    omíadas e abássidas **136–9**
    Otomanos **186–9**
caligrafia 27, **190–1**, 196, 197, 198
Camelo, Batalha do 106, 107
camelo 32–3, 149
    peregrinação 52
Cameron, David 297–8
Canadá 113, 261, 285, 302
cânone da medicina, O (Ibn Sina/Avicena) 172, 173
Carbala 112, 193
Carbala, Batalha de 96, 97, 111–12, 114, 117, 137, 192, 193
Casa da Sabedoria (*Beit al-Hikma*) (Bagdá) 148, **150–1**

casamento 83, 132, 133, 181, 256, 257–9, 268, 269, 294
casamentos 258, 259
César, Júlio 116
chamado à oração **42–3**
Contos da Canturária 165
caravanas
carne, halal 125
Carrel, Alexis 240
cadáver 125
cartografia 148, 149, **176–9**
Casablanca, mesquita de Hassan II 201
Caverna de Hira (Jabal al-Nur) 26
caridade *ver zakat*
Carlos Magno, imperador 148
Caxemira 221, 244, 247, 276
Charles Martel 97, 138
castidade 82, 300
Chaldiran, Batalha de 193
Chechênia 261, 276
chicotadas 259, 268, 269
China 183, 185, 208, 260, 261, 280, 287, 302
Chisti, ordem 145
Chisti, sheik Salim 142
Chipre 106
Chopra, Deepak 175
ciência 139, 148, 151, **152–5**
Cinco Pilares do Islã (*arkan al-islam*) 19, **36–55**, 86
Ciro, o Grande da Pérsia 202
circuncisão 257
colonialismo 208, 209, 218, 222, 223, 226, 240, 266, 281, 283
Colombo, Cristóvão 176, 226, 260
comida e bebida
    leis alimentares 97, **124–5**, 267, 290
    Ramadan 46–9
Companhia Britânica das Índias Orientais 244–5
comércio 149, 178, 181
    difusão do Islã através do **182–5**
comércio de especiarias 183, 185, 208
Comitê pela União & Progresso (CUP) 229–30
Companheiros do Profeta (*Sahaba*) 67, 68, 69, 96, 102, 103
Compêndio sobre cálculo por restauração e balanceamento (al-Khwarizmi/Alcuarismi) 158–60, 161
Conferência dos pássaros, A (Farid al-Din Attar) 145
condenados no *hadith* 121
conquistas árabes 67, 96, 100, 105, 130, 137–8, 149, 182–5
Constantinopla 180, 181, 182, 183, 186, 187, 188, 189, 193, 212, 228
conversões ao Islã
    na Espanha islâmica 170
    sob os omíadas 97, 138
Cook, Michael 69
Copérnico, Nicolau 155, 162, 163
coranistas 120, **123**
coraixita, tribo 18, 20, 24, 26, 29, 30–1, 33, 34, 52, 68, 103, 114, 130, 189
Córdoba 97, 148, 154, **168–71**, 189
corrida **263**
crianças, custódia de 131
criação 63, 78, 156–7

cristianismo
    alauitas e 271
    álcool 126
    na Arábia 21
croissant 215
Cromer, Lord 223
Crone, Patricia 69
Cruzadas 148, 149, **180–1**
    e *Din-i Ilahi* 204, 205
    em honra a Jesus 56, 58
    imagens religiosas 58, 59
    incorpora alianças judaicas 38
    Islã e 80–1
    jejum 46, 49
    muçulmanos convertidos ao 170, 225, 226
    na Espanha islâmica 168, 170
    no Império Otomano 213–14
    profetas 26–7
    Reforma 212–13
cúfica, escrita 190, 191
Cúpula da Rocha (Jerusalém) 97, **100**, 138, 191, 196, 197

D

da Gama, Vasco 208
Daesh *ver* Estado Islâmico
Damasco 68, 97, 98, 185, 234
    califado omíada 102, 111, **136–9**, 165
    captura pelos árabes de 96, 105
    Grande Mesquita 138, 197
    Mesquita Sayyida Zeinab 193
Decamerão 165
de Goeje, Michael Jan 215
Deli, sultanato 204, 205, 244, 294
democracia **264–5**
demografia, Islâmica **260–1**
destino 86
deobandis 246
Descartes, René 154
descrentes 93
destino divino (*qadar*) 86, 87
Deus
    como criador 157
    e na Sharia 131
    existência de 157
    imagens de 58
    monoteísmo 18, 19, 20, 27, 28, 33, 34, **36–41**, 58, 63, 76, 80, 86, 87
    natureza de 76, 77, 78
    no Alcorão 76, 77, **78–9**
    nomes de **79**
    unidade de 78–9
Dez Mandamentos 38, 130
dhikr (atos ritualísticos) 144, 145, 175
dhimmi 84
Dia da mulher muçulmana 299
Dia do Juízo (*Yom al-Din*) 45, 63, 76, 87, 92, 93, 121
Diafarabé (Mali) 100
Diallo, Ayuba Suleiman 225, 226
dikka 100
Dinamarca 298, 305
Din-i Ilahi 204, 205

ÍNDICE

Diofanto 158
al-Diriyah 216, 315
   Emirado da 234
direitos humanos 250, 255, 257, 302, 305
discriminação **297**
divórcio 83, 131, 259, 269
Djemaa al-Djazaïr (Algiers) 101
domos 101, 200, 201
Drew, Timothy 227
drogas **126**, 132, 268, 291
Dufour, Philippe Sylvestre 214
Dutch East India Company 215, 280–1

E

África oriental 183, 184
Edessa 181
educação feminina 255, 277, 295–6
Egito
   al-Jihad 275
   antigo 177, 179
   Canal de Suez 236
   capturado pelos árabes 96, 105, 168
   código de vestimenta 301
   conquista otomana 186, 187
   controle europeu 222
   dinastia fatímida 115, 189
   dinastia mameluca 149, 185, 199
   invasão francesa (1798) 181, 208, 218
   Irmandade Muçulmana 222, 236, **238–41**, 266
   Modernismo Islâmico **222–3**, 238
   ocupação britânica 223
   população muçulmana 260
   revolta omíada 106
   revolução (2011) 241, 264, 265, 288, 296
União Feminista Egípcia 294
Eid al-Adha 55, 117
Eid al-Fitr 45, 48–9, 117, 263
Eisenhower, Dwight D. 282
elaboração de imagens 58–9, 196, 198
Elevli, Hakan 196
Elghobashy, Doaa 303
Elizabeth I da Inglaterra 213
Ellison, Keith 224
Eltahawy, Mona 297
Emirados Árabes Unidos (EAU) 237, 269, 297
empréstimo de dinheiro **127**, 291
Ennahdha, partido 241, 265
Erdogan, Recep Tayyip 231
Eritreia 261, 278
escravidão 183, 224, 225–6, 299
esporte 284, 303
Espanha
   conquista muçulmana 97, 138, 148, **168**, 212, 283
   Córdoba 97
   e as Américas 226
   islâmica **166–71**, 199–200
   reconquista cristã 149, 154, 169, 171
   tolerância religiosa na islâmica 81, 168, 170
Estados Unidos
   al-Qaeda e os 217, 238, 254–5, 275–6
   e a Arábia Saudita 235, 236, 237
   e Afeganistão 277

e Irã 249, 250
e Israel 276
Guerras do Golfo 254, 271, 275
lideram coalizão contra o Estado Islâmico 277
muçulmanos no **224–7**, 260, 261, 263, 268, 284–5, 295
mulheres muçulmanas no Congresso 255, 297
Etiópia 182, 183, 278
etnografia 149
etiqueta 121, 125
etiqueta à mesa **125**
Euclides 150, 151, 158, 161
Europa
   colonialismo 208, 209, 218, 222, 223, 226, 240, 266, 281, 283
   inspiração de Sayyid Qutb 240
   islã na **210–15**, 260, 261
   muçulmanos na 255, **282–5**
   Orientalismo **218**
   Renascença 208
   Turquia e 231
Eva 34, 81, 263
Evangelhos 30, 42, 46, 80, 87
execuções 133, 268
extremismo
   moderno 135, 217, 237, 239, 241, **272–7**, 279, 286, 289
   o islã não incentiva 145
Ezekiel 42

F

Fahd, rei da Arábia Saudita 237
al-Faifi, Sahar 302
Mesquita Faisal (Islamabad) 247
Faisal, rei da Arábia Saudita 232, 235–6, 247
al-Falaq (surata 113) 63
falsos messias 81
Fanon, Frantz 241
fanous 49
al-Farabi (Alfarrábio) 157
Farabismo 157
Farah, Mohammad "Mo" 284
Fard, Wallace D. 227
al-Farsi, Salman 271
al-Fatiha (Abertura) (surata 1) 62, 73, 74, **76–7**
Fatima bint Muhammad 110, 114, 122, 192, 219, **309**
Fatímida, dinastia 110, 151, 153, 189, 198–9
Fatir (O Criador) (surata 35) 258
fatwa (decisão legal) 130, 133, 217, 286, 289, 304
feminismo 85, **292–9**
Ferdinando II de Aragão 168, 171
Ferdowsi 198
festivais, datas de 97, **117**
Fetteh, Saliha Marie 298
Fez 151
Fibonacci 158, 160
filosofia 139, 150, **156–7**, 170, 173, 193
filosofia primeira, A (al-Kindi) 156–7
fiqh (jurisprudência islâmica) 130, 267
FitzGerald, Edward 145

Florence 185
França
   avanço muçulmano para 97, 138
   e Império Otomano 189, 212, 213, 230
   invasão da Argélia 142, 208
   invasão da Síria 208
   invasão do Egito 181, 208, 218
   ocupação da Tunísia 223
   população muçulmana 261, 282, 283, 302
francos 97, 138, 148, 181
Frente Islâmica Mundial 276
Frente da Salvação Islâmica 265
funeral 92, 259
funerais 259
al-Furqan (O discernimento) (*surata* 25) 66, 78
furu al-din 39

G

Galeno 150
Galilei, Galileu 162
Galland, Antoine 164, 165
Gâmbia 225, 261, 278
Gandhi, Mohandas K. 46, 244, 246
Garvey, Marcus 226–7
Gaspard, Lynn 286, 287
gastarbeiters 283
Gêngis Khan 205, 313
Gênova 185
geografia 148, 149, **176–9**
geometria 148, 150, 158, 196, 197, 198
Georgia 189
Gerard de Cremona 173
Ghadir Khumm 111
al-Ghazali, Abu Hamid 93, 156, **312–13**
Ghazni 154
Ghazni, Mahmud de 312
Gibraltar 168
Gopalan, Shalini 302
Grã-Bretanha
   ataques terroristas 276, 286
   e Arábia Saudita 235
   e Egito 223, 239, 287
   e Império Otomano 230, 239
   e Índia 208, 220, 221, 222, **244–7**
   e Irã 249
   e Palestina 239
   e Sudão 219
   população muçulmana 282, 284, 295, 298, 302
Granada 149, 168, 171, 200, 203
Grande Depressão 235
Grande Rio Zab, Batalha do 138
gravidez 258
Grécia 212, 213, 215, 228
grega,
   arquitetura 197
   Grega, erudição 148, 149, 150–1, 152, 153, 156, 162
   Grega, filosofia 156–7
Gregoriano, calendário 116, 117, 231
Guadalete, Batalha de 168
Guerra árabe–israelita 236
Guerra ao Terror 276

Guerra Fria 235, 249, 265
guerras *Ridda* (apostasia) 96, 102, 103, 105
guerra santa 133, 135, 139, 180–1, 280, 281
Guiné 225, 278
Gülen, Fethullah 229
Gülen, movimento 229
Golfo Arábico, cultura 262–3
Guerra do Golfo, primeira 237, 254
Guerra do Golfo, segunda 254, 271, 275

H

hadith 38, 90, 91, 97
   coleções 121
   como fontes sobre Maomé 27, 69, **118–23**, 131
   coranistas e 123
   correntes de autenticidade 122–3
   principais compilações 121–2
   sobre comidas e bebidas 125
   sunita e xiita **122**
   usos de 120–1
   wahabismo e 216
hafiz 72
Hafsa 67
Hagar 52, 54
Hajj 19, 34, 35, 38, 39, 46, **50–5**, 281
   hadith e 120–1
   levante saudita da 235, 237
   Otomanos e 189
   relato de Ibn Jubayr **178**
al-Hajj (A Peregrinação) (*surata* 22) 80
al-Hakam II, Califa 169
hakawati (contadores de histórias) 164–5
halal, comida 124–5, 267, 290
   produtos 124, **290**
Hanafi, Hasan 305
hanafismo 97, 133
hambalismo 97, 133, 217, 268
Habsburgo, Império 189, 208, 212, 213, 215
haram (ilegal) 124, 125, 127, 264, 290
Harborne, William 213
al-Hariri de Basra 161
Harun Al-Rashid, califa 97, 139, 148, **311**
Hasdai ibn Shaprut 168
Hasibuan, Anniesa 303
Hasina, sheik 297
Hassan al-Askari, Imam 114
Hassan ibn Ali, Imam 111, 112, 114, 234, **309**
Hassan, sheik Hussein 291
Hassanal Bolkiah, Sultão de Brunei 267
Hasyim Asyari 281
Haydar, Mona 287, 301
Hejaz 209, 234, 235
Hezbollah 271
hijab 123, 262, 299, 300, 301, 302, 303
Hégira 18, 19, **28–31**, 47, 62
Hégira, calendário 117
hinduísmo 204, 244–7, 261
hipotecas 291
Hizb ut-Tahrir 186
Holanda 208, 213, 215, 280–1, 283, 302

ÍNDICE

Homens da Grande Assembleia 42
Homero 164
homossexualidade 121, **259**, 267, 268
húris (virgens) 121
Houthis 271
Hrotsvitha de Gandersheim 166, 169
Hubal 34
Hudaibiya, Tratado de 33
hudud (punições Sharia) 267, 268, 269
huguenotes 213
Hulagu Khan 163
Hungria 189, 208, 213
Husain, Ed 260, 261
Hussein, Saddam 133, 237, 254, 255, 270, 271, 275
Hussein bin Ali, Sharife de Meca 234
Hussein ibn Ali 49, 112, 113, 114, 137, **310**
   morte em Carbala 96, 97, 111–12, 114, 192, 193
Huygens, Christiaan 154
hipocrisia 93

I

ibadat (atos de adoração) 38
Ibn Arabi 145, **313**
Ibn Battuta 149, 182, **183**, 184, 185, 200
Ibn al-Hajjaj, Muslin 121–2
Ibn Hanbal, Ahmad 133, **311**
Ibn al-Haytham (Al-Hazém) 148, 153–4, 155, **312**
Ibn Idris, Ahmad **316**
Ibn Ishaq, Muhammad 27, 29
Ibn Jabal, Muadh 132
Ibn Jubayr **178**
Ibn Khaldun **314**
Ibn Maja 122
Ibn Masud 68
Ibn Muadh al-Jayyani 154
Ibn Muqla 191
Ibn al-Nafis 172
Ibn Nusayr 271
Ibn Rushd (Averróis) 134, 156, 157, 170, 172, **313**
Ibn Saud 216, 235, 266, **317**
Ibn Sina (Avicena) 148–9, 156, 157, **172–3**
Ibn Taymiyya 130, 216, **217**, 304
Ibn Thabit, Zayd 66–7
Ibn al-Walid, Khalid 103, **309**
Ibn Yunus 163
Ibn Ziyad, Tarek 168, 212
Ibrahim (Abraão) 24, 34–5, 52, 53, 55
Ibrahim, Anwar 264
Idade da Descoberta 177
Idade de Ouro do Islã 97, 139, **146–205**
idolatria 18, 19, 29, 33, 58, 59, 87
al-Idrisi, Abu Abdullah Muhammad 148, 176, 177, **313**
idríssida, dinastia 192
Iêmen 68, 114, 130, 132, 157, 270, 276, 295
Igreja Católica 212–13
iftar (refeição noturna) 48
ihram (estado de pureza) 53
ihsan (estado de adoração) 142
ijma (consenso) 130, 132, 264

ijtihad (raciocínio intelectual) 135, 250, 305
al-Ikhlas (unicidade) (*surata* 112) 63, 86
al-Ilah 21, 26
ilcânida, dinastia 200
imamato 112–14
   e *hadith* 122
imamzadeh 114
imigração 283–5, 287
Império Aquemênida 198
Império Bizantino 18, 20, 21
   arte e arquitetura 196, 197
   conquista Otomana 187, 228
   conquistas árabes 96, 105, 106, 137–8, 156, 180, 182
impureza *ver* pureza
Iniciativa Mesquita Inclusiva 298
independência, movimentos de 209, 244
Índia
   Ahmadiyya 219, **220–1**
   colonização europeia 208
   conquistas árabes 138, 184
   divisão **242–7**, 264
   emigração 284
   Império Mogol 149, **204–5**
   jugo britânico 220, 221
   Modernismo Islâmico 222
   Partidários do Alcorão 123
   população muçulmana 260, 261, 264, 287
   sufismo 144, 145
Indiano, Congresso Nacional 245, 246
Indiana, Rebelião (1857) 204, 208, 220, 245
individualismo 145
Indonésia 255, 260, 261, 263, 264, 267, **280–1**
Inferno (*Jahannam*) 93
infiéis 135, 274
Inönü, Ismet 231
integração muçulmana 284
interesse, pagamento de 127, 291
internet **288–9**
Muhammad Iqbal 27, 175, 209, 245–6, **317**
Irã
   calendários 117
   código de leis 267
   dinastia Pahlavi 209
   espalhando influência 255
   Irã-Iraque, guerra 248, 254, 271
   mulheres no 301
   revolução (1979) 115, 192, 209, **248–51**, 254, 271, 286
   sufismo 145
   xiismo 110, 115, 193, 248, 261
   ver também Pérsia
Iraque 68, 200, 276
   ascensão do Islã xiita 110–15
   invasão do Kuwait 133, 237, 254, 271, 275
   vencido pelos árabes 105
   Irã–Iraque, guerra 248, 254, 271
Irmandade Mouride 279
Irmandade Muçulmana 209, 222, 236, **238–41**, 265, 266
islã progressista **305**
islã xiita
   "pilares" adicionais 38, **39**
   alauitas **271**
   ascensão ao poder 115

comparado com o islã sunita 112
crenças 114, 249
duodecimanos 112–13, 114, 192, 250
e a família do profeta 112
escolas de direito 133
hadith 122
imamato 110, 112–14
ismaelitas 113–14, 192
no Oriente Médio moderno **270–1**
número de muçulmanos 110, 112
oração 43
rixa no Islã 56, 97, 103
Seis Pilares da Fé **86–7**
surgimento do **108–15**, 192
templos **193**
wahabismo e 216
zaidista 113–14
Islâmico, Estado 277
   revoltas contra os omíadas 106
   sufismo 143–4
   sunitas e xiitas no moderno 270
irrigação 203
Isabella I de Castela 149, 168, 171
Isfahan 193, 200–1, 203, 214
Isidoro de Sevilha 176
ISIL/ISIS *ver* Estado Islâmico
Iskandar de Johor, Sultão 262, 263
islã Nusantara 255, 263, 280, 281
islã sunita
   comparado ao islã xiita **112**, **114**
   escolas de direito 133
   hadith 121–2
   líder escolhido por consenso 110
   no Oriente Médio moderno **270–1**
   número de muçulmanos 112
   oração 43
   rixa no Islã 56, 97, 103, 110–15, 192
   Seis Pilares da Fé 86–7
   wahabismo 217
Islamabad 247
islâmica, lei *ver* Sharia
islâmica, esquerda 305
Islâmico, Modernismo 209, 217, **222–3**, 238
Islâmica, Frente da Salvação 265
Estado Islâmico (ISIS) 59, 135, 186, 255, 277, 287, 304
islamismo e islamistas 133, 274, 279, 289, 323
islamofobia 134, 255, **286–7**
Ismail ibn Jafar 113, 114
Ismail (Ishmail) 34, 35, 52, 54, 55
Ismail, xá (Ismail I) 149, 192–3, 248, **314**
ismaelitas (setimanos) 113–14, 192
isnad (corrente de atribuição) 122
Isra (Jornada Noturna de Maomé de Meca a Jerusalém) 29
Israel
   conflito com países árabes 236, 254, 275, 276
   criação de 180
   e Irã 250
   tribos perdidas de 221
Istambul 77, 187–8, 201

J

jafarismo 133

Jabal al-Nur (Montanha de Luz) 24–5, 26, 27, 28, 47
Jafar al-Sadiq, Imam 90, 91, 113, 114, 115
Jahangir, imperador 205
jahiliyya, moderna 21
al-Jahiliyya (Idade da Ignorância) 20–1, 239, 240
jainismo 204
Jamaat-e-Islami 91, **246**
Jarmuque, Batalha de 105
Jan III Sobieski da Polônia 212
janissários 188–9
Janmohamed, Shelina 290
jardins **202–3**
Jardim do Éden 177, 179
Jardins Suspensos da Babilônia 202
jatakas 127
Java 280
Al Jazeera 237, 263
Jefferson, Thomas 224, 226
jejum ver sawm
Jerusalém 42, 57, 186
   captura pelos árabes 96, 105, 180
   como direção para orações 100
   Cruzadas 148, 180–1
   Cúpula da Rocha 97, **100**, 138, 191, 196, 197
   divisão 180
   Jornada Noturna 29, 180
   Mesquita de Aqsa 180
Jesus (Issa) 24, 42, 46, 56, 63, 84, 219, 221
   imagens de 58
   no Alcorão 81
   reverenciado como profeta 80
   túmulo em Jerusalém 181
Gibreel, anjo (Gabriel) 18, 24–5, 28, 38, 52, 62, 66, 87
jihad 39, 134–5, 217, 239, 274, 277, 304
al-Jihad 275, 276, 277
jihadismo 134, **135**, 274
Jilani, Abdul Qadir 144
Jinnah, Muhammad Ali 175, 246, 247, 277, **317**
jizya (taxa para não muçulmanos) 81, 96, 170
jogatina 97, **126**, 281, 291
Jordânia 234
Jornada Noturna **29**, 59, 100, 117, 180
José *ver* Yusuf
Jovens Turcos 209, 229
judaísmo
   como etnia 263
   condenados nos *hadiths* 121
   disputas familiares 268
   e álcool 126
   e o Islã 80, 81
   e práticas sufistas 142
   empréstimo de dinheiro 127
   imagens de Deus 58
   jejum 46, 49
   lei 170
   mapa de Medina **33**
   Monte do Templo (Jerusalém) 100
   na Arábia 23
   na Espanha islâmica 168, 170
   no Império Otomano 213–14
   perseguição na Espanha cristã 171, 213
   profetas 26–7
   Torá 38

332 ÍNDICE

Juliano, calendário 116
al-*Juma* 43
jurisprudência 91, 97, 130, 133, 139, 151, 157, 217, 266, 299
Jyllands-Posten 59

K

al-Kafirun (Os incrédulos) (*surata* 109) 80
al-Kahf (*surata* 18) 62
Karlowitz, Tratado de 215
Karoub, Hassan 224
Karoub, Muhammad 227
Kashan (Irã) 203
al-Kawthar (Abundância) (*surata* 108) 74
Kennedy, John F. 249
Kepler, Johannes 154
Khadija bint Khuwaylid 18, **24**, 25, 26, 49, 84, 256, 294, **308**
Khan, Ghazala 298
Khan, Liaquat Ali 247
Khan, Mariam 292, 299
Khan, Sadiq 298
Khan, Sayyid Ahmad 127, 209, 222, 245, **316**
Khankan, Sherin 298
Kharijites **107**, 139
Khartoum 219
al-Khatahbteh, Amani 299
Khomeini, Aiatolá 115, 192, 209, 249, **248-51**, 254, 286, **318**
Khorasan 192
khums 39
al-Khwarizmi, Muhammad ibn Musa 148, **158-61**, 162-3, 177
al-Kindi (Al-Kindi) 156, **157**, 160
kiswa 35, 189
Kitab al-Manazir (*Livro de óptica*) 153-4
Konya 144
Kosovo 215, 261
Kufa 68, 107, 190
Kuwait 133, 234, 237, 254, 271, 275, 295

L

Lahore 203
Lahore, Resolução 246
Lamartine, Alphonse de 201
Lamrabet, Asma 85
Último Dia 86, 87, 92
 ver também Dia do Juízo
al-Lat 21
Latim, traduções para o 11, 150, 153-4, 161, 170, 173
lei ver jurisprudência; Sharia
Líbano 255, 259, 270, 271, 276
legado 94, 133, 148, 269
lei civil 267, 269
lei criminal 267, 268, 269
lei familiar 267, 268, 269
leis alimentares 97, **124-5**

Leilat al-Baraat (Noite da Salvação) 29, 59, 100, 117, 180
Leilat al-Miraj (Jornada Noturna) **29**, 117
Leilat al-Qadr (Noite do Decreto) 48
Lepanto, Batalha de 208
Levante 149
LGBT+ e o Islã **259**, 299, 305
liberalismo 223, 281
Líbia 168, 264
Liga Muçulmana 244, 245-7
Liga Mundial Muçulmana 262
livre arbítrio 87
Livro de Roger, O (al-Idrisi) 176, 178, 179
Livro dos Feitos 92
Lot 84, 259
Lua, fases da 117
lunar, calendário 97, **116-17**, 162
Lutfi Pasha, grão-vizir 189
Lutero, Martinho 212
Lynn, Mahdia 299

M

Macedônia 145, 261
al-Mahdi, Imam 113, 115, 192, 219, 221, 249, 250
al-Mahdi, Sadiq 219
Mahdi, os **219**, 221, 249, 250
Mahfouz, Naguib 165
Mahmoud II, sultão 208, 217
al-Maida (A mesa servida) (*surata* 5) 72
Maimon, Moses ben (Maimônides) 170
majalis 48
Majlisi, Muhammad Baqir 193
mal 39, 63, 114
Makki, Hind 289
makruh (detestável, mas não proibido) 124, 125
Malaca 280
Malásia 257, 261, 262, 263, 264, 280, 290, 295
Malcolm X 209, 224, 226, 227, **319**
Mali 261, 264, 278
Mali, império 149, 183-4, 224, 278
Malik ibn Anas 130, 133, **310**
Maliki, escola 97, 130, 133
mamelucos 137, 149, 185, 187, 199, 234
al-Mamun, califa 115, 139, 148, 151, 157, 158, 159, 177
Manat 21
al-Mansur, Hussein (al-Hallaj) 143
al-Mansur ibn Abi Amir, Caliph 138, 139, 169, **311**
manteau 301
Maomé **308**
 ascensão ao Paraíso (*Miraj*) 87, 100
 casamentos 18, 19, 24, 256, 294
 começa a pregar o Islã 18, 26, 28
 como líder militar e político 96, 100
 como último profeta 19, 20, **24-7**, 28, 220, 221
 conquista Meca 19, 33, 59
 data de nascimento (*mawlid*) 117
 e primeiras mesquitas 99-100
 em *Shahada* 40
 fontes históricas 27

Hégira 18, 19, **28-31**, 62
infância **24-7**
Jornada Noturna **29**, 100, 117, 180
mapa de Medina **33**
morte 19, **56-7**, 96, 102
nascimento 18, 24
palavras e ações de **118-23**
Peregrinação da Despedida 19, 56
recebe a primeira revelação de Gibreel 18, 24-5, 27, 28, 47, 48, 62, 66
representações de **58-9**
revelações divinas 18, 24-5, 26, 27, 62, 66, 90
Sermão Final 54, 56, 263
sobre a beleza 194
sobre árabes e não árabes 262, 263
sobre o conhecimento 150
sucessor de **102-3**, 110
tentativa de assassinato 30-1
tolerância religiosa 81
túmulo **57**
visão judaica e cristã de 80
visões 27
Maomé, morte de 19, **56-7**
Maomé, túmulo **57**
 pré-Islâmico 21
 escolas de *tafsir* 91
 sob os otomanos 186, 189, 193
Maomé II, sultão 186, 187-8, 189, 212, 213, 228, **314**
Maomé III, sultão 189
mão esquerda 125
mapas **176-9**
Mapa de Medina 19, **33**
Maqam Ibrahim 35
Maragha, Revolução 163
Marathas 204
Maronita, A crônica 137
Marrocos 144, 145, 151, 168, 170-1, 180, 199-200, 203, 213, 224, 264
martírio 121, 151, 241
Marwa, colina 52, 54, 55
Maryam (Maria) (*surata* 19) 84
Maria (mãe de Jesus) 19, 59, **84**
Mashhad 115, 193, 249
masjid (lugar de prostração) 98
Masjid al-Taqwa 99
Masjid an-Nabawi (Mesquita do Profeta, Medina) 55, 57, 99-100, 180, 236
Masjid Quba 33
Masnavi (Rumi) 175
matemática 139, 148, 150-1, 155, **158-61**
matn 122
Mawdudi, Abul Ala 21, 90, 91, 235, 245, 246, **318**
Mawlid al-Nabi 117
al-Mawsili, Abu al-Qasim Ammar ibn 173
McVeigh, Timothy 286
Meca
 Caaba 19, 20, 21, 26, 29, 33, **34-5**, 52, 98, 99
 como cidade sagrada do Islã 19, 28
 conquistadores de Maomé 19, 33, 59
 direção de 99, 100, 162, 163
 escolas de *tafsir* 91
 fechada para não muçulmanos **52**
 fugas de Maomé 30-1

Maomé prega em 18
Masjid al-Haram (Grande Mesquita) 35, 52, 53, 54, 101, 180
 peregrinação *Hajj* 19, 34, 35, **50-5**
 pré-Islâmica 21, 29
 sob os Otomanos 186, 189, 193
 usura em 127
MECA, instituto 305
Mecano, calendário 116
Meca, *suratas* de 75
medicina 139, 148-9, 152, 155, 169-70, **172-3**
Medina
 Batalha das Trincheiras 19
 como cidade sagrada do Islã 19, 28
 Hégira 18, 19, 31, 47
 primeiros muçulmanos 28-30
Medina, *suratas* de 75
Medinat al-Zahra 169
meditação 142, 144
Méliès, Georges 165
menstruação 88
meses do ano 116
mesquitas **98-101**
 ver também arquitetura
Mercator, Gerardus 176
Merkel, Angela 282
Mernissi, Fatema 299
Mesopotâmia 202, 300
Messias 221
Mevlevi, ordem 144-5, 174, 175
mihrab 43, 99, 100
militarismo ver extremismo
Milli Görus 241
Mina 53, 54, 55, 139
minarete 99, 101
minbar 100
miniaturas 198
Miraj (ascensão aos céus) **29**, 87, 117
misticismo, Sufismo e **140-5**
moda 302-3
modéstia 88, 123, 269, 300, 301, 302-3
Mogahed, Yasmin 300, 303
Mongóis 205, 217, 304
 arquitetura 200
 derrotam os abássidas 137, 139
 saqueiam Bagdá 104, 136, 139, 149, 150, 154, 186
monoteísmo 18, 19, 20, 27, 28, 33, 34, **36-41**, 58, 63, 76, 77, 80, 86, 87
monumentos, destruição de 58, 59, 276
mosaicos 58, 197
Moisés 24, 25, 56, 62, 73, 80, 130
morte 41, 92, 258, 259
Mostar 215
movimento Aligarh 222
movimento por direitos civis 209
Mshatta 197
Muawiya I, califa 96, 104, 107, 111, 136, 137, 192, **309**
Mubarak, Hosni 241, 265, 288
muezim 98, 99, 101
mufassirun (estudiosos do Qorão) 91
muftis 133
mundo, fim do 63
al-muhadithun 123
muhajirun (imigrantes) 69
Muhammad, Elijah 227, **318**

ÍNDICE

Muhammad, Ibtihaj 299, 303
Muhammad (surata 47) 92
Muhammad XII, sultão 168
Muhammad Ahmed bin Abdullah (o Mahdi) **219**, **316**
Muhammad Ali, Vice-rei do Egito 217
Muhammad al Baqir, Imam 114
Muhammad al-Jawad, Imam 114
Muhammad bin Salman, príncipe coroado da Arábia Saudita 237
Muhammad bin Saud 208, 216, 234, **315**
Muhammad de Ghur 205
Muhammad ibn Hasan, Imam 113, 114
Muhammad ibn Ismail 113
Muhammad Reza Shah 115, 209, **248–51**
mujahidin 237, 274–5, 276
mujtahid 250
mulheres
   autoridade masculina sobre 84–5
   conduta 255, 268, 269, 289
   direito ao voto 294
   e internet 289
   e Islamofobia 287
   educação 255, 277, 295–6
   em mesquitas 100, 289, 298–9
   greve das 85, 299
   herança 94
   igualdade 305
   Islã feminista **292–9**
   na Arábia tribal 83
   na política 296–7
   na Sharia 130–1, 268–9
   no Alcorão **82–5**
   no *hadith* 122
   vestuário **300–3**
al-Muminun (Os Crentes) (surata 23) 78
Mumtaz Mahal 205
Munqidh, Usama ibn 181
Murad III, sultão 213
Murcutt, Glenn 196
Mursi, Muhammad 241, 265
Musa I of Mali (Mansa Musa) 149, 183–4, 278, **314**
Musa al-Kazim, Imam 113, 114
música, Sufi 143, 145
Muçulmanos
   e etnia **263**
   primeiros 26–7, 28–30
   significado do nome 26
Mustafa Pasha 208
Mustaqfi, califa 139
mutah, casamentos 259
mutazilismo 156
mutilação genital feminina (FGM) 257
Muwahhidun 217
Muzdalifa 53, 55
Myanmar (Burma) 261, 287

N

al-Naba (A Notícia) (surata 78) 93
Nabateu, império 34, 190
nacionalismo negro 227
Nahdlatul Ulama (NU) 281
nahi-anil-munkar 39

an-Nahl (A Abelha) (surata 16) 76
Nahrawan, Batalha de 107
Nairóbi 255, 276, 279
Najaf 112, 193
Najd 209, 216, 234, 235
Napoleão I, imperador 208, 218
naqshbandi, ordem 144
al-Nas (surata 114) 63
al-Nasai 122
nascimento 256, 258
nastalique, escrita 190, 191
Nasr, Sayyid Hussein 196, 197
nacérida, dinastia 203
Nasser, Gamel Abdel 236, 239, 240, 294
Nação do Islã 209, 225, 226, 227
nacionalismo 209, 244, 271
N'Dour, Youssou 278
Nabucodonosor II 202
negócios, mulheres nos 296
Nepal 244, 261
nestoriana, fé 25
Nova Guiné 182
Novo Testamento 72, 84
Nova York 275, 276, 286
Newton, Isaac 155
Níger 261, 278, 295
Nigéria 260, 261, 267, 279, 295
Noite do Decreto *ver Leilat al-Qadr*
Noite da Salvação *ver Leilat al-Baaraat*
nikah 258
niqab 53, 262, 269, 287, 300, 301–2
an-Nisa (As Mulheres) (surata 4) 62, 73, 82–5, 86, 93
nisab 45
niyya 41, 42
Noé 34, 80
Nobel, prêmios 154, 155, 165, 255, 277
al-Nokrashi, Mahmoud 239
Noor-ul-Din, Hakim 220, 221
Normandos 177, 181
Noruega 283
numerais, arábicos 158, 160–1
Nur al-Din 180, 181
Nusantara, islã 255, 263, 280, 281
al-Nur (Luz) (surata 24) 78, 82
Nur, movimento 229
Nursi, Said 229, 231

O

Obama, Barak 227, 276
obediência feminina 294, 299
observatórios 162, 163
Ocidente
   Modernismo Islâmico e **222–3**
   muçulmanos no **282–5**
   reação ao terrorismo islâmico 254–5
   rejeição ao 209, 237, 246, 254, 274, 304
Ocidental, África 183, 184, 225, 301, 302
ocultação 113, 219
Omar, Ilhan 255, 297
Omar, Mullah 58
Omar ibn Said 225–6
omíada, califado 97, 102, 104, 107, 134, 135, **136–9**, 189, 197

sufismo sob o 142, 143
Operação Tempestade no Deserto 254, 275
ótica 153–4
oral, tradição 67, 68, **164–5**
orações *ver salat*
orações das sextas-feiras **43**, 132
Orientalismo 215, **218**
Orkan, sultão 149
Osman I, sultão 149, 186, 187, 212, 228
os que dormem na caverna (surata 18) 62
ossos, escrita do Alcorão em 67, 69
Otomano, Império 81, 149, 180, 182, 193, 208, 218, 234, 263, 270
   arte e arquitetura 198, 201
   califado 136, **186–9**
   colapso do 209, 217, 222, 223, 230, 235
   e o Islã na Europa **210–15**, 283
   pluralismo religioso 213–14
   reformas do Tanzimat 208
ouro 183, 184

P

Pahlavi, dinastia 209, 249–50
Paquistão
   Ahmadiyya 221
   criação do 175, 204, 209, **242–7**, 264
   emigração 284
   golpe militar 254
   identidade islâmica 244, 246, 247
   Jamaat-e-Islami 91, **246**
   política 264
   população muçulmana 260, 261, 264
   Sharia no 269
   sufismo 145
   Talibã 277
Palestina 239, 276
Panarabismo 237, 240
Panipate, Batalha de 149, 205, 244
papel 151, 191
Paraíso (*Janna*) 87
   na terra **202–3**
   no Alcorão **92**
   mártires no 121
Partidários do Alcorão (*ahl-e Quran*) 123
Pasárgada 202
patriarcado 84–5, 294, 295, **299**
padrões 196, 198
pecado e inferno **93**
Pedra Negra (Caaba) 34, 35, 52, 53
pena de morte 259, 268
Pessoas do Livro (*ahl al-kitab*) 32, 81
perseguição aos primeiros
   muçulmanos 28, 29
   de muçulmanos na Europa 215
   de Sufis 145
   Espanha 171
Persépolis 249
Pérsia
   arquitetura 200
   conquistas árabes 106, 138, 182
   dinastia safávida 189, **192–3**
   jardins 202, 203
   sassanianos 150

sufismo 145
xiismo 110
ver também Irã
peregrinação *ver Hajj*; Umra
Peregrinação da Despedida 19, 56
petróleo 235, 236, 237, 254, 262, 263, 265, 275, 276
planetários, movimentos 162, 163
Platão 150, 153
pobres, ajuda para os 18, 29, 44–5, 63
Pococke, Edward 215
Poitiers, Batalha de 97
Polônia 213, 294
política
   ascensão do islã político **238–41**
   mulheres na 296–7
Polo, Marco 185
poligamia 83, 256, 258
politeísmo 18, 20–1, 26, 27, 29, 87
ponto decimal 161
população muçulmana **260–1**
porco, carne de 124, 125, 291
Portugal 176, 208
povos protegidos (*ahl al-dhimma*) 81
predestinação 86
preconceito **286–7**
Primavera Árabe 241, 255, 264, 265, 288, 296
   ocupação francesa 223
   mulheres na 296–7, 301
profetas 18, 19, 21, 24, 25, 34, 62, 80
   Maomé como último profeta 19, 20, **22–7**, 28, 220, 221
   no Alcorão 87
protestantismo 212–13
Ptolomeu, Cláudio 155, 159, 162, 163, 176
punições 121, 267, 268, 269
Punjab 244, 245, 246, 247
purificação 42–3, 49, 53
pureza 88, 257

Q

Qadhi, Yasir 304
Qadiani Ahmadiyyas 221
qadiri, ordem 144
Qadisiyya, Batalha de 105
al-Qaeda 135, 216, 217, 237, 238, 254–5, 275–6, 277, 278, 279, 304
Qaf (A letra Caf) (surata 50) 73, 86
al-Qahira *ver* Cairo
Qaitbay, sultão 57, 199
Qajar, dinastia 248, 249, 250
Qatar 133, 237, 263, 267, 301
Qawwali, música 145
qibla (direção de orações) 35, 99, 100, 162, 180
qiyas (raciocínio por analogia) 130, 132
Qom 250, 251
quatro princípios 122
Quênia 183, 255, 261, 276, 279
Quintimanos *ver* Zaydis
qurra (recitadores) 67
Qutb, Muhammad 275
Qutb, Sayyid 21, 84, 134, 181, 209, 238, **238–41**, 274, 275, **318**

R

Rabia al-Adawiyya 140, 143, **311**
radicalismo *ver* extremismo
al-Rahman (O Clemente) (*surata* 55) 63, 76
rakat (sequência de movimentos prescritos para orações) 43
Rakim (William Michael Griffin) 224
Ramadan **46–9**, 117, 125, 126, 262–3
Ramy (programa de TV) 271
estupro 268, 296
Rashidi, dinastia 234, 235
Rashidun, califas 32, 56, 102, **104–7**, 110, 137, 191
Rauf, Feisal Abdul 261
al-Razi, Muhammad ibn Zakariya 148, 172
Razia, Sultana 294
refugiados muçulmanos 255, 283
Rehmat Ali 242, 244
religiões abraâmicas 14, **80**
Renascença 149, 150, 151, 161, 208
Renan, Ernest 223
ressurreição dos mortos 87
Reza Shah Pahlavi 209, 249
Rida, Rashid 217, 223, 238, 274, **317**
Ridda, guerras 44, 96, 102, 103, 105
Rifai, ordem 145
riqueza 44–5, 62
ritos de passagem **256–9**
Ritual de apedrejamento do diabo 53, 54–5
rixas de sangue 56
Riyadh (Arábia Saudita) 235, 237
Robinson, Victor 179
Roderic, rei dos visigodos 168
Rogério II da Sicília 148, 177–8, 179
Rohingya, povo 287
Romanos 20, 168, 196, 197
Roosevelt, Franklin D. 235
rostos cobertos *ver niqab*
Rota da Seda 183, 185, 208
roubo 72, 131
roupas
 árabes 262
 femininas 268–9, 294–5
 hijab e niqab **300–3**
 secularização de 230–1
 Sharia estrita 267, 281
Roy, Olivier 265
Rubaiyat (Omar Khayyam) 145
Rumi, Jalal al-Din Muhammad 144, 145, **174–5**, **314**
Rushdie, Salman 286
Russell, Alexander 165
Rússia 208, 213, 229, 230, 249, 260, 261, 282, 294

S

saadiana, dinastia 213
Saba 21
al-Sabah, dinastia 234
Sabuncuoglu, Serefeddin 172

sacrifícios animais 53, 55, 257
Sacro Império Romano 189
Sadat, Anwar 241, 254, 275
Saadeddin 189
Sadiq, Muhammad 227
Saeed, Khalid 288
Saey 53
Safa, colina 52, 54, 55
Safávida, Império 110, 115, 145, 149, 189, **192–3**, 198, 203, 208, 212, 213, 248, 250, 270
Safaviyya, ordem Sufi 192
al-Saffa, califa 97, 138, 139
al-Saffat (Os Postos) (*surata* 37) 93
Safwat, Akmal Ahmed 305
Saara, deserto do 183
Sahih al-Bukhari 121–2
Sahih Muslim 121–2
Said, Edward 218, **319**
Saladino *ver* Salah al-Din, Yusuf
salafismo 264, **304**
Salah al-Din, Yusuf 148, 151, 180, 181, **313**
Salah, Mohammed 284
Salam, Muhammad Abdus 155
salat 38, **42–3**, 97
 hadith e 120, 121
 localização do 98
 regulados diariamente 19, 29, 39
Saleh, Ali Abdullah 271
Salman da Arábia Saudita, rei 237, 269
Samarcanda 200
Samarra 139, 198
Samb, Cheikh Tidiane 279
al-Sanusi, Muhammad ibn Ali **316**
Sassânida, Império 18, 20, 21, 150, 156, 198
 os árabes o conquistam 96, 105, 150
saudita, dinastia 234, 235–6
sawm 19, 38, 39, 46–9, 120, 125
segunda vinda de Jesus 81
sectarianismo 271
secularização 209, 222, **228–31**
Selim I ("O Resoluto"), sultão 186, 193
Selim II, sultão 98
Selimiye, Mesquita (Edirne) 98
sejúlcidas, turcos 137, 181
Senegal 225, 261, 264, 278, 279
Sérvia 212, 228
Sermão de Despedida 54, 56, 263
sexo, premarital 257, 269
sexos, natureza complementar dos 82, 85
sexual, abuso 59
sexual, igualdade 305
sexual, relação 47, 53
Shaarawi, Huda **294**, 302, **317**
al-Shabab (A Juventude) 255, 276, 279
al-Shafii, Abu Abdullah Muhammad ibn Idris 120, 122, **130**, 132, 133, 256, **311**
Shagaret al-Dur, sultana do Egito 294
Shah Jahan 205
Shaheen, Jack 286
Sharia, lei islâmica **128–33**
 codificação da 266
 e democracia 264

e direito familiar 267
 e o banco Islâmico 291
 e produtos halal 290
 em Achém **281**
 em Brunei 255, 259, 267, 269
 em países não muçulmanos 268
 escolas de 38, 133
 fontes de 130, 132
 hadith e 69, 97, 121
 mulheres e 268–9, 301
 na Arábia Saudita 237, 266–9
 no Irã 267
 no islã sunita e xiita 114, 115
 no mundo moderno 133, 223, 240, **266–69**
 no Paquistão 246, 247, 254
 países que empregam o sistema completo da 267
 Talibã e 276
 Wahabis e 217
Shariati, Ali 250–1
al-Sharif, Manal 289
Sharif de Meca 234
shayla 301
Sabá, rainha de 84
Sherley, Robert e Anthony 213, **214**
Shiraz 203
Shirazi, Sayyid Ali Muhammad (o Babá) 219
Shukar, Muszaphar 42
Shuubiyya, movimento 262
Sicília 177–8
Serra Leoa 261, 278, 295
Siffin, Batalha de 107
siquismo 245, 263
Sinan, Mimar 98, 201, 215, **314**
al-sira 27
Seis Pilares da Fé (*arkan al-iman*) **86–7**
Seis Estilos (*aqlam al-sitta*) 191
smartphones 288, 289
social, justiça 63
social, mídia 289, 299
solar, ano 116, 117
Somália 236, 261, 262, 276, 279
Soroush, Abdolkarim 305
sudeste da Ásia 184–5, 208, 261, **280–1**
Soviética, União
 e Afeganistão 216, 237, 254, 274, 276
 Guerra Fria 249, 265
 na Somália e na Angola 236
Sri Lanka 244, 261, 262, 287
subsaariana, África 261
Sudão **219**, 267, 269, 275
Suez, Canal de 234
sufismo 97, **142–5**, 174–5, 193, 204, 216, 217, 231
suhur 48
Suleiman I ("O Magnífico"), sultão 187, 188, 189, 196, 201, 208, 263, 283, **315**
Sultão, Azzah 303
sultanato Kilwa 260
Sumatra 185, 280, 281
Suméria 202
Sunan al-Nasai 93
sunna (estilo de vida) 69, 110, 114, 120, 130, 216, 251, 305
Suraqa bin Malik 31
suratas 72, 73, 74–5, 76–7

al-Suyuti 91
Suécua 282, 283
Síria
 alauitas **271**
 Companheiros em 68
 Conquista otomana 186, 187
 Cruzadas **180–1**
 dinastia omíada 96, 97
 Guerra civil 255, 264, 271, 277, 287
 invasão francesa 208
 mamelucos 149, 185

T

tabagismo 47
Ta Ha (*surata* 20) 75
al-Tabari, Muhammad 77, **91**, 102, 103, **312**
tabarra 39
Tabatabai, Allama 91
Tabriz 192, 200
Tafhim-ul-Quran (Mawdudi) 90, 91
tafsir (arte de interpretar o Alcorão) **90–1**, 97
Tafsir al-Tabari **91**
taifas (pequenos principados) 171
Taj Mahal (Agra) 205
takfiififri 274
Talal, Príncipe da Arábia Saudita 236
Talbiyya (Oração do Peregrino) 50
Talibã 58, 216, 254, 264, 269, 276–7, 295
Tang, dinastia 185
Tanzânia 276
tapetes de oração 98
tarika (escolas de ideias sufis) 143–4
Tártaros 212
tawaf 53, 54
tawalla 39
tawassul 114
al-Tawba (Penitência) (*surata* 9) 62, 74, 88, 92
tawhid (unidade divina) 63, 86, 87, 114, 217
taxa de natalidade entre muçulmanos 255, 283
al-Tayyeb, sheik Ahmed Muhammad **319**
Teerã 250, 251
televisão 237, 263
Templo de Salomão 100
templos xiitas **193**
terrorismo 59, 237, 238, 254–5, 276, 277, 278, 279, 286–7
teologia 139, 153
testemunhas 84
Timbuktu (Mali) 184, 278
Timor (Tamerlão) 200, 212
timúrida, dinastia 200
Tirmidhi 122
Tlaib, Rashida 255, 297
tabaco 291
Tocqueville, Alexis de 218
Toledo 171
tolerância, religiosa **80–1**
 em territórios conquistados 96, 106
 na Espanha Islâmica 168, 170
Torá 38, 79, 87, 124, 130

turismo, halal 290
Tours, Batalha de 97, 138
Trabalho 80
transes 143
traduções de textos antigos 150–1
Trench, Batalha de 19
Trípoli 181
Trump, Donald 277, 298
tulipomania 215
Tunísia 115, 168, 198, 241, 264
Turqueria/Turcomania 214
Turquia
    al-Tusi, Nasr al-Din 163, **313**
    código de vestimenta 230, 300, 301
    duodecimanos 112–13, 114, 117, 192, 250
    herança islâmica 263
    migrantes econômicos 283
    população muçulmana 261, 264, 282
    República da 189, 209, 212, 222, 230
    secularização **228–31**
    sufismo 142, 144–5, 174–5, 231
    ver também Império Otomano

Uhud, Batalha de 19, 33, 56–7
Uigures 287
ulema 249, 250
Um al-Quran (Mãe do Livro) 77
Umar ibn al-Khattab, califa 56, 57, 96, 102, 104–6, 127, **308**
    assassinato 106
    conquistas árabes sob 105, 180
    e o Alcorão 67–8

Umar II, califa 44, 97
umma (comunidade do Islã) **32–3**, 57, 96, 117, 135
    digital 288–9
Umra 55
União Europeia 231
universidades **151**, 171, 215, 217
universo heliocêntrico 148, 155, 162, 163
al-Uqlidisi, Abu al-Hassan 161
Urbano II, Papa 180, 181
urfi, casamentos 256, 258–9
usul al-din 39
usuli, escola 250
usura **127**, 223
Uthman ibn Affan, califa 56, 96, 102, 104, 106, 185, 260, **308**
    assassinato do 106, 107, 111
    e o Alcorão 68–9, 97, 106
al-Uzza 21

véus 300
Veneza 185, 215
verde 202
Versalhes, Tratado de 234
Vesalius, Andreas 152, 155
Viena, Cerco de 189, 208, 212, 215
violência doméstica 85, 296
visigodos 97, 148, 168, 170
viúvas 84

W

Wadud, Amina 298–9, 305
al-Wahab, Muhammad ibn Abd 208, **216–17**, 234, 304, **315**
wahabismo, **216–17**, 234, 235, 236–7, 255, 264, 281, 304
Wahid, Abdurrahman (Gus Dor) 280, 281
Waldseemüller, Martin 176
Wansbrough, John 69
al-Waqia (surata 56) 63
Waqqas, Muhammad bin Saad bin Abi 103
Waraka 25
Washington, George 226
Widodo, Joko 280
William I da Sicília 179
William II da Sicília 178
World Trade Center (Nova York) 275, 276, 286
Primeira Guerra Mundial 180, 189, 209, 212, 230, 234, 235
Segunda Guerra Mundial 235, 239, 246, 283
Wright, Lawrence 275
wufud 137

xador 301
xafeísmo 97, 133
Ya-Sin (surata 36) 62, 76
Yamama, Batalha de 67
Yazid I (Yazid ibn Muawiya), califa 111, 112, 137, 192, **310**
Yazidis 327
Yom Kippur 46, 49
Yousafzai, Malala 255, **277**, 295
Youssef, Ramy 227, 285
Yunus (Jonas) (surata 10) 66
Yusuf (José) (surata 12) 62, 73, 80–1, 84
al-Zahrawi, Abu al-Qasim 70, 169, 172, 173
Zaire 236
zakat 19, 38, 39, **44–5**, 97, 102, 103, 120
Zakat al-Fitr 45
al-Zalzala (O Terremoto) (surata 99) 63, 74
Zamzam, poço de (Meca) 21, 54

AGRADECIMENTOS

A Dorling Kindersley gostaria de agradecer a:

Editor de Projeto Andrew Humphreys
Editores Sêniores Scarlett O'Hara, Camilla Hallinan
Designer de Projeto Amy Child
Editora de Arte de Projeto Renata Latipova
Ilustrações James Graham
Editora-Chefe Christine Stroyan
Editora de Arte Chefe Anna Hall
Designer de Capa Surabhi Wadhwa
Desenvolvedora de Design de Capa Chefe Sophia MTT
Designer de Capa Chefe Suhita Dharamjit
Coordenadora Editorial de Capa Priyanka Sharma
Editor-Chefe de Capa Saloni Singh
Designer de DTP Rakesh Kumar
Pré-produtor Sênior Andy Hilliard
Produtora Gráfica Jude Crozier
Diretor de Arte Karen Self
Diretora Editorial Associada Liz Wheeler
Diretor Editorial Jonathan Metcalf

Agradecimentos a Jacob Field pelas "Outras Figuras Importantes", a Neil Hewison pelo Glossário, a Katie John pela revisão, e a Helen Poters pelo Índice.

CRÉDITOS DAS IMAGENS

A editora gostaria de agradecer às seguintes pessoas por terem permitido com generosidade a reprodução de suas fotografias:

(abreviaturas: a: em cima; b: embaixo; c: no centro; d: na direita; l: longe; e: na esquerda; t: no topo)

21 SuperStock: DeAgostini (td). **24 Alamy Stock Photo:** The History Collection (be). **SuperStock:** Universal Images (td). **26 Dreamstime.com:** Alengolas (be). **27 akg-images:** Gerard Degeorge (te). **29 Alamy Stock Photo:** Art Collection 2 (td). **30 Alamy Stock Photo:** age fotostock (te). **31 Getty Images:** Werner Forman / Universal Images Group (be). **33 Rex by Shutterstock:** Harper Collins Publishers (bc). **35 Getty Images:** Culture Club / Hulton Archive (d). **39 Getty Images:** AFP / Haidar Mohammed Ali (bd). **40 eyevine:** Alexandra Boulat / VII / Redux (be). **41 iStockphoto.com:** sitox (be). **SuperStock:** imageBroker (te). **43 Getty Images:** Prakash Singh / AFP (be). **45 Alamy Stock Photo:** Godong (t). **48 Getty Images:** Moment / Harith Samarawickrama (t). **49 Alamy Stock Photo:** B.O'Kane (t). **Getty Images:** Noorullah Shirzada / AFP (be). **52 Alamy Stock Photo:** Images & Stories (bd). **54 Alamy Stock Photo:** orhandurgut (b). **55 Getty Images:** Mustafa Ozer / AFP (td). **57 Alamy Stock Photo:** halil ibrahim kurucan (te); Ahmad Faizal Yahya (be). **59 Alamy Stock Photo:** Kenan Kaya (te). **66 akg-images:** Jean-Louis Nou (te). **68 Alamy Stock Photo:** Rapp Halour (t). **69 Alamy Stock Photo:** Science History Images (td); The History Collection (be). **72 Getty Images:** Shah Marai / AFP (bd). **74 Bridgeman Images:** © British Library Board. All Rights Reserved (b). **75 Alamy Stock Photo:** Godong (te). **77 Dreamstime.com:** Amani A (be). **83 Getty Images:** Anadolu Agency / Jefri Tarigan (t). **84 akg-images:** Roland and Sabrina Michaud (te). **85 Getty Images:** AFP / Stringer / Fadel Senna (td). **87 Getty Images:** Photo12 / Universal Images Group (td). **89 Alamy Stock Photo:** özkan özmen (te). **91 Rex by Shutterstock:** AP / Shutterstock (te). **92 Rex by Shutterstock:** Cci / Shutterstock (crb). **100 123RF.com:** ievgenii fesenko / efesenko84 (be). **Getty Images:** Remi Benali / The Image Bank (td). **101 Getty Images:** Edwin Remsberg / VW PICS / Universal Images Group Editorial (be). **103 Alamy Stock Photo:** Allstar Picture Library / ALLSTAR TRAVEL (t). **105 SuperStock:** Universal Images (td). **106 Bridgeman Images:** Tallandier (be). **107 Alamy Stock Photo:** rasoul ali (te). **111 Rex by Shutterstock:** Str / EPA / Shutterstock (td). **113 Getty Images:** Education Images / Universal Images Group (b). **115 SuperStock:** age fotostock / Konrad Zelazowski (t). **117 Getty Images:** Yegor Aleyev / TASS (be). **121 Getty Images:** Asif Hassan / AFP (be). **122 Alamy Stock Photo:** Roland Liptak (td). **123 iStockphoto.com:** SoumenNath / E+ (bd). **125 Getty Images:** Patti McConville (bd). **131 Alamy Stock Photo:** Hemis / Rieger Bertrand / Hemis.fr (td). **133 Getty Images:** Wathiq Khuzaie / Getty Images News (td). **138 Getty Images:** laura rangel copyright / Moment (be). **139 Alamy Stock Photo:** Science History Images (td). **142 Getty Images:** photosindia (be). **144 iStockphoto.com:** mustafagull (t). **145 Getty Images:** Jack Vartoogian / Archive Photos (bd). **151 Alamy Stock Photo:** Science History Images / Photo Researchers (td). **153 akg-images:** Pictures From History (b). **154 Alamy Stock Photo:** Science History Images / Photo Researchers (b). **155 Alamy Stock Photo:** Science History Images (bd). **157 123RF.com:** Olga Popova (td). **Alamy Stock Photo:** Art Directors & Trip (b). **159 Alamy Stock Photo:** Melvyn Longhurst (be). **161 Getty Images:** Dea Picture Library / DeAgostini (t). **163 Alamy Stock Photo:** Photononstop / Philippe Lissac (bd). **164 Alamy Stock Photo:** John Warburton-Lee Photography / Julian Love (be). **168 Alamy Stock Photo:** Ruth Hofshi (te). **169 Dreamstime.com:** Elevationus (be). **170 Dreamstime.com:** Sorin Colac (be). **171 akg-images:** Album / Oronoz (be). **Alamy Stock Photo:** Granger Historical Picture Archive (td). **172 Getty Images:** Apic / Hulton Archive (bc). **173 Bridgeman Images:** Archives Charmet (te). **175 Maypop Books:** Coleman Barks (bd). **177 Alamy Stock Photo:** Ian Dagnall (bd). **178 Alamy Stock Photo:** Granger Historical Picture Archive / Granger, NYC (be). **179 Alamy Stock Photo:** World History Archive (td). **181 Alamy Stock Photo:** Art Collection (te). **183 Alamy Stock Photo:** Interfoto / History (td). **184 Alamy Stock Photo:** Niday Picture Library (td). **185 Alamy Stock Photo:** The Picture Art Collection (bd). **187 SuperStock:** DeAgostini (be). **188 Getty Images:** Marco Brivio / Photographer's Choice (be); Heritage Images / Hulton Fine Art Collection (te). **189 Alamy Stock Photo:** age fotostock / Historical Views (td). **190 Shutterstock:** emran (bc). **191 The Metropolitan Museum of Art, New York:** Gift of J. Pierpont Morgan, 1917 (td). **193 Alamy Stock Photo:** dbimages / dbtravel (td). **Getty Images:** Kyodo News (be). **196 Alamy Stock Photo:** dov makabaw Israel (b). **197 Alamy Stock Photo:** Prisma Archivo (be). **Depositphotos Inc:** morrmota (tc, tr). **Dreamstime.com:** Adel Mohamady (te). **198 Alamy Stock Photo:** travelpixs (td). **199 Dreamstime.com:** Daniel M. Cisilino (b). **200 Alamy Stock Photo:** Guillem Lopez (be). **201 Getty Images:** Colors Hunter - Chasseur de Couleurs / Moment (td). **203 Alamy Stock Photo:** Terry Mathews (td). **205 Alamy Stock Photo:** The History Collection (td). **212 Dreamstime.com:** Peter Hermes Furian (td). **213 Alamy Stock Photo:** Heritage Image Partnership Ltd / © Fine Art Images (bl, br). **214 Alamy Stock Photo:** MehmetO (be). **215 Getty Images:** Moment / Natasha Breen (bc); Bernard Roussel (t). **217 Getty Images:** Anadolu Agency / Enes Kanli (be). **218 Bridgeman Images:** Gerome, Jean Leon (1824-1904) / French (bd). **221 Alamy Stock Photo:** Historic Collection (td). **Getty Images:** Zöllner / ullstein bild (be). **223 Alamy Stock Photo:** Classic Image (t). **225 Alamy Stock Photo:** Niday Picture Library (bc). **226 Getty Images:** Bettmann (te). **227 Getty Images:** Corbis Historical / Brooks Kraft LLC (bd); Getty Images Entertainment / Rachel Murray (t). **230 Getty Images:** Universal Images Group / Leemage (be). **231 Getty Images:** AFP / Adem Altan / Stringer (te). **234 Getty Images:** Aldo Pavan (t). **235 Getty Images:** Hulton Archive (bd); The Image Bank / Wayne Eastep (te). **236 Getty Images:** EyeEm / Mawardi Bahar (bd); The Image Bank / Kirklandphotos (te). **239 Rex by Shutterstock:** AP / Shutterstock (bd). **240 Getty Images:** AFP (te). **241 Getty Images:** Anadolu Agency / Ahmed Ramadan (te). **245 Getty Images:** Bettmann (be). **246 Getty Images:** AFP / Sajjad Hussain (be); ICC / Stu Forster-ICC (td). **247 Getty Images:** Moment / Aliraza Khatri's Photography (b). **249 Getty Images:** AFP / Stringer / Sam Panthaky (bd). **250 Getty Images:** Gamma-Rapho / Alain Mingam (bd). **251 Getty Images:** Bettmann (td). **257 Shutterstock:** hkhht hj (te). **258 Getty Images:** AFP / Stringer / Sam Panthaky (t). **259 Getty Images:** AFP / Stringer / Haidar Hamdani (tc). **261 Getty Images:** AFP / Luis Tato (t). **263 Getty Images:** The Image Bank / Jorg Greuel (te). **265 Getty Images:** AFP / Hatem Salhi (be). **267 Getty Images:** AFP / Mandel Ngan (td). **268 Getty Images:** AFP / Fayez Nureldine (bd). **269 Getty Images:** AFP / Chaideer Mahyuddin (t). **271 Getty Images:** AFP / Stringer / Mohammed Al-Shaikh (tc). **274 Getty Images:** Robert Nickelsberg (be). **275 Getty Images:** Hulton Archive / Tom Stoddart Archive (t). **276 Alamy Stock Photo:** Handout (bd). **277 Getty Images:** AFP / Paul Ellis (b). **279 Getty Images:** AFP / John Wessels (bd). **280 Getty Images:** AFP / Juni Kriswanto (bc). **284 Getty Images:** Clive Brunskill (tc). **285 Getty Images:** AFP / Mandel Ngan (td). **iStockphoto.com:** E+ / sturti (bc). **287 Getty Images:** Contour / Allison Michael Orenstein (te). **289 Getty Images:** Stringer / Victor Besa (bd). **290 Getty Images:** Aurora Photos / Konstantin Trubavin (crb). **294 Alamy Stock Photo:** Charles O. Cecil (t); Historic Collection (be). **295 Getty Images:** Kentaroo Tryman (bd). **296 Getty Images:** AFP / Pedro Ugarte (t). **297 Getty Images:** Stringer / Zach Gibson (b). **298 Getty Images:** AFP / Stringer / Betina Garcia (be). **299 Getty Images:** Devin Manky (b). **301 iStockphoto.com:** Lilanakani (te). **302 Getty Images:** Maskot (b). **303 Getty Images:** Valeria Ferraro / SOPA Images / LightRocket (be); Stringer / Matt King (be).

Todas as outras imagens © Dorling Kindersley.

Conheça todos os títulos da série: DK | Penguin Random House | GLOBO LIVROS

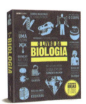